POURSUITES

EN MATIÈRE

DE CONTRIBUTIONS DIRECTES

SECONDE PARTIE

LÉGISLATION — JURISPRUDENCE — FORMULAIRE
TABLE ALPHABÉTIQUE ET RAISONNÉE DES MATIÈRES

Nous présentons distinctement dans cette SECONDE PARTIE :

1° La *Législation*, c'est-à-dire les lois, les décrets, les ordonnances, les arrêtés du gouvernement et les avis du Conseil d'État relatifs aux poursuites en matière de contributions directes. D'après le plan que nous avons exposé ailleurs, nous avons abrégé ce qui n'a rapport qu'à l'appréciation des bases de l'impôt et au mode de sa répartition, pour nous renfermer, sans rien omettre, dans ce qui concerne la perception sur le contribuable et les poursuites auxquelles elle peut donner lieu ; dans les actes relatifs à ce dernier objet, nous n'avons cru devoir reproduire que les dispositions qui sont encore en vigueur, mais nous avons eu soin d'indiquer par des *Notes* les modifications que la législation a successivement éprouvées. Nous avons en même temps établi la concordance des dispositions des lois entre elles, en y joignant quelques rapprochements avec les anciens réglements des *tailles*. Il nous a semblé que cette méthode était la plus propre à faciliter l'étude de cette partie de la législation dont nous nous sommes particulièrement occupé dans cet ouvrage ;

2° La *Jurisprudence*, c'est-à-dire les décisions du Conseil d'État, des Cours d'appel et des Tribunaux sur la même matière et en nous renfermant dans les mêmes limites. Ainsi, nous n'avons inséré ici que les arrêts spécialement relatifs aux poursuites contre les contribuables ; quant à ceux qui ne consacrent que des principes ordinaires de droit civil ou de procédure, par exemple, et qui ne s'appliquent que d'une manière générale aux actes d'exécution pratiqués pour le recouvrement de l'impôt, ils se trouvent mentionnés ou rapportés, soit par extraits, soit en entier dans le cours du *Commentaire*, à l'appui de la discussion. Nous avons également recueilli, dans cette section, disposée aussi dans l'ordre chronologique, les décisions qui peuvent fonder la jurisprudence ;

3° Un *Formulaire* qui contient des modèles de tous les actes auxquels peut donner lieu l'exécution du *Réglement sur les Poursuites*. Nous avons dû d'abord y comprendre ceux qui ont été donnés par l'Administration elle-même à la suite du *Réglement*. Nous avons fait en sorte que notre *Formulaire*, que nous avons tâché de rendre aussi complet que possible, fût en même temps conforme aux règles de la procédure, de manière à éviter les vices de forme qui pourraient entraîner des nullités ;

4° Une *Table alphabétique et raisonnée* des matières contenues dans les deux parties de cet ouvrage. Cette table nous a paru un complément indispensable pour la facilité des recherches. Dans un livre sous forme de *Commentaire*, où l'auteur est obligé de suivre, pour l'exposition de ses idées, l'ordre donné par la série des articles qu'il commente, il n'est pas toujours possible de classer les matières d'après la méthode la plus logique. Il en résulte quelques inconvénients à peu près inévitables, mais qui disparaissent presque entièrement au moyen d'une *Table raisonnée*, dont chaque mot, en rapprochant les applications du même principe, éparses dans divers articles, rétablit en quelque sorte l'unité et les avantages du *traité méthodique*.

LÉGISLATION

---

11 août (4, 6, 7, 8)-21 septembre 1789.

Décret portant abolition du régime féodal, etc.

Art. 9. Les privilèges pécuniaires, personnels ou réels en matière de subsides sont abolis à jamais. La perception se fera sur tous les citoyens et sur tous les biens, de la même manière et dans la même forme. (D. 23 novembre-1er décembre 1790, art. 1er; Charte constitutionnelle, art. 2; Constitution du 4 novembre 1848, art. 15.)

22 décembre 1789-janvier 1790.

Décret relatif à la constitution des assemblées primaires et des assemblées administratives.

Sect. 3, art. 1er. Les administrations de départements sont chargées, sous l'inspection du Corps législatif et en vertu de ses décrets, 1°, 2°, 3°, de régler et de surveiller tout ce qui concerne tant la perception et le versement du produit des contributions, que le service et les fonctions des agents qui en seront chargés. (Const. 3-14 septembre 1791, titre 5; D. 26 septembre-2 octobre 1791; L. 28 pluviôse an 8; A. 16 thermidor an 8, 17 frimaire an 9, 6 messidor an 10, 12 brumaire an 11; L. des 24 floréal an 11, art. 4; 25 mars 1817, art. 73; 15 mai 1818, art. 51.)

6-13 juin 1790.

Décret qui renvoie provisoirement aux assemblées de département la connaissance des contestations et difficultés en matière d'impôt direct.

Art. 2. Les contribuables qui se croiront fondés à obtenir soit la décharge ou une modération sur leur cote d'imposition, se pourvoiront par simples mémoires devant l'assemblée administrative du département, laquelle connaîtra provisoirement et jusqu'à ce qu'il en ait été autrement ordonné, de toutes les difficultés qui pourront s'élever en matière d'impôt direct. (L. 28 pluviôse an 8, art. 4; 3 juillet 1846, art. 6; 8 juillet 1832, art. 13; 22 juin 1854, art. 16, etc.)

Art. 3. Les jugements et décisions de l'assemblée de département seront rendus sans frais, sur papier libre, et il en sera tenu registre. (D. 10-17 juin 1791; L. 21 avril 1832, art. 28.)

28 juin-10 juillet 1790.

Décret concernant le payement des impositions de 1789 et de 1790.

L'Assemblée nationale, après avoir entendu le rapport de son comité des finances sur les contestations qui s'élèvent chaque jour, à raison du payement des impositions de 1789 et 1790, désirant les terminer et les prévenir, a décrété que les impositions de 1789 seront payées par ceux qui ont fait la récolte de ladite année; que celles de 1790 seront acquittées par ceux qui jouiront en l'année présente, sans entendre préjudicier aux usages locaux, ou aux clauses des baux qui concernent les fermiers entrants et sortants (1).

16-24 août 1790.

Décret sur l'organisation judiciaire.

Tit. 2, art. 13. Les fonctions judiciaires sont distinctes et demeureront toujours séparées des fonctions administratives. Les juges ne pourront, à peine de forfaiture, troubler, de quelque manière que ce soit, les opérations des corps administratifs, ni citer devant eux les administrateurs pour raison de leurs fonctions. (A. des Consuls du 12 brumaire an 11.)

23 novembre (20, 22 et)-1er décembre 1790.

Décret concernant la contribution foncière (2).

Titre 1er, art. 1er. Il sera établi, à compter du 1er janvier 1791, une contribution foncière qui sera répartie, par égalité proportionnelle, sur toutes les propriétés foncières, à raison de leur revenu net, sans autres exceptions que celles déterminées ci-après pour les intérêts de l'agriculture.

Art. 4. La contribution foncière sera toujours d'une somme fixe et déterminée annuellement par chaque législature. (Const. 3-14 septembre 1791, art. 1er, et 5 fructidor an 3, art. 303; L. 3 frimaire an 7, art. 1er; Charte constitutionn., art. 40 et 41; Const. 4 novembre 1848, art. 17.)

Art. 5. Elle sera perçue en argent. (L. 18 prairial an 5, art. 2, et 3 frimaire an 7, art. 1er.)

Titre 3, art. 3. Les particuliers ne pourront s'affranchir de la contribution à laquelle leurs marais, terres vaines et vagues devraient être soumis, qu'en renonçant à ces propriétés au profit de la communauté dans le territoire de laquelle ces terrains sont situés. (L. 3 frimaire an 7, art. 65 et 66.)

Titre 4. *Des demandes en décharge.*

Art. 1er. Les contribuables qui, en matière de contribution directe, se plaindront du taux de leur cotisation, s'adresseront d'abord au directoire de district, lequel prononcera sur les raisons respectives des contribuables et de la municipalité qui aura fait la répartition. La partie qui se trouvera lésée pourra se pourvoir ensuite au directoire de département, qui décidera en dernier ressort, sur simple mémoire et sans forme de procédure, sur la décision du directoire de district. Tous avis et décisions, en cette matière, seront motivés (3).

---

(1) Ce décret est entièrement de circonstance; mais il peut servir à faire comprendre la pensée du législateur relativement à l'obligation imposée en général aux fermiers d'acquitter l'impôt foncier à la décharge du propriétaire. (V. lois 23 novembre-1er décembre 1790, titre 5, art. 10; 2 thermidor an 3, art. 9; 3 nivôse an 4; 17 brumaire an 5, art. 8; 18 prairial an 5, art. 27; 3 frimaire an 7, art. 147; 4 août 1844, art. 6.)

(2) Cette loi a été formellement abrogée par l'art. 154 de la loi du 3 frimaire an 7. On la trouve néanmoins assez fréquemment visée ou citée dans les lois ou décrets subséquents, comme si elle était restée en vigueur. Cette anomalie doit sans doute être attribuée à ce que les dispositions de cette loi, qui a été la première en la matière, ont été reproduites dans d'autres, et ont ainsi continué à être exécutées; de sorte que si la loi a été déclarée abrogée dans son ensemble, les dispositions en ont été, en fait, pour la plupart maintenues.

3) Les réclamations sont aujourd'hui jugées en premier ressort par le Conseil de préfecture, sauf appel au Conseil d'Etat. (L. 28 pluviôse an 8; A. 24 floréal an 8.)

Titre 5. *De la perception et du recouvrement* (1).

.Art. 4. Les officiers municipaux pourront, en tous temps, vérifier, sur le rôle, l'état des recouvrements, et les receveurs des communautés seront tenus de verser chaque mois, dans la caisse du district, la totalité de leur recette. (L. 13 janvier-18 février 1791, art. 48.)

Art. 5. La cotisation de chaque contribuable sera divisée en douze portions égales, payables chacune le dernier de chaque mois (2).

Art. 8. Les receveurs de communauté qui n'auraient fait aucune poursuite pendant trois années, à compter du jour où le rôle aura été rendu exécutoire, seront déchus de tous droits. (L. 3 frimaire an 7, art. 149 et 150; A. 16 thermidor an 8, art. 17.)

Art. 9. A défaut de payement de la contribution foncière, les fruits ou loyers pourront être saisis, et il ne sera en conséquence décerné de contraintes pour cette perception, que sur ceux des contribuables dont l'espèce de propriété n'aurait pas un revenu saisissable, comme maisons non louées, bois non exploités, prés à tourber, etc. (3).

Art. 10. Tous fermiers ou locataires seront tenus de payer, en l'acquit des propriétaires, la contribution foncière pour les biens qu'ils auront pris à ferme ou à loyer, et les propriétaires seront tenus de recevoir le montant des quittances de cette contribution pour comptant, sur le prix des fermages ou loyers. (L. 2 thermidor an 3, art. 9; 3 nivôse an 4; 17 brumaire an 5, art. 8; 18 prairial an 5, art. 27; 3 frimaire an 7, art. 147; 12 novembre 1808, art. 2; L. 4 août 1844, art. 6.)

Art. 11. La forme des états des contribuables en retard, celle des saisies et la nature des contraintes, seront déterminées par un réglement particulier. (16 thermidor an 8.)

La formule du mandement qui termine le modèle de rôle annexé à cette loi est ainsi conçue :

« Enjoignons à tous propriétaires, possesseurs et usufruitiers, leurs représentants ou ayants-cause, à quelque titre que ce soit, et à tous fermiers, locataires, régisseurs et administrateurs des biens cotisés au présent rôle, d'acquitter les sommes y contenues entre les mains du percepteur dans les termes prescrits, sous peine d'y être contraints. »

13 janvier-18 février 1791.

Décret sur la contribution mobilière.

Titre 1er, art. 1er. Il sera établi, à compter du 1er janvier 1791, une contribution mobilière, dont la somme sera déterminée chaque année.

---

(1) Les art. 1, 2 et 3 de ce titre contiennent des dispositions relatives à l'adjudication au rabais de la perception; mais ce système, emprunté à la législation des tailles, et qui se retrouve dans les lois des 2 octobre 1791, 3 frimaire an 7, et dans l'arrêté du 16 thermidor an 8, a été complètement abrogé par la loi du 5 ventôse an 12, qui a attribué au gouvernement la nomination des percepteurs. (Voir, au surplus, l'arrêté du 16 thermidor an 8, inséré ci-après à sa date, et le *Commentaire* sur l'art. 8 du *Règlement*.)

(2) La loi du 26 septembre-2 octobre 1791, art. 12, n'ordonna plus le payement des cotes foncières que de trimestre en trimestre; mais la loi du 3 frimaire an 7, art. 146, en revint au principe, maintenu depuis, du recouvrement par douzièmes; et, d'après la loi du 17 brumaire an 5, art. 3, les poursuites peuvent commencer à l'expiration de la dizaine qui suit le dernier jour du mois. (V. le *Commentaire* sur les articles 1 et 20 du *Règlement*.)

(3) Cette distinction n'a plus été faite dans les lois postérieures : les contribuables en

Art. 2. La législature déterminera, chaque année, la somme de la contribution mobilière, d'après les besoins de l'Etat, et en la décrétant, en arrêtera le tarif. (Const. des 3-14 septembre 1791 et 5 fructidor an 3; Charte constitution.; art. 40; Const. du 4 novembre 1848, art. 17.)

Art. 9. Aucun département, aucun district, aucune municipalité, ni aucun contribuable ne pourront, sous quelque prétexte que ce soit, même de réclamation contre la répartition, se dispenser de payer la portion contributive qui leur aura été assignée, sauf à faire valoir leurs réclamations selon les règles qui seront prescrites. (D. 21-28 août 1791.)

Titre 5. *De la perception et du recouvrement.*

Art. 44..... Le recouvrement sera toujours fait par le percepteur qui sera chargé de la perception du rôle de la contribution foncière.

Art. 45. Chaque année, aussitôt que le rôle pour le recouvrement de la contribution mobilière aura été rendu exécutoire et renvoyé à la municipalité, il sera remis au percepteur du rôle de la contribution foncière. (D. 26 septembre-2 octobre 1791, art. 1er.)

Art. 47. La cotisation de chaque contribuable sera divisée en douze portions égales, payables le dernier de chaque mois. (D. 23 novembre-1er décembre 1790, art. 5; L. 3 frimaire an 7, art. 146; A. 16 thermidor an 8, art. 1er, et 26 brumaire an 10, art. 3.)

Art. 48. Les officiers municipaux, les administrateurs de district et de département pourront en tout temps vérifier sur le rôle l'état des recouvrements, et les receveurs des communautés seront tenus de verser, chaque mois, dans la caisse du district, la totalité de leur recette. (D. 23 novembre-1er décembre 1790, titre 5, art. 4.)

Art. 49. Dans la dernière huitaine de chaque trimestre, c'est-à-dire dans la dernière huitaine des mois de mars, juin, septembre et décembre, il sera fourni, par les receveurs des communautés, un état de tous les contribuables en retard, lequel, après avoir été visé par les officiers municipaux, sera publié et affiché; et, faute de payement dans les huit premiers jours du mois suivant, le contribuable pourra être contraint par saisie de meubles et effets mobiliers (1).

Art. 50. Le percepteur sera tenu de compter dans les délais prescrits, soit en argent, soit en ordonnances de décharge et modération, soit enfin en justifiant de l'insolvabilité des contribuables, dans la forme qui sera prescrite. (A. 6 messidor an 10.)

Art. 51. La forme des états des contribuables en retard, celle des saisies, et la nature et les frais de contraintes, seront déterminés par un règlement particulier. (A. 16 thermidor an 8; L. 25 mars 1817 et 15 mai 1818.)

10-17 juin 1791.

Décret qui exempte de la formalité du timbre les registres des Tribunaux, minutes de jugements et autres.

Art. 5. Les avertissements, commandements et saisies relatifs au recouvrement des impositions de l'année 1790 et autres antérieures ne seront pas assujettis au timbre; ils ne le seront pas non plus au droit d'enregistrement (2).

---

retard sur la contribution foncière peuvent être saisis dans leur mobilier, lors même que les immeubles imposés offrent des récoltes ou des loyers saisissables. (A. 16 thermidor an 8; L. 12 novembre 1808, art. 2.)

(1) Modifié par l'article 3 de la loi du 17 brumaire an 5.

(2) Modifié, en ce qui concerne les commandements et saisies, par les lois des 13 brumaire an 7, art. 12; 22 frimaire an 7, art. 68; l'arrêté du 16 thermidor an 8, art. 29; la loi du 16 juin 182, art. 6.

Art. 10. Les quittances qui seront délivrées par les trésoriers de district aux collecteurs ou percepteurs des contributions publiques, celles qui pourraient être délivrées par les collecteurs des contributions directes à des contribuables ne seront pas assujetties au timbre. (L. 13 brumaire an 7, titre 3, art. 16 ; 3 frimaire an 7, art. 140.)

10-20 juillet 1791.

Décret relatif au payement des arrérages de rentes sur l'Etat et des contributions.

Art. 4. Tous receveurs d'impôts ou de contribution patriotique seront tenus de fournir sans frais aux contribuables autant de *duplicata* de leurs quittances qu'ils en demanderont, pour justifier du payement de leurs contributions. (D. 26 septembre-2 octobre 1791, art. 13 ; L. 3 frimaire an 7, art. 140, et A. 16 thermidor an 8, art. 16.)

5-18 août 1791.

Décret relatif au payement des sommes séquestrées et déposées.

L'Assemblée nationale décrète que tous les huissiers-priseurs, receveurs des consignations, commissaires aux saisies réelles, notaires, séquestres et tous autres dépositaires de deniers, ne remettront aux héritiers, créanciers et autres personnes ayant droit de toucher, les sommes séquestrées et déposées, qu'en justifiant du payement des impositions mobilières et contribution patriotique dues par les personnes du chef desquelles lesdites sommes seront provenues ; seront même autorisés en tant que de besoin, lesdits séquestres et dépositaires, à payer directement les contributions qui se trouveraient dues, avant de procéder à la délivrance des deniers ; et les quittances desdites contributions leur seront passées en compte. (L. 12 novembre 1808, art. 2 ; L. 18 juin 1843.)

Décrète, en outre, que les règlements ci-devant faits pour la sûreté du recouvrement des impositions personnelles, notamment dans la ville de Paris, relativement aux déclarations que doivent faire les propriétaires et les principaux locataires, seront exécutés provisoirement et tant qu'il n'y aura pas été dérogé (1) (L. 26 mars 1831, art. 19, et 21 avril 1832, art. 22.)

21 (4 et)-28 août 1791.

Décret relatif aux décharges et réductions sur la contribution foncière (2).

Art. 3. Toutes les fois qu'une propriété aura été cotisée sous un autre nom que celui du véritable possesseur, la municipalité sera autorisée à accorder la dé-

---

(1) Ne pourront, conformément aux précédents règlements, les contribuables changer de logement sans avoir acquitté leurs impositions pour l'année entière dans laquelle ils voudront changer de domicile, et, en conséquence, l'article 2 de l'arrêt du Conseil du 24 février 1773 continuera d'être exécuté, selon sa forme et teneur, vis-à-vis des propriétaires habitant leurs maisons ou principaux locataires qui auront laissé déménager les contribuables logés dans leurs maisons, sans avoir donné avis par écrit au receveur un mois avant leur déménagement. (A. Conseil d'Etat portant règlement pour le recouvrement des impositions dans la ville de Paris, du 27 septembre 1783, art. 9.)

(2) Le mode prescrit par cette loi pour l'instruction des réclamations en matière de contributions directes a été changé par l'arrêté du 24 floréal an 8. Il n'entre pas dans notre plan de nous en occuper : nous nous bornons à signaler, dans cette loi, les dispositions qui peuvent avoir trait aux poursuites, comme celle, par exemple, qui ordonne le payement provisoire, même en cas de réclamation.

charge et ordonner *la mutation de cote*, sinon la réclamation sera adressée au directoire de district, comme toutes les autres demandes relatives aux contributions directes; mais le réclamant ne sera pas tenu de justifier d'avoir payé d'à-compte.....

Art. 4. Lorsque, par erreur, une propriété aura été cotisée dans deux communautés, la réclamation contre ce double emploi sera faite au directoire de district dans la même forme et sans qu'il soit besoin de justifier d'un payement d'à-compte dans les deux communautés, mais dans une seulement...

Art. 6. Cette demande en réduction ne pourra être admise, si elle n'est formée dans les trois mois qui suivront la publication du rôle de la contribution foncière dans la communauté, et si le réclamant ne justifie avoir payé les termes de sa cotisation échus au jour où la demande sera formée. (D. 26-31 août 1792, art. 6; L. 3 nivôse an 7, art. 51; 2 messidor an 7, art. 17; 26 mars 1831, art. 27; 21 avril 1832, art. 28, et 4 août 1844, art. 8.)

Art. 23. Les demandes en réduction que formeront les communautés ne seront admises qu'autant qu'elles seront adressées au directoire du département dans les deux mois du jour où elles auront reçu le mandement, et qu'elles justifieront avoir mis les rôles en recouvrement.

Art. 37. Les demandes en réduction de la part des districts seront formées dans l'année, et par délibération du conseil du district. Cette délibération, avec les pièces au soutien, sera adressée au directoire du département.

Art. 38. Le conseil du district justifiera que ses rôles ont été mis en recouvrement aux époques fixées par la loi, sans quoi sa réclamation ne sera pas admise.

(*Les articles 55 à 59 déterminent comment et par qui seront supportés les frais d'expertises, de levée de plans, auxquels aura donné lieu l'instruction de la réclamation.*)

Art. 60. Les frais auxquels aura été condamné le contribuable seront, à défaut de payement dans le mois, portés par émargement à sa cote, avec les taxations du receveur en proportion, et les revenus du contribuable seront affectés au payement de la somme émargée, comme pour la contribution même.

3-14 septembre 1791.

Constitution française.

Titre 5, art. 1er. Les contributions publiques sont délibérées et fixées chaque année par le Corps législatif, et ne pourront subsister au-delà du dernier jour de la session suivante, si elles n'ont pas été expressément renouvelées. (D. 23 novembre-1er décembre 1790; Const. 5 fructidor an 3, art. 303; L. 3 frimaire an 7, art. 1er; Charte constitution., art. 40 et 41; Const. 4 novembre 1848, art. 17.)

Art. 4. Les administrateurs de département et sous-administrateurs ne pourront ni établir aucune contribution publique, ni faire aucune répartition au-delà du temps et des sommes fixées par le Corps législatif, ni délibérer ou permettre, sans y être autorisés par lui, aucun emprunt local à la charge des citoyens du département. (Const. 4 novembre 1848, art. 16.)

Art. 5.. Le pouvoir exécutif dirige et surveille la perception et le versement des contributions, et donne tous les ordres nécessaires à cet effet. (Const. 5 fructidor an 3, art. 307.)

26 septembre-2 octobre 1791.

Décret relatif à la perception des contributions foncière et mobilière, et du droit de patente.

Art. 1er. La perception de la contribution foncière, de la contribution mobilière et des patentes (1) sera faite dans chaque communauté par le même ou les mêmes percepteurs. (D. 13 janvier-18 février 1791, art. 45; L. 3 frimaire an 7, art. 124.)

Art. 2 à 11 inclusivement (2).

Art. 12. A défaut de payement de la contribution foncière à l'échéance de chaque trimestre (3), le percepteur de la communauté pourra faire toutes les saisies de fruits ou de loyers, et tous les actes conservatoires propres à accélérer et à assurer le payement de la contribution (4).

Art. 13. Les percepteurs seront tenus d'émarger exactement sur les rôles les payements à mesure qu'il leur en sera fait, et de décharger ou de croiser, en présence des contribuables, les articles entièrement soldés, comme de leur en donner quittance, s'ils en sont requis. (D. 10-20 juillet 1791; L. 3 frimaire an 7, art. 140, 141, 142; A. 16 thermidor an 8, art. 16.)

Art. 14 et 15. (Vérification des rôles et du recouvrement par l'administration municipale.)

Art. 16. Ne pourront être saisis pour contributions arriérées, les lits et vêtements nécessaires, pain et pot-au-feu, les portes, fenêtres, les animaux de trait servant au labourage, les harnais et instruments servant à la culture, ni les outils et métiers à travailler.

Il sera laissé au contribuable en retard une vache à lait ou une chèvre, à son choix, ainsi que la quantité de grains ou graines nécessaires à l'ensemencement ordinaire des terres qu'il exploite.

Les abeilles, les vers à soie, les feuilles de mûrier ne seront saisissables que dans les temps déterminés par les décrets sur les biens et usages ruraux.

Les porteurs de contrainte qui contreviendront à ces dispositions, seront condamnés à 100 livres d'amende. (A. 16 thermidor an 8, art. 52; Code de proc. civ., art. 592.)

Art. 17. Les receveurs de district remettront chaque année, dans les premiers jours de janvier, aux directoires de district, un état nominatif des porteurs de contraintes qu'ils proposeront d'employer; ils ne pourront les choisir que parmi les citoyens actifs, domiciliés dans le district, sachant lire et écrire.

Les directoires de district en fixeront le nombre, les choisiront parmi ceux qui auront été proposés, et leur donneront des commissions conformes au modèle ci-joint. Ces porteurs de contraintes feront seuls les fonctions d'huissiers pour les

---

(1) Voir, quant aux patentes, la loi du 25 avril 1844 et la Note.

(2) Ces articles concernent l'adjudication de la perception dans chaque commune; les dispositions en ont été modifiées par la loi du 3 frimaire an 7 et l'arrêté du 16 thermidor an 8. Elles ont été enfin définitivement abrogées par la loi du 5 ventôse an 12, qui a mis tous les percepteurs à la nomination du gouvernement. (V. le *Commentaire* sur l'article 8 du *Règlement* et le texte de l'arrêté du 16 thermidor an 8, ci-après à sa date.)

(3) Aujourd'hui à l'échéance de la dizaine qui suit l'expiration de chaque mois. (L. 17 brumaire an 5, art. 3.) Voir, au surplus, pour les époques de payement, les lois des 13 janvier-18 février 1791, art. 47; 3 frimaire an 7, art. 146; les arrêtés des 16 thermidor an 8, art. 1er, et 26 brumaire an 10, art. 3.)

(4) Il est remarquable que la loi du 26 septembre-2 octobre 1791 ne parle point de la poursuite par voie de garnison, et même que dans les diligences à faire par le percepteur, il n'est question que de la contribution foncière, tandis que la loi tout entière concerne aussi la contribution mobilière et celle des patentes. Au surplus, cette omission n'a aucune espèce de conséquence, attendu que le même mode de poursuites a été appliqué indistinctement à toutes les contributions directes par l'arrêté du 16 thermidor an 8. et qu'enfin la loi du 26 mars 1831, art. 30, déclare communes aux contributions personnelle et mobilière et des portes et fenêtres les règles relatives à la contribution foncière.

contributions foncière, mobilière et les patentes; ils prêteront serment devant les directoires de district. (A. 16 thermidor an 8, art. 18 à 21; A. min. 14 septembre 1861.)

Art. 18. Les porteurs de contraintes pourront être destitués par délibération du directoire de district, qui en·donnera avis au directoire de département, et lui en fera connaître les motifs. (A. 16 thermidor an 8, art. 25.)

Art. 19. Ils seront tenus, en arrivant dans chaque communauté, de faire constater par un officier municipal, ou le procureur de la commune, le jour et l'heure de leur arrivée, et de même en se retirant, le jour et l'heure de leur départ.

Art. 20. Le temps que les·porteurs de contraintes auront employé dans la communauté étant ainsi constaté, le bulletin des frais à leur allouer sera ensuite réglé par le directoire de district, et le total de ces frais sera réparti, à la suite du bulletin, au·marc la livre des sommes dues par les contribuables dénommés dans les contraintes, à l'époque où elles seront décernées. (Même arrêté, art. 44.)

Art. 21. Il sera fait deux expéditions de ce bulletin : l'une sera rendue exécutoire par le directoire de district;.et sera remise par le receveur du district au percepteur, pour lui servir au recouvrement des frais qui y sont alloués, et dont il versera le montant entre les mains du receveur; la seconde expédition restera au receveur de district, pour distribuer aux porteurs de contraintes les sommes revenant à chacun d'eux pour leurs journées, et les porteurs de contraintes donneront quittance au pied du bulletin.

Ceux des contribuables qui, sans attendre de saisies et ventes, satisferont à la contrainte, ne supporteront que leur part des premiers frais.

Ceux qui nécessiteront des saisies et ventes en supporteront les frais. (Même arrêté, art. 45, 46 et 47.)

Art. 22. Les municipalités donneront ·assistance et protection aux porteurs de contraintes, et, en cas de refus, ceux-ci dresseront un procès-verbal qu'ils enverront au directoire de district, lequel, après en avoir donné communication aux ·officiers municipaux, prononcera, s'il y a lieu, contre eux, la responsabilité solidaire du montant total de l'arriéré des contributions foncière et mobilière, et des patentes, pour leur communauté. Signification de l'arrêté du directoire sera faite sans délai aux officiers municipaux, à la requête du receveur du district.

Art. 23. En cas de rebellion, le porteur de contraintes en dressera procès-verbal, qu'il fera viser par un officier municipal par le procureur de la commune, et l'enverra sur-le-champ au directoire du district. Le procureur syndic dénoncera les faits à l'accusateur public, et lorsque l'institution du jury sera en activité, à l'officier de police ou au directeur du jury. (Même arrêté, art. 24.)

Art. 24. Les receveurs de district et les officiers municipaux pourront dresser des procès-verbaux des plaintes qui leur auront été faites contre les porteurs de contraintes; et ils adresseront sur-le-champ ces procès-verbaux au procureur syndic, qui en rendra compte au directoire du district, lequel révoquera ces employés, s'il y a lieu. (Même arrêté, art. 25.)

Art. 25. Si les plaintes étaient telles qu'il y eût lieu à une poursuite criminelle contre ces porteurs de contraintes, les directoires de district feront remettre par leurs procureurs syndics ces plaintes à l'accusateur public, et, lorsque l'institution du jury sera en activité, à l'officier de police ou au directeur du jury. (Même arrêté, art. 26.)

Art. 26. Chaque receveur de district tiendra des registres par communauté, tant des saisies ou contraintes qu'il aura fait viser, que des frais auxquels elles auront donné lieu. Ces registres seront paraphés par le président du directoire de district. A la fin de chaque trimestre, le receveur du district remettra au procureur syndic un état, certifié de lui, constatant : 1° le montant total des contributions de sa recette; 2° le total des sommes recouvrées; 3° le total des frais faits pendant les trimestres antérieurs; 4° la somme recouvrée pendant le dernier trimestre; 5° le montant des frais faits pendant ce trimestre; 6° la somme restant à recouvrer. (Même arrêté, art. 49).

Art. 27. Les procureurs syndics enverront de même, tous les trois mois, un extrait sommaire de ces états au procureur général, syndic du département, qui en fera former un état général, d'après lequel le directoire du département pourra comparer la marche du recouvrement dans les différents districts et communautés. Le directoire du département enverra une copie de cet état général au Ministre des contributions publiques, avec ses observations.

Art. 36. Dans le cas où un percepteur serait accusé de concussion ou de falsification de rôle, le procureur syndic du district fera dresser procès-verbal des faits et le remettra à l'accusateur public, et, lorsque l'institution du jury sera en activité, à l'officier de police ou au directeur du jury.

26-31 août 1792.

Décret qui détermine la forme à suivre pour les demandes en décharge ou réduction de la contribution mobilière.

Art. 6. Aucune demande en réduction ne pourra être admise, si elle n'est formée dans les trois mois qui suivront la publication du rôle de la contribution mobilière dans la communauté, et si le réclamant ne justifie avoir payé les termes de la cotisation échus au jour où la demande sera formée. (D. 21-28 août 1791, art. 6; L. 3 nivôse an 7, art. 51; 2 messidor an 7, art. 17; 26 mars 1831, art. 27, et 21 avril 1832, art. 28.)

2 thermidor an 3 (20 juillet 1795).

Décret relatif au payement de la contribution foncière du prix des baux stipulé en argent, etc.

Art. 2. La contribution foncière continuera d'être imposée sur les propriétaires et sera acquittée par eux ou par leurs fermiers; lesdits fermiers payeront la contribution pour leur propre compte s'ils en sont chargés; et, dans le cas contraire, ils seront tenus de la payer à l'acquit des propriétaires. (D. 23 novembre-1er décembre 1790, tit. 5, art. 10; L. 17 brumaire an 5, art. 8; 18 prairial an 5, art. 27; 3 frimaire an 7, art. 147; 12 novembre 1808, art. 2; 4 août 1844, art. 6, et Circ. 17 septembre 1844.)

Art. 9. Les fermiers des biens ruraux et moulins à grains dont le prix des baux est stipulé en argent, seront tenus d'avancer et conduire ladite moitié payable en nature, qu'ils soient ou non chargés des contributions (1).

Lorsqu'ils n'en seront pas chargés, ils en feront déduction aux propriétaires, sur et en tant moins de la moitié qu'ils seront tenus de leur payer en grains; dans aucun cas ils ne pourront répéter les frais de voiture.

Art. 23. Les arrêtés du département en matière d'imposition seront provisoirement exécutés, sans que l'effet puisse en être retardé sous quelque prétexte que ce puisse être (2).

_____

(1) La contribution en nature établie par l'article 4 de la loi du 2 thermidor a été définitivement abolie par celle du 18 prairial an 5.

(2) Ainsi le pourvoi contre les arrêtés des Conseils de préfecture ne peut en suspendre l'exécution. (V. pour la confirmation de ce principe, l'art. 3 du décret du 22 juillet 1806.)

4 thermidor an 3 (22 juillet 1795).

Décret portant établissement de patentes pour l'exercice de toute espèce de commerce.

Art. 4. Les colporteurs et marchands roulants sont tenus de se pourvoir de patentes dans le lieu de leur domicile; à défaut de domicile, il payeront les droits sur le taux fixé dans les villes au-dessous de deux mille âmes, et ce payement sera fait au chef-lieu du département. (D. 20 septembre-9 octobre 1791, art. 16.) (1).

Art. 8. Les patentes ne pourront à l'avenir être accordées que pour une année entière ou pour le *prorata* du temps qui restera à courir de l'année, à dater de l'époque où elles seront demandées, jusqu'au 1er vendémiaire de l'année suivante. (D. 2-17 mars et 20 septembre-9 octobre 1791, art. 11; L. 6 fructidor an 4, art. 16; 1er brumaire an 7, art. 4; L. 25 avril 1844.)

7 thermidor an 3.

Décret portant établissement d'une contribution personnelle et de taxes somptuaires.

Art. 1er. Il sera payé par tous les Français jouissant de leurs droits ou revenus et par tous les étrangers, comme il sera dit ci-après, une contribution personnelle de cinq livres par chaque année (2).

Art. 5. Indépendamment de cette contribution personnelle, il sera payé des taxes somptuaires, ainsi qu'il suit (3) :.....

5 fructidor an 3 (22 août 1795).

Acte constitutionnel.

Titre 11. *Contributions.*

Art. 302. Les contributions publiques sont délibérées et fixées, chaque année, par le Corps législatif. A lui seul appartient d'en établir. Elles ne peuvent subsister au-delà d'un an si elles n'ont été expressément renouvelées. (Const. 3-14 septembre 1791, art. 1er; L. 3 frimaire an 7, art. 1er; Charte const., art. 40 et 41; Const. 4 novembre 1848, art. 15.)

Art. 307. Le Directoire exécutif dirige et surveille la perception et le versement des contributions, et donne à cet effet tous les ordres nécessaires.

17 brumaire an 5 (7 novembre 1796).

Loi relative à la répartition et au recouvrement des contributions directes.

Art. 3. Les contribuables qui n'auront pas acquitté le montant de leur taxe en contribution directe, dans les dix jours qui suivront l'échéance des délais fixés par les lois, y seront contraints, dans les dix jours suivants, par la voie des gar-

---

(1) L'impôt des patentes établi par la loi du 2 mars 1791, supprimé par celle du 21 mars 1793, a été rétabli par la loi du 4 thermidor an 3.

(2) Modifié, quant à la quotité de la taxe, par les lois des 3 nivôse an 7, 26 mars 1831 et 21 avril 1832. (V. le *Commentaire* sur l'article 1er du *Règlement*.)

(3) Abrogé par la loi du 24 avril 1806, art. 69.

nisaires envoyés dans leur domicile (1), et auxquels ils seront tenus do fournir le logement et les subsistances, et do payer de plus un franc par jour. Ce premier délai expiré, le payement sera poursuivi par la saisie et vente des meubles des contribuables en retard, même des fruits pendants par racines.

Les garnisaires seront nommés par les administrations municipales, sur la demande des percepteurs (2).

Art. 8. Les fermiers seront tenus de faire l'avance des contributions, pour leurs propriétaires, sauf à s'en faire rembourser ou à les retenir sur le prix de leur fermage. (D. 23 novembre-1er décembre 1790, titre 5, art. 10; 2 thermidor an 3, art. 9; L. 3 nivôse an 4; 18 prairial an 5, art. 27; 3 frimaire an 7, art. 147; 12 novembre 1808, art. 2; L. 4 août 1844, art. 6, et Circ. 17 septembre 1844.)

18 prairial an 5 (6 juin 1797).

Loi relative à la répartition et au recouvrement de la contribution foncière de l'an 5.

Art. 2. La contribution foncière de l'an 5 ne sera payée qu'en numéraire métallique. (D. 23 novembre-1er décembre 1790, tit. 1er, art. 5; L. 6 fructidor an 4, art. 32, et 3 frimaire an 7, art. 1er.)

Art. 27. Les fermiers des biens ruraux et usines payeront la contribution foncière pour et à la décharge des propriétaires, sauf à précompter, s'il y a lieu, sur le prix de leurs fermages, les sommes qu'ils auront avancées. (D. 23 novembre-1er décembre 1790, tit. 5, art. 10; 2 thermidor an 3, art. 9; L. 3 nivôse an 4; 17 brumaire an 5, art. 8; 3 frimaire an 7, art. 147; 12 novembre 1808, art. 2; L. 4 août 1844, art. 6., et Circ. 17 septembre 1844.)

30 prairial an 5 (18 juin 1797).

Loi relative à la perception des contributions foncière et personnelle de l'an 5.

Art. 6. Les dispositions des lois des 16 et 17 brumaire an 5, concernant les obligations des percepteurs et le mode de contrainte seront exécutées selon leur forme et teneur, ainsi que la loi du 2 octobre 1791 et toutes les dispositions auxquelles il n'a pas été dérogé par les lois subséquentes.

14 thermidor an 5 (1er août 1797).

Loi concernant la répartition et la perception de la contribution personnelle, mobilière et somptuaire de l'an 5.

Art. 22. La contribution personnelle et mobilière ne sera payable et exigible qu'au lieu du domicile du contribuable, dans lequel il exerce ou a droit d'exercer les droits du citoyen. La contribution somptuaire sera exigible dans les lieux où existeront les objets de luxe (8). (L. 3 nivôse an 7, art. 29.)

---

(1) Les lois rendues depuis 1790 pour le recouvrement des contributions directes ne parlaient en aucune manière de la poursuite par voie de garnison, d'ou on aurait pu conclure que cette voie de contrainte était abrogée; la loi du 17 brumaire an 5 l'a rétablie. L'arrêté du 16 thermidor an 8 parle aussi de la garnison, et consacre la garnison collective telle qu'elle était ordonnée par le réglement du mois d'avril 1761.

(2) Les garnisaires sont nommés aujourd'hui par les sous-préfets, sur la proposition du receveur particulier. L'arrêté du 16 thermidor an 8 ne les distingue pas des porteurs de contraintes

(3) La contribution somptuaire établie par la loi du 7 thermidor an 3 a été abolie par la loi du 24 avril 1806, art. 69.

Art. 24. Les rôles seront arrêtés et signés par les membres de l'administration municipale, et remis au percepteur de chaque commune, qui fera passer sans délai, à chacun des contribuables de la commune, un avertissement indicatif de sa taxe et portant invitation de l'acquitter. (A. 16 thermidor an 8, art. 14 et 15; L. 25 mars 1817, art. 71; 15 mai 1818, art. 51.)

Art. 25. Les contribuables auront la faculté de se libérer en plusieurs payements, de manière néanmoins que le premier quart soit acquitté dans le mois de la mise en recouvrement, le second, dans le mois suivant, et les deux autres quarts, de trois mois en trois mois (1).

Art. 27. Si quelque contribuable se croit lésé par la taxe du jury d'équité, il adressera sa réclamation à l'administration municipale, qui sera tenue de prononcer dans le délai de deux décades, et de motiver sa décision, qu'elle fera passer sur-le-champ à l'administration centrale, pour être par elle approuvée ou réformée (2).

Art. 28. Aucune réclamation ne pourra être admise, si le contribuable n'y joint la quittance des deux cinquièmes au moins de sa cote (3).

11 brumaire an 7 (1er novembre 1798).

Loi sur le régime hypothécaire.

Art. 11. Il y a privilége sur les immeubles, sans qu'il soit nécessaire d'une inscription 1°... 2° Pour une année échue et celle courante de la contribution foncière (4).

13 brumaire an 7 (3 novembre 1798).

Loi sur le timbre (5).

Titre 2, art. 12. Sont assujettis au droit de timbre, établi en raison de la dimension, tous les papiers à employer pour les actes et écritures, soit publics, soit privés, savoir : 1° Les actes... des huissiers et les copies et expéditions qu'ils en délivrent (6)... — Les pétitions et mémoires, même en forme de lettres, présentés au Directoire exécutif, aux Ministres, à toutes autorités constituées, au commissaire de la trésorerie nationale, à ceux de la comptabilité nationale, aux directeurs de la liquidation générale et aux administrations ou établissements pu-

---

(1) La contribution personnelle et mobilière est maintenant payable par douzième de mois en mois (L. 3 nivôse an 7, art. 59; A. 16 thermidor an 8, art. 1er.)

(2) Modifié par la loi du 28 pluviôse an 8, art. 4, qui charge les Conseils de préfecture du jugement des réclamations en matière de contributions directes.

(3) Modifié : c'est maintenant la quittance des termes échus seulement.

(4) Abrogé par le Code civil et par la loi du 12 novembre 1808, d'après laquelle le privilége du Trésor pour la contribution foncière ne peut s'exercer que sur les récoltes, fruits, loyers et revenus des biens immeubles soumis à cette contribution. (Voir, au surplus, le *Commentaire* sur l'article 11 du *Règlement.*)

(5) Les articles que nous rapportons de cette loi ne sont pas tous exclusivement relatifs à la matière des contributions directes; mais comme ils contiennent des dispositions que les agents de poursuites ont indispensablement besoin de connaître et qui sont mentionnées dans le cours de notre *Commentaire*, il nous a semblé utile d'en insérer ici le texte.

(6) Il n'y a pas d'exception pour les actes de poursuites concernant les contributions directes, sauf les bulletins de garnison. (A. 16 thermidor an 8, art. 29.)

blics (1)... 2° Les registres... des notaires, huissiers et autres officiers publics et ministériels, et leurs répertoires.

Titre 3, art. 16. Sont exceptés du droit et de la formalité du timbre, savoir : 1°... Les minutes de tous les actes, arrêtés, décisions et délibérations de l'Administration publique en général et de tous les établissements publics, dans tous les cas où aucun de ces actes n'est sujet à l'enregistrement sur la minute et les extraits, copies et expéditions, qui s'expédient ou se délivrent par une administration ou un fonctionnaire public, à une autre administration publique ou à un fonctionnaire public, lorsqu'il y est fait mention de cette destination (2). (D. 6-13 juin 1790, art. 3 ; L. 4 messidor an 7, art. 6.)

Les quittances ou récépissés délivrés aux collecteurs et receveurs de deniers publics ; celles que les collecteurs des contributions directes peuvent délivrer aux contribuables... (D. 10-17 juin 1791, art. 10 ; A. 16 thermidor an 8, art. 16.) ;

Les certificats d'indigence ;

Les registres de toutes les administrations publiques et des établissements publics pour ordre et administration générale ;

Ceux des receveurs des contributions publiques et autres préposés publics.

Titre 4, art. 17. Les... huissiers... ne pourront employer pour les actes qu'ils rédigeront et leurs copies et expéditions d'autre papier que celui timbré du département où ils exercent leurs fonctions.

Art. 18. La faculté accordée par l'article 7 de la présente aux citoyens qui voudront employer d'autre papier que celui fourni par la régie en le faisant timbrer avant d'en faire usage, est interdite aux... huissiers... et à tous autres officiers ou fonctionnaires publics : ils seront tenus de se servir du papier timbré débité par la régie. — Les administrations publiques seulement conserveront cette faculté.

Art. 19... Les huissiers et autres officiers publics ou ministériels ne pourront employer de papier timbré d'une dimension inférieure à celle du moyen papier pour les expéditions des procès-verbaux de vente de mobilier.

Art. 20. Les papiers employés à des expéditions ne pourront contenir, compensation faite d'une feuille à l'autre, savoir : plus de vingt-cinq lignes par page de moyen papier ; plus de trente lignes par page de grand papier, et plus de trente-cinq lignes par page de grand registre.

Art. 21. L'empreinte du timbre ne pourra être couverte d'écriture ni altérée.

Art. 22. Le papier timbré qui aura été employé à un acte quelconque ne pourra plus servir pour un autre acte, quand même le premier n'aurait pas été achevé.

Art. 23. Il ne pourra être fait ni expédié deux actes à la suite l'un de l'autre sur la même feuille de papier timbré, nonobstant tout usage ou réglement contraire.

Sont exceptées... les quittances de prix de vente (3)... les procès-verbaux et autres actes qui ne peuvent être consommés dans un même jour et dans la même vacation, les procès-verbaux de reconnaissance et levée de scellés qu'on pourra faire à la suite du procès-verbal d'apposition, et les significations des huissiers, qui peuvent également être écrites à la suite des jugements et autres pièces dont il est délivré copie.

(1) Cette disposition s'applique aux pétitions des contribuables en réclamation, sauf exception pour les cotes au-dessous de 30 fr. (V. la loi du 21 avril 1832, art. 28)

(2) C'est d'après cette disposition que les rôles des contributions directes sont exempts du timbre, ainsi que les extraits qui en sont délivrés.

(3) Un avis du Conseil d'Etat du 7 octobre 1809, approuvé le 21 du même mois, applique cette exception aux quittances du prix des ventes mobilières mises à la suite ou en marge des procès-verbaux de ces ventes.

Art. 26. Il est prononcé par la présente une amende, savoir : 1°... 2° de 25 fr. pour contravention aux articles 20 et 21 par les officiers et fonctionnaires publics. 3°... 4° de 50 fr. pour une contravention à l'article 19, de la part des officiers et fonctionnaires publics y dénommés... 5° de 100 fr. pour chaque acte public ou expédition écrit sur papier non timbré et pour contravention aux articles 17, 18, 22... par les officiers et fonctionnaires publics.== Les contrevenants, dans tous les cas ci-dessus, payeront, en outre, les droits de timbre (1).

Art. 31. Les préposés de la régie sont autorisés à retenir les actes, registres... en contravention à la loi du timbre, qui leur seront présentés, pour les joindre aux procès-verbaux qu'ils en rapporteront, à moins que les contrevenants ne consentent à signer lesdits procès-verbaux et à acquitter sur-le-champ l'amende encourue et le droit de timbre.

Art. 32. En cas de refus, de la part des contrevenants, de satisfaire aux dispositions de l'article précédent, les préposés leur feront signifier, dans les trois jours, les procès-verbaux qu'ils auront rapportés, avec assignation devant le Tribunal civil du département. — L'instruction se fera ensuite sur simples mémoires respectivement signifiés.— Les jugements qui interviendront seront sans appel.

3 frimaire an 7 (23 novembre 1798).

Loi relative à la répartition, à l'assiette et au recouvrement de la contribution foncière.

Art. 1er. Le Corps législatif établit, chaque année, une imposition foncière. == Il en détermine annuellement le montant en principal et en centimes additionnels. (D. 23 novembre-1er décembre 1790, art. 4; Const. 3-14 septembre 1791, art. 1er; 5 fructidor an 3, art. 303; Ch. const., art. 40 et 41; Const. 4 novembre 1848, art. 15.)

Elle est perçue en argent. (D. 23 novembre-1er décembre 1790, art. 5; L. 6 fructidor an 4, art. 32, et 18 prairial an 5, art. 2.)

Art. 36. La note de chaque mutation de propriété sera inscrite au livre des mutations, à la diligence des parties intéressées; elle contiendra la désignation précise de la propriété ou des propriétés qui en seront l'objet, et il y sera dit à quel titre la mutation s'en est opérée. — Tant que cette note n'aura point été inscrite, l'ancien propriétaire continuera d'être imposé au rôle, et lui, ou ses héritiers naturels, pourront être contraints au payement de l'imposition foncière, sauf leur recours contre le nouveau propriétaire.

Art. 65. Les terres vaines et vagues, les landes et bruyères, et les terrains habituellement inondés ou dévastés par les eaux, seront assujettis à la contribution foncière, d'après leur produit net moyen, quelque modique qu'il puisse être; mais, dans aucun cas, leur cotisation ne pourra être moindre d'un décime par hectare.

Art. 66. Les particuliers ne pourront s'affranchir de la contribution à laquelle les fonds désignés en l'article précédent devraient être soumis, qu'en renonçant à ces propriétés, au profit de la commune dans laquelle elles sont situées. La déclaration détaillée de cet abandon perpétuel sera faite par écrit au secrétariat de l'administration municipale, par le propriétaire ou par un fondé de pouvoir spécial. Les cotisations des objets ainsi abandonnés dans les rôles faits antérieurement à l'abandon, resteront à la charge de l'ancien propriétaire. (D. 23 novembre-1er décembre 1790, titre 3, art. 3.)

---

(1) Ces amendes ont été réduites par la loi du 16 juin 1824, art. 10.

Art. 124. La perception de la contribution foncière, et celle de la contribution personnelle, mobilière et somptuaire, seront faites dans chaque commune par le même percepteur (1).

Art. 140. Les percepteurs donneront quittance aux contribuables des sommes qu'ils en recevront; elle sera sur papier non timbré. (D. 10-17 juin 1891; 10-20 juillet 1791; L. 13 brumaire an 7, titre 13, art. 16.)

Art. 141. Les percepteurs émargeront, en outre, en toutes lettres, sur leurs rôles; à côté des articles respectifs les différents payements qui leur seront faits à l'instant même qu'ils les recevront. (D. 26 septembre-2 octobre 1791, art. 13; A. 16 thermidor an 8, art. 16.)

Art. 142. Toute contravention à l'article précédent pourra être dénoncée par le contribuable intéressé, par l'agent municipal de la commune, ou son adjoint, et par le commissaire du directoire exécutif près l'administration municipale : elle sera punie correctionnellement d'une amende de dix francs au moins et de vingt-cinq au plus.

Art. 146. La cotisation de chaque contribuable est divisée en douze portions égales et payables de mois en mois, tant qu'il n'en est point ordonné autrement par une loi particulière. Nul ne peut être contraint que pour les portions échues. (D. 23 novembre-1er décembre 1790, titre 5, art. 5; 13 janvier-18 février 1791, art. 47; 26 septembre-2 octobre 1791, art. 12; L. 17 brumaire an 5, art. 3; 3 nivôse an 7, art. 59; A. des 16 thermidor an 8, art. 1er; 26 brumaire an 10, art. 3.)

Art. 147. Tous fermiers ou locataires seront tenus de payer, à l'acquit des propriétaires ou usufruitiers, la contribution foncière pour les biens qu'ils auront pris à ferme ou à loyer; et les propriétaires ou usufruitiers, de recevoir le montant des quittances de cette contribution pour comptant, sur le prix des fermages ou loyers, à moins que le fermier ou locataire n'en soit chargé par son bail. (D. 23 novembre-1er décembre 1790, titre 5, art. 10; 2 thermidor an 3, art. 2 et 9; L. 3 nivôse an 4; 17 brumaire an 5, art. 8; 18 prairial an 5, art. 27; 12 novembre 1808, art. 2; L. 4 avril 1844, art. 6.)

Art. 149. Les percepteurs de commune ou de canton qui n'auraient fait aucune poursuite contre un ou plusieurs contribuables en retard, pendant trois années consécutives, à compter du jour où le rôle leur aura été remis, perdront leur recours, et seront déchus de tous droits et de toute action contre eux. (D. 23 novembre-1er décembre 1790, titre 5, art. 8; A. 16 thermidor an 8, art 17.)

Art. 150. Ils perdront aussi leur recours et seront pareillement déchus de tous droits et de toute action pour sommes restant dues et non payées par les contribuables, après trois ans de cessation de poursuites contre lesdits contribuables.

Art. 153. Les contraintes et poursuites contre les contribuables en retard d'acquitter leurs cotes, et contre les percepteurs, préposés et receveurs en retard de faire les versements de fonds dont ils sont respectivement tenus, continueront

---

(1) Les percepteurs ont été successivement chargés du recouvrement : de la contribution des portes et fenêtres (L. 4 frimaire an 7); des patentes (A. 26 brumaire an 10; L. 13 floréal an 10.); des contributions levées pour l'entretien des Bourses de commerce (A. 12 brumaire an 11.); des redevances sur les mines (L. 21 avril 1810 et D. du 6 mai 1811.); des rétributions pour la vérification des poids et des mesures (O. 18 décembre 1825.); des contributions pour l'entretien des digues, le curage des rivières et le desséchement des marais (L. 14 floréal an 11, 16 septembre 1807; D. 15 février 1811.); de la taxe des biens de mainmorte (L. 20 février 1849, art. 9.); de la taxe sur chiens, au profit des communes (L. 2 mai 1855.); de la taxe sur les chevaux et voitures (L. 16 septembre 1871.); de la taxe sur les billards et sur les cercles (L. 18 décembre 1871, art. 5); des amendes et condamnations pécuniaires. (L. 29 décembre 1873, art. 25.) V., au surplus, le *Commentaire* sur l'art. 1er du *Règlement*.

d'avoir lieu, selon les lois actuelles non contraires à la présente, tant qu'il n'en aura point été autrement ordonné. (D. 26 septembre-2 octobre 1791; L. 17 brumaire an 5; 30 prairial an 5; A. 16 thermidor an 8.)

Art. 154. Le décret des 20, 22 et 23 novembre 1790, concernant la contribution foncière et l'instruction y annexée; le décret des 12 et 13 juillet 1791, relativement à l'évaluation des bois et forêts, et des tourbières, et celui du 21 février, même année, qui assujettit à la contribution foncière les droits de péage et autres non supprimés, les revenus des canaux, etc., sont abrogés.

Sont pareillement abrogées toutes autres dispositions de lois contraires à la présente.

4 frimaire an 7 (24 novembre 1798).

Loi portant établissement d'une contribution sur les portes et fenêtres.

Art. 1er. Il y aura pour l'an 7 une contribution réglée de la manière suivante :

Art. 2. Cette contribution est établie sur les portes et fenêtres donnant sur les rues, cours ou jardins des bâtiments et usines, sur tout le territoire de la République, et dans les proportions ci-après :

Art. 12. La contribution des portes et fenêtres sera exigible contre les propriétaires et usufruitiers, fermiers et locataires principaux des maisons, bâtiments et usines, sauf leurs recours contre les locataires particuliers, pour le remboursement de la somme due à raison des locaux par eux occupés.

Art. 13. La présente contribution sera payable par tiers, dans les trois mois après la mise en recouvrement du rôle (1).

Les percepteurs, les préposés des receveurs, et les receveurs eux-mêmes, en sont déclarés personnellement responsables : ils seront, en cas de retard, poursuivis sur leurs biens et celui de leurs cautions, sauf le recours des receveurs sur leurs préposés, de ceux-ci sur les percepteurs, et de ces derniers sur les contribuables.

Art 14. Les redevables seront contraints au payement de la contribution, par saisie et vente de leur mobilier, vingt-quatre heures après le commandement qui leur sera fait par écrit, par le percepteur.

L'exécution pourra porter sur les meubles et effets des locataires, jusqu'à concurrence des sommes par eux dues (2).

Art. 15. Lorsque le même bâtiment sera occupé par le propriétaire et un ou plusieurs locataires seulement, la contribution des portes et fenêtres d'un usage commun sera acquittée par les propriétaires ou usufruitiers.

Art. 16. Les différends qui pourront s'élever sur le payement de la contribution ci-dessus établie, seront décidés, sur simples mémoires et sans frais, par les administrations municipales; en cas de recours, par les administrations centrales, sur le rapport et les conclusions du commissaire du directoire exécutif (3).

---

(1) Modifié. D'après l'art. 1er de l'arrêté du 16 thermidor an 8 et l'art. 30 de la loi du 26 mars 1831, cette contribution est payable par douzièmes de mois en mois, comme les autres contributions directes.

(2) Modifié. Cette contribution jouit du même privilège que les autres (L. 12 novembre 1808); comme aussi elle se poursuit contre les redevables de la même manière et aux mêmes époques (A. 16 thermidor an 8.)

(3) Modifié par la loi du 28 pluviôse an 8, art. 4, qui attribue aux Conseils de préfecture le jugement des réclamations en matière de contributions directes.

22 frimaire an 7 (12 décembre 1798).

Loi sur l'enregistrement (1).

Titre 1er, art. 7. Les actes civils et extrajudiciaires sont enregistrés sur les minutes, brevets et originaux...

Art. 8. Il n'est dû aucun droit d'enregistrement pour les extraits, copies ou expéditions des actes qui doivent être enregistrés sur les minutes ou originaux.

Titre 3, art. 20. Les délais pour faire enregistrer les actes publics sont, savoir : de quatre jours, pour ceux des huissiers et autres ayant pouvoir de faire des exploits et procès-verbaux...

Titre 4, art. 26. Les huissiers et tous autres ayant pouvoir de faire des exploits, procès-verbaux ou rapports, feront enregistrer leurs actes, soit au bureau de leur résidence, soit au bureau du lieu où ils les auront faits.

Titre 5, art. 29. Les droits des actes à enregistrer seront acquittés, savoir : par les huissiers et autres ayant pouvoir de faire des exploits et procès-verbaux, pour ceux de leur ministère...

Titre 6, art. 34. La peine contre un huissier ou autre ayant pouvoir de faire des exploits ou procès-verbaux, est pour un exploit ou procès-verbal non présenté à l'enregistrement dans ce délai, d'une somme de 25 fr., et, de plus, d'une somme équivalente au montant du droit de l'acte non enregistré. L'exploit ou procès-verbal non enregistré dans le délai est déclaré nul, et le contrevenant responsable de cette nullité envers la partie. — Ces dispositions, relativement aux exploits et procès-verbaux, ne s'étendent pas aux procès-verbaux de vente de meubles et autres objets mobiliers ni à tout autre acte du ministère des huissiers sujet au droit proportionnel. La peine pour ceux-ci sera d'une somme égale au montant du droit, sans qu'elle puisse être au-dessous de 50 francs. Le contrevenant payera, en outre, le droit dû pour l'acte, sauf son recours contre la partie pour ce droit seulement (2).

Titre 7, art. 41. Les... huissiers... ne pourront délivrer en... copie... aucun acte soumis à l'enregistrement sur la minute ou l'original, ni faire aucun autre acte en conséquence, avant qu'il ait été enregistré, quand même le délai pour l'enregistrement ne serait pas encore expiré, à peine de 50 fr. d'amende, outre le payement du droit. — Sont exceptés les exploits et autres actes de cette nature qui se signifient à parties ou par affiches et proclamations...

Art. 44. Il sera fait mention dans toutes les expéditions des actes publics, civils ou judiciaires qui doivent être enregistrés sur les minutes, de la quittance des droits par une transcription littérale et entière de cette quittance... — Chaque contravention sera punie par une amende de 10 francs.

Art. 49. Les... huissiers... tiendront des répertoires à colonnes, sur lesquels ils inscriront jour par jour, sans blanc ni interligne et par ordre de numéros, savoir : 1°... 2° Les huissiers, tous les actes et exploits de leur ministère, sous peine d'une amende de 5 francs pour chaque omission...

Art. 50. Chaque article du répertoire contiendra : 1° son numéro; 2° la date de l'acte; 3° sa nature; 4° les noms et prénoms des parties et leur domicile; 5° l'indication des biens, leur situation et le prix, lorsqu'il s'agira d'actes qui auront pour objet la propriété, l'usufruit ou la jouissance des biens fonds; 6° la relation de l'enregistrement.

---

(1) Même observation que pour la loi du 13 brumaire an 7.

(2) Modifié, quant à la quotité de l'amende, par l'art. 10 de la loi du 16 juin 1824. — Cette observation s'applique aux amendes prononcées dans les autres articles de la loi.

Art. 51. Les... huissiers... présenteront, tous les trois mois, leurs répertoires aux receveurs de l'enregistrement de leur résidence, qui les viseront et énonceront dans leur *visa* le nombre des actes inscrits. Cette présentation aura lieu, chaque année, dans la première décade de chacun des mois de nivôse, germinal, messidor et vendémiaire, à peine d'une amende de 10 fr. pour chaque décade de retard (1).

Art. 52. Indépendamment de la représentation ordonnée par l'article précédent, les... huissiers..., seront tenus de communiquer leurs répertoires, à toute réquisition, aux préposés de l'enregistrement qui se présenteront chez eux pour les vérifier, à peine d'une amende de 50 fr. en cas de refus. — Le préposé, dans ce cas, requerra l'assistance d'un officier municipal ou de l'agent ou de l'adjoint de la commune du lieu, pour dresser, en sa présence, procès-verbal du refus qui lui aura été fait.

Art. 53. Les répertoires seront cotés et paraphés, savoir : ceux des... huissiers... par le juge de paix de leur domicile...

Art. 54. Les dépositaires... des rôles des contributions... sont tenus de les communiquer, sans déplacer, aux préposés de l'enregistrement à toute réquisition, et de leur laisser prendre, sans frais, les renseignements, extraits et copies qui leur seront nécessaires pour les intérêts de la République, à peine de 50 francs d'amende pour refus constaté par procès-verbal du préposé qui se fera accompagner, ainsi qu'il est prescrit par l'article 52 ci-dessus, chez les détenteurs et dépositaires qui auront fait refus. — Ces dispositions s'appliquent aussi aux... huissiers..., pour les actes dont ils sont dépositaires. — Les communications ci-dessus ne pourront être exigées les jours de repos, et les séances ne pourront durer plus de quatre heures de la part des préposés, dans les dépôts où ils feront leurs recherches.

Titre 10, art. 67. Les droits à percevoir pour l'enregistrement des actes et mutations sont et demeurent fixés aux taux et quotités tarifés par les articles 68 et 69 suivants (2) :

Art. 68, § 1er... *Actes sujets à un droit fixe de 1 franc* (3). 1°... 30° Les exploits, les significations, celles des cédules des juges de paix, les commandements, demandes, notifications, citations, offres ne faisant pas titre au créancier et non acceptées, oppositions, sommations, procès-verbaux, assignations, protêts, interventions à protêts, protestations, publications et affiches, saisies, saisies-arrêts, séquestres, mainlevées et généralement tous actes extrajudiciaires des huissiers ou de leur ministère, qui ne peuvent donner lieu au droit proportionnel, sauf les exceptions mentionnées dans la présente. Et aussi les exploits, significations et tous autres actes extrajudiciaires faits pour le recouvrement des contributions directes et indirectes, et de toutes autres sommes dues à la nation, même des contributions locales, mais seulement lorsque la somme principale excède 25 francs (4). 34° Les prisées de meubles ; 35° Les procès-verbaux et rapports d'employés, gardes, commissaires, séquestres.

---

(1) Quel que soit le retard, il n'est plus dû qu'une seule amende de 10 fr. (L. 16 juin 1824, art. 10.)

(2) Une loi du 6 prairial an 7 (25 mai 1799) a ordonné la perception, à titre de subvention extraordinaire de guerre, d'un décime par franc, en sus des droits d'enregistrement et de timbre. Ce décime continue à être perçu ; la loi des 23-25 août 1871, a imposé un second décime sur les droits et produits dont le recouvrement est confié à l'Administration de l'enregistrement et ajouté deux décimes aux droits de timbre de toute nature.

(3) Le droit a été porté à 2 francs par la loi du 28 avril 1816, article 43, et à 3 francs par celle du 28 février 1872.

(4) Modifié par la loi du 16 juin 1824, qui ne soumet les mêmes actes à l'enregistrement que lorsque la cote de contribution s'élève à 100 francs.

Art. 69, § 5. (2 francs par 100 francs.) Les adjudications, ventes, reventes, cessions, rétrocessions, marchés, traités et tous autres actes, soit civils, soit judiciaires, translatifs de propriété, à titre onéreux, de meubles, récoltes de l'année sur pied, coupes de bois taillis et de haute futaie, et autres objets mobiliers généralement quelconques... Les adjudications à la folle-enchère de biens meubles, sont assujetties au même droit, mais seulement sur ce qui excède le prix de la précédente adjudication, si le droit en a été acquitté.

Titre 11, art. 70, § 2. *A enregistrer gratis.* 1°..... 2° Les exploits, commandements, significations, établissements de garnison, saisies, saisies-arrêts et autres actes, tant en action qu'en défense, ayant pour objet le recouvrement des contributions directes et indirectes, et de toutes autres sommes dues à la République, à quelque titre et pour quelque objet que ce soit, même des contributions locales, lorsqu'il s'agira de cotes de 25 francs et au-dessous, ou de droits et créances non excédant en total la somme de 25 francs (1).

§ 3. *Exempts de la formalité de l'enregistrement.* 1°... 5° les quittances de contributions, droits, créances et revenus payés à la nation ; celles pour charges locales... 6° les ordonnances de décharge ou de réduction, remise ou modération d'imposition, les quittances y relatives, les rôles et extraits d'iceux ; 7° les récépissés délivrés aux collecteurs, aux receveurs de deniers publics et de contributions locales... 12° les affirmations de procès-verbaux des employés, gardes et agents salariés par la République, faits dans l'exercice de leurs fonctions.

3 nivôse an 7 (23 décembre 1798)

Loi sur le mode d'assiette, de perception et de dégrèvement, dans l'intérieur des départements, de la contribution personnelle, mobilière, somptuaire de l'an 7.

Art. 29. La contribution personnelle et mobilière ne sera payable et exigible qu'au lieu du domicile du contribuable (2).

Art. 50. Lorsqu'un citoyen se croira lésé dans sa cote, ou par double emploi, ou à cause de surtaxe, ou pour toute autre raison, il se pourvoira à son administration municipale (3).

Art. 51. Le pétitionnaire justifiera du payement provisoire des termes échus de sa cote, s'il se plaint de surtaxe. Il justifiera pareillement du payement des termes échus de l'une de ses cotes, s'il se plaint de doubles cotes. (D. 21-28 août 1791, art. 3, 4 et 6 ; 26-31 août 1792, art. 6 ; L. 2 messidor an 7, art. 17 ; 26 mars 1831, art. 27 ; 21 avril 1832, art. 28.)

Art 58. Aucune demande en décharge ou réduction ne sera admise après l'expiration des trois mois qui suivront la publication du rôle. (Mêmes lois ; L. 4 avril 1844, art. 8.)

Art. 59. Les dispositions du titre 8 de la loi du 3 frimaire dernier, concernant la perception de la contribution foncière et l'adjudication des rôles, la sur-

---

(1) 100 fr. d'après la loi du 16 juin 1824. Les actes relatifs à l'établissement de la garnison sont exempts de la formalité, quelle que soit la somme. (A. du 16 therm. an 8, art. 28.)

(2) On induit de cette disposition, combinée avec celle de l'article 5 de la loi du 4 messidor an 7, que les contributions directes sont *quérables* au lieu du domicile du contribuable, et qu'elles sont *portables* par celui-ci au bureau du percepteur établi dans la commune. (V. le *Commentaire* sur l'article 26 du *Règlement*)

(3) C'est au sous-préfet ou au préfet que les demandes doivent être aujourd'hui adressées (L. du 21 avril 1832, art. 28), pour être jugées par le Conseil de préfecture, conformément à la loi du 28 pluviôse an 8.

veillance et la vérification des recouvrements, demeurent communes et applicables à la perception des contributions personnelle, mobilière et somptuaire. (L. du 26 mars 1831, art. 30.)

Art. 60. L'annonce de la mise en recouvrement du rôle, sera publiée et affichée dans la commune. (L. du 4 messidor an 7, art. 5.)

22 pluviôse an 7 (10 février 1799).

Loi relative au mode de procéder aux ventes aux enchères de meubles et objets mobiliers (1).

Art. 1er. A compter du jour de la publication de la présente, les meubles, effets, marchandises, bois, fruits, récoltes et tous autres objets mobiliers ne pourront être vendus, publiquement et par enchères, qu'en présence et par le ministère d'officiers publics ayant qualité pour y procéder (2).

Art. 2. Aucun officier public ne pourra procéder à une vente publique et par enchères, d'objets mobiliers, qu'il n'ait préalablement fait la déclaration au bureau de l'enregistrement dans l'arrondissement duquel la vente aura lieu.

Art. 3. La déclaration sera inscrite sur un registre qui sera tenu à cet effet, et elle sera datée. Elle contiendra les nom, qualité et domicile de l'officier, ceux du requérant, ceux de la personne dont le mobilier sera mis en vente, et l'indication de l'endroit où se fera la vente, et du jour de son ouverture. Elle sera signée par l'officier public, et il lui en sera fourni une copie, sans autre frais que le prix du papier timbré sur lequel cette copie sera délivrée. — Elle ne pourra servir que pour le mobilier de celui qui y sera dénommé.

Art. 5. Les officiers publics transcriront, en tête de leurs procès-verbaux de vente, les copies de leurs déclarations. — Chaque objet adjugé sera porté de suite au procès-verbal; le prix y sera écrit en toutes lettres et tiré hors ligne en chiffres. — Chaque séance sera close et signée par l'officier public et deux témoins domiciliés.

Art. 6. Les procès-verbaux de vente ne pourront être enregistrés qu'aux bureaux où les déclarations auront été faites. — Le droit d'enregistrement sera perçu sur le montant des sommes que contiendra cumulativement le procès-verbal des séances à enregistrer dans le délai prescrit par la loi sur l'enregistrement.

Art. 7. Les contraventions aux dispositions ci-dessus seront punies par les amendes ci-après, savoir : de 100 francs contre tout officier public qui aurait procédé à une vente sans avoir fait sa déclaration; — de 25 francs pour défaut de transcription, en tête du procès-verbal, de la déclaration faite au bureau d'enregistrement; — de 100 francs pour chaque article adjugé et non porté au procès-verbal de vente, outre la restitution du droit; — de 100 francs aussi pour chaque altération du prix des articles adjugés, faite dans le procès-verbal, indépendam-

---

(1) Même observation que pour les lois des 13 brumaire et 22 frimaire an 7.

(2) La loi du 17 septembre 1793 avait autorisé les notaires, huissiers et greffiers à faire les prisées et ventes de meubles dans toute l'étendue de la République. Mais la loi du 27 ventôse an 7, qui institua à Paris des commissaires-priseurs, transporta cette attribution à ces derniers. Enfin, la loi du 28 avril 1816 a donné au gouvernement la faculté d'établir, dans tout le royaume, des commissaires-priseurs qui ont, comme ceux de Paris, le droit exclusif de faire les ventes dans le chef-lieu de leur établissement; dans le reste de l'arrondissement, ils ont la concurrence avec les autres officiers ministériels, parmi lesquels il faut compter les porteurs de contraintes, qui sont huissiers pour les contributions directes. (Voir au surplus, à leurs dates, la loi du 23 juillet 1820, article 31, celle du 18 juin 1843, et le *Commentaire* sur l'article 31 du *Règlement*.)

ment de la restitution. et des peines de faux ; — et de 15 francs pour chaque article, dont le prix .ne serait pas en toutes lettres dans le procès-verbal (1).

Art. 8. Les préposés de la régie de l'enregistrement sont autorisés à se transporter dans les lieux où se feront des ventes publiques et par enchères, et à s'y faire représenter les procès-verbaux de ventes et les copies des déclarations préalables... — La preuve testimoniale pourra être admise sur les ventes faites en contravention à la présente. (L. du 22 frimaire an 7, art. 52 et 54.)

2. messidor an. 7 (19. juin 1799).

Loi sur les réclamations en matière de contribution foncière.

Titre 4, chapitre 2. Des demandes en réduction formées par les contribuables.

Art. 17. Cette demande (*en réduction*) ne sera admise qu'autant qu'elle se trouvera formée dans les trois mois de la publication du rôle de l'année, et que le réclamant justifiera avoir payé les termes de sa cote de contributions, échus au jour de la demande, tant en principal qu'en centimes additionnels. (D. 21-28 août 1791, art. 6 ; 26-31 août 1792, art. 6 ; L. 3 nivôse, an 7, art. 51 ; 26 mars 1831, art. 27 ; 21 avril 1832, art. 28 ; 4 août 1844, art. 8.)

Art. 225. Les frais qu'auront à supporter les contribuables (*pour les expertises que nécessitent les réclamations*), seront, à défaut de payement dans le mois, portés par émargement à leur cote, et il y aura lieu contre eux, pour le payement de ces frais, aux mêmes poursuites que pour le payement de la cote même. Ces poursuites seront faites par le percepteur. (A. 24 floréal, an 8, art. 19.)

4 messidor an 7 (21 juin 1799).

Loi relative aux publications et affiches, en matière de contribution foncière.

Art. 5. Le premier décadi, après la remise du rôle de la contribution foncière au percepteur de la commune, les citoyens seront prévenus de cette remise par une affiche qui sera faite au chef-lieu de la commune, et aux autres endroits accoutumés, à la diligence du commissaire du directoire exécutif, près l'administration municipale, et au nom de cette administration. — L'affiche portera avertissement aux citoyens que le rôle est revêtu des formalités prescrites par la loi ; et qu'il est entre les mains de N..., percepteur, demeurant à..., et que chaque contribuable doit acquitter la somme pour laquelle il est porté audit rôle, entre les mains dudit percepteur, dans les délais de la loi ; faute de quoi, il y sera contraint (2).

Cette affiche tiendra lieu de la publication du rôle ; il en restera minute, signée du commissaire du directoire exécutif et de celui qui aura posé l'affiche. Cette minute sera déposée au secrétariat de l'administration municipale, et mention du dépôt sera faite sur le registre d'ordre. (L. 4 avril 1844, art. 8.)

Art. 6. Toutes les affiches faites en exécution de la présente loi seront sur papier non timbré. (L. 13 brumaire an 7, art. 16.)

28 pluviôse an 8 (17 février 1800).

Loi concernant la division du territoire français et l'administration.

Art. 3. Le préfet sera chargé seul de l'administration.......................

---

(1) Modifié, quant à la quotité de l'amende, par l'article 10. de la loi du 16 juin 1824.
(2) Voir la Note de la loi du 3 nivôse an 7, article 29.

Art. 4. Le Conseil de préfecture prononcera sur la demande des particuliers tendant à obtenir la décharge ou la réduction de leur cote de contributions directes (1). (D. 6-13 juin 1790, art. 2.)

24 floréal an 8 (14 mai 1800).

Arrêté relatif aux réclamations en matière de contributions directes (2).

Art. 17. Les frais de vérification et d'experts seront réglés par le préfet, sur l'avis du sous-préfet.

Art. 18. Ils seront supportés, savoir : par la commune, lorsque la réclamation aura été reconnue juste ; par le réclamant, lorsque la réclamation aura été rejetée (3).

Art. 19. Les frais à la charge de la commune seront imposés sur le rôle de l'année suivante, avec les centimes additionnels et comme charge locale. Ceux à la charge des contribuables seront acquittés par eux, en vertu de l'ordonnance du préfet, entre les mains du percepteur. (L. 2 messidor an 7, art. 225.)

16 thermidor an 8 (4 août 1800).

Arrêté contenant règlement pour le recouvrement des contributions directes et l'exercice des contraintes (4).

Les Consuls,....... sur le rapport du Ministre des finances ;

Vu les lois des 1er décembre 1790, 2 octobre 1791, 17 brumaire an 5 et 3 frimaire an 7, relatives aux contributions directes ;

Considérant que les lois, en autorisant l'envoi et le séjour des porteurs de contraintes chez les contribuables en retard de payer leurs contributions, ne règlent pas l'emploi de cette mesure ; que le gouvernement doit aux contribuables, autant qu'au Trésor public, de la régulariser, pour assurer non-seulement le recouvrement des contributions, mais pour prévenir en même temps les rigueurs qui en résulteraient, si elle était employée sans nécessité ou d'une manière arbitraire ;

Considérant aussi qu'il est important de coordonner avec le système actuel de l'administration, les principes consacrés par les lois en matière de contributions ;

Le Conseil d'État entendu,

Arrêtent :

§ 1er *Dispositions générales.*

Art. 1er. Les contributions directes sont payables à raison d'un 12me par mois. (D. 23 novembre-1er décembre 1790, titre 5, art. 5 ; 13 janvier-18 février 1791 ; L. 3 frimaire an 7, art. 146 ; 3 nivôse an 7, art. 59 ; A. 26 brumaire an 10, art. 3 ; L. 25 avril 1844, art. 24.)

Art. 2. Il y aura pour leur recouvrement, un percepteur par chaque ville,

---

(1) C'est sur cette disposition qu'a été établie la jurisprudence qui attribue aux Conseils de préfecture la connaissance de tout le contentieux des contributions directes (V. le *Commentaire* sur l'art. 19 du *Règlement*.)

(2) Cet arrêté a définitivement réglé les formes à suivre pour l'instruction et le jugement des réclamations. Il est, au surplus, étranger à la matière des poursuites.

(3) Quand il s'agit d'impôts de quotité, les frais d'expertise, si une réduction est accordée, sont supportés par l'Etat. (A. du Conseil, 16 avril 1856.)

(4) La plupart des dispositions de cet arrêté sont empruntées au Règlement sur les tailles de 1761.

bourg et village ayant son rôle particulier. (D. 13 janvier-18 février 1791, art. 44 ; 26 septembre-2 octobre 1791, art. 1er ; L. 3 frimaire an 7, art. 124 ; A. 26 brumaire an 10, art. 1er ; L. 5 ventôse an 12, art. 10 et 11 ; 31 octobre 1839 ; 20 décembre 1872, art. 18.)

Art. 3 (1). L'adjudication de la levée des contributions directes sera faite par les maires ou, à leur défaut, par les adjoints, avant le 1er fructidor de chaque année.

Art. 4. L'adjudication sera faite au rabais, et ne pourra pas excéder cinq centimes par franc.

Art. 5. L'adjudicataire fournira un cautionnement en immeubles, dont la valeur libre sera du quart, au moins, du montant du rôle de la contribution foncière.

Art. 6. Le receveur particulier de l'arrondissement fera fournir, sous sa responsabilité personnelle, dans la décade qui suivra l'adjudication, le cautionnement exigé par l'article précédent ; à l'effet de quoi les maires ou adjoints adresseront, sans délai, au receveur particulier le procès-verbal de l'adjudication.

Art. 7. Dans les dix jours de la réception de leur cautionnement, les percepteurs seront tenus, à leurs frais :

1° De le faire inscrire au bureau de la conservation des hypothèques de la situation du bien, et d'en rapporter certificat au receveur particulier ;

2° De lui rapporter, dans le même délai, l'état certifié par le conservateur, des charges et hypothèques inscrites sur lesdits biens, ou le certificat qu'il n'en existe aucune.

Art. 8. Aucun percepteur en exercice ne pourra se rendre adjudicataire qu'après avoir justifié de l'entier versement du produit des contributions dont les termes seront échus.

Art. 9. A défaut d'adjudicataire, le Conseil municipal convoqué extraordinairement, par le maire ou son adjoint, nommera d'office, dans la première décade de fructidor, un percepteur dont la solvabilité soit connue.

Art. 10. Le percepteur nommé d'office, qui n'aura pas fourni de cautionnement, ne jouira que d'une remise de trois centimes par franc ; la remise sera de cinq centimes s'il fournit le cautionnement déterminé par l'art. 5.

Art. 11. S'il se trouve un déficit dans la caisse du percepteur dont l'insolvabilité soit constatée par la discussion de ses biens et de ceux de son cautionnement, et que le receveur particulier, le maire et les membres du Conseil municipal aient satisfait, chacun en ce qui le concerne, aux dispositions ci-dessus, la somme manquante restera à la charge de la communauté, et sera réimposée sur les rôles de la même année.

Le sous-préfet sera chargé de l'exécution du présent article.

Art. 12. Le procès-verbal d'adjudication, ou, à défaut d'adjudication, l'acte de nomination d'office du percepteur, sera renvoyé, avant le 15 fructidor, par les maires ou adjoints, au sous-préfet, qui en donnera récépissé.

Art. 13. Les rôles des contributions seront rendus exécutoires par le préfet, dans la décade, à compter de leur réception ; il les remettra ensuite au directeur

---

(1) Les dispositions des articles 3 à 12, qui concernent l'adjudication de la perception, se trouvent aussi dans les lois des 23 novembre-1er décembre 1790; 26 septembre-2 octobre 1791, et 3 frimaire an 7, qui elles-mêmes les avaient empruntées aux anciens règlements. Elles ont été implicitement abrogées par la loi du 5 ventôse an 12, qui a mis les percepteurs à la nomination du gouvernement. Nous aurions donc pu, comme nous l'avons fait à l'égard des lois précitées des 23 novembre-1er décembre 1790, etc., nous dispenser de les rapporter ici ; mais nous avons cru qu'il ne serait pas inutile de donner dans son ensemble l'arrêté du 16 thermidor, qui a été et qui est encore le seul règlement complet sur les poursuites en matière de contributions directes.

des contributions; qui les fera passer, par les contrôleurs, aux maires ou adjoints, avant le 1er vendémiaire de chaque année.

Art. 14. Dans les cinq jours qui suivront la réception des rôles, les maires ou adjoints les feront publier, et les remettront au percepteur, qui en donnera sa reconnaissance au bas du procès-verbal. (D. 13 janvier-18 février 1791, art. 45 ; L. 14 thermidor an 5, art. 24 ; 3 nivôse an 7, art. 60 ; 4 messidor an 7, art. 5 ; A. 26 brumaire an 10, art. 1er.)

Art. 15. Le percepteur ne pourra rien exiger des contribuables, qu'il ne soit porteur d'un rôle exécutoire et publié.

Art. 16. Il émargera sur le rôle, en présence du contribuable, la somme qu'il recevra ; il croisera les articles entièrement soldés ; et, s'il en est requis par le contribuable, il lui en donnera quittance sur papier libre, pour laquelle il ne pourra rien exiger. (D. 10-17 juin 1791, art. 10 ; 26 septembre-2 octobre 1791, art. 13 ; L. 13 brumaire an 7, art. 16 ; 3 frimaire an 7, art. 140 et 141.

Art. 17. Les percepteurs qui n'auront fait aucune poursuite contre les contribuables en retard, pendant trois années consécutives, perdront leur recours et toute action contre eux. (D. 23 novembre-1er décembre 1790, titre 5, art. 8 ; L. 3 frimaire an 7, art. 149 et 150.)

Après ce délai, les maires ou adjoints retireront les rôles et les déposeront aux archives de l'arrondissement communal.

§ 2. Organisation des Porteurs de contraintes.

Art. 18. A compter de la publication du présent règlement, il sera choisi, dans chacun des arrondissements communaux, des porteurs de contraintes chargés exclusivement d'exécuter celles qui seront décernées par le receveur particulier pour le payement des contributions directes. — Les porteurs de contraintes feront seuls les fonctions d'huissiers pour les contributions directes. (D. 26 septembre-2 octobre 1791, art. 17 ; Arr. minist. 14 septembre 1861.)

Ils ne seront pas assujettis au droit de patente.

Art. 19. Les porteurs de contraintes seront choisis parmi les citoyens de l'arrondissement, sachant lire, écrire, calculer, et ayant une instruction suffisante pour exécuter toutes les opérations relatives à leurs fonctions. (Même décret, art. 17.)

Les invalides et anciens militaires réunissant ces conditions, et munis de certificats de bonne conduite, seront choisis de préférence.

Aucun des individus attachés au service du préfet, des sous-préfets et des receveurs, ne pourra remplir les fonctions de porteur de contraintes.

Art. 20. Les porteurs de contraintes seront nommés par les sous-préfets, sur la présentation du receveur particulier. — Les choix du sous-préfet seront soumis à l'approbation du préfet. — Il sera fait un état triple de cette nomination : le premier, pour être déposé aux archives de la préfecture ; le second, à celles de la sous-préfecture, et le troisième, pour être remis au receveur, le tout sans frais.

Art. 21. Le sous-préfet recevra des porteurs de contraintes la promesse de fidélité à la Constitution, prescrite par la loi ; il en fera mention sur la commission, laquelle ne sera délivrée qu'après avoir été visée par le préfet. (Même décret, art. 17.)

Art. 22. Les porteurs de contraintes devront être munis de leur commission dans l'exercice de leurs fonctions ; ils en feront mention dans leurs actes, et la représenteront lorsqu'ils en seront requis.

Art. 23. Le nombre des porteurs de contraintes sera calculé sur la population des communes composant l'arrondissement communal, et il ne pourra excéder celui de deux par quinze communes rurales.

Art. 24. Dans le cas où les porteurs de contraintes seront injuriés, ou s'il leur est fait rébellion, ils se retireront chez le maire ou adjoint du lieu, pour en dresser procès-verbal et l'affirmer. (Même décret, art. 22 et 23 ; C. proc. civ., art. 555.)

Art. 25. Les receveurs particuliers seront chargés de surveiller, et de faire surveiller la conduite des porteurs de contraintes, de prendre à leur égard tous les renseignements qui pourront leur être fournis, soit par les percepteurs, soit par les contribuables, et de les adresser, sans délai, au sous-préfet de l'arrondissement. — Celui-ci surveillera lui-même et fera surveiller les porteurs de contraintes par les maires et adjoints. — Le directeur des contributions directes fera aussi surveiller, par les contrôleurs, les porteurs de contraintes, et il transmettra au sous-préfet les renseignements qu'il aura recueillis sur la conduite de ceux-ci. —Les contribuables pourront porter directement leurs plaintes au sous-préfet, qui statuera sommairement sur toutes celles qui lui parviendront contre les porteurs de contraintes ; il pourra même les révoquer, sauf, dans tous les cas, le recours au préfet. (Même décret, art. 18 et 24).

Art. 26. Si les délits donnent lieu, par leur nature, à des poursuites extraordinaires, le préfet adressera les pièces aux juges compétents. (Même décret, art. 25.)

Art. 27. Les porteurs de contraintes ne jouiront d'aucun traitement fixe, et ne seront payés qu'autant qu'ils seront employés (1). Le prix de leurs journées, sera réglé chaque année par le préfet, sur l'avis des sous-préfets, et ne pourra pas excéder deux francs, ni être au-dessous d'un franc. — L'arrêté du préfet, portant cette fixation, sera imprimé et affiché.

Art. 28. Les porteurs de contraintes ne pourront rien prétendre pour les jours qu'ils auront été en route en se rendant dans les lieux où ils doivent être employés, non plus que pour le temps qu'ils y auront passé sans travailler ; ils ne pourront, étant en activité de service, exiger, du percepteur ou des redevables, que le logement, la nourriture et une place au feu commun. (Même décret, art. 20 ; L. 17 brumaire an 5, art. 3.)

Il leur est expressément défendu de se loger à l'auberge aux frais des redevables, même sur la demande de ceux-ci.

Il leur est également défendu de recevoir, ni des percepteurs, ni des redevables, le prix de leur travail, qui ne devra leur être payé que par le receveur particulier, d'après la taxe qui en aura été faite.

Art. 29. Les procès-verbaux et actes des porteurs de contraintes, relatifs à leur séjour chez les percepteurs et chez les redevables, ne seront soumis ni au timbre, ni à l'enregistrement, mais le commandement qui précédera les saisies et ventes sera assujetti à ces droits (2). (L. 13 brumaire an 7, art. 12 ; 22 frimaire an 7, art. 68.)

Art. 30. Les receveurs particuliers décerneront, dans leurs arrondissements respectifs, les contraintes contre les percepteurs et les contribuables en retard de se libérer. — Les contraintes seront signées par le receveur particulier, et ne pourront être mises à exécution qu'après avoir été visées par le sous-préfet de l'arrondissement. — Elles seront conformes au modèle annexé au présent règlement, sous le numéro 1er (3).

§ 3. *Contraintes et poursuites à exercer contre les Percepteurs* (4).

Art 31. Les porteurs de contraintes vérifieront, à leur arrivée, en présence du

---

(1) Modifié par un arrêté du 14 septembre 1861. Le salaire des porteurs de contraintes est réglé par les préfets. (L. 25 mars 1817 et 15 mai 1818.)
(2) Les cotes au-dessous de 100 fr. sont enregistrées *gratis*. (L. 16 juin 1824, art. 6.)
(3) V. les modèles à la suite du *Commentaire*.
(4) Nous ne nous occupons pas, dans notre *Commentaire*, des poursuites à exercer

maire ou de son adjoint, la situation du percepteur, d'après les sommes qu'il aura reçues et les quittances que le receveur lui aura délivrées.

Art. 32. Les porteurs de contraintes s'établiront à domicile réel chez le percepteur et à ses frais, sans répétition contre les redevables et avant de pouvoir exercer contre eux aucune contrainte ni poursuite, dans les cas suivants : 1° si, sur les informations que prendront d'abord les porteurs de contraintes, les maires ou adjoints leur attestent, par écrit, que le percepteur n'a pas fait toutes les diligences auxquelles il est obligé pour dispenser le receveur de poursuivre les redevables ; 2° si le percepteur a commis un divertissement de deniers constaté par un procès-verbal des porteurs de contraintes, affirmé devant le maire ou son adjoint.

Art. 33. Aussitôt que le receveur particulier aura été informé d'un divertissement de deniers, il fera faire à l'instant toutes les saisies et actes conservatoires. — Il pourra, en outre, décerner une contrainte par corps contre le percepteur, laquelle ne pourra néanmoins être mise à exécution qu'avec le visa du juge de paix.

Art. 34. Le receveur particulier enverra aussi le procès-verbal et les pièces à l'appui au sous-préfet, qui ordonnera au maire ou à son adjoint de procéder sans retard, sous peine de responsabilité, à une nouvelle adjudication de ce qui restera à recouvrer sur les rôles ; en conséquence, le receveur particulier fera remettre, dans le jour, s'il est possible, au maire ou à son adjoint, les rôles avec l'état des sommes à recouvrer ; à défaut d'adjudicataire, le Conseil municipal nommera d'office un percepteur.

Art. 35. Si, dans les cinq jours suivants, la somme divertie n'est pas remplacée, le receveur particulier fera procéder à la vente des meubles et effets du percepteur, même à l'expropriation forcée de ses immeubles, par-devant les juges compétents, jusqu'à concurrence de ladite somme ; et, en cas d'insuffisance, il sera procédé par les mêmes voies sur le cautionnement.

Art. 36. Les mesures prescrites par les articles qui précèdent, n'empêcheront pas les poursuites extraordinaires auxquelles le divertissement de deniers pourrait donner lieu.

Art. 37. Tous les frais faits à l'occasion d'un divertissement de deniers seront à la charge des percepteurs et seront réglés par les sous-préfets, sauf le recours au préfet, à l'exception des frais faits devant les Tribunaux, lesquels seront réglés en la forme ordinaire.

Art. 38. Les maires ou adjoints vérifieront, toutes les décades, les rôles du percepteur. — Ils dresseront, chaque mois, un procès-verbal de leurs vérifications, conformément au modèle annexé au présent, sous le n° 2, et l'enverront au sous-préfet.

Art. 39. Les porteurs de contraintes ne pourront rester plus de cinq jours consécutifs chez le même percepteur.

§ 4. *Contraintes et poursuites à exercer contre les redevables.*

Art. 40. Les porteurs d'une contrainte la présenteront, à leur arrivée, au maire ou à son adjoint, et en demanderont la publication.

Art. 41. Après que les porteurs de contraintes auront vérifié que le percepteur

contre les percepteurs, et nous n'avons conservé ici le § 3 de l'arrêté du 16 thermidor que par suite de la détermination que nous avons prise, et dont nous avons exposé ci-dessus les motifs, de rapporter cet arrêté dans son entier. Nous n'indiquerons pas, dès lors, en détail, les modifications que ces dispositions ont subies. Nous dirons seulement que la plupart ont cessé d'être exécutées depuis l'organisation du système de la surveillance et de la responsabilité des receveurs des finances, en ce qui concerne la gestion des percepteurs ne se trouve pas dans le cas prévu par l'article 32, ils feront sur le rôle le relevé des contribuables en retard, les porteront sur un bulletin et distribueront à chacun des redevables un avertissement sur papier non timbré, conforme au modèle annexé au présent règlement sous le n° 3. Il ne sera payé que cinq centimes pour chaque avertissement, par le redevable qui l'aura reçu. — Les porteurs de contraintes passeront successivement dans les autres communes comprises dans la contrainte, pour y faire la même opération (1).

Art. 42. Le percepteur, à la première réquisition faite en présence du maire ou de son adjoint, indiquera aux porteurs de contraintes la demeure et les facultés connues des redevables. En cas de refus de la part du percepteur, les porteurs de contraintes s'établiront à domicile réel chez celui-ci, à ses frais, et sans répétition contre les redevables.

Art. 43. Quand les porteurs de contraintes auront distribué leurs avertissements dans toutes les communes qui y sont désignées, ils viendront en rendre compte au receveur particulier, lui présenteront de nouveau la contrainte à viser et partiront ensuite pour séjourner chez les redevables qui n'auront pas satisfait à l'avertissement.

Art. 44. Les porteurs d'une contrainte ne pourront séjourner plus de dix jours dans la même commune, et plus de deux jours chez un redevable.

Ils s'établiront d'abord à domicile chez le plus fort contribuable en retard, et successivement chez les autres, toujours en continuant par le plus fort (2). (L. 17 brumaire an 5, art. 3.)

Les porteurs de contraintes ne pourront pas s'établir à domicile chez les redevables qui payeront moins de quarante francs de contributions directes.

Les frais de séjour des porteurs de contraintes seront répartis sur tous les redevables de la commune, en proportion de leurs débets.

Art. 45. Après les dix jours fixés par l'article précédent, le bulletin, conforme au modèle annexé au présent règlement, sous le n° 4, sera rempli et fait double; il sera signé par les porteurs de contraintes, et certifié par les maires ou adjoints; il sera ensuite remis cacheté au percepteur, qui le portera au receveur particulier, avec les sommes que le séjour des porteurs de contraintes lui aura procurées. (D. 26 septembre-2 octobre 1791, art. 20.)

Art. 46. A mesure que les bulletins parviendront au receveur particulier, il les adressera au sous-préfet pour en régler la taxe, qui se fera sans frais, et ne pourra jamais excéder le huitième de la somme due.

Art. 47. Le sous-préfet renverra, sans retard, les bulletins taxés au receveur particulier, qui en gardera un double, et remettra l'autre quittancé de lui au percepteur, après lui en avoir retenu le montant, dont celui-ci se remboursera sur les redevables, en leur donnant quittance. (Même décret, art. 21.)

---

(1) L'avertissement dont il s'agit dans cet article et dans l'article 43 n'est pas le même que celui dont la remise au contribuable est prescrite par l'article 24 de la loi du 14 thermidor an 5, et l'article 51 de la loi du 15 mai 1818. Celui-ci, qui se distribue immédiatement après l'émission du rôle, est la notification officielle de chaque cote d'impôt; l'autre est un acte de poursuite : c'est le bulletin de garnison collective dont parle l'article 46 du *Règlement*. (V. le *Commentaire* sur cet article.) — Quant au coût de ce bulletin, la fixation indiquée par l'article 41 se trouve modifiée par la disposition de la loi du 15 mai 1818, qui a donné aux préfets le droit de faire, avec l'approbation du gouvernement, des règlements sur les frais de poursuites.

(2) Ce système de contraintes, qui s'exerce d'abord sur les plus forts contribuables, de même que celui qui répartit les frais de la garnison entre les retardataires inégalement et en proportion de leurs débets, a cessé d'être appliqué, sans doute comme peu compatible avec le principe de l'égalité devant la loi, surtout en matière d'impôts. (V. le *Commentaire* sur les articles 44 et suivants du *Règlement*.

Art. 48. Le receveur particulier payera, sur le bulletin taxé resté entre ses mains, les salaires des porteurs de contraintes, qui lui en donneront quittance. (Même décret, art. 21.)

Art. 49. A la fin de chaque année, le receveur particulier rendra au sous-préfet un compte général des frais établis en recette et dépense par les quittances des porteurs de contraintes. (Même décret, art. 26 et 27.)

Art. 50. Les porteurs de contraintes ne pourront, dans aucun cas ni sous aucun prétexte, recevoir aucune somme des percepteurs, ni des contribuables pour la porter au receveur particulier, à peine de destitution, et de restitution des sommes reçues. — Il est défendu aux percepteurs et aux redevables de leur en confier, à peine de payer deux fois.

Art. 51. Après les dix jours fixés par l'article 56, le percepteur pourra faire procéder par voie de saisie et vente des meubles et effets, même des fruits pendants par racines, contre les contribuables qui n'auront pas acquitté leurs contributions échues. (L. 17 brumaire an 5, art. 3.)

Art. 52. Ne pourront être saisis pour contributions arriérées et pour frais faits à ce sujet, les lits, vêtements nécessaires au contribuable et à sa famille, les chevaux, instruments aratoires, ni les outils et métiers à travailler. — Il sera laissé au contribuable en retard, une vache à lait, à défaut de vache, une chèvre, ainsi que la quantité de grains ou graines nécessaires à l'ensemencement ordinaire des terres qu'il exploite. Les abeilles, les vers à soie, les feuilles de mûrier, ne seront saisissables que dans les temps déterminés par les lois sur les biens et usages ruraux (1). — Les porteurs de contraintes qui contreviendront à ces dispositions, seront condamnés à cent francs d'amende. (D. 26 septembre-2 octobre 1791, art. 16. — C. proc. civ., art. 592.)

Art. 53. Les fonctions attribuées aux sous-préfets et aux receveurs particuliers par le présent règlement, seront respectivement exercées par les préfets et receveurs généraux dans l'arrondissement communal du chef-lieu du département.

Art. 54. Le Ministre des finances est chargé de l'exécution du présent arrêté, qui sera imprimé au *Bulletin des lois*.

15 fructidor an 8 (2 septembre 1800).

Arrêté relatif aux patentes.

Art. 6. Il sera statué sur les réclamations formées par les citoyens compris aux rôles des patentes, contre leur taxe, de la manière prescrite par l'arrêté du 24 floréal dernier, concernant les décharges et réductions en matière de contributions directes. (L. 28 pluviôse an 8, art. 4; 13 floréal an 10, art. 25; 25 avril 1844.)

17 frimaire an 9 (8 décembre 1800).

Arrêté qui charge les préfets de surveiller la perception et l'emploi des deniers publics.

Art. 1er. Les préfets sont chargés de surveiller la perception et l'emploi des deniers publics dans leur département. (D. 22 décembre 1789-janvier 1790; Const. 3-14 septembre 1791, titre 5; D. 26 septembre-2 octobre 1791; L. 28 pluviôse an 8; A. 16 thermidor an 8; 6 messidor an 10; 12 brumaire an 11; L. 24 floréal an 11, art. 4; 25 mars 1817, art. 73; 15 mai 1818, art. 51.)

---

(1) Disposition empruntée à la loi du 28 septembre-6 octobre 1791, relative à la police rurale.

28 ventôse an 9 (29 mars 1801).

Loi relative à l'établissement de Bourses de commerce.

Art. 4. Les dépenses annuelles, relatives à l'entretien et réparation des Bourses, seront supportées par les banquiers, négociants et marchands : en conséquence, il pourra être levé une contribution proportionnelle sur le total de chaque patente de commerce de première et deuxième classe, et sur celles d'agents de change et courtiers. — Le montant en sera fixé, chaque année, en raison des besoins, par un arrêté du préfet du département.

Art. 5. Le gouvernement réglera le mode suivant lequel seront faits la perception et l'emploi, et rendu le compte des fonds provenant de cette contribution. (A. 12 brumaire an 11 ; L. 25 avril 1844, art. 33.)

26 brumaire an 10 (17 novembre 1801).

Arrêté relatif aux patentes de l'an 10.

Art. 1er. Les rôles des patentes de l'an 10 seront remis aux percepteurs des contributions foncière et personnelle, pour en suivre le recouvrement. (D. 2-17 mars 1791, art. 9 ; A. 16 thermidor an 8, art. 2.)

Art. 3. Les patentes seront, comme les autres contributions directes, payables par douzième, de mois en mois, à compter du 1er vendémiaire an 10. (D. 23 novembre-1er décembre 1790, tit. 5, art. 5 ; L. 3 frimaire an 7, art. 146 ; A. 16 thermidor an 8, art. 1er ; L. 25 avril 1844, art. 24.)

13 floréal an 10 (25 juin 1802).

Loi sur la contribution foncière, personnelle, mobilière et somptuaire de l'an 11

Art. 25..... Les réclamations qui auront lieu seront faites, présentées et jugées comme celles qui concernent les contributions directes. (L. 28 pluviôse an 8, art. 4 ; A. 24 floréal an 8.)

Art. 26. La cote des citoyens sujets à patente qui viendront à décéder ne sera exigible que pour le passé et le mois courant.

Les forains payeront la contribution entière dans le premier mois (1).

6 messidor an 10 (25 juin 1802).

Arrêté relatif à la manière de constater l'insolvabilité ou l'absence des redevables du Trésor public.

Art. 1er. L'insolvabilité ou l'absence des redevables du Trésor public seront constatées ou par des procès-verbaux, soit de perquisition, soit de carence, dressés par des huissiers, ou par des certificats délivrés, sous leur responsabilité, par les maires ou adjoints des communes de leur résidence, ou de leur dernier domicile.

Art. 2. Ces certificats seront visés par les préfets, pour l'arrondissement du chef-lieu, et par les sous-préfets pour les autres arrondissements.

Art. 3. Le Ministre du Trésor public est chargé de l'exécution du présent arrêté.

---

(1) Modifié par l'art. 69 de la loi du 25 mars 1817, et l'art. 24 de la loi du 25 avril 1844, aux termes desquels les forains sont tenus de payer le montant total de la patente au moment même où elle leur est délivrée.

12 brumaire an 11 (3 novembre 1802).

Arrêté qui annule deux jugements rendus par des Tribunaux, en matière de contributions.

Les Consuls............., sur le rapport du grand juge, Ministre de la justice, relatif au conflit d'attributions élevé entre les autorités administrative et judiciaire, dans le département du Tarn, en matière de contributions;

Vu le procès-verbal, fait le 47 germinal an 8, à la requête du citoyen Ricons, percepteur des contributions directes de la commune de la Guépie, pour l'exercice de l'an 7, de saisie des meubles et effets du citoyen Cestan fils, faute par lui d'avoir satisfait au payement des contributions assises sur un moulin à eau à lui appartenant;

Le jugement du Tribunal civil du département du Tarn, séant à Albi, du 17 floréal an 8, qui casse la saisie et condamne le percepteur aux dépens,

Autre saisie faite, le 14 prairial an 8, à la requête du citoyen Ricons, sur le même Cestan fils, pour les mêmes causes;

Le jugement du 11 thermidor an 8, rendu par le Tribunal de l'arrondissement de Gaillac, qui, sans avoir égard au déclinatoire proposé par le percepteur, annule ladite saisie, condamne le percepteur à cent francs de dommages et intérêts;

Le jugement rendu sur appel et par défaut contre Ricons, par le Tribunal civil de la Haute-Garonne, du 16 fructidor an 8, qui déboute Cestan fils de l'appel par lui interjeté du jugement du 17 floréal an 8, en ce qu'il ne lui accordait point de dommages et intérêts;

L'arrêté pris le 20 thermidor an 8, par le préfet du département du Tarn, qui autorise le percepteur à poursuivre par les voies de droit, en vertu de son rôle, le citoyens Cestan père et fils;

Le jugement rendu, le 13 fructidor an 9, par le Tribunal d'appel séant à Toulouse, qui renvoie les parties à se pourvoir en règlement de juges;

L'arrêté pris, le 19 germinal an 10, par le préfet du Tarn, qui établit le conflit;

Vu les lois du 1er décembre 1790, 17 brumaire an 5, 22 brumaire an 6, 3 frimaire an 7, 28 pluviôse an 8, l'arrêté des Consuls du 16 thermidor an 8;

Considérant que, d'après toutes les lois de la matière, la surveillance de la perception des contributions et le contentieux relativement au recouvrement entre le contribuable et le percepteur, sont attribués à l'autorité administrative;

Le Conseil d'Etat entendu,

Arrêtent ce qui suit :

Art. 1er. Les jugements rendus par le Tribunal civil du Tarn, séant à Albi, le 17 floréal an 8, et par le Tribunal de l'arrondissement de Gaillac, le 11 thermidor an 8, entre Ricons, d'une part, et Cestan fils, d'autre part, ensemble tout ce qui peut s'en être suivi, sont considérés comme non avenus.

Art. 2. Les arrêtés pris par le préfet du Tarn, les 22 thermidor an 8, et 19 germinal an 10, seront exécutés.

Art. 3. Le grand juge, Ministre de la justice, et le Ministre des finances, sont, chacun en ce qui le concerne, chargés de l'exécution du présent arrêté, qui sera inséré au *Bulletin des lois*. (L. 16-24 août 1790.)

12 brumaire an 11 (3 novembre 1802).

Arrêté concernant la perception et l'emploi des contributions destinées à l'entretien des bâtiments affectés aux Bourses de commerce.

Art. 1er. Les contributions qui seront levées, conformément à l'article 4 de la loi du 28 ventôse an 9, pour subvenir aux réparations et à l'entretien des bâtiments affectés à la tenue des Bourses de commerce, seront reçués par les percepteurs des communes, de la même manière et aux mêmes termes que le droit total des patentes. (A. 26 brumaire an 10, art. 3; L. 25 avril 1844, art. 33.)

Art. 2. Le préfet du département, conformément au § 2 de l'article 2 de la même loi, rendra exécutoire le rôle de ces contributions.

26 germinal an 11 (15 avril 1803).

Loi relative au payement des contributions assises sur les biens communaux.

Art. 1er. Les fermiers et locataires des biens communaux mis en ferme ou donnés à bail, comme les biens ruraux, terres, près et bois, ou les moulins, usines ou maisons d'habitation seront tenus de payer à la décharge des communes, et en déduction du prix du bail, le montant des impositions de tout genre assises sur ces propriétés. (D. 23 novembre-1er décembre 1790, tit. 5, art. 10; 2 thermidor an 3, art. 9; L. 3 nivose an 4; 17 brumaire an 5, art. 8; 18 prairial an 5, art. 27; 3 frimaire an 7, art. 147; 12 novembre 1808, art. 2.)

Art. 2. Lorsqu'une commune possédera des domaines utiles dont chaque habitant profitera également et qui ne seront pas susceptibles d'être affermés, comme des bois, pacages et marais communaux, ou des bâtiments servant à l'usage commun, et qu'elle n'aura pas de revenus suffisants pour payer la contribution due à raison desdits domaines, cette contribution sera répartie en centimes additionnels sur les contributions foncière, mobilière et somptuaire de tous les habitants.

Art. 3. Lorsque tous les habitants n'auront pas un droit égal à la jouissance du bien communal, la répartition de la contribution assise sur ce bien sera faite par le maire de la commune, avec l'autorisation du préfet, au prorata de la part qui en appartiendra à chacun.

Art. 4. Lorsqu'une partie seulement des habitants aura droit à la jouissance, la répartition de la contribution n'aura lieu qu'entre eux et toujours proportionnellement à leur jouissance respective.

14-24 floréal an 11 (4 mai 1803).

Loi relative au curage des canaux et rivieres non navigables, et à l'entretien des digues qui y correspondent.

Art. 1er. Il sera pourvu au curage des canaux et rivières non navigables, et à l'entretien des digues et ouvrages d'art qui y correspondent, de la manière prescrite par les anciens règlements, ou d'après les usages locaux.

Art. 3. Les rôles de répartition des sommes nécessaires au payement des travaux d'entretien, réparation ou reconstruction, seront dressés sous la surveillance du préfet, rendus exécutoires par lui, et le recouvrement s'en opérera de la même manière que celui des contributions publiques. (A. 16 thermidor an 8; L. 21 juin 1865, sur les associations syndicales, art. 15 et 16.)

Art. 4. Toutes les contestations relatives au recouvrement de ces rôles, aux réclamations des individus imposés et à la confection des travaux, seront portées devant le Conseil de préfecture, sauf le recours au gouvernement, qui décidera en Conseil d'Etat. (L. 28 pluviôse an 8, art. 4.)

5-15 ventôse an 12 (25 février 1804).

Loi concernant les finances.

Art. 9. Tous les percepteurs des contributions directes seront à la nomination du premier Consul. (Ord. 30 mai 1814 ; 31 octobre 1839 ; D. 19 novembre 1857).

Art. 10. Il y aura, autant que possible, un percepteur par chaque ville, bourg ou village. (A. 16 thermidor an 8, art. 2.

Art. 11. Les préfets pourront néanmoins proposer un seul percepteur pour plusieurs communes, lorsque les localités l'exigeront, pourvu que le montant des rôles des communes réunies n'excède pas vingt mille francs. (Ord. 7 octobre 1814 ; 31 octobre 1839.)

Code civil (1)

23 septembre 1806.

Décret concernant les dépenses relatives aux Chambres de commerce.

Art. 1er. Les dépenses relatives aux Chambres de commerce seront assimilées à celles des Bourses de commerce et acquittées comme elles conformément à l'article 4 de la loi du 28 ventôse an 9. (Ord. 21 décembre 1815, art. 3 et 4 ; L. 25 avril 1844, art. 33.)

12 juillet 1807.

Décret concernant le payement par retenue de la contribution personnelle et mobilière des officiers et employés militaires (2).

Art. 1er. A compter de 1808, la contribution personnelle et mobilière des officiers, tant de terre que de mer, désignés dans l'arrêté du 28 thermidor an 10, ainsi que celle des employés de la guerre et de la marine, dans les garnisons et dans les ports, sera perçue par forme de retenue sur les appointements. (L. 31 juillet 1821, art. 25.)

Art. 2. Le directeur des contributions directes dressera des états particuliers qui présenteront le montant des cotes des officiers et employés ci-dessus et les remettra aux payeurs, après les avoir fait certifier véritables par le préfet.

Art. 3. Les payeurs feront la retenue des cotes sur les appointements de ces officiers et employés, par douzième, proportionnellement, non aux termes échus des contributions, mais à la somme payée sur le traitement. Ils en enverront le montant chaque mois, pour le mois précédent, dans la caisse du receveur particulier de l'arrondissement où résidera le payeur.

Art. 4. Le receveur particulier, après s'être chargé en recette du montant de la retenue, tiendra la main à ce que les cotes soient exactement émargées sur les rôles par les percepteurs. (D. 26 septembre-2 octobre 1791, art. 13 ; L. 3 frimaire an 7, art. 141 ; A. 16 thermidor an 8, art. 16.)

Art. 5. Lorsque les officiers ou employés changeront de résidence, le payeur donnera avis à celui de l'arrondissement où ces officiers ou employés se transporteront, de la somme qui restera à recouvrer sur chacun d'eux. Ce dernier en

(1) Les textes du Code civil et du Code de procédure civile sont tellement répandus que nous croyons absolument inutile d'insérer ici les dispositions auxquelles nous avons renvoyé dans le cours du *Commentaire*.

(2) Aux termes d'une Circulaire de la comptablité générale du 30 juin 1862, la retenue n'est plus exercée par le payeur que sur la demande expresse du percepteur ou du receveur des finances.

exercera la retenue dans la proportion établie par l'article 3 du présent décret. Il en enverra le produit au receveur général de son département, qui demeurera chargé, sur l'indication du payeur, de transmettre ce produit au receveur général dans le département duquel les officiers ou employés auront été primitivement imposés.

Art. 6. Nos Ministres des finances, du Trésor public, de la Guerre et de la Marine, sont, etc. (1)

12 novembre 1808.

Loi relative au privilége du Trésor public pour le recouvrement des contributions directes.

Art. 1er. Le privilége du Trésor public pour le recouvrement des contributions directes est réglé ainsi qu'il suit, et s'exerce avant tout autre :

1° Pour les contributions foncières de l'année échue et de l'année courante, sur les récoltes, fruits, loyers et revenus des biens immeubles, sujets à la contribution ;

2° Pour l'année échue et l'année courante des contributions mobilières, des portes et fenêtres, des patentes et toute autre contribution directe et personnelle, sur tous les meubles et autres effets mobiliers appartenant aux redevables, en quelque lieu qu'ils se trouvent.

Art. 2. Tous fermiers, locataires, receveurs, économes, notaires, commissaires-priseurs et autres dépositaires et débiteurs de deniers provenant du chef des redevables et affectés au privilége du Trésor public, seront tenus, sur la demande qui leur en sera faite (2), de payer, en l'acquit des redevables et sur le montant des fonds qu'ils doivent, ou qui sont entre leurs mains, jusqu'à concurrence de tout ou partie des contributions dues par ces derniers. Les quittances des percepteurs pour les sommes légitimement dues leur seront allouées en compte. (En ce qui concerne les fermiers et les locataires, voir D. 23 novembre-1er décembre 1790, titre 5, art. 10; 2 thermidor an 3, art. 9; L. 3 nivôse an 4; 17 brumaire an 5, art. 8; 18 prairial an 5, art. 27; 3 frimaire an 7, art. 147. — Pour les commissaires-priseurs, notaires, etc., voir le D. 5-18 août 1791.)

Art. 3. Le privilége attribué au Trésor public pour le recouvrement des contributions publiques ne préjudicie point aux autres droits qu'il pourrait exercer sur les biens des redevables, comme tout autre créancier. (C. civ., art. 2093.)

Art 4. Lorsque, dans le cas de saisie de meubles et autres effets mobiliers pour le payement des contributions, il s'élèvera une demande en revendication de tout ou partie desdits meubles et effets, elle ne pourra être portée devant les Tribunaux ordinaires qu'après avoir été soumise, par l'une des parties intéressées, à l'autorité administrative, aux termes de la loi du 5 novembre 1790.

21 avril 1810.

Loi concernant les mines, les minières et les carrières.

Art. 33. Les propriétaires de mines sont tenus de payer à l'Etat une redevance fixe et une redevance proportionnée au produit de l'extraction.

___

(1) Un décret impérial, en date du 11 avril 1810, applique la même disposition à la contribution mobilière des officiers de gendarmerie.

(2) Il n'est pas besoin de saisie-arrêt dans ce cas; il a même été jugé que le tiers détenteur était obligé de payer, lors même qu'un autre créancier aurait formé opposition entre ses mains. (A. Cour de cassation 21 avril 1819. — V. le *Commentaire* sur l'art. 11 du *Règlement*.)

Art. 34. La redevance fixe sera annuelle...

Art. 35. La redevance proportionnelle sera réglée, chaque année, par le budget de l'État, comme les autres contributions publiques..........................

Art. 37. La redevance proportionnelle sera imposée et perçue comme la contribution foncière. (D. 23 novembre-1er décembre 1790; 26 septembre-2 octobre 1791; L. 17 brumaire an 5, 3 frimaire an 7; A. 16 thermidor an 8; L. 26 germinal an 11, 12 novembre 1808; D. 6 mai 1811.) (1)

6 mai 1811.

Décret relatif à l'assiette des redevances fixes et proportionnelles sur les mines.

Art. 40. Le recouvrement des redevances fixes et proportionnelles sera effectué par le percepteur des contributions de la commune où est située la mine. (L. 5 ventôse an 12.)

Lorsque le terrain concédé ou provisoirement assigné et attribué aux exploitants non concessionnaires embrassera plusieurs communes, le percepteur de la commune où seront situés les bâtiments, usines et maisons de direction, sera seul chargé du recouvrement.

Art. 41. Les percepteurs poursuivront le recouvrement sur des rôles délivrés par le directeur des contributions, vérifiés et certifiés par le préfet (2).

30 mai 1814.

Ordonnance relative au mode de nomination des receveurs des finances et des percepteurs.

Art 2. La nomination... aux perceptions à vie sera faite, en notre nom, par notre Ministre secrétaire d'Etat des finances. (L. 5 ventôse an 12, art. 9; Ord. 31 octobre 1839; D. 25 mars 1852; D. 19 novembre 1857.)

21 décembre 1815.

Ordonnance relative aux dépenses des Chambres de commerce.

Art. 3. Il sera pourvu aux dépenses de ces Chambres..., conformément au décret du 23 septembre 1806 et à la loi du 28 ventôse an 9, par une contribution proportionnelle sur les patentes de première et seconde classes et sur celles d'agents de change et courtiers. (V. les lois citées à leur date.)

Art. 4. Le nombre des centimes à ajouter à ces patentes, dans chaque ville ou département, est fixé conformément au tableau annexé à la présente. Notre Ministre secrétaire d'Etat de l'intérieur, qui est chargé de régler les budgets des Chambres de commerce, autorisera les préfets à faire dresser les rôles nécessaires, à la charge d'en donner connaissance à notre Ministre des finances. (L. 24 mai 1834, 25 avril 1844, art. 33.)

28 avril 1816.

Loi sur les finances.

Art. 39. Les jugements des Tribunaux, en matière de contributions publiques ou locales et autres sommes dues à l'Etat et aux établissements locaux, seront

---

(1) Les concessionnaires ont la faculté de demander que la redevance proportionnelle soit convertie en abonnement. (Circ. adm. contrib. dir. 8 juillet 1852 et décret 11 février 1874.)

(2) C'est-à-dire rendus exécutoires par le préfet. (Art. 38 et 39 du même décret.)

assujettis aux mêmes droits d'enregistrement que ceux rendus entre particuliers.

Art. 43. Seront sujets au droit fixe de deux francs... 13° les exploits et autres actes du ministère des huissiers qui ne peuvent donner lieu au droit proportionnel; — sont exceptés.... les exploits ayant pour objet le recouvrement des contributions directes ou indirectes, publiques ou locales (1).

Art. 65. Toutes les affiches, quel qu'en soit l'objet, seront sur papier timbré, qui sera fourni par la Régie, et dont le débit sera soumis aux mêmes règles que celui du papier timbré destiné aux actes (2).— Conformément à la loi du 28 juillet 1791, ce papier ne pourra être de couleur blanche (3). (L. 15 mai 1818, art. 76.)

Art. 75. Seront solidaires pour le payement des droits de timbre et des amendes.... les créanciers et les débiteurs pour les quittances.

25 mars 1817.

Loi sur les finances.

Titre 5, § 4. Frais de poursuites en matière de contributions directes.

Art. 71. Le premier avertissement qui doit indiquer aux contribuables la somme totale qu'ils doivent payer, tant en principal qu'en centimes additionnels, dans les contributions foncière, personnelle et mobilière, portes et fenêtres, et patentes, sera rédigé à mesure que les rôles se confectionneront, et adressé en même temps que l'ordre pour la publication de ces rôles, pour être remis à chaque contribuable, moyennant cinq centimes pour les frais d'impression et de remise. (L. 15 mai 1818, art. 50 et 51.)

Art. 72. Indépendamment de cet avertissement, le percepteur sera tenu de délivrer *gratis* une sommation avant le premier acte qui doit donner lieu à des frais. (L. 15 mai 1818, art. 51.)

Art. 73. Les préfets sont autorisés à faire des règlements sur les frais de contraintes, garnisaires, commandements et autres poursuites en matière de contributions directes, à la charge néanmoins que les règlements ne pourront être exécutés qu'après avoir reçu l'autorisation du gouvernement. (L. 15 mai 1818 art. 51. (4)

15 mai 1818.

Loi sur les finances.

Titre 5, art. 31. Il sera, comme précédemment, imposé cinq centimes au prin. cipal de la contribution foncière et de la contribution personnelle et mobilière, pour subvenir aux dépenses des communes, à l'exception de celles qui auront déclaré que cette contribution leur est inutile. (L. 18 juillet 1837, art. 31.)

Art. 50. Chaque avertissement donné au contribuable énoncera en détail le

---

(1) Lorsque les cotes n'excèdent pas 100 fr. (L. 16 juin 1824, art. 5.) Le moindre droit fixe est aujourd'hui de 3 fr. (L. 28 février 1872, art. 4.)

(2) Modifié par l'article 76 de la loi du 15 mai 1818 et celle du 27 juillet 1870.

(3) Le texte de la loi du 28 juillet 1791 ne permet pas de douter qu'il ne s'agisse ici que des affiches imprimées.

(4) Il faut remarquer que, d'après cet article, les préfets sont autorisés à faire des réglements sur les frais de poursuites, mais non pas sur les poursuites elles-mêmes; c'est-à-dire qu'ils ne pourraient pas modifier les lois existantes, et qu'il n'y aurait de poursuites valables que celles qui seraient conformes à ces lois. Il en résulte aussi que, pour que les arrêtés des préfets sur les frais soient exécutoires sans contestation, il est bon de les faire approuver par le Ministre des finances.

montant de ce qu'il doit payer, tant en principal qu'en accessoires et centimes additionnels, dans les contributions foncière, personnelle et mobilière, portes et fenêtres, et patentes, la loi ou ordonnance en vertu desquelles lesdites contributions sont établies et les termes dans lesquels elles doivent être acquittées. (L. 5 avril 1874.)

Art. 51. Le premier avertissement sera rédigé à mesure que les rôles se confectionneront, et adressé en même temps que l'ordre pour la publication de ces rôles, pour être remis à chaque contribuable, moyennant cinq centimes pour les frais d'impression et de remises.

Indépendamment de cet avertissement, le percepteur sera tenu de délivrer *gratis* une sommation, huit jours avant le premier acte qui doit donner lieu à des frais. (L. 25 mars 1817, art. 71 et 72.)

Les préfets sont autorisés à faire des règlements sur les frais de contraintes garnisaires, commandements et autres poursuites en matière de contributions directes, à la charge néanmoins que les règlements ne pourront être exécutés qu'après avoir reçu l'autorisation du gouvernement. (A. 16 thermidor an 8, art 27; L. 25 mars 1817, art. 73 et la Note.)

Tit. 7, art. 76. A compter du 1er juillet prochain, le papier pour affiches, avis ou annonces, ne sera plus fourni par la régie de l'enregistrement. Conformément à l'article 58 de la loi du 30 septembre 1797 (9 vendémiaire an 6), les particuliers feront timbrer le papier dont ils voudront faire usage. (L. 28 avril 1816, art. 65.)

Néanmoins, la disposition de l'article 77 de la loi du 25 mars 1817, qui défend de se servir, pour les affiches, de papier de couleur blanche, et qui prononce une amende de 100 francs contre l'imprimeur en cas de contravention est et demeure maintenue. (L. 27 juillet 1870, art. 6.)

14 avril 1819.

Loi sur l'ouverture, dans chaque département, d'un livre auxiliaire du grand-livre de la dette publique.

Art. 6. Tout propriétaire d'inscriptions directes, ou d'inscriptions départementales, qui voudra en compenser les arrérages, soit avec ses contributions directes, soit avec celles d'un tiers à ce consentant, en fera la déclaration au receveur général, qui se chargera de la recette desdits arrérages, et de l'application de leur montant au payement de ces contributions, dans quelque lieu qu'elles doivent être acquittées.

14 avril 1819.

Ordonnance relative à l'exécution de la loi du 14 avril 1819.

Titre 4. Compensations des arrérages de rentes avec les contributions directes.

Art. 17. Les receveurs généraux se chargeront de tous les détails nécessaires pour consommer la libération du contribuable, en adressant, soit aux directeurs des contributions, soit aux receveurs particuliers ou aux percepteurs, les renseignements nécessaires pour que la compensation soit annotée sur les rôles, et le payement émargé, de manière qu'il ne puisse être exercé aucune action contre le contribuable.

Le receveur général se chargera des mêmes opérations pour les départements autres que le sien, et son intervention aura, pour le contribuable, le même effet que dans son département.

Les compensations, pour les rentiers domiciliés dans le département de la Seine, seront faites au Trésor royal.

23 juillet 1820.

Loi portant fixation du budget des recettes de 1820.

Art. 31. Les prisées et ventes publiques des meubles des contribuables en retard seront faites par les commissaires-priseurs, dans les villes où ils sont établis;
dans ce cas, comme dans tous les autres, les vacations des commissaires-priseurs
seront taxées par les Tribunaux : mais si les opérations ont lieu pour le recouvrement des contributions directes, les Tribunaux se conformeront aux règlements
faits par les préfets et arrêtés par le gouvernement. (L. 25 mars 1817, art. 73,
15 mai 1818, art. 51.)

31 juillet 1821.

Loi relative à la fixation du budget des dépenses et des recettes de 1821.

Art. 25. La cotisation des officiers sans troupe à la contribution personnelle et
mobilière continuera d'être établie conformément à l'article 30 de la loi du
23 juillet 1820, et d'être recouvrée au moyen de la retenue que le payeur est
autorisé à en faire sur leur traitement. (D. 12 juillet 1807 et la Note.)

16 juin 1824.

Loi relative aux droits d'enregistrement et de timbre.

Art. 6. Seront enregistrés gratis les actes de poursuites et tous autres actes,
tant en action qu'en défense, ayant pour objet soit le recouvrement des contributions publiques et de toutes autres sommes dues à l'Etat, ainsi que des contributions locales..... le tout lorsqu'il s'agira de cotes, droits et créances non excédant
en total la somme de cent francs. (L. 22 frimaire an 7, art. 58.

Art. 10. Les amendes progressives prononcées dans certains cas contre les
fonctionnaires publics et les officiers ministériels, par les lois sur l'enregistrement
et le dépôt des répertoires, sont réduites à une seule amende de 10 francs, quelle
que soit la durée du retard. — Toutes les amendes fixes prononcées par les lois
sur l'enregistrement, le timbre, les ventes publiques de meubles... sont réduites,
savoir : celles de 500 francs à 50 francs; celles de 100 francs à 20 francs; celles
de 50 francs à 10 francs, et toutes celles au-dessous de 50 francs à 5 francs.
(L. 13 brumaire; 22 frimaire et 22 pluviôse an 7.)

18 décembre 1825.

Ordonnance du roi concernant les poids et mesures.

Art. 18. Les rôles faits par perception seront arrêtés et rendus exécutoires
par le préfet, pour être mis en recouvrement avec ceux des contributions directes
par les mêmes voies et avec les mêmes termes de recours, en cas de réclamation,
que pour l'impôt des portes et fenêtres. (O. 21 décembre 1832.)

14 août 1830.

Charte constitutionnelle.

Art. 2. Ils (les Français) contribuent indistinctement, dans la proportion de
leur fortune, aux charges de l'Etat (D. 11 août-21 septembre 1789; Const. 4 novembre 1848, art. 15.)

Art. 40. Aucun impôt ne peut être établi ni perçu, s'il n'a été consenti par les deux Chambres, et sanctionné par le roi.

Art. 41. L'impôt foncier n'est consenti que pour un an. (D. 23 novembre-1er décembre 1790; Const. 3-14 septembre 1791; 5 fructidor an 3; L. 3 frimaire an 7; Const. 4 novembre 1848, art. 16.)

26 mars 1831.

Loi relative aux contributions personnelle et mobilière, des portes et fenêtres et des patentes.

Art. 17. La contribution mobilière étant établie pour l'année entière, lorsqu'un contribuable viendra à décéder dans le courant de l'année, ses héritiers seront tenus d'acquitter le montant de sa cote.

Art. 18. En cas de déménagement hors du ressort de la perception, comme en cas de vente volontaire ou forcée, la contribution mobilière et la contribution personnelle seront exigibles pour la totalité de l'année courante.

Art. 19. Les propriétaires, et, à leur place, les principaux locataires, sous leur responsabilité personnelle, devront, un mois avant l'époque du déménagement de leurs locataires, se faire représenter par ces derniers les quittances de leurs contributions personnelle et mobilière, et, à défaut de cette représentation, en donner immédiatement avis au percepteur.

Art. 20. Dans le cas de déménagement furtif, les propriétaires, et, à leur place, les principaux locataires, deviendront responsables des termes échus de la contribution de leurs locataires, s'ils n'ont pas fait constater dans les trois jours ce déménagement par le maire, le juge de paix ou le commissaire de police. (D. 5-18 août 1791.)

Dans tous les cas, et nonobstant toute déclaration de leur part, les propriétaires ou principaux locataires demeureront responsables des personnes logées par eux en garni.....

Art. 27. Tout contribuable qui se croira surtaxé adressera au préfet, dans les trois premiers mois de l'émission du rôle, sa demande en décharge ou réduction. Il y joindra la quittance des termes échus de sa contribution, sans pouvoir, sous prétexte de réclamation, différer le payement des termes qui viendront à échoir pendant les trois mois qui suivront la réclamation, dans lesquels elle devra être jugée définitivement. (D. 13 janvier-18 février 1791, art. 9; 21-28 août 1791, art. 6; 26-31 août 1792, art. 6; L, 3 nivôse an 7, art. 51 et 58; 2 messidor an 7, art. 17; L. 4 avril 1844.)

Ne sont point assujetties au droit de timbre les réclamations en décharge ou réduction d'une taxe ou cote moindre de dix francs (1).

Art. 29. Le recours contre les arrêtés des Conseils de préfecture sera affranchi de tous droits d'enregistrement et autres que celui du timbre. Il pourra être transmis au gouvernement par l'intermédiaire du préfet, sans frais.

Art. 30. Les dispositions concernant la perception de la contribution foncière, le recouvrement et la surveillance du recouvrement, demeurent communes et applicables à la contribution mobilière, à la taxe personnelle et à la taxe des portes et fenêtres.

. (1) Trente francs, d'après l'article 28 de la loi du 21 avril 1832. — Cette dernière loi reproduit au surplus, comme on le remarquera, presque textuellement les dispositions ci-dessus rapportées de celle du 26 mars 1831.

21 avril 1832.

Loi portant fixation du budget des recettes de l'exercice 1832.

Art. 21. La contribution personnelle et mobilière étant établie pour l'année entière, lorsqu'un contribuable viendra à décéder dans le courant de l'année, ses héritiers seront tenus d'acquitter le montant de sa côte.

Art. 22. En cas de déménagement hors du ressort de la perception, comme en cas de vente volontaire ou forcée, la contribution personnelle et mobilière sera exigible pour la totalité de l'année courante.

Les propriétaires, et, à leur place, les principaux locataires, devront, un mois avant l'époque du déménagement de leurs locataires, se faire représenter par ces derniers les quittances de leur contribution personnelle et mobilière. Lorsque les locataires ne représenteront point ces quittances, les propriétaires ou principaux locataires seront tenus, sous leur responsabilité personnelle, de donner dans les trois jours avis du déménagement au percepteur.

Art. 23. Dans le cas de déménagement furtif, les propriétaires, et, à leur place, les principaux locataires, deviendront responsables des termes échus de la contribution de leurs locataires, s'ils n'ont pas fait constater dans les trois jours ce déménagement par le maire, le juge de paix ou le commissaire de police.

Dans tous les cas, et nonobstant toute déclaration de leur part, les propriétaires ou principaux locataires demeureront responsables de la contribution des personnes logées par eux en garni... (L. 26 mars 1831.)

Des réclamations.

Art. 28. Tout contribuable qui se croira surtaxé adressera au préfet ou au sous-préfet, dans les trois premiers mois de l'émission des rôles, sa demande en décharge ou réduction. Il y joindra la quittance des termes échus de sa cotisation, sans pouvoir, sous prétexte de réclamation, différer le payement des termes qui viendront à échoir pendant les trois mois qui suivront la réclamation, dans lesquels elle devra être jugée définitivement. (L. 4 avril 1844.)

Le même délai est accordé au contribuable qui réclamera contre son omission au rôle.

Ne sont point assujetties au droit de timbre les réclamations ayant pour objet une cote moindre de trente francs.

Art. 30. Le recours contre les arrêtés du Conseil de préfecture ne sera soumis qu'au droit du timbre. Il pourra être transmis au gouvernement par l'intermédiaire du préfet, sans frais. (L. 26 mars 1831, art. 29.)

21 décembre 1832.

Ordonnance relative à la vérification des poids et mesures

Art. 7. Le montant intégral des rôles sera exigible dans la quinzaine de leur publication.

Art. 11. Continueront d'être exécutées les dispositions de l'ordonnance royale du 18 décembre 1825, auxquelles il n'a pas été dérogé par la présente.

18 juillet 1837.

Loi sur l'administration communale.

Art 44. Les taxes particulières dues par les habitants et propriétaires, en vertu des lois et usages locaux, sont réparties par délibération du Conseil municipal approuvée par le préfet. Ces taxes sont perçues suivant les formes établies pour le recouvrement des contributions directes. (L. 24 juillet 1867.)

20 juillet 1837.

Loi portant fixation du budget des recettes de l'exercice 1838. — Disposition relative à la perception des centimes additionnels.

Art. 5. A l'avenir, les frais de perception de tous centimes additionnels à recouvrer pour le compte des communes seront ajoutés, à raison de 3 centimes par franc, au montant desdites impositions, pour être recouvrés avec elles et versés dans la caisse des communes, à la charge, par ces dernières, d'en tenir compte aux percepteurs, à titre de dépense municipale.

31 octobre 1839.

Ordonnance royale relative à la nomination des percepteurs.

Art. 1er. Les perceptions des contributions directes sont divisées en quatre classes :
La première classe comprend les perceptions d'un produit au-dessus de 3,600 fr.;
La deuxième classe comprend les perceptions d'un produit de 2,500 à 3,600 fr.;
La troisième classe comprend les peceptions d'un produit de 1,500 à 2,500 fr.;
La quatrième classe comprend les perceptions d'un produit au-dessous de 1,500 fr.
Pour les perceptions où la recette des communes et des établissements de bienfaisance est réunie de droit à celle des contributions directes, la classe sera déterminée à raison du produit total des émoluments résultant de ces différents services. (Modifié par l'art. 1er du décret du 19 novembre 1857.)

Art. 2. Il sera créé dans chaque département, celui de la Seine excepté, des percepteurs surnuméraires. Leur nombre ne pourra excéder celui de cinq cents; ils seront répartis entre les départements dans la proportion déterminée par notre Ministre des finances.

Art. 3. Nul ne pourra être nommé percepteur surnuméraire s'il a moins de vingt et un ans ou plus de trente ans.

Art. 4. Les percepteurs surnuméraires seront placés sous les ordres du receveur général du département dans lequel ils ont été nommés; ils seront employés, sous la direction des receveurs d'arrondissement, aux travaux relatifs aux services confiés aux percepteurs titulaires.

Les percepteurs surnuméraires pourront aussi être appelés, sous la responsabilité des receveurs des finances, aux fonctions d'agents spéciaux et de gérants intérimaires.

Art. 5. Nul ne sera nommé percepteur s'il n'a exercé pendant deux ans comme percepteur surnuméraire, ou s'il ne remplit les conditions prescrites par l'article 8 de la présente ordonnance.

Les percepteurs surnuméraires ne sont admissibles qu'aux perceptions de quatrième classe. (Modifié par l'ord. royale du 28 février 1840 et le décret du 19 novembre 1857.)

Art. 6. Aucun percepteur ne pourra obtenir une perception d'une classe supérieure, s'il ne compte trois années d'exercice au moins dans la classe immédiatement inférieure.

S'il survenait des changements dans le produit d'une perception, le titulaire ne serait pas déclassé, et les droits à l'avancement, qu'il devrait au classement de la perception à l'époque de sa nomination, n'en seraient pas affectés.

Art. 7. Les percepteurs seront nommés par notre Ministre des finances. Les percepteurs surnuméraires et les percepteurs de quatrième classe seront nommés sur la proposition des préfets.

A cet effet, le préfet du département où la vacance aura lieu transmettra au Ministre, pour qu'il ait à faire un choix, une liste portant les noms de trois candidats, et contenant, outre ses propres observations, celles du receveur général sur l'aptitude et les titres de chacun des candidats.

Dans le cas où aucun des percepteurs surnuméraires du département ne remplirait les conditions requises pour être proposé par le préfet, notre Ministre des finances pourvoirait directement à la vacance en y appelant un percepteur surnuméraire choisi dans un autre département.

Art. 8. Sont dispensés des conditions de surnumérariat ci-dessus prescrites et admissibles aux perceptions de diverses classes : 1° les individus qui justifieront de sept ans au moins de services administratifs ou militaires, ou que des blessures reçues dans un service commandé auraient mis hors d'état de continuer leur carrière; 2° les employés des administrations publiques dont les fonctions auraient cessé ou cesseraient par suite de suppression d'emploi.

Toutefois, ces admissions ne peuvent excéder la proportion du *tiers* des vacances dans les diverses classes. (Ord. royale, 28 février 1840; D. 19 novembre 1857; L. 20 décembre 1872.)

28 février 1840.

Ordonnance royale portant modification de celle du 31 octobre 1839.

Art. 1er. Dans les départements où les perceptions de 4e classe ne forment pas le tiers du nombre total des perceptions, les percepteurs surnuméraires pourront être appelés, sur la présentation des préfets, aux perceptions de 3e classe du produit le moins élevé, sans qu'il en résulte pour eux d'autres droits que ceux qui naîtraient de leur appel à des perceptions de 4e classe. Notre Ministre des finances désignera, dans les départements ci-dessus mentionnés, celles des perceptions de 3e classe qui pourront être conférées directement aux percepteurs surnuméraires. (D. 19 novembre 1857; L. 20 décembre 1872.)

25 avril 1844.

Loi sur les patentes.

Art. 1er. Tout individu, Français ou étranger, qui exerce en France un commerce, une industrie, une profession non compris dans les exceptions déterminées par la présente loi, est assujetti à la contribution des patentes.

Art. 2. La contribution des patentes se compose d'un droit fixe et d'un droit proportionnel. (L. 18 mai 1850, tableau G.) (1)

Art. 3. Le droit fixe est réglé conformément aux tableaux A, B, C, annexés à la présente loi. Il est établi : eu égard à la population et d'après un tarif général, pour les industries et professions énumérées dans le tableau A; eu égard à la population et d'après un tarif exceptionnel, pour les industries et professions portées dans le tableau B; sans égard à la population pour celles qui font l'objet du tableau C.

Art. 4. Les commerces, industries et professions non dénommés dans ces tableaux n'en sont pas moins assujettis à la patente. Le droit fixe auquel ils doivent être soumis est réglé, d'après l'analogie des opérations ou des objets de commerce,

_____

(1) Les patentables du tableau G, exerçant les professions dites libérales, ne sont assujettis qu'au droit proportionnel.

par un arrêté spécial du préfet, rendu sur la proposition du directeur des contributions directes et après avoir pris l'avis du maire. Tous les cinq ans, des tableaux additionnels contenant la nomenclature des commerces, industries et professions classés par voie d'assimilation, depuis trois années au moins, seront soumis à la sanction législative.

Art. 5. Pour les professions dont le droit fixe varie en raison de la population du lieu où elles sont exercées, les tarifs seront appliqués d'après la population qui aura été déterminée par la dernière ordonnance du dénombrement. Néanmoins, lorsque ce dénombrement fera passer une commune dans une catégorie supérieure à celle dont elle faisait précédemment partie, l'augmentation du droit fixe ne sera appliquée que pour moitié pendant les cinq premières années.

Art. 6. Dans les communes dont la population totale est de 5,000 âmes et au-dessus, les patentables exerçant dans la banlieue des professions imposées eu égard à la population, payeront le droit fixe d'après le tarif applicable à la population non agglomérée. Les patentables exerçant lesdites professions dans la partie agglomérée payeront le droit fixe d'après le tarif applicable à la population totale.

Art. 7. Le patentable qui exerce plusieurs commerces, industries ou professions, même dans plusieurs communes différentes, ne peut être soumis qu'à un seul droit fixe. Ce droit est toujours le plus élevé de ceux qu'il aurait à payer s'il était assujetti à autant de droits fixes qu'il exerce de professions. (Modifié. L. 29 mars 1872.)

Art. 8. Le droit proportionnel est fixé au vingtième de la valeur locative pour toutes les professions imposables, sauf les exceptions énumérées au tableau D annexé à la présente loi. (Modifié. L. 29 mars 1872.)

Art. 9. Le droit proportionnel est établi sur la valeur locative, tant de la maison d'habitation que des magasins, boutiques, usines, ateliers, hangars, remises, chantiers et autres locaux servant à l'exercice des professions imposables. Il est dû, lors même que le logement et les locaux occupés sont concédés à titre gratuit. La valeur locative est déterminée, soit au moyen de baux authentiques, soit par comparaison avec d'autres locaux dont le loyer aura été régulièrement constaté, ou sera notoirement connu, et, à défaut de ces bases, par voie d'appréciation. Le droit proportionnel pour les usines et les établissements industriels est calculé sur la valeur locative de ces établissements pris dans leur ensemble et munis de tous leurs moyens matériels de production.

Art. 10. Le droit proportionnel est payé dans toutes les communes où sont situés les magasins, boutiques, usines, ateliers, hangars, remises, chantiers et autres locaux servant à l'exercice des professions imposables. Si, indépendamment de la maison où il fait sa résidence habituelle et principale, et qui, dans tous les cas, sauf l'exception ci-après, doit être soumise au droit proportionnel, le patentable possède, soit dans la même commune, soit dans des communes différentes, une ou plusieurs maisons d'habitation, il ne paye le droit proportionnel que pour celles de ces maisons qui servent à l'exercice de sa profession.

Si l'industrie pour laquelle il est assujetti à la patente ne constitue pas sa profession principale, et s'il ne l'exerce pas par lui-même, il ne paye le droit proportionnel que sur la maison d'habitation de l'agent préposé à l'exploitation.

Art. 11. Le patentable qui exerce dans un même local, ou dans des locaux non distincts, plusieurs industries ou professions passibles d'un droit proportionnel différent, paye ce droit d'après le taux applicable à la profession pour laquelle il est assujetti au droit fixe.

Dans le cas où les locaux sont distincts, il ne paye pour chaque local que le droit proportionnel attribué à l'industrie ou à la profession qui y est spécialement exercée. Dans ce dernier cas, le droit proportionnel n'en demeure pas moins établi sur la maison d'habitation, d'après le taux applicable à la profession pour laquelle le patentable est imposé au droit fixe. (Modifié. L. 29 mars 1872.)

Art. 12. Dans les communes dont la population est inférieure à 20,000 âmes, mais qui, en vertu d'un nouveau dénombrement, passent dans la catégorie des communes de 20,000 âmes et au-dessus, les patentables des 7e et 8e classes ne seront soumis au droit proportionnel que dans le cas où une seconde ordonnance de dénombrement aura maintenu lesdites communes dans la même catégorie.

Art. 13. Ne sont pas assujettis à la patente : 1° les fonctionnaires et employés salariés, soit par l'Etat, soit par les administrations départementales ou communales, en ce qui concerne seulement l'exercice de leurs fonctions ; 2° *les notaires, les avoués, les avocats au Conseil,* les greffiers, *les commissaires-priseurs, les huissiers ;* 3° *les avocats, les docteurs en médecine ou en chirurgie, les officiers de santé,* les sages-femmes *et les vétérinaires ;* les peintres, sculpteurs, graveurs, et dessinateurs considérés comme artistes et ne vendant que le produit de leur art ; les architectes considérés comme artistes, ne se livrant pas, même accidentellement, à des entreprises de construction ; les professeurs de belles-lettres, sciences et arts d'agrément ; *les chefs d'institution, les maîtres de pension* (1), les instituteurs primaires, les éditeurs de feuilles périodiques, les artistes dramatiques ; 4° les laboureurs et cultivateurs, seulement pour la vente et la manipulation des récoltes et fruits provenant des terrains qui leur appartiennent ou par eux exploités, et pour le bétail qu'ils y élèvent, qu'ils y entretiennent ou qu'ils y engraissent (L. 18 mai 1850, art. 18) ; les concessionnaires de mines pour le seul fait de l'extraction et de la vente des matières par eux extraites ; les propriétaires ou fermiers des marais salants ; les propriétaires ou locataires louant accidentellement une partie de leur habitation personnelle ; les pêcheurs, même lorsque la barque qu'ils montent leur appartient ; 5° les associés en commandite, les caisses d'épargne et de prévoyance administrées gratuitement, les assurances mutuelles régulièrement autorisées ; 6° les capitaines de navire de commerce ne naviguant pas pour leur compte, les cantinières attachées à l'armée ; les écrivains publics, les commis et toutes les personnes travaillant à gages, à façon et à la journée, dans les maisons, ateliers et boutiques des personnes de leur profession, ainsi que les ouvriers travaillant chez eux ou chez les particuliers sans compagnons, apprentis, enseigne ni boutique. Ne sont point considérés comme compagnons ou apprentis, la femme travaillant avec son mari, ni les enfants non mariés travaillant avec leurs père et mère, ni le simple manœuvre dont le concours est indispensable à l'exercice de la profession (2) ; les personnes qui vendent en ambulance dans les rues, dans les lieux de passage et dans les marchés, soit des fleurs, de l'amadou, des balais, des statues et autres figures en plâtre, soit des fruits, des légumes, des poissons, du beurre, des œufs, du fromage et autres menus comestibles ; les savetiers, les chiffonniers au crochet, les porteurs d'eau à la bretelle ou avec voiture, les remouleurs ambulants, les garde-malades.

Art. 14. Tous ceux qui vendent en ambulance des objets non compris dans les exemptions déterminées par l'article précédent, et tous marchands sous échoppe ou en étalage, sont passibles de la moitié des droits que payent les marchands qui vendent les mêmes objets en boutique. Toutefois, cette disposition n'est pas applicable aux bouchers, épiciers et autres marchands ayant un étal permanent ou occupant des places fixes dans les halles et marchés.

Art. 15. Les mari et femme séparés de biens ne doivent qu'une patente, à moins qu'ils n'aient des établissements distincts, auquel cas chacun d'eux doit avoir sa patente et payer séparément les droits fixes et proportionnels.

---

(1) La loi du 18 mai 1850, tableau G, a supprimé pour la plupart des professions dites libérales les exemptions dont elles jouissaient.

(2) Cette exemption a été successivement modifiée dans un sens plus libéral par les lois des 18 mai 1850, art. 20 ; 4 juin 1858, art. 10 et 11 ; 2 juillet 1862, art. 3 ; 2 août 1868, art. 3.

Art. 16. Les patentes sont personnelles et ne peuvent servir qu'à ceux à qui elles sont délivrées. En conséquence, les associés en nom collectif sont tous assujettis à la patente. Toutefois, l'associé principal paye seul le droit fixe en entier; les autres associés ne sont imposés qu'à la moitié de ce droit, même quand ils ne résident pas tous dans la même commune que l'associé principal. Le droit proportionnel est établi sur la maison d'habitation de l'associé principal, et sur tous les locaux qui servent à la société pour l'exercice de son industrie. (L. 18 mai 1850, art. 23; L. 26 juillet 1860.)

La maison d'habitation de chacun des autres associés est affranchie du droit proportionnel, à moins qu'elle ne serve à l'exercice de l'industrie sociale.

Art. 17. Les sociétés ou compagnies anonymes, ayant pour but une entreprise industrielle ou commerciale, sont imposées à un seul droit fixe, sous la désignation de l'objet de l'entreprise, sans préjudice du droit proportionnel.

La patente assignée à ces sociétés ou compagnies ne dispense aucun des sociétaires ou actionnaires du payement des droits de patente auxquels ils pourraient être personnellement assujettis pour l'exercice d'une industrie particulière. (L. 18 mai 1850, art. 24.)

Art. 18. Tout individu transportant des marchandises de commune en commune, lors même qu'il vend pour le compte de marchands ou fabricants, est tenu d'avoir une patente personnelle, qui est, selon le cas, celle de colporteur avec balle, avec bêtes de somme ou avec voiture.

Art. 19. Les commis-voyageurs des nations étrangères seront traités, relativement à la patente, sur le même pied que les commis-voyageurs français chez ces mêmes nations.

Art. 20. Les contrôleurs des contributions directes procéderont annuellement au recensement des imposables et à la formation des matrices de patentes.

Le maire sera prévenu de l'époque de l'opération de recensement, et pourra assister le contrôleur dans cette opération ou se faire représenter, à cet effet, par un délégué.

En cas de dissentiment entre les contrôleurs et les maires ou leurs délégués, les observations contradictoires de ces derniers seront consignées dans une colonne spéciale.

La matrice, dressée par le contrôleur, sera déposée pendant dix jours au secrétariat de la mairie, afin que les intéressés puissent en prendre connaissance et remettre au maire leurs observations. A l'expiration d'un second délai de dix jours, le maire, après avoir consigné ses observations sur la matrice, l'adressera au sous-préfet.

Le sous-préfet portera également ses observations sur la matrice, et la transmettra au directeur des contributions directes, qui établira les taxes conformément à la loi, pour tous les articles non contestés. A l'égard des articles sur lesquels le maire ou le sous-préfet ne sera pas d'accord avec le contrôleur, le directeur soumettra les contestations au préfet avec un avis motivé. Si le préfet ne croit pas devoir adopter la proposition du directeur, il en sera référé au Ministre des finances.

Le préfet arrête les rôles et les rend exécutoires.

A Paris, l'examen de la matrice des patentes aura lieu, pour chaque arrondissement municipal, par le maire, assisté soit de l'un des membres de la commission des contributions, soit de l'un des agents attachés à cette commission, délégué à cet effet par le préfet. (L. 18 mai 1850, art. 21.)

Art. 21. Les patentés qui réclameront contre la fixation de leurs taxes, seront admis à prouver la justice de leurs réclamations par la représentation d'actes de société légalement publiés, de journaux et livres de commerce régulièrement tenus, et par tous autres documents.

Art. 22. Les réclamations en décharge ou réduction et les demandes en remise ou modération seront communiquées aux maires ; elles seront d'ailleurs présentées, instruites et jugées dans les formes et délais prescrits pour les autres contributions directes. (L. 26 mars 1831 ; 21 avril 1832 ; 4 août 1844.)

Art. 23. La contribution des patentes est due pour l'année entière, par tous les individus exerçant au mois de janvier une profession imposable. — En cas de cession d'établissement, la patente sera, sur la demande du cédant, transférée à son successeur, la mutation de cote sera réglée par arrêté du préfet. — En cas de fermeture des magasins, boutiques et ateliers, par suite de décès ou faillite déclarée, les droits ne seront dus que pour le passé et le mois courant. Sur la réclamation des parties intéressées, il sera accordé décharge du surplus de la taxe. — Ceux qui entreprennent, après le mois de janvier, une profession sujette à patente, ne doivent la contribution qu'à partir du 1er du mois dans lequel ils ont commencé d'exercer, à moins que, par sa nature, la profession ne puisse pas être exercée pendant toute l'année. Dans ce cas, la contribution sera due pour l'année entière, quelle que soit l'époque à laquelle la profession aura été entreprise. — Les patentés qui, dans le cours de l'année, entreprennent une profession d'une classe supérieure à celle qu'ils exerçaient d'abord, ou qui transportent leur établissement dans une commune d'une plus forte population, sont tenus de payer, au prorata, un supplément de droit fixe. — Il est également dû un supplément de droit proportionnel par les patentables qui prennent des maisons ou locaux d'une valeur locative supérieure à celle des maisons ou locaux pour lesquels ils ont été primitivement imposés et par ceux qui entreprennent une profession passible d'un droit proportionnel plus élevé. — Les suppléments seront dus à compter du 1er du mois dans lequel les changements prévus par les deux derniers paragraphes auront été opérés.

Art. 24. La contribution des patentes est payable par douzième, et le recouvrement en est poursuivi comme celui des contributions directes ; néanmoins, les marchands forains, les colporteurs, les directeurs de troupes ambulantes, les entrepreneurs d'amusements et jeux publics non sédentaires, et tous autres patentables dont la profession n'est pas exercée à demeure fixe, sont tenus d'acquitter le montant total de leur cote au moment où la patente leur est délivrée. — Dans le cas où le rôle n'est émis que postérieurement au 1er mars, les douzièmes échus ne sont pas immédiatement exigibles : le recouvrement en est fait par portions égales, en même temps que celui des douzièmes non échus. (L. 4 juin 1858, art. 13.)

Art. 25. En cas de déménagement hors du ressort de la perception, comme en cas de vente volontaire ou forcée, la contribution des patentes sera immédiatement exigible en totalité. — Les propriétaires, et à leur place les principaux locataires qui n'auront pas, un mois avant le terme fixé par le bail ou par les conventions verbales, donné avis au percepteur du déménagement de leurs locataires, seront responsables des sommes dues par ceux-ci pour la contribution des patentes. — Dans le cas de déménagements furtifs, les propriétaires, et à leur place les principaux locataires, deviendront responsables de la contribution de leurs locataires s'ils n'ont pas, dans les trois jours, donné avis du déménagement au percepteur. — La part de la contribution laissée à la charge des propriétaires ou principaux locataires par les paragraphes précédents comprendra seulement le dernier douzième échu et le douzième courant dus par le patentable.

Art. 26. Les formules de patentes sont expédiées par le directeur des contributions directes sur des feuilles timbrées de un franc vingt-cinq centimes. Le prix du timbre est acquitté en même temps que le premier douzième des droits de patente. — Les formules de patentes sont visées par le maire et revêtues du sceau de la commune. (Modifié, L. 4 juin 1858.)

Art. 27. Tout patentable est tenu d'exhiber sa patente lorsqu'il en est requis par les maires, adjoints, juges de paix et tous autres officiers ou agents de police judiciaire.

Art. 28. Les marchandises mises en vente par les individus non munis de patentes et vendant hors de leur domicile seront saisies ou séquestrées aux frais du vendeur, à moins qu'il ne donne caution suffisante jusqu'à la représentation de la patente ou la production de la preuve que la patente a été délivrée. — Si l'individu non muni de patente exerce au lieu de son domicile, il sera dressé procès-verbal qui sera transmis immédiatement aux agents des contributions directes.

Art. 30. Les agents des contributions directes peuvent, sur la demande qui leur en est faite, délivrer des patentes avant l'émission du rôle, après toutefois que les requérants ont acquitté entre les mains du percepteur les douzièmes échus, s'il s'agit d'individus domiciliés dans le ressort de la perception, ou la totalité des droits, s'il s'agit des patentables désignés en l'article 24 ci-dessus, ou d'individus étrangers au ressort de la perception.

Art. 31. Le patenté qui aura égaré sa patente ou qui sera dans le cas d'en justifier hors de son domicile pourra se faire délivrer un certificat par le directeur ou par le contrôleur des contributions directes. Ce certificat fera mention des motifs qui obligent le patenté à le réclamer, et devra être sur papier timbré.

Art. 32. Il est ajouté au principal de la contribution des patentes cinq centimes par franc, dont le produit est destiné à couvrir les décharges, réductions, remises et modérations, ainsi que les frais d'impression et d'expédition des formules de patentes. — En cas d'insuffisance des cinq centimes, le montant du déficit est prélevé sur le principal des rôles. — Il est en outre prélevé, sur le principal, huit centimes, dont le produit est versé dans la caisse municipale.

Art. 33. Les contributions spéciales destinées à subvenir aux dépenses des Bourses et Chambres de commerce, et dont la perception est autorisée par l'article 11 de la loi du 23 juillet 1820, seront répartis sur les patentables des trois premières classes du tableau A annexé à la présente loi, et sur ceux désignés dans les tableaux B et C comme passibles d'un droit fixe égal ou supérieur à celui desdites classes. — Les associés des établissements compris dans les classes et tableaux sus-indiqués contribueront aux frais des Bourses et Chambres de commerce.

4 août 1844.

Loi portant fixation du budget des recettes de 1845.

Art. 6. Tout propriétaire ou usufruitier, ayant plusieurs fermiers dans la même commune et qui voudra les charger de payer à son acquit la contribution foncière des biens qu'ils tiennent à ferme ou à loyer, devra remettre au percepteur une déclaration indiquant sommairement la division de son revenu imposable entre lui et ses fermiers.

Cette déclaration sera signée par le propriétaire et par les fermiers.

Si le nombre des fermiers est de plus de trois, la déclaration sera transmise au directeur des contributions directes, qui opérera la division de la contribution et portera dans un rôle auxiliaire la somme à payer par chaque fermier.

Les frais d'impression et de confection de ce rôle seront payés par les déclarants, à raison de cinq centimes par article.

Art. 8. Le délai de trois mois accordé aux contribuables par l'article 28 de la loi du 21 avril 1832, pour présenter les réclamations qu'il sont autorisés à former contre les rôles des contributions directes ne courra qu'à partir de la publication desdits rôles.

Art. 14. A compter du 1er janvier 1845, la rétribution universitaire cessera d'être perçue.

3 juillet 1846.

*Loi portant fixation du budget des recettes de l'exercice 1847. Dispositions
relatives aux cotes irrecouvrables.*

Art. 6. Dans les trois mois de la publication des rôles, les percepteurs des contributions directes formeront, s'il y a lieu, pour chacune des communes de leur perception, des états présentant, par nature de contribution, les cotes qui leur paraîtront avoir été indûment imposées et adresseront cet état aux préfets et aux sous-préfets, par l'intermédiaire des receveurs des finances.

Les états dont il s'agit seront envoyés aux contrôleurs des contributions directes qui vérifieront les faits et les motifs allégués par les percepteurs, et donneront leur avis, après avoir pris celui du maire ou des répartiteurs. Le directeur des contributions directes fera son rapport et le Conseil de préfecture statuera. Le montant des décharges prononcées sur les contributions foncière, personnelle et mobilière sera réimposé au rôle de l'année suivante. (L, 22 juin 1854, art. 16.)

4 novembre 1848.

Constitution.

Art. 15. Tout impôt est établi pour l'utilité commune. Chacun y contribue en proportion de ses facultés et de sa fortune.

Art. 16. Aucun impôt ne peut être établi ni perçu qu'en vertu de la loi. (Charte const., art. 2.)

20 février 1849.

Loi relative à une taxe spéciale sur les biens de mainmorte.

Art. 1er. Il sera établi, à partir du 1er janvier 1849, sur les biens immeubles passibles de la contribution foncière, appartenant aux départements, communes, hospices, séminaires, fabriques, congrégations religieuses, consistoires, établissements de charité, bureaux de bienfaisance, sociétés anonymes et tous établissements publics légalement autorisés, une taxe annuelle représentative des droits de transmission entre vifs et par décès ; cette taxe sera calculée à raison de 62 centimes 1/2 pour franc du principal de la contribution foncière.

Art. 2. Les formes prescrites pour l'assiette et le recouvrement de la contribution foncière seront suivies pour l'établissement et la perception de la nouvelle taxe.

Art. 3. La taxe annuelle établie par la présente loi sera à la charge du propriétaire seul, pendant la durée des baux actuels, nonobstant toute stipulation contraire. (L. 30 mars 1872.)

15 mars 1850.

Loi sur l'enseignement.

Art. 40. A défaut de fondations, dons ou legs, le Conseil municipal délibère sur les moyens de pourvoir aux dépenses de l'enseignement primaire dans la commune.

En cas d'insuffisance des revenus ordinaires, il est pourvu à ces dépenses au moyen d'une imposition spéciale votée par le Conseil municipal, ou, à défaut du vote de ce Conseil, établie par un décret du pouvoir exécutif. Cette imposition, qui devra être autorisée chaque année par la loi de finances, ne pourra excéder trois centimes additionnels au principal des quatre contributions directes.

II° PARTIE.   4

Lorsque des communes, soit par elles-mêmes, soit en se réunissant à d'autres communes, n'auront pu subvenir, de la manière qui vient d'être indiquée, aux dépenses de l'école communale, il y sera pourvu sur les ressources ordinaires du département, ou, en cas d'insuffisance, au moyen d'une imposition spéciale votée par le Conseil général, où, à défaut de ce Conseil, établie par un décret. Cette imposition, autorisée chaque année par la loi de finances, ne devra pas excéder deux centimes additionnels au principal des quatre contributions directes.

Si les ressources communales et départementales ne suffisent pas, le Ministre de l'instruction publique accordera une subvention sur le crédit qui sera porté annuellement pour l'enseignement primaire, au budget de l'État.

Chaque année, un rapport annexé au projet de budget fera connaître l'emploi des fonds alloués pour l'année précédente.

Art. 41. La rétribution scolaire est perçue dans la même forme que les contributions publiques directes ; elle est exempte des droits de timbre et donne droit aux mêmes remises que les autres recouvrements.

Néanmoins, sur l'avis conforme du Conseil général, l'instituteur communal pourra être autorisé par le Conseil académique à percevoir la rétribution scolaire.

18 mai 1850.

Loi portant fixation du budget des recettes et dépenses de l'exercice 1851.
Dispositions relatives aux patentes.

Art. 16. Les tarifs et tableaux annexés à la loi du 25 avril 1844 sur les patentes, sont modifiés et complétés conformément aux tableaux D, E, F, G, annexés à la présente loi.

Art. 18. Ne sont point considérés comme donnant lieu à l'exemption de patente prévue à l'article 13, § 4 de la loi du 27 avril 1844, les transformations des récoltes et fruits, pratiquées au moyen d'agents chimiques, de machines ou ustensiles autres que ceux servant aux travaux habituels de l'agriculture.

Art. 20. Les patentables des quatre dernières classes du tableau A, annexé à la loi du 25 avril 1844, et du tableau D, annexé à la présente loi, qui exercent pour leur compte des professions consistant en un travail de fabrication, confection ou main-d'œuvre, ne sont imposés qu'à la moitié des droits lorsqu'ils travailleront sans compagnon, apprenti, enseigne ni boutique. (L. 4 juin 1858, art. 10 ; 2 juillet 1862, art. 3 ; 2 août 1868, art. 3.)

Art. 21. Est ajouté à l'article 20 de la loi du 25 avril 1844 le paragraphe additionnel suivant :

Les matrices, revêtues des observations du maire de chaque arrondissement, seront centralisées à la commission des contributions, qui, après avoir aussi consigné ses observations, les transmettra au directeur des contributions, comme il est dit au 5ᵉ paragraphe.

Art. 22. L'article 37 de la loi du 1ᵉʳ brumaire an 7 sur les patentes, et l'article 29 de la loi du 25 avril 1844 sont abrogés.

Art. 23. Le droit fixe de patente exigible des associés en nom collectif, en vertu de l'article 16 de la loi du 25 avril 1844, ne sera que du vingtième du droit fixe payé par l'associé principal pour les associés habituellement employés comme simples ouvriers dans les travaux de l'association.

Art. 24. Les dispositions du dernier paragraphe de l'article 17 de la loi du 25 avril 1844, concernant les patentes dues par les sociétaires ou actionnaires des sociétés ou compagnies anonymes, lorsqu'ils exercent une industrie particulière, sont déclarées applicables aux gérants et associés solidaires des sociétés en commandite.

22 juin 1854.

Loi portant fixation du budget des recettes de 1855 (disposition relative aux cotes irrecouvrables.)

Art. 16. Les cotes indûment imposées aux rôles des contributions directes qui n'auraient pas été comprises dans les états présentés par les percepteurs dans les trois premiers mois de l'exercice et dont l'irrecouvrabilité serait, d'ailleurs, dûment constatée, pourront être portées sur les états de cotes irrecouvrables rédigés en fin d'année et être allouées en décharge par les Conseils de préfecture. (L. 3 juillet 1846, art. 6.)

2 mai 1855.

Loi relative à l'établissement d'une taxe sur les chiens.

Art. 1er. A partir du 1er janvier 1856, il sera établi dans toutes les communes et à leur profit une taxe sur les chiens.

Art. 6. Le recouvrement des taxes autorisées par la présente loi aura lieu comme en matière de contributions directes.

4 août 1855.

Décret portant règlement d'administration publique pour l'exécution de la loi du 2 mai 1855, qui établit une taxe municipale sur les chiens.

Art. 4. En cas de déménagement du contribuable hors du ressort de la perception, la taxe est immédiatement exigible pour la totalité de l'année courante (L. 21 avril 1832, art. 22 et 23.)

Art. 7. Du 15 au 31 janvier, le maire et les répartiteurs, assistés du percepteur, rédigent un état matrice des personnes imposables.

19 novembre 1857.

Décret relatif à une nouvelle classification des percepteurs.

Art. 1er. Les perceptions sont divisées en cinq classes :

La première comprend les emplois d'un produit supérieur à 8,000 fr.;
La deuxième, ceux d'un produit de 5,001 à 8,000 fr.;
La troisième, ceux d'un produit de 3,601 à 5,000 fr.;
La quatrième, ceux d'un produit de 2,401 à 3,600 fr.;
La cinquième, ceux d'un produit de 2,400 fr. et au-dessous.

Art. 2. Les percepteurs surnuméraires ne sont admissibles qu'aux perceptions de 5e classe.

Dans les départements où ces perceptions ne formeraient pas le quart du nombre total des perceptions, cette proportion des emplois accessibles aux surnumérariats sera complétée par les perceptions du produit le moins élevé de la classe immédiatement supérieure. Les percepteurs ainsi promus n'auront néanmoins, pour l'avancement ultérieur, d'autres titres que ceux inhérents à l'emploi de percepteur de 5e classe.

Art. 3. Sont maintenues toutes les dispositions de l'ordonnance du 31 octobre 1839 qui ne sont point contraires au présent décret. (L. 20 décembre 1872, titre 4, art. 18 et 19.)

24 novembre 1857.

Arrêté du Ministre des finances relatif à une nouvelle classification des percepteurs.

Art. 1er. Lorsque, pendant trois années consécutives, le produit d'une perception aura dépassé le maximum de la classe à laquelle appartient le titulaire, celui-ci pourra être promu sans déplacement à la classe immédiatement supérieure, sur la proposition des autorités locales.

Nul ne sera nommé percepteur surnuméraire, s'il n'a été reconnu admissible à la suite d'un examen d'aptitude qui sera passé devant une commission désignée par le préfet.

4 juin 1858.

Loi portant fixation du budget des recettes et dépenses de 1859 (dispositions relatives aux patentes).

Art. 8. Les tarifs et tableaux concernant les patentes annexés aux lois des 25 avril 1844 et 18 mai 1850 sont modifiés conformément au tableau annexé à la présente loi.

Art. 10. Dans les établissements à raison desquels le droit fixe de patente est réglé d'après le nombre des ouvriers, les individus au-dessous de seize ans et au-dessus de soixante-cinq ne seront comptés dans les éléments de cotisation que pour la moitié de leur nombre.

Art. 11. L'exemption des droits de patente prononcée par l'article 13, § 6, de la loi du 25 avril 1844, en faveur des ouvriers travaillant chez eux ou chez les particuliers, sans compagnon, apprenti, enseigne ni boutique, est applicable aux ouvriers travaillant dans ces conditions pour leur propre compte et avec des matières à eux appartenant, comme à ceux qui travaillent à la journée ou à façon. (L. 2 août 1868.)

Ne sont point considérés comme compagnons ou apprentis la femme travaillant avec son mari, ni les enfants non mariés travaillant avec leurs père et mère, ni le simple manœuvre dont le concours est indispensable à l'exercice de la profession.

Art. 12. Les formules de patente sont affranchies du droit de timbre établi par l'article 26 de la loi du 25 avril 1844.

En remplacement de ce droit, il est ajouté 4 centimes additionnels au principal de la contribution des patentes.

Art. 13. Sont imposables au moyen de rôles supplémentaires les individus omis aux rôles primitifs qui exerçaient, avant le 1er janvier de l'année de l'émission de ces rôles, une profession, un commerce ou une industrie sujets à patente, ou qui, antérieurement à la même époque, avaient apporté dans leur profession, commerce ou industrie, des changements donnant lieu à des augmentations de droits.

Toutefois, les droits ne sont dus qu'à partir du 1er janvier de l'année pour laquelle le rôle primitif a été émis.

A l'égard des changements survenus dans le cours de ladite année, la contribution n'est perçue qu'à partir du 1er du mois dans lequel la profession a été embrassée ou le changement introduit.

Dans tous les cas, les douzièmes échus ne sont pas immédiatement exigibles. Le recouvrement en est fait par portions égales, en même temps que celui des douzièmes non échus.

26 juillet 1860.

Loi portant fixation du budget de 1861 (disposition relative à la patente des associés).

Art. 19. A partir de 1861, le droit de patente des associés dans les Sociétés en nom collectif sera réglé ainsi qu'il suit :

L'associé principal continuera à être assujetti à la totalité du droit fixe afférent à la profession, conformément à l'article 16 de la loi du 25 avril 1844.

Le même droit sera divisé en autant de parts égales qu'il y aura d'associés en nom collectif, et une de ces parts sera imposée à chaque associé secondaire.

Toutefois, cette part ne devra jamais, dans les cas prévus par l'article 23 de la loi du 18 mai 1850, dépasser le vingtième du droit fixe imposable au nom de l'associé principal.

14 septembre 1861.

Arrêté ministériel relatif à l'organisation du personnel des porteurs de contraintes et à la rétribution de ces agents.

Le Ministre secrétaire d'Etat des finances,

Vu l'article 36 du règlement du 21 décembre 1839 sur les poursuites en matière de contributions directes ;

Considérant que, par l'effet de la décroissance continue des frais de poursuites, le salaire des porteurs de contraintes se trouve réduit au point de ne plus leur offrir de moyens d'existence ;

Que cet état de choses a pour conséquence de désorganiser le personnel de ces agents, et, par suite, de compromettre la marche du recouvrement de l'impôt, en créant les plus sérieuses difficultés à l'exécution des poursuites ;

Que l'intérêt du service réclame donc impérieusement la reconstitution du cadre des porteurs de contraintes, résultat qui ne peut être atteint qu'en améliorant le système de rémunération qui leur est appliqué ;

Arrête ce qui suit :

Art. 1er. A partir du 1er janvier 1862, il sera alloué aux porteurs de contraintes des départements autres que celui de la Seine, indépendamment du salaire résultant des actes de poursuites qu'ils auront exécutés, une indemnité fixe de 300 francs, payable à raison de 75 francs par trimestre.

Le receveur des finances pourra porter le chiffre de l'indemnité à 100 francs par trimestre en faveur des agents qui auront mérité cette marque de satisfaction par leurs bons services, et continuer l'allocation sur ce pied tant que l'agent s'en montrera digne.

Art. 2. Les indemnités mentionnées à l'article précédent seront imputées sur le crédit des frais de perception des contributions directes ; elles seront payées d'après des états dressés et certifiés par le receveur des finances de l'arrondissement, et en vertu de mandats délivrés par le préfet du département.

Art. 3. Dans la quinzaine qui suivra l'expiration de chaque trimestre, les receveurs généraux adresseront au Ministre (direction de la comptabilité générale) un état récapitulatif présentant, par arrondissement, le montant des allocations faites, pour le trimestre précédent, dans leur département respectif, et contenant, en outre, les explications nécessaires pour faire apprécier, s'il y a lieu, les motifs des différences existant dans le chiffre des diverses allocations.

Art. 4. L'article 36 du règlement susvisé du 21 décembre 1839 est abrogé en ce qu'il a de contraire aux dispositions du présent arrêté.

14 septembre 1861.

Arrêté ministériel relatif aux remises des percepteurs.

Vu les arrêtés des 3 mai 1852 et 2 février 1858, concernant les émoluments des percepteurs des contributions directes ;

Vu l'arrêté de ce jour, portant réorganisation, à partir de l'année 1862, du personnel des agents de poursuites ;

Considérant que cette nouvelle organisation se rattache essentiellement au service du recouvrement de l'impôt et devra avoir, entre autres résultats, celui de faciliter aux percepteurs l'accomplissement de la partie la plus importante de leurs obligations ; qu'il est naturel dès lors d'imputer la dépense qu'elle exigera sur le crédit afférent aux émoluments de ces comptables ; qu'il est nécessaire, en même temps, d'y pourvoir sans augmenter les charges du budget, et qu'il suffit d'ailleurs, pour atteindre ce résultat, de réduire de 2 centimes 1/2 l'allocation fixe de 25 centimes par article, attribuée aux percepteurs en sus de leurs remises proportionnelles sur le montant des rôles ;

Arrête ce qui suit :

Art. 1er. A partir de 1862, et dans les départements autres que celui de la Seine, l'allocation fixe accordée aux percepteurs des contributions directes pour chaque article des rôles généraux et supplémentaires, sera réduite à vingt-deux centimes et demi.

Art. 2. Les remises proportionnelles sur le montant des rôles de chaque perception continueront à être calculées conformément au tarif ci-après savoir :

Pour le département de la Corse ;

3 0/0 sur le montant des rôles, quel qu'en soit le chiffre ;

Pour les autres départements :

2 0/0 sur les premiers 20,000 francs ;

1 50 0/0 de 20,001 à 300,000 francs ;

1 0/0 de 300,001 à 600,000 francs ;

0 75 0/0 de 600,001 à 1,000,000 francs ;

0 50 0/0 de 1,000,001 à 1,500,000 francs ;

0 25 0/0 au-dessus de 1,500,000 francs.

Art. 3. Les dispositions exceptionnelles prescrites par les arrêtés des 3 mai 1852, 3 janvier 1858 et 19 novembre 1859, en ce qui concerne les émoluments des receveurs-percepteurs de la ville de Paris et des percepteurs des arrondissements de Saint-Denis et de Sceaux, sont maintenues.

2 juillet 1862.

Loi portant fixation du budget des dépenses et recettes de l'exercice 1863.
Disposition relative aux patentes.

Art. 3. Les dispositions du § 6 de l'article 13 de la loi du 25 avril 1844 et de l'article 11 de la loi du 4 juin 1858 relative aux exemptions de patentes prononcées en faveur des ouvriers seront désormais appliquées aux ouvriers ayant une enseigne ou une boutique comme à ceux qui n'en ont point, si, d'ailleurs, ces ouvriers réunissent les autres conditions d'exemption énoncées aux paragraphes et articles précités. (L. 2 août 1868, art. 3 et 4.)

Art. 17. A partir du 15 juillet 1862, le droit de timbre perçu à raison de la dimension du papier est fixé comme il suit :

Demi-feuille de petit papier............. Fr.	0 50
Feuille de petit papier.....................	1 »

Feuille de moyen papier................... Fr.   1   50
Feuille de grand papier.....................   2   »
Feuille de grand registre...................   3   »

Art. 20. Les copies des exploits, celles des significations d'avoué à avoué et des significations de tous jugements, actes ou pièces, doivent être correctes, lisibles et sans abréviations.

Un règlement d'administration publique déterminera le nombre de lignes et de syllabes que devront contenir les copies (1).

Toute contravention aux dispositions du précédent article et à celles du règlement d'administration publique est punie d'une amende de vingt-cinq francs. (L. 25 août 1871.)

2 juillet 1862

Loi portant création d'un impôt sur les chevaux et voitures. — *Dispositions remises en vigueur par la loi du 23 juillet 1872.*

Art. 5. Cette contribution sera établie d'après le tarif suivant :

VILLES, COMMUNES OU LOCALITÉS	SOMME A PAYER non compris le fonds de non valeur par chaque		
	VOITURE		CHEVAL de selle ou d'attelage
DANS LESQUELLES LE TARIF EST APPLICABLE	à 4 roues	à 2 roues	
Paris	60 fr.	40 fr.	25 fr.
Les communes, autres que Paris, ayant plus de 40,000 âmes de population	50	25	20
Les communes de 20,001 âmes	40	20	15
Les communes de 3,001 âmes	25	10	10
Les communes de 3,000 âmes et au-dessous	10	5	5

Art. 7. Ne donnent pas lieu au payement de la taxe :
2° Les juments et étalons exclusivement consacrés à la reproduction.

(1) Ce règlement d'administration publique porte ce qui suit :
Les copies des exploits, celles des significations d'avoué à avoué et des significations de tous jugements, actes ou pièces, ne peuvent contenir, savoir :
Sur le petit papier (feuilles et demi-feuilles), plus de trente lignes à la page et de trente syllabes à la ligne ; — sur le moyen papier, plus de trente-cinq lignes à la page et de trente-cinq syllabes à la ligne ; — sur le grand papier, plus de quarante lignes à la page et de quarante syllabes à la ligne ; — sur le grand registre, plus de quarante-cinq lignes à la page et de quarante-cinq syllabes à la ligne.
Les porteurs de contraintes sont astreints à l'observation de ces règles dans la confection des actes de poursuites.

Art. 10. Si le contribuable a plusieurs résidences, il sera, pour les chevaux et les voitures qui le suivent habituellement, imposé dans la commune où il est soumis à la contribution personnelle, conformément à l'article 13 de la loi du 21 avril 1832, mais la contribution sera établie suivant la taxe de la commune dont la population est la plus élevée. Pour les chevaux et les voitures qui restent habituellement attachés à l'une de ces résidences, le contribuable sera imposé dans la commune de cette résidence, et suivant la taxe afférente à la population de cette commune.

Art. 11. Les contribuables sont tenus de faire la déclaration des voitures et des chevaux à raison desquels ils sont imposables, et d'indiquer les différentes communes où ils ont des habitations, en désignant celles où ils ont des éléments de cotisation en permanence.

Les déclarations sont valables pour toute la durée des faits qui y ont donné lieu ; elles doivent être modifiées dans le cas de changement de résidence hors de la commune ou du ressort de la perception, et dans le cas de modifications survenues dans les bases de cotisation.

Les déclarations seront faites ou modifiées, s'il y a lieu, le 15 janvier, au plus tard, de chaque année, à la mairie de l'une des communes où les contribuables ont leur résidence.

Si les déclarations ne sont pas faites dans le délai ci-dessus, ou si elles sont inexactes ou incomplètes, il y sera suppléé d'office par le contrôleur des contributions directes, qui est chargé de rédiger, de concert avec le maire et les répartiteurs, l'état matrice destiné à servir de base à la confection du rôle.

En cas de contestation entre le contrôleur et le maire et les répartiteurs, il sera, sur le rapport du directeur des contributions directes, statué par le préfet, sauf référé au Ministre des finances, si la décision était contraire à la proposition du directeur, et, dans tous les cas, sans préjudice pour le contribuable du droit de réclamer après la mise en recouvrement du rôle.

Art. 12. Les taxes seront doublées pour les voitures et les chevaux qui n'auront pas été déclarés ou qui auront été déclarés d'une manière inexacte.

Art. 13. Il est ajouté à l'impôt cinq centimes par franc pour couvrir les décharges, réductions, remises ou modérations, ainsi que les frais de l'assiette de l'impôt et ceux de la confection des rôles, qui seront établis, arrêtés, publiés et recouvrés comme en matière de contributions directes.

En cas d'insuffisance, il sera pourvu au déficit par un prélèvement sur le montant de l'impôt. (L. 23 juillet 1872).

13 mai 1863.

Loi portant fixation du budget général de 1864.

Art. 3. Les tarifs et tableaux concernant les patentes annexés aux lois des 25 avril 1844, 18 mai 1850 et 4 juin 1858, sont modifiés conformément à l'état D annexé à la présente loi (1).

21 juin 1865.

Loi sur les associations syndicales.

Art. 15. Les taxes de cotisation seront recouvrées sur des rôles dressés par le syndicat chargé de l'administration de l'association, approuvés, s'il y a lieu et rendus exécutoires par le préfet.

Le recouvrement est fait comme en matière de contributions directes.

---

(1) Ces modifications de chiffres n'ont rien qui intéresse directement le service de la perception ; nous nous bornons à constater l'existence de la loi modificative.

Art. 16. Les contestations relatives à la fixation du périmètre des terrains compris dans l'association, à la division des terrains en différentes classes, au classement des propriétés en raison de leur intérêt aux travaux, à la répartition et à la perception des taxes, à l'exécution des travaux, sont jugés par le Conseil de préfecture, sauf recours au Conseil d'Etat.

Il est procédé à l'apurement des comptes de l'association selon les règles établies pour les comptes des receveurs municipaux.

10 avril 1867.

Loi sur l'enseignement primaire.

Art. 8. Toute commune qui veut user de la faculté accordée par le § 3 de l'article 36 de la loi du 15 mars 1850, d'entretenir une ou plusieurs écoles entièrement gratuites peut, en sus de ses ressources propres et des centimes spéciaux autorisés par la même loi, affecter à cet entretien le produit d'une imposition extraordinaire qui n'excédera pas quatre centimes additionnels au principal des quatre contributions directes.

En cas d'insuffisance des ressources indiquées au § qui précède et sur l'avis du Conseil départemental, une subvention peut être accordée à la commune sur les fonds du département et, à leur défaut, sur les fonds de l'Etat, dans les limites du crédit spécial porté annuellement, à cet effet, au budget du ministère de l'instruction publique.

Art. 14. Il est pourvu aux dépenses résultant des articles 1, 2, 3, 4, 5 et 7 ci-dessus (1), comme à celles résultant de la loi de 1850, au moyen des ressources énumérées dans l'article 40 de ladite loi, augmentées d'un troisième centime départemental additionnel au principal des quatre contributions directes.

Art. 15. Une délibération du Conseil municipal, approuvée par le préfet, peut créer dans toute commune une caisse des écoles, destinée à encourager et à faciliter la fréquentation de l'école par des récompenses aux élèves assidus et par des secours aux élèves indigents.

Le revenu de la caisse se compose de cotisations volontaires et de subventions de la commune, du département ou de l'Etat. Elle peut recevoir, avec l'autorisation des préfets, des dons et legs.

Plusieurs communes peuvent être autorisées à se réunir pour la formation et l'entretien de cette caisse.

Le service de la caisse des écoles est fait gratuitement par le percepteur.

24 juillet 1867.

Loi sur les Conseils municipaux.

Art. 3. Les Conseils municipaux peuvent voter, dans la limite du maximum fixé chaque année par le Conseil général, des contributions extraordinaires n'excédant pas 5 centimes, pendant cinq années, pour en affecter le produit à des dépenses extraordinaires d'utilité communale.

Ils peuvent aussi voter 3 centimes extraordinaires, exclusivement affectés aux chemins vicinaux ordinaires.

Les Conseils municipaux votent et règlent, par leurs délibérations, les emprunts communaux remboursables sur les centimes extraordinaires votés comme il vient

---

(1) Traitement des instituteurs et institutrices; local pour leur habitation et pour la tenue de la classe, mobilier de classe; logement et traitement des instituteurs-adjoints.

d'été dit au premier paragraphe du présent article, ou sur les ressources ordinaires, quand l'amortissement, en ce dernier cas, ne dépasse pas douze années.

En cas de désaccord entre le maire et le Conseil municipal, la délibération ne sera exécutoire qu'après approbation du préfet.

Art. 4. A l'avenir, les forêts et les bois de l'Etat acquitteront les centimes additionnels ordinaires et extraordinaires affectés aux dépenses des communes, dans la proportion de la moitié de leur valeur imposable, le tout sans préjudice des dispositions de l'article 13 de la loi du 21 mai 1836, de l'article 3 de la loi du 12 juillet 1865, et du paragraphe 2 de l'article 3 de la présente loi.

Art. 5. Les Conseils municipaux votent, sauf approbation du préfet :

1° Les contributions extraordinaires qui dépasseraient 5 centimes, sans excéder le maximun fixé par le Conseil général, et dont la durée ne serait pas supérieure à douze années ;

2° Les emprunts remboursables sur ces mêmes contributions extraordinaires ou sur les revenus ordinaires, dans un délai excédant douze années.

Art. 6. L'article 18 de la loi du 18 juillet 1837 est applicable aux délibérations prises par les Conseils municipaux, en exécution des articles 1, 2 et 3 qui précèdent (1).

L'article 42 de la même loi est applicable aux contributions extraordinaires et aux emprunts votés par les Conseils municipaux, en exécution des articles 3 et 5 (2).

Art. 7. Toute contribution extraordinaire dépassant le maximum fixé par le Conseil général, et tout emprunt remboursable sur ressources extraordinaires, dans un délai excédant douze années, sont autorisés par décret impérial.

Le décret est rendu en Conseil d'Etat, s'il s'agit d'une commune ayant un revenu supérieur à 100,000 francs.

Il est statué par une loi, si la somme à emprunter dépasse un million, ou si ladite somme, réunie au chiffre d'autres emprunts non encore remboursés, dépasse un million.

2 août 1868.

Loi relative aux patentes.

Art. 3. Les tarifs et tableaux concernant les patentes annexés aux lois des 25 avril 1844, 18 mai 1850, 4 juin 1858 et 13 mai 1863, sont modifiés conformément à l'état D, annexé à la présente loi.

Est exempt de la patente l'ouvrier travaillant en chambre avec un apprenti âgé de moins de seize ans.

Art. 4. Le patentable qui exploite un établissement industriel, et qui n'y effectue pas la vente de ses produits, n'est pas imposable au droit fixe additionnel de patente pour le magasin séparé dans lequel sont vendus exclusivement en gros, les seuls produits de sa fabrication.

Toutefois, si la vente a lieu dans plusieurs magasins, l'exemption de droit fixe accordée par le paragraphe précédent n'est applicable qu'à celui des magasins qui est le plus rapproché du centre de l'établissement de fabrication. Les autres continuent d'être imposés conformément aux dispositions de la loi du 4 juin 1858.

---

(1) L'art. 18 de la loi du 18 juillet 1837 fixe le délai dans lequel s'exerce le contrôle de 'administration supérieure.

(2 L'art. 42 a trait au concours des plus imposés.

12 août 1870.

Loi relative au cours légal des billets de la Banque de France.

Art. 1er. A partir du jour de la promulgation de la présente loi, les billets de la Banque de France seront reçus comme monnaie légale par les caisses publiques et les particuliers.

Art. 2. Jusqu'à nouvel ordre, la Banque est dispensée de rembourser les billets avec des espèces. (L. 18 prairial an V.)

10 août 1871.

Loi sur l'administration départementale.

Art. 40. Le Conseil général vote les centimes additionnels dont la perception est autorisée par les lois.

Il peut voter des centimes extraordinaires dans la limite du maximum fixé annuellement par la loi de finances.

Il peut voter également les emprunts départementaux remboursables dans un délai qui ne pourra excéder quinze années, sur les ressources ordinaires et extraordinaires.

Art. 41. Dans le cas où le Conseil général voterait une contribution extraordinaire ou un emprunt au-delà des limites déterminées dans l'article précédent, cette contribution, ou cet emprunt, ne pourrait être autorisé que par une loi.

Art. 42. Le Conseil général arrête chaque année, à la session d'août, dans les limites fixées annuellement par la loi de finances, le maximum du nombre des centimes extraordinaires que les Conseils municipaux sont autorisés à voter, pour en affecter le produit à des dépenses extraordinaires d'utilité communale.

Si le Conseil général se sépare sans l'avoir arrêté, le maximum fixé pour l'année précédente est maintenu jusqu'à la session d'août de l'année suivante. (L. 18 juillet 1857 ; 15 mars 1850 ; 24 juillet 1867.)

25 août 1871.

Loi relative à l'enregistrement et au timbre.

Arti. 2. Il est ajouté deux décimes au principal des droits de timbre de toute nature.

Ne sont pas soumis à ces deux décimes..... les quittances de produits et revenus délivrés par les comptables de deniers publics. (L. 2 juillet 1862 et 29 décembre 1873.)

16 septembre 1871.

Loi relative à l'impôt des voitures, à celui des billards publics et privés et à celui des cercles et lieux de réunion.

Art. 7. La loi du 2 juillet 1862 sur l'impôt des chevaux et voitures est remise en vigueur à partir du 1er janvier 1872.

Art. 8. A dater du 1er octobre 1871, les billards publics et privés seront soumis aux taxes suivantes :

Paris...	60 fr.
Ville au-desus de 50,000 âmes..........................	30
— de 10,000 âmes à 50,000 âmes.....................	15
Ailleurs......................................	6

Art. 9. A dater de la même époque (1er octobre 1871), les abonnés des cercles, sociétés et lieux où se payent des cotisations, supporteront une taxe de 20 0/0 desdites cotisations, payées par les membres ou associés. Cette taxe sera acquittée par les gérants, secrétaires ou trésoriers.

Ne sont pas assujetties à la taxe les sociétés de bienfaisance et de secours mutuels, ainsi que celles exclusivement scientifiques, littéraires, agricoles, musicales, dont les réunions ne sont pas quotidiennes.

Art. 10. Les taxes établies par les articles 8 et 9 de la présente loi seront doublées pour les contribuables qui auront fait des déclarations inexactes ou qui n'auront pas fait de déclaration dans les trois mois qui suivront la promulgation de la présente loi et, à l'avenir, avant le 31 janvier de chaque année (1).

20 décembre 1871.

Arrêté ministériel portant modification au tarif des remises des percepteurs.

Le Ministre des finances,

Vu l'arrêté du 14 septembre 1861, concernant les émoluments des percepteurs des contributions directes;

Considérant que l'accroissement des rôles dans certaines perceptions a eu pour effet d'augmenter les remises dans une proportion qui excède l'importance réelle de l'emploi, et qu'à d'autres égards il convient d'alléger dans une certaine mesure les charges du budget; que, pour atteindre ce but, il y a lieu de réviser le tarif décroissant des remises proportionnelles, en ce qui concerne les perceptions des grandes villes, et de réduire, indistinctement dans toutes les perceptions, d'un demi-centime l'allocation fixe de 22 c. 1/2 par article de rôle;

Sur la proposition du directeur général de la comptabilité publique,

Arrête ce qui suit :

Art. 1er. A partir de 1872 et dans les départements autres que ceux de la Corse et de la Seine, l'allocation fixe accordée aux percepteurs des contributions directes pour chaque article des rôles généraux et supplémentaires sera réduite à 22 centimes.

Art. 2. Les remises proportionnelles sur le montant des rôles de chaque perception seront calculées ainsi qu'il suit pour les départements autres que ceux de la Corse et de la Seine :

2 0/0 sur les premiers 20,000 francs;
1 50 0/0 de 20,001 à 300,000 francs;
1 0/0 de 300,001 à 500,000 francs;
0 50 0/0 de 500,001 à 700,000 francs;
0 20 0/0 de 700,001 à 1,000,000 francs;
0 10 0/0 au-dessus de 1,000,000 francs.

Art. 3. Sont maintenues les dispositions exceptionnelles prescrites par les arrêtés des 10 novembre 1869, 3 mai 1852 et 6 juillet 1870, en ce qui concerne les émoluments des percepteurs de la Corse, des receveurs-percepteurs de la ville de Paris, et des percepteurs des arrondissements de Sceaux et de Saint-Denis.

Art. 4. Le présent arrêté sera déposé au secrétariat général pour être notifié à qui de droit.

29 mars 1872.

Loi relative aux patentes.

Art. 1er. Le patentable ayant plusieurs établissements, boutiques ou magasins de même espèce ou d'espèces différentes est, quelle que soit la classe ou la caté-

(1) Les déclarations produisent leur effet jusqu'à déclaration contraire. (D. 27 décembre 1871, art. 5.)

gorie à laquelle il appartient comme patentable, passible du droit fixe entier, en raison du commerce, de l'industrie ou de la profession exercée dans chacun de ces établissements, boutiques ou magasins.

Les droits fixes sont imposables dans les communes où sont situés les établissements, boutiques ou magasins qui y donnent lieu.

Art. 2. Seront établis, sans limite de maximum, les droits de patente des professions, commerces et industries compris dans les tableaux annexés aux lois en vigueur et qui sont tarifés en raison du nombre des ouvriers, machines, instruments ou moyens de production et autres éléments variables d'imposition.

Art. 3. Les droits fixes des patentables rangés dans le tableau C, annexé à la loi du 25 avril 1844 et dans les tableaux modificatifs correspondants annexés aux lois subséquentes, sont rehaussés de un cinquième, sauf en ce qui concerne les marchands forains avec balle, bête de somme ou voiture, et les marchands forains de poterie sur bateau. (L. 25 avril 1844, art. 18.)

Art. 4. Le taux du droit proportionnel de patente, établi d'après la valeur locative, est porté du quinzième au dixième pour les patentables compris dans la nomenclature générale des patentes à la première classe du tableau A et au tableau B, annexés à la loi du 25 avril 1844, ainsi qu'aux tableaux modificatifs correspondants annexés aux lois subséquentes; du vingtième au quinzième pour les patentables compris dans les deuxième et troisième classes du tableau A, annexé à la loi du 25 avril 1844 et des tableaux modificatifs correspondants annexés aux lois subséquentes.

Art. 5. Les articles 17 de la loi du 18 mai 1850 et 9 de la loi du 4 juin 1858, ainsi que les tableaux annexés aux lois de patentes en vigueur, sont modifiés en ce qu'ils ont de contraire aux dispositions des articles 1, 2, 3 et 4 ci-dessus...

Art. 6. Les compagnies de chemins de fer, les services de transports fluviaux, maritimes et terrestres, ainsi que les établissements d'entrepôt et magasins généraux, seront tenus de laisser prendre connaissance des registres de réception et d'expédition de marchandises aux agents des contributions chargés de l'assiette de la patente.

30 mars 1872.

Loi portant augmentation de la taxe des biens de mainmorte.

Art. 5. A partir du 1er janvier 1873, la taxe annuelle représentative des droits de transmission entre vifs et par décès, fixée par l'article 1er de la loi du 20 février 1849, est élevée à 70 c. par franc du principal de la contribution foncière.

Cette taxe sera, en outre, soumise à l'avenir aux décimes auxquels sont assujettis les droits d'enregistrement. (L. 20 février 1849.)

23 juillet 1872.

Loi relative aux contributions directes à percevoir en 1873. Dispositions concernant la taxe des chevaux et voitures.

Art. 5. A partir du 1er janvier 1873, les taxes spécifiées à l'article 5 de la loi du 2 juillet 1862, concernant la contribution sur les voitures et chevaux, seront appliquées : 1° aux voitures suspendues destinées au transport des personnes; 2° aux chevaux servant à atteler les voitures imposables; 3° aux chevaux de selle.

Art. 6. La taxe est réduite de moitié pour les voitures et les chevaux imposables d'après l'article ci-dessus, lorsqu'ils sont employés exclusivement au service de l'agriculture ou d'une profession quelconque donnant lieu à l'imposition des droits de patente, sauf en ce qui concerne les professions rangées dans le tableau G, annexé à la loi du 18 mai 1830, et dans les tableaux correspondants annexés aux lois de patentes subséquentes.

Art. 7. L'exception de taxe prévue par l'article 7 de la loi du 2 juillet 1862 est étendue : 1° aux voitures et chevaux affectés exclusivement au service des voitures publiques qui sont soumises aux droits perçus par l'administration des contributions indirectes ; 2° aux chevaux et voitures possédés par les marchands de chevaux, carrossiers, marchands de voitures et exclusivement destinés à la location ; 3° aux chevaux et voitures possédés en conformité des règlements du service militaire ou administratif.

Art. 8. Les possesseurs de chevaux et voitures imposables sont passibles de la taxe pour l'année entière en ce qui concerne les faits existants au 1er janvier.

Les personnes qui, dans le courant de l'année, deviennent possesseurs de voitures ou de chevaux imposables, doivent la contribution à partir du 1er du mois dans lequel le fait s'est produit, et sans qu'il y ait lieu de tenir compte des taxes imposées au nom des précédents possesseurs.

Art. 9. Dans le cas où, à raison d'une résidence nouvelle, le contribuable devient passible d'une taxe supérieure à celle à laquelle il a été assujetti au 1er janvier, il doit un droit complémentaire égal au montant de la différence et calculé à partir du 1er du mois dans lequel le changement de résidence s'est produit.

Dans les cas prévus au présent article et au § 2 de l'article précédent, les déclarations que les contribuables sont tenus de faire, en exécution de l'article 11 de la loi du 2 juillet 1862, doivent être effectuées dans le délai de trente jours, à partir de la date à laquelle se sont produits les faits susceptibles de motiver l'imposition de nouvelles taxes ou de suppléments de taxes.

Art. 10. Il sera attribué aux communes un vingtième du produit de l'impôt établi par l'article 4 de la loi du 2 juillet 1862 et dont l'assiette est modifiée par la présente loi, déduction faite des cotes et portions de cotes dont le dégrèvement aura été accordé.

Art. 11. Les dispositions de la loi du 2 juillet 1862 relatives à la contribution sur les voitures et les chevaux, remises en vigueur par l'article 7 de la loi du 16 septembre 1871, sont maintenues, sauf en ce qui concerne les articles 4, 6, 8, 9 et les §§ 1 et 3 de l'article 7, qui sont abrogés.

20 décembre 1872.

Loi portant fixation du budget général des dépenses et des recettes de l'exercice 1873.

Titre 4, art. 18. A partir de l'ouverture de l'exercice 1873, les fonctions des percepteurs de villes chefs-lieux d'arrondissement seront réunies à celles des receveurs particuliers, et celles des percepteurs de villes chefs-lieux de département, à celles des trésoriers payeurs généraux, au fur et à mesure des vacances qui viendront à se produire.

Il ne pourra être fait d'exceptions que pour les villes d'une population supérieure à cent mille âmes.

Art. 19. Le nombre des receveurs-percepteurs de Paris, actuellement de quarante-deux, sera réduit successivement à celui de vingt.

Le tarif des remises des receveurs-percepteurs sera soumis concurremment à une révision. (O. 31 octobre 1839 ; 23 février 1840 ; D. 19 novembre 1857 ; A. min. 24 novembre 1857.)

29 décembre 1873.

Loi du budget général des dépenses et des recettes de l'exercice 1874. Dispositions relatives au timbre et au recouvrement des amendes.

Art. 2. Le droit de timbre des copies des exploits, des notifications de tous jugements, actes ou pièces, sera acquitté au moyen de timbres mobiles apposés sur l'original de l'exploit.

Néanmoins, ces copies ne pourront être faites que sur un papier timbré spécial de la dimension des feuilles de 50 centimes ou de 1 franc, qui sera fourni gratuitement par l'administration de l'enregistrement, des domaines et du timbre.

Art. 4. Il ne pourra être alloué en taxe, et les officiers ministériels ne pourront demander et se faire payer à titre de remboursement de droit de timbre des copies, aucune somme excédant la valeur des timbres mobiles apposés en exécution des dispositions qui précèdent. (L. 2 juillet 1862 et 25 août 1871.)

Art. 25. A partir du 1er janvier 1874, les percepteurs des contributions directes seront substitués aux receveurs de l'enregistrement pour le recouvrement des amendes et des condamnations pécuniaires autres que celles concernant les droits d'enregistrement, de timbre, de greffe, d'hypothèque, le notariat et la procédure civile.

Sont maintenues toutes les dispositions des lois qui ne sont point contraires au paragraphe précédent; toutefois, les porteurs de contraintes pourront remplacer les huissiers pour l'exercice des poursuites.

Un règlement d'administration publique déterminera, s'il y a lieu, les mesures nécessaires pour assurer l'exécution du présent article (1).

11 février 1874.

Décret relatif à l'établissement de la redevance proportionnelle sur les mines.

Art. 1er. Les dispositions du décret du 6 mai 1811, relatives à l'établissement de la redevance proportionnelle des mines, continueront d'être appliquées, sauf les modifications ci-après :

En cas de désaccord sur l'appréciation du produit net imposable, entre le Comité d'évaluation institué par le décret du 6 mai 1811 et l'ingénieur des mines ou le directeur des contributions directes, il est statué par le préfet, sauf avis motivé du directeur des contributions directes.

Si le préfet n'adopte pas les conclusions du directeur des contributions directes il en est référé au Ministre des travaux publics, qui statue après s'être concerté avec le Ministre des finances.

Le préfet arrête ensuite les rôles et les rend exécutoires, sauf le recours des contribuables...

5 avril 1874.

Loi portant fixation du budget des recettes et dépenses de 1875. Disposition relative à l'impôt sur les cercles et sociétés.

Art. 7. Ne sont pas assujetties à la taxe établie par l'article 9 de la loi du 16 septembre 1871 les sociétés ayant pour objet exclusif des jeux d'adresse ou

---

(1) Un décret du 17 octobre 1874 a rendu cette disposition applicable en Algérie.

des exercices spéciaux, tels que chasse, sport nautique, exercices gymnastiques, jeux de paume, jeux de boules, de tir au fusil, au pistolet, à l'arc, à l'arbalète, etc., et dont les réunions ne sont pas quotidiennes. (L. 16 septembre 1871, art. 9.)

5 avril 1874.

Loi portant fixation du budget des recettes et dépenses de 1875. — Disposition relative à la forme des avertissements.

Art. 6. Chaque avertissement délivré pour le recouvrement des quatre contributions directes, en exécution des articles 50 et 51 de la loi du 15 mai 1818, énoncera les proportions entre la part de la contribution revenant à l'État, la part de la contribution revenant à la commune et le total de la contribution réclamée au contribuable.

6 mai 1874.

Arrêté ministériel relatif au timbre des actes de poursuites.

Le Ministre de l'agriculture et du commerce, chargé de l'intérim du ministère des finances,

Vu l'article 2 de la loi du 29 décembre 1873, qui établit un papier et des timbres mobiles spéciaux pour les copies d'exploits et de significations de tous actes et pièces ;

Vu le décret d'administration publique du 30 du même mois, qui règle le mode de vente et d'emploi de ces papiers et timbres mobiles ;

Vu le règlement ministériel du 31 décembre 1839, et spécialement l'article 101 de ce règlement, relatif aux formules imprimées dont les porteurs de contraintes sont tenus de se servir pour la signification des actes de poursuites tendant au recouvrement des contributions directes ;

Vu l'article 25 de la loi précitée du 29 décembre 1873, aux termes duquel les porteurs de contraintes peuvent remplacer les huissiers pour l'exercice des poursuites tendant au payement des amendes et condamnations pécuniaires.

Considérant que l'emploi qui serait fait par les porteurs de contraintes, pour la rédaction des copies de leurs actes, du papier créé par l'article 2 précité de la loi du 29 décembre 1873, pourrait nuire à la régularité des poursuites et entraînerait par conséquent des inconvénients pour le Trésor;

Arrête :

Art. 1er. Les porteurs de contraintes pourront faire usage, pour la rédaction des copies de leurs actes sujets au timbre, de formules adoptées par l'administration des finances, et imprimées sur du papier autre que celui créé par la loi précitée du 29 décembre 1873, pourvu que ces formules aient été préalablement revêtues du timbre spécial établi pour le papier *copie* débité par l'administration de l'enregistrement.

Art. 2. Les formules désignées dans l'article ci-dessus, et que l'on voudra soumettre au timbre spécial, devront être *remises* par le trésorier-payeur général de chaque département, et, à Paris, par le receveur central des finances, à celui des receveurs de l'enregistrement qui aura été désigné à cet effet.

Chaque *dépôt* sera fait, hors le cas de circonstances exceptionnelles, par séries de cent feuilles et sans fractions. Il sera accompagné d'un bordereau daté et signé par le déposant.

Art. 3. Le receveur de l'enregistrement transmettra les formules, après vérification, au directeur des domaines, chef de l'atelier général du timbre à Paris, pour être revêtues du timbre à l'encre grasse et du timbre sec, établis par le deuxième alinéa de l'article 1er du décret du 30 décembre 1873.

Le directeur des domaines, chef de l'atelier général du timbre, renverra les formules après timbrage au receveur expéditeur, chargé de les remettre au déposant, avec un nombre de timbres mobiles correspondant, contre payement du prix de ces timbres. Un récépissé des formules sera souscrit, au moment de la remise par le déposant, au pied du bordereau de dépôt.

Art. 4. Les transmissions *prévues par l'article ci-dessus* seront faites par la poste et en franchise.

Les papiers seront placés sous enveloppe et entourés d'un croisé de ficelle. L'enveloppe portera, indépendamment de l'adresse, la suscription : Copies d'actes de poursuites. Décision du ., avril 1874.

Art. 5. Les dispositions qui précèdent pourront être appliquées, avec l'autorisation de l'administration de l'enregistrement, aux formules de copies d'actes de poursuites adoptées par d'autres administrations publiques pour le recouvrement des sommes dues à l'Etat.

Art. 6. Les directeurs de l'enregistrement, des domaines et du timbre, de la comptabilité publique et des postes, seront chargés, chacun en ce qui le concerne, de l'exécution du présent arrêté, qui sera déposé au secrétariat général.

20 novembre 1874.

Arrêté ministériel portant modification du tarif des remises des percepteurs.

Le Ministre des finances,

Vu l'arrêté ministériel du 20 décembre 1871, concernant les émoluments des percepteurs des contributions directes ;

Considérant que les remises afférentes aux perceptions les plus importantes des départements ont éprouvé un accroissement excessif, par suite de l'augmentation graduelle des rôles des contributions directes depuis 1871, et que, pour proportionner les bénéfices aux charges réelles des emplois, il convient de réviser le tarif décroissant des remises en ce qui concerne les perceptions dont les rôles, déduction faite des impositions communales, excèdent 300,000 francs ;

Sur la proposition du conseiller d'Etat, directeur général de la comptabilité publique,

Arrête :

Art. 1er. A partir de 1875 et dans les départements autres que ceux de la Corse et de la Seine, les remises proportionnelles allouées aux percepteurs des contributions directes, sur le montant des rôles de chaque perception, seront calculées d'après les bases suivantes :

2 fr. 0/0 sur les premiers 20,000 francs;
1 50 0/0 sur les 280,000 francs suivants;
0 50 0/0 de 300,001 à 600,000 francs;
0 10 0/0 de 600,001 à 900,000 francs;
0 05 0/0 au-dessus de 900,000 francs.

Est maintenue l'allocation fixe de 22 centimes pour chaque article des rôles généraux et supplémentaires.

Art. 2. Le présent arrêté sera déposé au secrétariat général pour être notifié à qui de droit.

24 février 1875.

Loi relative à l'organisation du Sénat.

Art. 8. Le Sénat a, concurremment avec la Chambre des députés, l'initiative et la confection des lois.

Toutefois, les lois de finances doivent être, en premier lieu, présentées à la Chambre des députés et votées par elle. (Const., 4 novembre 1848, art. 15 et 16.)

16 août 1875.

Loi portant fixation du budget général des dépenses et des recettes de l'exercice 1876.

Art. 4. Dans la loi de finances de 1877, il sera présenté par le gouvernement un projet de nouvelle répartition du principal de la contribution foncière entre les departements.

Art. 10. Continuera d'être faite, pour 1876, au profit de l'État, conformément aux lois existantes, la perception des droits, produits et revenus énoncés dans le 1er § de l'état D annexé à la présente loi.

Art. 16. Le maximum des centimes que les Conseils généraux peuvent voter, en vertu de l'article 58 de la loi du 10 août 1871, est fixé, pour l'année 1876, à 0 fr. 25 c. sur les contributions foncière et personnelle-mobilière, plus 1 cent. sur les quatre contributions directes.

Art. 17. Le maximum des centimes extraordinaires que les Conseils généraux peuvent voter, en vertu de l'article 40 de la même loi, est fixé, pour l'année 1876, à 12 c. Dans ce nombre sont compris les centimes dont le recouvrement a été précédemment autorisé par des lois spéciales antérieures à la mise à exécution de la loi du 18 juillet 1866 sur les Conseils généraux.

Art. 18. Le maximum de la contribution spéciale à établir sur les quatre contributions directes, en cas d'omission au budget départemental d'un crédit suffisant pour faire face aux dépenses spécifiées à l'article 61 de la loi du 10 août 1871 (dépenses obligatoires des départements), est fixé, pour la même année, à 2 cent.

Art. 19. Le maximum du nombre des centimes extraordinaires que les Conseils municipaux sont autorisés à voter, pour en affecter le produit à des dépenses extraordinaires d'utilité communale et qui doit être arrêté annuellement par les Conseils généraux, en vertu de l'article 12 de la loi du 10 août 1871, ne pourra dépasser, en 1876, 20 centimes.

Art. 20. Lorsqu'en exécution du § 4 de l'article 39 de la loi du 18 juillet 1837, il y aura lieu pour le gouvernement d'imposer d'office sur les communes des centimes additionnels pour le payement des dépenses obligatoires, le nombre de ces centimes ne pourra excéder le maximum de 10, à moins qu'il ne s'agisse de dettes résultant de condamnations judiciaires, auquel cas il pourra être élevé jusqu'à 20.

Art. 21. En cas d'insuffisance des revenus ordinaires pour l'établissement des écoles primaires communales élémentaires ou supérieures, les Conseils municipaux et les Conseils généraux des départements sont autorisés à voter, pour l'année 1876, à titre d'imposition spéciale destinée à l'instruction primaire, des centimes additionnels au principal des quatre contributions directes. Toutefois, il ne pourra être voté à ce titre plus de quatre centimes par les Conseils municipaux et plus de quatre centimes par les Conseils généraux.

Art. 22. En cas d'insuffisance du produit des centimes ordinaires pour concourir par des subventions aux dépenses des chemins vicinaux de grande communication et, dans les cas extraordinaires, aux dépenses des autres chemins vicinaux, les Conseils généraux sont autorisés à voter, pour l'année 1876, à titre d'imposition spéciale, sept centimes additionnels aux quatre contributions directes.

Art. 33. Toutes contributions directes ou indirectes, autres que celles autorisées par la présente loi, à quelque titre ou sous quelque dénomination qu'elles se perçoivent, sont formellement interdites, à peine contre les autorités qui les ordonneraient, contre les employés qui confectionneraient les rôles et tarifs, et ceux qui

en feraient le recouvrement, d'être poursuivis comme concussionnaires, sans préjudice de l'action en répétition, pendant trois années, contre tous receveurs, percepteurs ou individus qui auraient fait la perception et sans que, pour exercer
cette action devant les Tribunaux, il soit besoin d'une autorisation préalable.

Il n'est pas néanmoins dérogé à l'exécution de l'article 4 de la loi du 2 août
1825, modifié par l'article 7 de la loi du 7 août 1850, retatif au cadastre, non
plus qu'aux dispositions des lois des 10 mai 1838 et 10 août 1871, sur les attributions départementales; des 16 septembre 1871 et 21 mai 1873, sur la composi-
tion du Conseil général de la Seine; des 18 juillet 1837 et 24 juillet 1867, sur
l'administration communale; des 21 mai 1836 et 11 juillet 1868, sur les chemins
vicinaux, et des 15 mars 1850 et 10 avril 1867, sur l'instruction primaire.

JURISPRUDENCE [1]

GARNISAIRE. — FRAIS. — COMPÉTENCE.

6 frimaire an 7. — *L'autorité judiciaire est incompétente pour condamner un percepteur des contributions directes au payement d'une somme due pour frais de garnisaires placés par lui chez un contribuable.* (C. de cass.)

Le 28 prairial an 6, le juge de paix de Nort avait condamné le percepteur des contributions directes de la commune de Heric à payer une somme due pour frais de garnisaires qu'il avait placés chez un contribuable; — pourvoi en cassation par le ministère public.

ARRÊT. — LA COUR; — Vu l'article 13, titre II, du décret du 24 août 1790, sur l'organisation judiciaire; — Considérant que le fait dont il s'agit dans le jugement attaqué est purement administratif et ne pouvait, en aucun cas, appartenir à l'autorité judiciaire; que, malgré cela, le juge de paix du canton de Nort s'est permis d'en connaître, en quoi il est contrevenu à l'article précité, et a excédé ses pouvoirs ; par ces motifs, faisant droit sur le réquisitoire du substitut du commissaire du directoire exécutif; — Casse, etc.

CONTRIBUTION COMMUNALE. — CONTESTATION. — COMPÉTENCE.

17 frimaire an 8. — *Un juge de paix ne peut condamner des habitants d'une commune au payement de leur part d'une contribution imposée par l'administration municipale.* (C. de Cass.)

Un arrêté de la municipalité de Naben avait rendu exécutoire un rôle de répartition entre les habitants de la commune de Verson, d'une somme de 250 fr. allouée au sieur Payen, pour remonter une horloge.

Le Tribunal de paix, en se fondant sur cet arrêté, qui depuis fut annulé, avait condamné, par jugement du 23 germinal an 7, les héritiers de Grégoire Pecquet à payer à Payen la somme de 3 fr , pour laquelle ils avaient été compris dans le rôle de répartition. — Pourvoi en cassation contre cette décision.

ARRÊT. — LA COUR; — Vu l'article 13, titre II de la loi du 24 août 1790, et la loi du 16 fructidor an 3; — Attendu que tout ce qui est relatif aux contributions se trouve dans les attributions des corps administratifs; qu'il s'agit ici du recouvrement d'une contribution imposée par une administration municipale; que le Tribunal de paix ne pouvait donc connaître des difficultés élevées à cet égard, et condamner la veuve et les enfants de Grégoire Pecquet au payement d'une partie de cette contribution, qui, loin d'être approuvée par l'autorité administrative supérieure, a depuis, au contraire, été improuvée par l'administration centrale;

---

[1] Les décisions rapportées dans cette section sont en général empruntées aux Recueils de jurisprudence de MM. Dalloz et Sirey pour les matières civiles, et au *Recueil des Arrêts du Conseil*, pour les matières administratives.

que le Tribunal de paix a, donc excédé son pouvoir; — Par ces motifs, faisant droit sur le réquisitoire; — Casse, etc. (1).

COMPÉTENCE. — PERCEPTEUR. — RÉPÉTITION.

13 vendémiaire an 9. — *Les Tribunaux ne peuvent prononcer sur une demande en restitution formée contre un percepteur des contributions.* (C. de cass.)

Un droit de remplacement avait été établi par des lois de mars et avril 1790, lors de la suppression de ceux qui existaient sur les sels, cuirs, fers, huiles, etc. — Le 16 prairial an 2, ces lois furent modifiées; il fut décidé que, dans le cas où soit la totalité, soit partie de cet impôt, aurait été acquittée, il en serait fait compte aux contribuables, sur leur contribution foncière ou mobilière de 1793 et des années suivantes. — Les juges de paix du canton de Lavoncourt (Haute-Saône) avaient prononcé sur des demandes formées contre le percepteur des contributions de remplacement, qui avait fait renvoi de ses rôles au receveur. Il avait, par deux jugements du 18 ventôse an 7, condamné ce percepteur, le sieur Magnen, à payer, en numéraire métallique, à deux réclamants, la somme par eux payée en 1790 et 1791. — Pourvoi en cassation par le ministère public.

ARRÊT. — LA COUR; — Vu l'article 51 de la loi de décembre 1789, l'article 2 de la loi du 13 juin 1790, et l'article 1er, titre XIV, du décret du 11 décembre 1790; — Vu aussi la loi du 3 frimaire an 7; — Attendu que la reprise permise par la loi du 16 prairial an 2 était dans la classe des opérations relatives à la contribution; — Attendu qu'en s'attribuant la connaissance des poursuites exercées contre le percepteur des contributions, le juge de paix du canton de Lavoncourt, département de la Haute-Saône, a violé les lois qui en réservaient la connaissance aux autorités administratives, et la lui interdisaient; qu'il y a, de sa part, excès de pouvoir dans les deux jugements dénoncés par entreprise sur l'administration en matière de contributions; — Casse, etc.

CONTRAINTE. — EXÉCUTION. — COMPÉTENCE.

29 thermidor an 11. — *Lorsqu'un contribuable a formé, devant l'autorité administrative, opposition à une contrainte décernée contre lui pour arriéré d'impositions, les Tribunaux ne peuvent, sous aucun prétexte, évoquer cette réclamation; ainsi les Tribunaux ne sont point compétents pour en connaître; par cela que le percepteur aurait lui-même décliné l'autorité administrative et cité l'opposant au bureau de conciliation.* (C. de cass.)

Le sieur Bauzon avait, en qualité de percepteur de la commune de Monta-Serien, décerné des contraintes contre le sieur Châtain, pour avoir payement de 522 fr. 89, qu'il prétendait lui être dus pour arriérés d'impositions. — Sur l'opposition à ces contraintes et la demande en compte formée par Châtain, les corps administratifs avaient ordonné que le compte serait fait sur les rôles et bordereaux. — Par exploit du 16 brumaire an 10, Bauzon avait déclaré qu'il entendait décliner l'autorité administrative, et avait fait citer, en conséquence, Châtain devant le Tribunal de Beaune, pour le faire démettre de son opposition. — Jugement du 4 germinal an 10, qui a déclaré les contraintes nulles et condamné Bauzon aux dépens. — Pourvoi en cassation pour excès de pouvoir.

---

(1) Bien que le rôle de répartition ait été annulé plus tard par l'autorité administrative comme irrégulier, la Cour de cassation n'en a pas moins maintenu le principe de l'incompétence des Tribunaux pour connaître des difficultés relatives au rôle de contributions

ARRÊT. — LA COUR; — Vu l'article 27 de la loi du 21 fructidor an 3; — Considérant que l'opposition formée par Chatain aux contraintes décernées contre lui par Bauzon, avait été portée devant l'autorité administrative, et qu'une semblable réclamation ne pouvait être évoquée, sous aucun prétexte, devant les Tribunaux; que le déclinatoire de Bauzon, énoncé dans la citation du bureau de paix, et dirigé contre l'autorité administrative, ne pouvait être non plus dans leurs attributions, et en est formellement exclu par la loi; — Casse, etc.

REVENDICATION DE MEUBLES SAISIS. — COMPÉTENCE.

16 septembre 1806. — *Lorsque des meubles ont été saisis à la requête d'un percepteur, la revendication par un tiers des meubles saisis est une question de propriété de la compétence des Tribunaux.* (C. d'Etat.)

Palegny fils était porté sur le rôle des contributions mobilières et somptuaires pour 23 fr. 61. Poursuivi pour ce payement, il répondit au receveur que, ne possédant rien, il ne pouvait rien payer. Pour parvenir au payement, le receveur saisit sur lui quelques effets.

Palegny père présenta requête au Tribunal, en se disant propriétaire des effets saisis, et en demandant acte de l'opposition.

Malgré cette opposition, le receveur allait faire vendre les effets saisis.

Palegny père présenta une seconde requête au Tribunal, en demandant qu'il fût sursis à cette vente pour justifier de son droit de propriété.

Le Tribunal accorda ce sursis et appointa les parties, etc.

Le préfet du département éleva un conflit d'attribution motivé sur la loi du 16 fructidor an 3, qui défend aux Tribunaux de connaître des actes d'administration.

Mais toute opposition formée par un tiers, soit comme créancier, soit à fin de revendication des objets saisis, donne lieu à une question de propriété, ou de préférence qui, par sa nature, est de la compétence de l'autorité judiciaire.

Tels étaient les motifs pour l'annulation, qui a été prononcée par le décret suivant.

Napoléon, etc.,

Nous avons décrété et décrétons ce qui suit :

Art. 1er. L'arrêté du préfet des Pyrénées-Orientales, en date du 15 avril 1806, qui élève le conflit, à l'occasion du sursis accordé par le Tribunal de première instance de Perpignan, à la vente des meubles du sieur Palegny fils, est annulé.

FRAIS DE POURSUITES. — COMPÉTENCE.

25 janvier 1807. — *Le remboursement des frais, faits pour le recouvrement des contributions, doit être poursuivi par la même voie que le principal, c'est-à-dire, administrativement, et non devant l'autorité judiciaire.* (C. d'Etat.)

Le sieur Massin, percepteur des contributions de la commune de Fontenay (Seine-et-Marne), pour l'an 11, se trouvant encore redevable sur cet exercice de la somme de 61 fr. 17, le sieur Chatelain, porteur de contraintes, lui fit, sur l'ordre du receveur particulier, le 30 fructidor an 13, commandement de payer.

Le deuxième jour complémentaire suivant, le sieur Massin versa la somme qui lui était demandée; mais le commandement n'étant alors ni taxé, ni enregistré, le receveur d'arrondissement ne put lui en faire payer les frais.

Le préfet ayant chargé les receveurs particuliers de recouvrer les sommes créditées sur les centimes additionnels communaux qui n'avaient pas encore été versés à la Caisse des commissions de bienfaisance, le receveur particulier de Coulommiers, sur le refus fait par le percepteur de Fontenay, de verser la somme de 36 fr., dont il était redevable à ce titre, plus celle de 2 fr. 45, à laquelle avait été taxé le commandement du 30 fructidor an 13, lui fit signifier un second commandement le 15 frimaire an 14.

Le 1er mars 1806, le sieur Massin paya les 36 fr. qui lui étaient demandés; mais il ne voulut pas acquitter les frais des commandements du 30 fructidor an 13 et 15 frimaire an 14, sous prétexte que le maire de Fontenay s'opposait au payement de ces frais, et que, d'ailleurs, le principal étant soldé, le receveur n'avait plus d'action contre lui Massin.

Un troisième commandement fait à celui-ci, le 25 avril, ayant été infructueux, le porteur de contraintes voulut procéder à une saisie mobilière, le 28 du même mois; mais, n'ayant pu obtenir l'entrée de la maison, il se retira en dressant procès-verbal de refus d'ouverture de porte.

L'affaire est enfin portée devant le juge de paix, qui s'en déclare compétemment saisi, et renvoie le sieur Massin des fins de la demande.

Le porteur de contraintes a donné connaissance de ce jugement au préfet. Le sous-préfet de l'arrondissement de Coulommiers le lui a également déféré, et le préfet a élevé le conflit par arrêté du 29 septembre.

Les motifs de cet arrêté sont que la demande du receveur d'arrondissement, contre le percepteur de Fontenay, avait uniquement pour objet le remboursement de frais faits pour le remboursement des contributions et dont la rentrée ne pouvait être poursuivie que par la même voie que le principal;

Que le choix d'abord fait par l'une des parties de l'autorité judiciaire, à l'effet de statuer sur la contestation, ne pouvait ni changer la nature de l'action, ni attribuer à cette autorité la connaissance d'une cause que la loi avait placée hors de sa compétence;

Que toutes les lois et les arrêtés du gouvernement rendus sur cette matière, chargeaient exclusivement l'autorité administrative de prononcer sur le contentieux relatif aux contributions directes.

Les lois des 2 octobre 1791, 17 brumaire an 5, 3 frimaire an 7, et l'arrêté du 16 thermidor an 8, ont attribué à l'autorité administrative le jugement de toutes les contestations en matière de contributions directes. Le juge de paix ne pouvait donc pas connaître de la demande formée contre le percepteur, ni des frais qui en sont l'accessoire.

Aussi l'arrêté du préfet a-t-il été confirmé par le décret suivant.

Napoléon, etc.,

Considérant qu'il s'agit ici d'un remboursement de frais faits pour le recouvrement des contributions directes, et que, par toutes les lois, la connaissance de ces contestations appartient à l'autorité administrative;

Notre Conseil d'État entendu,

Nous avons décrété et décrétons ce qui suit :

Art. 1er. Le jugement du juge de paix de Rozoy, du 6 juin 1806, est déclaré non avenu; l'arrêté du préfet du département de Seine-et-Marne, qui élève le conflit dans la contestation ci-dessus, en date du 29 septembre 1806, est approuvé.

RÉCLAMATION. — SURSIS. — COMPÉTENCE.

10 mars 1807. — *Lorsqu'il y a réclamation contre une cote de contributions, et que l'autorité administrative est saisie de cette réclamation pour y faire droit, il ne peut y avoir de poursuites judiciaires, ni contre le réclamant, ni contre des tiers saisis; toute poursuite ultérieure est subordonnée à la décision qui doit intervenir de la part de l'autorité administrative.* (C. d'État.) (1)

_____

(1) Cette solution est a combiner avec l'article 28 de la loi du 21 avril 1832, aux terme

Le sieur Chipot, percepteur des contributions de la commune des Chapelles-Union, département de Seine-et-Marne, a poursuivi contre le sieur Germain Garnot le payement de la contribution foncière des années 7 et 8.

Germain Garnot a exposé au sous-préfet de Coulommiers que c'était par erreur qu'il avait été imposé au rôle de la commune des Chapelles ; qu'il n'y avait point de propriété, et que celle pour laquelle il avait été imposé appartenait alors au sieur Sellot. Il a, en conséquence, demandé qu'il fût fait défense au percepteur de continuer ses poursuites, et que le nom de Sellot fût substitué au sien sur le registre des contributions, après vérification faite de l'exactitude de sa réclamation.

Le 18 messidor an 12, le sous-préfet l'a renvoyé au contrôleur des contributions, et le même jour il a communiqué la plainte du sieur Garnot au percepteur, en l'invitant à s'assurer de la vérité de l'exposé du réclamant, et, dans le cas où il serait exact, à faire la demande au sieur Sellot de la contribution par lui due.

Le sous-préfet ajoutait que, dans le cas où celui-ci refuserait de l'acquitter, il ferait opérer, sur les rôles du percepteur, la substitution du nom de Sellot à celui de Garnot, et qu'alors le percepteur poursuivrait contre le premier le payement de ses cotes par voie de contrainte.

Le percepteur des contributions n'a eu aucun égard aux instructions du sous-préfet ; il a continué ses poursuites contre le sieur Garnot, et a obtenu du Tribunal de l'arrondissement de Coulommiers divers jugements, tant contre le sieur Garnot que contre ses fermiers.

Ces procédures ont obligé le préfet à élever le conflit par arrêté du 12 germinal an 13.

Les motifs de cet arrêté sont que la loi du 28 pluviôse an 8 attribue aux Conseils de préfecture la connaissance de toutes les demandes en décharge de contributions formées par les particuliers ;

« Qu'il est établi par l'arrêté du gouvernement du 12 brumaire an 11 que, d'après toutes les lois de la matière, la surveillance de la perception des contributions et le contentieux, relatif au recouvrement entre le contribuable et le percepteur, sont attribués à l'autorité administrative ;

« Que cette autorité, seule compétente pour prononcer sur la contestation existante, était même saisie de la cause par la réclamation que le sieur Garnot avait formée ; qu'elle avait, en vertu de ses attributions, ordonné au percepteur de suspendre ses poursuites, et qu'ainsi aucun Tribunal ne pouvait s'immiscer dans le jugement de ce différend ;

« Que cependant le Tribunal de première instance du département de la Seine a déclaré bonnes et valables les poursuites continuées par le percepteur, au mépris de la défense qui lui en avait été faite par le sous-préfet et le préfet, et qu'il a en même temps statué sur le fond de la contestation, en condamnant les tiers saisis à payer les sommes dont le sieur Garnot avait réclamé la décharge auprès de l'administration. »

Au Conseil d'Etat, on a observé, en faveur de cet arrêté, qu'il s'agissait d'une demande en décharge ou en changement de cote formée par un contribuable imposé pour des biens qui ne lui appartenaient pas ; que cette demande était soumise à l'autorité administrative, qui seule était compétente pour en connaître, d'après toutes les lois de la matière, et qui avait déjà pris des dispositions pour y faire droit ; que les saisies-arrêts et toute autre poursuite du percepteur devaient être subordonnées à la décision de cette demande principale ; et que l'obstination qu'il a mise à saisir les Tribunaux de cette affaire paraît d'autant plus répréhen-

---

duquel les contribuables qui se croient fondés à réclamer n'en sont pas moins obligés au payement des termes échus et de ceux qui viendraient à échoir pendant les trois mois qui suivent la réclamation et dans lesquels elle doit être jugée définitivement sible qu'il lui avait été ordonné formellement de suspendre toute poursuite contre le réclamant.

Aussi le conflit a été maintenu par le décret suivant :

Napoléon, etc. Sur le rapport, etc.;

Considérant qu'à l'époque où ont été rendus les jugements du Tribunal de première instance de la Seine, des 20 frimaire et 9 pluviôse an 13, le sieur Germain Garnot avait formé par-devant l'autorité administrative sa demande en radiation de cote ;

Que jusqu'à la décision à. intervenir sur cette demande, il était incertain si le sieur Germain Garnot devait ou non être considéré comme débiteur des sommes imposées ;

Notre Conseil d'Etat entendu,

Nous avons décrété et décrétons :

Art. 1er. Les jugements du Tribunal de première instance de la Seine des 20 frimaire et 9 pluviôse an 13 sont considérés comme non avenus.

Art. 2. Notre grand-juge, etc., etc.

FRAIS DE POURSUITES. — COMPÉTENCE.

25 mars 1807.—*S'il y a contestation entre un percepteur et un huissier sur les frais dus à ce dernier pour avoir, à la requête du percepteur, poursuivi les débiteurs de contributions directes arriérées, cette contestation est du ressort de l'autorité administrative.* (C. d'Etat.)

Napoléon, etc.; — Sur le rapport de notre grand-juge, Ministre de la justice ;

Vu l'arrêté du préfet du département des Bouches-du-Rhône, du 20 frimaire an 11, qui règle l'ordre des poursuites à exercer contre les contribuables en retard de la ville de Marseille pour l'an 10, et confie toutes les poursuites judiciaires à un huissier dont les frais sont taxés par le même arrêté ;

Le jugement du Tribunal de première instance de Marseille, du 15 janvier 1806, qui condamne par défaut le sieur Jourdan à payer au sieur Fabre, huissier, la somme de 1,534 fr. pour restant des avances et vacations de cet huissier dans les poursuites suivies à la requête dudit Jourdan, percepteur, contre les contribuables en retard ;

L'arrêté du même préfet, du 27 mars 1806, qui, par le motif que le sieur Jourdan se reconnaît débiteur de Fabre sans lui faire aucune offre, et qu'il n'a pas comparu par-devant le Tribunal pour proposer son déclinatoire, refuse d'élever, dans l'état de la procédure, le conflit de juridiction, sauf au sieur Jourdan à former opposition au jugement par défaut du 15 janvier 1806 ;

L'arrêt de la Cour d'appel séant à Aix, du 22 septembre dernier, qui retient la connaissance de la contestation, par la considération « que le sieur Jourdan est personnellement débiteur envers le sieur Fabre du montant de ses vacations et déboursés, et qu'il n'existe aucune difficulté entre les parties sur la taxe que réclame le sieur Fabre, le sieur Jourdan ne prétendant point que cet officier ministériel ait excédé celle qui avait été prescrite par l'arrêté du préfet du département des Bouches-du-Rhône » ;

L'arrêté du préfet du 9 octobre suivant, qui, considérant « que, d'après toutes les lois et instructions qui régissent la matière, et notamment l'arrêté du gouvernement du 16 thermidor an 8, la surveillance du recouvrement des contributions, la nomination des porteurs de contraintes et le payement de leurs vacations, sont spécialement attribués à l'autorité administrative, élève le conflit d'attribution sur l'arrêt rendu le 22 septembre 1806 entre ledit sieur Jourdan et le sieur Fabre » ;

Les observations dudit Fabre, qui réclame la juridiction des Tribunaux, en soutenant que les mesures adoptées pour les porteurs de contraintes, par l'arrêté du

16 thermidor an 8, ne peuvent être communes aux huissiers, et que, ne réclamant que l'exécution de l'arrêté du 20 frimaire an 11 et les sommes injustement retenues par le sieur Jourdan, il n'exerce qu'une action ordinaire dont l'arrêté du préfet et les vacations qu'il a faites en exécution forment le titre ;

Vu l'avis de notre commission du contentieux ;

Considérant qu'il s'agit de frais faits pour le recouvrement des contributions directes, en vertu d'un arrêté du préfet et sous le régime de la législation relative à la perception des contributions ; que dès lors toutes les actions et demandes, soit contre les contribuables, soit entre les divers agents du recouvrement sont, par leur objet, par le titre qui leur sert de fondement et par les lois qui les régissent, sous l'influence, la direction et l'autorité de l'administration ;

Notre Conseil d'Etat entendu.

Nous avons décrété et décrétons ce qui suit :

Art. 1er. Les jugement et arrêt des 15 janvier 1806 et 22 septembre suivant, rendus entre les sieurs Fabre et Jourdan, sont considérés comme non avenus.

EX-PERCEPTEUR. — CONTRIBUTIONS ANCIENNES. — COMPÉTENCE.

18 août 1807.—*C'est devant l'autorité administrative, et non devant les Tribunaux, que doit être portée l'action intentée par un ex-percepteur contre un contribuable, pour raison du payement de contributions arriérées.* (C. d'Etat.)

Jacques Thro, ex-percepteur des contributions directes de la commune de Roderen, département du Haut-Rhin, traduisit Antoine Tschann devant le juge de paix du canton de Thann pour le faire condamner à lui payer une somme de 90 fr. 32, montant des contributions foncière et mobilière de deux années, avec les intérêts et les dépens.

Tschann prétendit qu'il avait payé toutes ses contributions ; mais le juge de paix, considérant qu'il ne produisait point de quittance des sommes répétées, et que d'ailleurs les sommes étaient encore portées sur les registres des impositions de la commune, le condamna, par jugement du 3 novembre 1806, à payer les 90 fr. 32 réclamés par Thro, plus les intérêts du jour de la demande et les dépens, à la charge par l'ex-percepteur d'affirmer qu'il n'avait point reçu ladite somme.

Ce jugement fut signifié à Tschann le 9 décembre. et le 16 du même mois il se pourvut devant le préfet, dont il réclama l'intervention dans cette affaire, prétendant : 1° qu'elle était du ressort de l'autorité administrative ; 2° qu'il avait exactement payé dans le temps la totalité de ses contributions : 3° enfin, que les lois avaient prononcé la prescription contre toute espèce de contributions directes dont le recouvrement n'avait pas été poursuivi pendant les trois premières années de l'exercice des percepteurs.

Le sous-préfet de l'arrondissement de Belfort fut d'avis que le juge de paix s'était mal à propos et incompétemment immiscé dans cette affaire, et qu'il y avait lieu d'élever le conflit.

Le 17 février 1807, le préfet éleva le conflit, sur le motif que la contestation avait pour objet le payement de cotes de contributions directes arriérées et réclamées par le percepteur contre un contribuable ;

Que la connaissance des contestations de cette nature était exclusivement dans les attributions de l'autorité administrative, et n'était aucunement de la compétence des Tribunaux ;

Que par suite de ce principe consacré par les lois, et des dispositions des articles 149 et 150 de la loi du 3 frimaire an 7, et de l'article 17 de l'arrêté du 16 thermidor an 8, le jugement était incompétemment rendu ;

C'est aussi ce qui a été décidé par le décret suivant :

Napoléon, etc.,

Considérant que l'incompétence des Tribunaux de paix dans les contestations de ce genre est une suite nécessaire du principe consacré par toutes les lois qui en réservent exclusivement la connaissance à l'autorité administrative ;

Notre Conseil d'Etat entendu, etc. ;

Art. 1er Le jugement rendu le 10 novembre dernier, par le Tribunal de paix du canton de Thann, sera regardé comme non avenu.

Art. 2. La revendication faite par le préfet du Haut-Rhin est approuvée.

Art. 3. Notre grand-juge, etc.

FAILLITE. — POURSUITES. — COMPÉTENCE.

9 mars 1808. — *Le Trésor public qui forme opposition aux scellés apposés sur les meubles et effets d'un comptable tombé en faillite, et décerne une contrainte contre lui, n'est point obligé de procéder contre son débiteur failli, et sur les biens duquel il a un privilége, suivant les formes prescrites en matière de faillite et devant le Tribunal de commerce. Il peut poursuivre par les voies ordinaires l'exécution de la contrainte qu'il a décernée.* (C. de cass.)

En janvier 1808, le sieur Duquesnoy, ex-régisseur des salines et négociant à Paris, disparut. — Les scellés furent apposés sur ses meubles et effets, tant à Paris qu'à Neuilly. — Des oppositions à la levée des scellés furent formées, tant par l'agent judiciaire du Trésor public que par divers créanciers de Paris, représentés par le sieur Curat. — D'un autre côté, les sieurs Manoury et Le Caron, représentant plusieurs créanciers de Rouen, firent apposer les scellés sur les meubles et effets du sieur Duquesnoy, qui se trouvaient à Rouen. — Après divers jugements rendus, tant par le Tribunal de commerce de Paris que par celui de Rouen, il fut formé par les créanciers de Paris, et en même temps par ceux de Rouen, une demande en règlement de juges, dans laquelle intervint l'agent judiciaire du Trésor public, se disant créancier de la somme de 1,523,960 fr. 80 cent., pour laquelle une contrainte avait été décernée le 23 janvier 1808. — Les parties conclurent, les sieurs Manoury et Le Caron, au renvoi des contestations concernant l'absence et la faillite du débiteur commun, au Tribunal de commerce de Rouen, attendu que le failli y avait son domicile et son principal établissement ; — le sieur Curat, au renvoi au Tribunal de commerce de la Seine, où il prétendait que les sieurs Duquesnoy, père et fils, étaient domiciliés et avaient le siége principal de leurs affaires ; — l'agent du Trésor public, au renvoi devant le Tribunal civil de la Seine, sur le fondement que s'agissant, à son égard, du recouvrement d'une créance privilégiée sur un comptable, il ne pouvait être soumis aux différentes formalités prescrites par le Code de commerce en matière de faillite.

LA COUR ; — Sur les conclusions de M. Jourde, substitut ; — Considérant qu'il est de toute évidence que les dispositions du Code de commerce, relatives aux faillites, n'ayant pour objet que la conservation du gage commun des créanciers, ne peuvent recevoir leur application qu'entre créanciers ayant un droit égal à ce gage commun ; Que, dans l'espèce de la cause, encore bien que Duquesnoy fût négociant au moment de sa faillite, il ne peut être réputé comptable à l'égard du Trésor public, lequel a le droit incontestable d'exercer non-seulement une contrainte directe contre sa personne, mais encore sur tous ses biens meubles et immeubles, par privilége à tous ses créanciers, ce qui le place bien évidemment, à leur égard, dans une classe toute particulière ; — Attendu que le Ministre du Trésor public ayant décerné contre ledit Duquesnoy une contrainte qui s'élève à plus de 1,500,000 fr., et ordonné qu'elle serait exécutée, tant par corps que par la vente de ses biens, meubles ou immeubles, il est de toute nécessité que cette contrainte reçoive son exécution, sauf les oppositions de droit, et sous l'autorité des juges qui en doivent connaître, c'est-à-dire devant ceux du Tribunal de 1re instance du domicile de Duquesnoy, et non devant aucun Tribunal de commerce, où le Trésor public se trouverait sans défenseurs, et n'aurait pas même le droit de connaître de l'exécution de son propre jugement; — Or, comme il est suffisamment justifié, par les pièces produites dans l'instance, qu'au moment de sa disparition, ledit Duquesnoy était maire du 10e arrondissement de Paris, qu'il y avait sa résidence habituelle, et de plus son comptoir commercial, il s'ensuit évidemment que c'est devant le Tribunal civil de 1re instance de la Seine qu'il doit être procédé à l'exécution de ladite contrainte, sauf aux parties intéressées à y faire valoir leurs droits et prétentions; — Statuant sur les demandes respectives des parties, sans s'arrêter ni avoir égard aux jugements du Tribunal de commerce de Rouen, lesquels sont réputés comme nuls et non avenus; — Renvoie la cause et les parties devant le Tribunal de 1re instance de la Seine (1).

PRIVILÉGE. — DÉCHÉANCE. — COMPÉTENCE.

11 août 1808. — *C'est aux Tribunaux et non à l'autorité administrative à statuer sur la question de savoir si un percepteur de contributions est déchu de son privilège sur le prix d'une vente par expropriation forcée, pour ne s'être pas fait colloquer dans le délai légal. (C. d'Etat.)*

Napoléon, etc.,

Considérant que la seule question à juger était celle de savoir si un percepteur de contributions est déchu de ses priviléges sur le prix d'une vente par expropriation forcée, pour ne pas s'être fait colloquer dans le délai légal, et si l'adjudicataire ayant payé le prix conformément au jugement d'ordre, le bien est purgé de toute charge, même pour contribution, et que cette question est évidemment de la compétence des Tribunanx, puisque seuls ils peuvent prononcer sur les effets d'un jugement d'ordre ;

Notre Conseil d'Etat entendu, etc.;

Art. 1er. L'arrêté du préfet de l'Orne, du 16 ventôse an 13, qui élève le conflit, est annulé.

PAYEMENT. — QUITTANCE. — COMPÉTENCE.

18 juillet 1809. — *L'autorité judiciaire est incompétente pour connaître des contestations entre un percepteur et un contribuable, alors même qu'il s'agit non-seulement de difficultés relatives à la cote ou au recouvrement des contributions, mais même d'une quittance à délivrer pour un payement contesté. (C. d'Etat.)*

Le percepteur de la commune de Picquecos avait fait commandement au sieur Géraud de payer 24 fr. pour ses contributions arriérées; le sieur Paga-Langle promit de payer pour ce dernier.

Le 18 décembre 1808, le sieur Paga-Langle ayant envoyé au percepteur un à-compte pour les contributions qu'il devait personnellement, le percepteur voulut appliquer une partie de cette somme aux impositions dues par Géraud, et n'offrit qu'une quittance du reste, à valoir sur les contributions du sieur Paga. Cette quittance fut refusée.

---

(1) Cet arrêt ne concerne pas directement la perception des contributions directes ; mais les principes nous paraissent entièrement applicables, et c'est ce qui nous a déterminé à l'insérer ici.

Lé sieur Paga a assigné le percepteur devant le Tribunal de Montauban, pour le faire condamner à lui délivrer une quittance pour la somme entière versée entre ses mains, et a l'appliquer uniquement à ses contributions.

Le percepteur déclina la compétence de l'autorité judiciaire.

Néanmoins, un jugement du 6 mars 1800 a rejeté le déclinatoire et ordonné que les parties plaideraient au fond; Attendu : 1º qu'il ne s'agit point d'une contestation relative à la cote, ni au recouvrement des contributions imposées au sieur Paga-Langle, mais seulement de la quittance de ces mêmes contributions qui ont été payées par ce dernier, laquelle quittance lui est refusée par le percepteur; que ce contentieux ne présente qu'une question de droit commun, dont la connaissance appartient aux Tribunaux ordinaires;

2º Qu'au moyen de l'émargement qui a été fait par le percepteur sur son registre, et qui constate l'acquittement des contributions, tout ce qui peut en concerner le recouvrement et intéresser la surveillance administrative, se trouve consommé; que c'est ainsi qu'il faut entendre l'arrêté consulaire du 12 brumaire an 11, qui a fixé la compétence de l'autorité administrative sur ce point;

3º Que, d'après cet émargement, il ne peut plus exister entre le percepteur et le contribuable qu'une contestation purement personnelle, absolument étrangère à la perception : que tel est, en effet, le litige qui s'est élevé entre le sieur Paga et le percepteur, dans lequel le premier se borne à réclamer la quittance des contributions qu'il a acquittées, et dont le payement est constaté par l'émargement.

Le préfet du département de Tarn-et-Garonne a élevé le conflit de juridiction : il s'est fondé sur ce qu'il s'agit d'un refus de quittance fait au redevable par un percepteur à vie, sur le prétexte que le premier n'a point acquitté ses contributions; que l'autorité administrative peut seule prononcer si un contribuable est libéré; que cette libération ne s'opère que par l'émargement des rôles, dont la surveillance appartient à l'administration; et que l'admission d'un principe contraire tendrait à apporter des lenteurs dans le recouvrement des deniers publics.

Sur quoi est intervenu le décret suivant :

Napoléon, etc.:

Vu la loi du 16 fructidor an 3, les arrêts des consuls en date des 13 brumaire an 10 et 12 brumaire an 11 ;

Considérant que la contestation dont il s'agit porte sur les actes de la perception confiée au sieur Breunier, percepteur de la commune de Picquecos, se classe ainsi dans le contentieux des contributions directes, et rentre dans les attributions de l'autorité administrative ;

Considérant qu'il importe de préserver de toute atteinte les lois qui assurent le recouvrement des contributions directes ;

Notre Conseil d'Etat entendu,

Nous avons décrété et décrétons ce qui suit :

Art. 1ᵉʳ. Le jugement rendu par le Tribunal civil de Montauban, le 6 mars 1809, en faveur du sieur Paga, est considéré comme non avenu.

Art. 2. Les parties sont renvoyées devant l'autorité administrative pour la décision qui doit intervenir entre elles.

DISTRACTION DES OBJETS INSAISISSABLES. — COMPÉTENCE.

29 août 1809. — *Lorsqu'une saisie exécution est faite pour le recouvrement des contributions directes, la demande en distraction des meubles déclarés insaisissables ne peut être soumise à l'autorité judiciaire qu'après avoir été portée devant l'autorité administrative.* (C. d'Etat.)

Napoléon, etc.; — Sur le rapport de notre grand-juge, Ministre de la justice, tendant à faire statuer sur le conflit élevé par le préfet du département de l'Eure, à raison d'un jugement en référé, en date du 13 avril 1809, du Tribunal civil de l'arrondissement de Louviers, intervenu sur la saisie irrégulièrement faite par un huissier sur le sieur Buquet, d'après la contrainte décernée contre lui par le receveur des contributions de Louviers, pour le payement de ses contributions de 1808 ;

Vu, etc. ;

Considérant que, par l'article 4 de la loi du 12 novembre 1808, aucune demande en revendication de tout ou partie de meubles ou effets saisis pour le payement des contributions ne pourra être portée devant les Tribunaux ordinaires qu'après avoir été soumise par l'une des parties intéressées à l'autorité administrative ;

Considérant que ladite loi n'ayant pas excepté même les meubles déclarés insaisissables, le Tribunal n'a pas dû juger avant l'avis de l'autorité administrative ;

Notre Conseil d'Etat entendu,

Nous avons décrété et décrétons ce qui suit :

Art. 1er. Le conflit élevé par le préfet du département de l'Eure est confirmé.

SAISIE. — TIERS. — FRAIS ACCESSOIRES. — COMPÉTENCE.

28 février 1810. — *Lorsqu'une saisie a lieu par suite d'actes relatifs au recouvrement des contributions directes, si elle donne lieu à quelques contestations, la décision en appartient à l'autorité administrative, quoique la saisie ne soit pas relative aux contributions du saisi.* (C. d'Etat.)

Le 9 août 1806, le sieur Duret, percepteur des contributions directes de la contrée de Saint-Pierre-du-Mont, département de la Nièvre, a fait saisir par un porteur de contraintes les meubles et effets du sieur Jean Vicq, manœuvre, demeurant à la Pouge, pour sûreté des contributions de ce dernier, pendant les années 13 et 14.

Le 11 octobre suivant, le sieur Desnoyer, huissier à Varzi, a saisi, à la requête d'un sieur Chaix, les meubles et effets du sieur Jean Vicq, et a fait enlever de suite une grande partie des mêmes effets, nonobstant la saisie anciennement faite par le percepteur, quoique le procès-verbal lui en eût été exhibé.

Duret, percepteur, ne voulant pas laisser disparaître le gage sur lequel reposait la garantie de l'Etat, relativement aux contributions dues par Jean Vicq, a fait sommer, le 13 du même mois, le sieur Desnoyer de réintégrer, dans les vingt-quatre heures, les effets qu'il avait enlevés.

La réintégration en a été faite, le 24 octobre suivant, en exécution d'une ordonnance du magistrat de sûreté; mais voulant être remboursé des frais de la sommation qu'il avait été obligé de faire à Desnoyer, le percepteur la fit taxer par le sous-préfet, et fit ensuite signifier la taxe à l'huissier Desnoyer, avec commandement de lui en payer le montant.

Desnoyer refusa de déférer au commandement, et, le 3 novembre suivant, le percepteur Duret fit procéder à la saisie de ses meubles.

Le 5 novembre 1806, Desnoyer forma opposition à cette saisie ; le percepteur en rendit compte au préfet, et sur le rapport de celui-ci, le 23 janvier 1808, le Conseil de préfecture du département de la Nièvre prit un arrêté qui autorisa le percepteur Duret à contraindre, suivant le mode indiqué pour le recouvrement des contributions directes, l'huissier Desnoyer à payer les frais de la sommation du 13 octobre 1806, suivant la taxe qui en avait été faite par le sous-préfet.

Les motifs qui ont servi de base à cet arrêté, sont : que la saisie faite par l'huissier Desnoyer postérieurement à celle qui avait eu lieu à la requête du percepteur, sur les effets du sieur Vicq, était une infraction à la loi d'autant plus condamnable qu'elle faisait disparaître le gage sur lequel reposait la garantie de l'État, relativement aux contributions directes dues par ce particulier; que la sommation en réintégration de ces effets était tout à fait légale et indispensable, d'où il résultait que les frais en devaient être supportés par l'huissier qui y avait donné lieu.

Le 3 mai 1808, cet arrêté a été signifié à Desnoyer, et, le 19 juillet suivant, Duret a fait faire une nouvelle saisie au domicile de cet huissier.

Desnoyer a formé opposition à cette saisie, ensuite a fait assigner le percepteur Duret devant le Tribunal de première instance de Clamecy, pour procéder au principal, et, en attendant, comparaître en référé pour y voir déclarer nulle la saisie par lui faite à son préjudice, avec 1,200 francs de dommages-intérêts, attendu qu'il n'avait aucune action personnelle à diriger contre lui, qu'il n'était porteur d'aucun titre exécutoire, et que toute la procédure était irrégulière et contraire à la loi.

Le 30 juillet 1808, les parties ont comparu en référé. Desnoyer a demandé que ses conclusions lui fussent adjugées.

Le percepteur Duret a proposé l'incompétence du Tribunal.

Le président, jugeant en référé, a renvoyé les parties à l'audience, pour leur être fait droit, toutes choses demeurant en l'état.

Le 24 janvier 1809, la cause a été portée à l'audience du Tribunal de Clamecy.

Le percepteur Duret a de nouveau conclu à ce que les juges se déclarassent incompétents.

Desnoyer a demandé que ce déclinatoire fût rejeté, et que, jugeant au fond, le Tribunal annulât la saisie et tout ce qui avait suivi.

Le Tribunal de Clamecy a rendu le jugement dont la teneur suit :

« Considérant que l'huissier Desnoyer n'est point poursuivi pour un fait de contributions; que le sieur Duret ne pouvait le poursuivre en sa qualité de percepteur; que l'huissier Desnoyer, pour le fait dont il s'agit, n'était point justiciable de l'autorité administrative, quoiqu'elle eût pris contre lui l'arrêté du 23 janvier 1808;

« Par ces motifs, le Tribunal renvoie les parties à se pourvoir par-devant les autorités compétentes, et a ordonné que toutes choses resteraient en l'état jusque après décision. »

Duret s'est de nouveau pourvu auprès du préfet, et, après lui avoir rendu compte de toute la procédure, il a demandé qu'il fût pris des mesures pour que l'arrêté du Conseil de préfecture du 23 janvier 1808 reçût son entière exécution.

Le 24 octobre 1809, le préfet de la Nièvre a élevé le conflit.

Les motifs qui servent de base à son arrêté, sont :

1° Que bien que le sieur Desnoyer n'eût point été poursuivi pour fait de contributions, le Conseil de préfecture n'en avait pas moins été autorisé à rendre la décision du 23 janvier 1808;

2° Que c'était par suite d'actes relatifs au recouvrement des contributions directes que cet huissier avait été traduit devant le Conseil de préfecture;

3° Que si les discussions accessoires auxquelles donnaient lieu les poursuites en matière de contributions pouvaient être soumises aux Tribunaux, il s'ensuivrait que les percepteurs seraient justiciables de deux autorités distinctes : du Conseil de préfecture, quant au fond, et des Tribunaux, quant aux frais d'incident;

4° Qu'on pourrait ainsi distraire les percepteurs de leurs fonctions; que c'était comme percepteur que le sieur Duret avait été traduit au Tribunal civil de Clamecy, et que c'était en cette qualité qu'il avait procédé à l'exécution de l'arrêté du Conseil de préfecture;

5° Qu'en admettant même que le Conseil de préfecture eût outrepassé ses pouvoirs, le Tribunal devait se borner à solliciter la réformation de cet arrêté, tandis que, par son jugement du 24 janvier 1809, il était revenu sur la chose jugée, et avait ainsi contrevenu à la loi du 24 janvier 1790.

Sur quoi est intervenu le décret suivant :

Napoléon, etc.; Vu, etc.;

Vu pareillement les lois des 24 août 1790, 16 fructidor an 3, 2 germinal an 5, 2 nivôse an 6 et 5 nivôse an 8;

Considérant que, dans la contestation dont il s'agit, le Conseil de préfecture ayant, par son arrêté du 23 janvier 1808, autorisé le percepteur à contraindre le sieur Desnoyer, suivant le mode indiqué pour le recouvrement des contributions directes, à lui acquitter la somme de 4 fr. 10, montant des frais de la sommation du 13 octobre 1806, le Tribunal de première instance ne devait pas connaître de l'affaire;

Considérant que, bien que le sieur Desnoyer n'ait point été poursuivi pour fait de contributions directes, le Conseil de préfecture n'en a pas moins dû rendre la décision ci-dessus citée, attendu que c'est par suite d'actes relatifs au recouvrement des contributions directes que ledit sieur Desnoyer a été traduit devant le Conseil de préfecture, et que l'action accessoire a dû suivre l'action principale;

Notre Conseil d'Etat entendu,

Nous avons décrété et décrétons ce qui suit :

Art. 1er. Les jugements du Tribunal de première instance de Clamecy, du 30 juillet 1808 et 24 janvier 1809, sont regardés comme non avenus.

Art. 2. Les arrêtés du Conseil de préfecture et du préfet du département de la Nièvre, en date du 23 janvier 1808, 20 avril 1809 et 24 octobre même année, sont confirmés.

COTES ARRIÉRÉES. — INTÉRÊTS.

12 juin 1810. — *Les contribuables en retard ne peuvent être contraints à payer que les sommes pour lesquelles ils sont imposés; ils ne doivent point d'intérêts.* (C. de cass.)

Dans une instance en restitution d'une somme perçue en trop, la régie de l'enregistrement avait été condamnée d'abord à la restitution et ensuite aux intérêts de la somme restituée à dater du jour de la demande. — Le ministère public s'est pourvu en cassation dans l'intérêt de la loi; il a soutenu que si l'on admettait que le Trésor pût être tenu à rembourser, avec le capital des sommes perçues en trop, l'intérêt de ces sommes, il faudrait reconnaître, par réciprocité, au Trésor, le droit de réclamer des intérêts pour les jours de retard que les redevables mettent à se libérer : système qui aurait indirectement pour conséquence d'augmenter les sommes d'impôt que la loi assigne à chaque contribuable. — La Cour a accueilli ces considérations par l'arrêt suivant, dont nous écartons quelques dispositions particulières à une question de procédure que présentait l'affaire et qui sont entièrement étrangères à la difficulté qui nous occupe.

LA COUR;—Attendu que les impôts ne peuvent éprouver ni aucune extension, ni aucun retranchement, qu'en vertu d'une loi expresse; que la loi n'autorise pas les percepteurs à exiger des intérêts; qu'elle n'alloue dans aucun cas les intérêts des sommes à restituer, pour perceptions erronées, et qu'avoir condamné la Régie au payement des intérêts, c'est avoir commis un excès de pouvoir et usurpé le pouvoir législatif; — Casse, etc. (1).

_____

(1) Il est inutile de faire observer que, bien qu'il s'agisse dans l'espèce de droits d'enregistrement, les considérants et le dispositif de l'arrêt sont incontestablement applicables aux contributions directes.

PORTEURS DE CONTRAINTES. — PLAINTES. — COMPÉTENCE.

5 septembre 1810. — *Bien que l'autorité administrative soit chargée de renvoyer devant les tribunaux de justice répressive les porteurs de contrainte coupables de délits envers les contribuables, ceux-ci n'en ont pas moins le droit de porter directement leurs plaintes devant les Tribunaux, sauf le besoin d'autorisation préalable, lorsqu'il s'agit de poursuivre un agent du gouvernement. (C. d'Etat.)*

Le nommé Champion, porteur de contraintes, dans l'exercice de ses fonctions, commit des violences et voies de fait envers la femme Lorphelin ; celle-ci rendit plainte contre Champion et le traduisit au Tribunal de police correctionnelle de Loches, département d'Indre-et-Loire.

Le 3 août 1809, intervint jugement qui le condamna à un an d'emprisonnement, à 10 francs d'amende, à 50 francs de dommages-intérêts et aux frais.

Le 16 août 1809, le préfet a cru devoir élever le conflit sur ce jugement, qu'il a considéré comme attentatoire aux prérogatives de l'autorité administrative.

Mais il est intervenu le décret suivant :

Napoléon, etc.;

Considérant que si, d'après les dispositions des articles 25 et 26 de l'arrêté du gouvernement du 16 thermidor an 8, les contribuables peuvent adresser leurs plaintes à l'autorité administrative, contre les porteurs de contraintes qui se seraient mal conduits, sauf à cette autorité à renvoyer les pièces devant les juges compétents dans le cas où les délits donneraient lieu à des poursuites extraordinaires, il ne s'ensuit pas que les parties lésées ne puissent, dans ce dernier cas, saisir directement les Tribunaux compétents ;

Considérant que les faits imputés au nommé Champion caractérisent un délit prévu par la loi ;

Notre Conseil d'Etat entendu ;

Nous avons décrété et décrétons ce qui suit :

Art. 1er. L'arrêté du préfet du département d'Indre-et-Loire, du 16 août dernier, qui élève le conflit, est annulé.

EX-PERCEPTEUR. — CONTRIBUTIONS ANCIENNES. — COMPÉTENCE.

8 octobre 1810. — *C'est aux Tribunaux et non à l'autorité administrative à prononcer sur l'action en payement intentée par un ex-percepteur contre des contribuables, lorsque ces contribuables ne contestent ni la légalité des contributions, ni la justesse de leur répartition, ni enfin la qualité du demandeur pour en poursuivre le recouvrement. (C. d'Etat.)*

Le sieur Decosseau, se qualifiant de ci-devant percepteur, avait, par trois exploits distincts du 14 décembre 1809, fait assigner devant le Tribunal de paix du canton de Jodoigne, département de la Dyle : 1° le sieur Remi Gilles, 2° le sieur Henri-Joseph Guérin, et 3° le sieur Jean-Charles Guérin, tous trois cultivateurs à Geest-Saint-Remi, à l'effet de les contraindre, savoir : le premier au payement de 13 fr. 95 dont il prétendait qu'il lui était redevable pour sa contribution des années 1793 et 1794 ; le second, au payement de plusieurs sommes faisant ensemble celle de 85 fr. 53 pour les vingtièmes, tailles ordinaires et répartitions des années 1792, 1793, 1794 et 1795; et le troisième, au payement de 4 fr. 70 pour la répartition assise en l'an 1794 par l'ancienne Cour de Geest-Saint-Remi.

Les assignés excipèrent de l'incompétence de l'autorité judiciaire, et le Tribunal de paix, par trois jugements distincts, prononcés le 15 janvier, écarta cette exception sur des motifs ainsi conçus :

« Considérant que les Tribunaux judiciaires ne sont incompétents en matière de contributions que depuis l'établissement, dans ce département, du système des contributions suivi dans les anciens départements de ce gouvernement; que, dans l'espèce, il s'agit du recouvrement des vingtièmes, aides ordinaires et répartitions des ans 1792, 1793, etc., et de l'action d'un percepteur contre un contribuable en retard pour lesdites années; qu'ainsi l'action a pris naissance dans un temps où les Tribunaux jugeaient les matières des contributions, et que les lois ne peuvent avoir d'effet rétroactif, mais peuvent être appliquées aux percepteurs des contributions établies par les lois présentement existantes, et non aux percepteurs de ces anciennes impositions.

Par ces motifs, déclare les contribuables non recevables dans leurs déclinatoires, et leur ordonne de plaider au fond.

Sur la réclamation des parties, le préfet éleva le conflit par arrêté du 9 mars. — Les motifs de cet arrêté étaient, que les Cours seigneuriales du ci-devant Brabant, en première instance, et le Conseil de Brabant en dernier ressort, prononçaient sur le contentieux administratif et judiciaire; que, dans l'ordre actuel des choses, le premier appartient à l'autorité administrative, et le second au pouvoir judiciaire; — Que les contestations relatives au payement des contributions rentraient incontestablement dans le contentieux administratif; et que dès lors le juge de paix de Jodoigne avait excédé ses pouvoirs, en se déclarant compétent dans cette matière.

Sur quoi est intervenu le décret dont la teneur suit :

Napoléon, etc.;

Considérant que les contribuables poursuivis par le sieur Decosseau ne contestent ni la légalité des contributions rappelées au procès, ni la justesse de leur répartition, ni la qualité du demandeur, pour en poursuivre le recouvrement, seuls cas où, s'agissant d'interprétation de lois dont l'exécution est déférée à l'autorité administrative, ou d'appréciation d'actes émanés de cette autorité, celle-ci serait seule compétente pour en connaître;

Considérant que l'Etat est sans intérêt dans cette contestation;

Considérant enfin qu'il ne s'agit entre les parties que d'une discussion d'intérêt privé, qui doit être portée devant les Tribunaux;

Notre Conseil d'Etat entendu,

Nous avons décrété et décrétons ce qui suit :

Art. 1er. L'arrêté du préfet du département de la Dyle, du 9 mars 1810, est annulé.

Art. 2. Les parties sont renvoyées à se pourvoir devant les Tribunaux.

GARDIENS AUX SAISIES. — SALAIRE. — COMPÉTENCE.

8 mars 1811. — *L'action dirigée contre un percepteur par les gardiens à une saisie pour contributions, à l'effet d'obtenir le payement de leur salaire, doit être portée devant l'autorité administrative et non devant les Tribunaux.*
(C. d'Etat.)

Une saisie exécution fut pratiquée, le 21 août 1809, sur le sieur Gauffreau, à la requête du percepteur des contributions. La vente des objets saisis n'ayant pu avoir lieu à l'époque fixée, les gardiens établis firent assigner le percepteur devant le Tribunal de première instance de Chinon, pour être déchargés de la garde des objets saisis et être payés, par ledit percepteur, de la somme due à chacun d'eux pour leurs honoraires

Le percepteur demanda le renvoi de l'affaire devant l'autorité administrative, sur le motif que tout le contentieux du recouvrement des contributions directes et particulièrement la taxe des frais de poursuites, était du ressort de cette autorité; que, d'après l'article 18 de l'arrêté du 16 thermidor an 8, elle pouvait seule connaître des opérations des porteurs de contraintes.

Par arrêté du 13 décembre 1809, le préfet, se fondant sur l'article 4 de l'arrêté du 13 brumaire an 10, éleva le conflit.

Les motifs de cet arrêté sont que : tout ce qui est relatif aux contributions et au contentieux sur cet objet est de la compétence de l'autorité administrative; que les deux gardiens auraient dû, par conséquent, se pourvoir devant le sous-préfet sur l'objet de leurs demandes en réclamations, et que le renvoi demandé par le percepteur est fondé.

Décret. — Napoléon, etc.;

Considérant que tout ce qui a rapport aux contributions est de la compétence de l'autorité administrative; que les deux gardiens auraient dû, par conséquent, se pourvoir devant le sous-préfet de leur arrondissement sur l'objet de leur réclamation;

Notre Conseil d'Etat entendu,

Nous avons décrété et décrétons ce qui suit :

Art. 1er. L'arrêté du préfet d'Indre-et-Loire, en date du 23 décembre 1809, qui élève le conflit dans la contestation précitée, est confirmé.

FAILLITE. — PRIVILÉGE DU TRÉSOR. — COMPÉTENCE.

12 août 1811. — *Les règles de la faillite ne sont point applicables à la créance privilégiée du Trésor public sur les biens de son débiteur failli. — Spécialement, la contrainte décernée par la régie des douanes contre son débiteur n'est point arrêtée par la faillite de ce dernier, et le syndic est obligé d'en souffrir l'exécution par la vente des meubles du failli et le versement des deniers dans la caisse de la douane, jusqu'à due concurrence.*

Quoique le juge de paix soit seul compétent pour statuer en matière de douane, néanmoins, si le fond du droit n'est pas contesté et qu'il s'agisse uniquement de juger du mérite d'une opposition formée par la Régie entre les mains du syndic de la faillite de son débiteur, c'est là un acte d'exécution dont la connaissance ne peut appartenir qu'au Tribunal civil du lieu où l'exécution se poursuit. (C. de cass.)

Le 23 mars 1811, contrainte par l'administration des douanes contre Vanhove, négociant à Gand, pour le payement de 52,759 fr. 24. — Quelque temps après, Vanhove fait faillite, et le sieur d'Huyvetter est nommé syndic provisoire. — 22 avril, opposition par la régie entre les mains du syndic; — celui-ci la fait assigner devant le Tribunal civil de Gand, pour voir dire que, nonobstant l'opposition, il sera autorisé à faire procéder à la vente des marchandises et effets du failli, sous la réserve des droits et priviléges pouvant appartenir à la douane; — la régie déclare consentir à cette vente, sous la condition que le syndic en versera *immédiatement* le produit dans la caisse du gouvernement, jusqu'à concurrence de la somme dont Vanhove est débiteur, sinon que la vente sera faite à sa requête; — 9 mai 1811, jugement qui adjuge au syndic ses conclusions; — appel par la Régie.— Pour la première fois, elle prétendit que le Tribunal était incompétent pour statuer sur la contestation; que l'article 12 de la loi du 4 fructidor an 3, ayant attribué aux juges de paix le visa des contraintes, c'était, aux termes de la loi du 23 vendémiaire an 5, devant les juges de paix que les causes en matière de douanes devaient être portées; qu'à la vérité l'exception d'incompétence n'avait

pas été proposée devant les premiers juges, mais que, dans l'espèce, l'incompétence ayant lieu à raison même de la matière, elle pouvait être opposée en tout
état de cause. — Le syndic répondit, d'une part, qu'aux termes de l'article 159
du Code de procédure, toute exception d'incompétence était réputée couverte lorsqu'elle n'avait pas été proposée avant la défense au fond; qu'il ne s'agissait pas,
dans l'espèce, d'une incompétence *ratione materiæ*, puisque la juridiction spéciale
du juge de paix, à cet égard, rentrait dans les attributions générales du juge
ordinaire; qu'au surplus cette exception d'incompétence était mal fondée, parce
que les lois des 14 fructidor an 3 et 23 vendémiaire an 5 ne disposent que pour
le fond du droit; qu'ici le privilège de la régie n'était pas contesté, et que le débat
s'élevait uniquement sur le mérite de l'opposition formée par le syndic à la saisie
qui lui avait été notifiée par la régie; que cette saisie et cette opposition étant des
actes d'exécution, sortaient des limites de la compétence des juges d'exception,
qui ne peuvent pas connaître de l'exécution de leurs jugements. (C. de proc.,
art. 553.)

La Cour; — Sur les conclusions de M. Stoop, avocat général; — Attendu
qu'il résulte de la disposition de l'article 553 du Code de procédure que la connaissance des contestations sur le mode d'exécution des jugements ou des actes
d'un juge d'exception, tel que le juge de paix, en matière de douanes, appartient
au Tribunal de première instance du lieu où l'exécution se poursuit; — Attendu
que les dispositions du Code de commerce, relatives aux faillites, n'ayant pour
objet que la conservation du gage commun des créanciers, ne sont point applicables à l'espèce; — Attendu que l'article 4, titre VI, de la loi du 4 germinal
an 2, donne à la régie des douanes préférence sur tous créanciers pour droits,
confiscation, amende et restitution, sans avoir égard à l'exception d'incompétence,
met à néant le jugement dont est appel; émendant, ordonne à l'intimé de souffrir
l'exécution de la contrainte dont s'agit, et le versement des deniers à provenir de
la vente des meubles du sieur Vanhove dans la caisse de la douane, jusqu'à due
concurrence; condamne l'intimé aux dépens des deux instances.

PORTEURS DE CONTRAINTES. — PLAINTES. — COMPÉTENCE.

8 janvier 1813. — *Les Tribunaux ordinaires sont incompétents pour prononcer*
sur les contestations qui peuvent s'élever entre des contribuables et les porteurs
de contraintes, alors même que toutes les parties ont consenti à saisir l'autorité
judiciaire. (C. d'Etat.)

Des poursuites multipliées avaient été dirigées par un huissier, au nom du percepteur de la commune de Trequando, contre un sieur Carletti et son métayer; le
sieur Carletti consentit à payer les contributions, mais quant aux frais, qu'il trouvait excessifs, il convint avec le percepteur de s'en rapporter au Tribunal de
Montepulciano. Ce Tribunal fut, en effet, saisi et déclara nuls et de nul effet tous
les actes faits par l'huissier porteur de contraintes contre le sieur Carletti, ainsi
que tout ce qui s'en était suivi, ordonna que les bestiaux mis en fourrière seraient
restitués et condamna l'huissier en tous les frais et dépens faits par suite desdits
actes déclarés nuls.

Le préfet du département de l'Ombronne, par arrêté du 23 janvier 1812, a
élevé le conflit, en s'appuyant des dispositions de la loi du 16 fructidor an 3 et de
l'article 25 de celle du 16 thermidor an 8, qui ne permettent pas aux Tribunaux
de prendre connaissance des actes et poursuites concernant le recouvrement des
contributions directes.

Dans cet état est intervenu le décret dont la teneur suit :

Napoléon, etc.; Sur le rapport de notre commission du contentieux;

Vu l'article 25 de la loi du 16 thermidor an 8, qui prescrit aux contribuables de porter devant l'administration leurs plaintes contre les porteurs de contraintes pour être jugées sommairement ou renvoyées aux Tribunaux, si les délits, par leur nature, donnent lieu à des poursuites extraordinaires ;

Notre Conseil d'Etat entendu,

Nous avons décrété et décrétons ce qui suit :

Art. 1er. Le conflit élevé par le préfet de l'Ombrone, le 23 janvier 1812, est approuvé, et le jugement du Tribunal de Montepulciano, du 12 mars 1811, sera considéré comme non avenu.

FRAIS DE POURSUITES. — COMPÉTENCE.

18 janvier 1813. — *L'autorité administrative est compétente pour connaître de tout ce qui peut être accessoire aux contestations relatives au payement des contributions, même pour le règlement des dépens.* (C. d'Etat.)

Le sieur Langlade aîné, domicilié à Lanzargues, était débiteur de contributions directes pour les années 1811 et 1812; le percepteur, en vertu d'une contrainte décernée contre le débiteur, fit procéder à une saisie. L'huissier chargé de l'exécution de la contrainte, en remettant les pièces au percepteur qui l'avait commis, reçut de ce dernier le montant des frais de la saisie.

Le sieur Langlade ne tarda pas à se présenter : il acquitta entre les mains du percepteur le montant des contributions dont il était débiteur, et remboursa en même temps le montant des frais que ce dernier avait payés à l'huissier.

Mais le sieur Langlade prétendit ensuite que ces frais étaient exorbitants, et fit citer le percepteur devant le juge de paix du canton de Monguio, en remboursement de ce qu'il avait payé de trop pour les frais de la saisie.

Le percepteur se présenta à l'audience, et déclina la juridiction du juge de paix, sur le motif que, s'agissant d'une contestation entre un percepteur et un contribuable, pour raison de contributions directes, l'autorité administrative était seule en droit de prononcer sur cette matière.

Le juge de paix, sans avoir égard au déclinatoire proposé, rendit, le 21 décembre 1811, un jugement qui condamna le percepteur à rembourser au sieur Langlade la somme de 15 fr. 20 qui avait été exigée de trop, sauf au percepteur à agir, ainsi qu'il l'aviserait, contre l'huissier.

On trouve dans ce jugement les motifs suivants :

« La contestation du sieur Langlade avec le sieur Constant, percepteur, n'est pas relative à des contributions. Les exactions dont le premier se plaint ont été commises par un huissier du Tribunal civil de Montpellier, qui devait se conformer au décret du 16 février 1807. Il résulte de la vérification des pièces produites que l'huissier a exigé une somme de 57 fr. 20, tandis qu'il ne lui était dû, d'après le décret, que 42 francs. Le sieur Langlade, qui n'a eu à faire, pour le payement, qu'au percepteur, ne peut s'adresser à l'huissier pour le remboursement; il ne doit connaître que le percepteur, qui exercera son recours contre l'huissier, ainsi qu'il le jugera à propos. »

Ce jugement, porté à la connaissance du préfet du département, a donné lieu à un arrêté du 15 septembre 1812, par lequel ce magistrat a élevé le conflit.

Le préfet a considéré que, d'après les lois, la surveillance de la perception des contributions et le contentieux, relativement au recouvrement entre le contribuable et le percepteur, sont attribués à l'autorité administrative; que la demande formée par le sieur Langlade, en remboursement des frais de saisie qu'il prétend être exagérés, ne saurait être considérée que comme une suite des exécutions faites contre le sieur Langlade, pour le contraindre au payement des contributions dont il était redevable depuis 1811; que, d'ailleurs, la liquidation de ces frais ne pouvait être faite que par l'autorité administrative ; que, d'après ces principes et d'après le déclinatoire proposé par le sieur Constant, percepteur, le juge de paix du canton de Monguio aurait du s'abstenir de connaître d'une contestation étrangère à ses attributions.

Le Ministre de la justice, consulté sur le mérite du conflit, a pensé qu'il était fondé ; que la demande du sieur Langlade, en remboursement d'une partie des frais de la saisie, était une suite à l'accessoire de l'objet principal qui était le payement des contributions pour lesquelles la saisie avait eu lieu ; l'accessoire devait suivre le sort du principal, et être décidé par les mêmes juges ;

Que la matière des contributions étant du ressort de l'autorité administrative, le juge de paix ne pouvait en prendre connaissance sans excéder ses pouvoirs.

Dans cet état est intervenu le décret dont la teneur suit :

Napoléon, etc. ;

Considérant que la demande formée par le sieur Langlade devant le juge de paix du canton de Monguio était relative à des frais pour le recouvrement des contributions publiques, et que le contentieux en cette partie appartient à l'administration ;

Notre Conseil d'Etat entendu,

Nous avons décrété et décrétons ce qui suit :

Art. 1er. L'arrêté du conflit pris par le préfet du département de l'Hérault, le 15 septembre 1812, est confirmé ; le jugement rendu par le juge de paix du canton de Monguio, le 21 décembre 1811, est considéré comme non avenu.

CONTRIBUTIONS ANCIENNES. — COMPÉTENCE.

10 mai 1813. — *C'est aux Conseils de préfecture et non aux préfets qu'il appartient de prononcer sur le contentieux des contributions directes, bien que ces contributions remontent à une époque où ces sortes de contestations étaient soumises à la Cour des aides, qui était une Cour de justice.* (C. d'Etat.)

Napoléon, etc. ; — Sur le rapport de notre commission du contentieux ;

Vu la requête du sieur Joachim-Xaxier-Blaise Pin, agissant au nom des héritiers de Joachim-Felix Pin, son père, ancien trésorier des Etats de Provence, et des sieurs Pin frères et Cartier, anciens receveurs des vigueries d'Aix et de Tarascon, pour qu'il nous plaise annuler un arrêté du préfet du département des Bouches-du-Rhône, du 18 mai 1810, qui a rejeté la demande du requérant, tendante à exécuter contre soixante communes dudit département le recouvrement des impositions arriérées de 1790 et années antérieures ;

Vu l'arrêté attaqué ;

Vu la requête en defense desdites communes ;

Ensemble toutes les pièces jointes au dossier ;

Considérant que, d'après les lois des 28 pluviôse an 8 et 27 pluviôse an 9, il n'appartient qu'aux Conseils de préfecture de prononcer sur le contentieux des contributions directes ;

Notre Conseil d'Etat entendu,

Nous avons décrété et décrétons ce qui suit :

Art. 1er. L'arrêté du préfet du département des Bouches-du-Rhône est annulé pour cause d'incompétence, et les parties sont renvoyées à se pourvoir devant le Conseil de préfecture dudit département.

TIERS ACQUÉREUR. — SAISIE. — COMPÉTENCE.

9 juin 1813. — *Les préfets sont incompétents pour connaître des contestations*

qui ont rapport aux contributions foncières. Lés Conseils de préfecture ont seuls droit de prononcer. (C. d'État.)

Le 21 février 1811, le sieur Jean-Baptiste Poustis, propriétaire, demèurant à Peyrehorade, département des Landes, se rendit acquéreur d'une pièce de terre qui appartenait au sieur Galant père. Celui-ci n'ayant pas, à ce qu'il paraît, payé les contributions foncières de 1810, et le percepteur le croyant toujours propriétaire de cette pièce de terre, fit saisir, le 21 juillet 1811, la récolte qui s'y trouvait.

Le sieur Poustis s'y opposa, attendu qu'il était propriétaire du bien acquis depuis le mois de février précédent.

Sur cette contestation, la contestation fut portée devant le préfet, qui rendit un arrêté, le 1er mai 1812, portant qu'il y avait lieu de donner suite à la saisie, etc.

Le sieur Poustis s'est pourvu contre cet arrêté. Pour moyens, il a dit qu'il n'était pas débiteur des contributions pour lesquelles la saisie avait procédé; qu'il avait acquis la pièce de terre du sieur Galant père, dans le courant de février 1811; que les contraintes avaient procédé pour avoir payement des contributions dues par le sieur Galant, pour 1810; que la saisie avait procédé sur des terres qui n'appartenaient pas au débiteur;

Que, dans tous les cas, le préfet avait été incompétent pour connaître du mérite de la saisie, parce que la loi du 28 pluviôse an 8 attribuait aux Conseils de préfecture le contentieux des contributions; en conséquence, il a conclu à l'annulation de l'arrêté du 1er mai 1812.

Dans cet état est intervenu le décret dont la teneur suit :

Napoléon, etc.;

Vu l'article 4 de la loi du 28 pluviôse an 8, qui attribue aux Conseils de préfecture le contentieux des contributions directes;

Notre Conseil d'Etat entendu.

Nous avons décrété et décrétons ce qui suit :

Art. 1er. L'arrêté du préfet du département des Landes, en date du 1er mai 1812, est annulé pour cause d'incompétence, et les parties sont renvoyées devant le Conseil de préfecture du même département.

FONDÉ DE POUVOIRS. — POURSUITES. — COMPÉTENCE.

17 janvier 1814. — *Toute contestation relative au payement des contributions entre le contribuable et le chargé du recouvrement doit être jugée par la justice administrative, et non par les Tribunaux ordinaires, encore bien que les poursuites soient exercées non par le percepteur lui-même, mais par un fondé de pouvoirs du percepteur.* (C. d'Etat.)

Napoléon, etc.;

Considérant que le contentieux, relativement au recouvrement des contributions, entre le percepteur et le contribuable, est attribué au Conseil de préfecture;

Considérant que, dans l'espèce, le Tribunal de Nîmes a fondé sa compétence sur le motif que le sieur Coissard, au nom duquel les poursuites ont été exercées, comme fondé de pouvoirs du sieur Estanove, n'était point autorisé et reconnu par l'Administration;

Qu'il résulte au contraire des pièces que la procuration donnée par le sieur Estanove au sieur Coissard était approuvée par l'Administration, et qu'ainsi il devait être considéré comme le percepteur même, et que les mêmes règles de compétence devaient être suivies;

Notre Conseil d'Etat entendu,

Nous avons décrété et décrétons ce qui suit :

, Art. 1er. L'arrêté de conflit pris par le préfet du département du Gard, le 11 août 1813, est confirmé, et les parties sont renvoyées devant le Conseil de préfecture du même département.

Art. 2. Le jugement rendu par le Tribunal de première instance de Nimes, le 30 juillet 1813, sera considéré comme non avenu.

FAILLITE. — PRIVILÉGE DU TRÉSOR.

9 janvier 1815. — *Les règles tracées par le Code de commerce, en matière de faillite, ne sont point applicables au Trésor public pour les actions qu'il a à exercer contre son débiteur failli.* (C. de cass.)

Au moment où le sieur Bonnet tomba en faillite, il se trouvait débiteur de la Régie des droits réunis de 194 fr. 22. Celle-ci, en conséquence, fit saisir les meubles de son débiteur; mais les syndics formèrent opposition à la vente, sur le motif que c'était à eux seuls qu'il appartenait de faire vendre et distribuer le prix de l'actif du créancier commun ; — 23 janvier 1813, arrêt de la Cour d'appel de Paris, qui sanctionne ce système ; — Pourvoi par la Régie.

La Cour ; — Sur les conclusions conformes de Me Jourde, avocat général ;— Vu l'article 47 du décret du 1er germinal an 13, et l'article 2098 du Code civil ; — Attendu qu'il résulte des dispositions dudit article 2098 que les droits du Trésor public doivent être réglés par les lois qui leur sont propres, d'où il suit que, lorsqu'il s'agit de l'exercice de ces droits, les lois générales ne peuvent être invoquées, s'il en existe de spéciales sur la matière ; — Qu'ainsi les articles 442, 494 et 495 du Code de commerce, invoqués par la Cour royale pour fonder sa décision, ne peuvent régir les droits du Trésor public, à l'égard duquel il a été établi des formes particulières de procéder ; que c'est toujours, en effet, par la voie des contraintes que le Trésor public doit exercer ses actions ; ce qui engage nécessairement l'affaire devant les tribunaux ordinaires sur les oppositions qui peuvent y être formées ; ce qui exclut les tribunaux d'exception d'en connaître, et conséquemment que le privilége du Trésor public puisse se discuter devant le commissaire d'une faillite ; — Qu'en autorisant donc les syndics des créanciers de la faillite Bonnet à faire vendre les choses saisies à la requête des administrateurs des droits réunis pour avoir payement des sommes dues au Trésor public par le débiteur failli, sauf à ces derniers à se pourvoir contre lesdits syndics, dans le cas de négligence, pour l'application des articles 442, 494 et 495 du Code de commerce, la Cour royale a faussement appliqué lesdits articles, en même temps qu'elle a violé les dispositions de l'article 47 du décret du 1er germinal an 13 et l'article 2098 du Code civil ; — Casse, etc.

TIERS-ACQUÉREUR. — PRIVILÉGE DU TRÉSOR. — COMPÉTENCE.

2 juin 1815. — *Un percepteur chargé du recouvrement des contributions dues par un propriétaire exproprié n'a d'action, comme tous les autres créanciers, qu'en venant à l'ordre sur la distribution du prix : il ne peut actionner le nouveau propriétaire devant l'autorité administrative.* (C. d'Etat.)

Napoléon, etc.; — Sur le rapport de notre commission du contentieux ;

Vu trois arrêtés du préfet du département des Basses-Alpes, en date des 14 juillet, 22 décembre 1814 et 1er mars 1815 ;

Deux jugements du Tribunal de première instance de Sisteron, en date des 24 mars 1814 et 13 février 1815, desquels il résulte qu'un immeuble qui appartenait au sieur Roubaud a été vendu par expropriation forcée et adjugé aux sieurs Chauvel et Clerc ;

Que, pour la distribution du prix dû par les adjudicataires, un ordre a été ouvert devant le Tribunal de Sisteron ; que le sieur Morard, percepteur des contributions de Saint-Vincent, a demandé à être colloqué pour une somme qui lui était personnellement due par l'exproprié, plus pour 240 fr. que cet individu redevait à l'Etat pour arrérages de contributions ;

Que, sans renoncer à cette dernière collocation, et avant qu'il y eût été statué définitivement, le percepteur a dirigé d'autres poursuites contre ces deux adjudicataires, à raison de ces 240 fr. de contributions, et leur a fait un commandement de payer ;

Que le Tribunal de Sisteron a annulé ces poursuites, par le motif que le percepteur ne pouvait exercer les droits de l'Etat que dans l'ordre qui était ouvert ;

Que, sans égard à ce jugement, le percepteur s'est pourvu devant le préfet des Basses-Alpes, et en a obtenu les arrêtés ci-dessus visés, qui condamnent les adjudicataires Chauvel et Clerc à payer les contributions dues par l'ancien propriétaire de l'immeuble par eux acquis ;

Qu'il suit de ces faits que la demande relative au payement de ces contributions a été portée devant deux autorités différentes, qu'il y a, par conséquent, un conflit de juridiction sur lequel il est nécessaire de statuer ;

Considérant que les contributions dont il s'agit étaient dues par le sieur Roubaud ; .

Qu'en acquérant, par suite d'expropriation forcée, les immeubles de ce particulier, les sieurs Chauvel et Clerc ne sont pas devenus personnellement débiteurs du montant de ces contributions ;

Qu'en leur qualité d'adjudicataires ils ne peuvent être tenus, soit envers le percepteur, pour les impôts qu'il réclame, soit envers les autres créanciers de l'exproprié, qu'à la représentation et à la distribution de leur prix ;

Qu'aux termes des lois sur l'expropriation forcée, les poursuites relatives à la distribution du prix par un adjudicataire doivent être faites devant les Tribunaux, suivant la forme prescrite par le Code de procédure civile, et, par conséqnent, que les préfets n'ont aucune compétence sur les objets de ce genre ;

Notre Conseil d'Etat entendu,

Nous avons décrété et décrétons ce qui suit ;

Art. 1er. Les arrêtés ci-dessus visés du préfet du département des Basses-Alpes sont annulés.

Les parties continueront à suivre les errements de la procédure introduite devant le Tribunal de Sisteron (1).

POURSUITES. — SURSIS. — COMPÉTENCE.

20 novembre 1815. — *Lorsque la perception d'un arriéré de contributions donne lieu à des difficultés du ressort des Tribunaux, l'action de l'autorité judiciaire ne peut commencer qu'après que l'autorité administrative a consommé la sienne, en fixant le quantum de la somme à recouvrer.* (C. d'Etat.)

Louis, etc. ; — Sur le rapport du comité du contentieux ;

Vu un arrêté du préfet du département de Lot-et-Garonne, du 19 novembre 1814, par lequel il déclare que la demande formée devant le Tribunal de première instance de Marmande par le sieur Bertrand, agissant au nom du sieur Cazes, ex-percepteur des communes de Varès et de Villotes, contre le sieur Gascq, son successeur, à fin de payement des sommes recouvrées par ce dernier sur l'ar-

_____

(1) Cet arrêt est cité par quelques auteurs à la date du 1er mai 1816.

riéré des contributions directes desdites communes, est de la compétence de l'administration; qu'en conséquence le conflit est élevé;

Vu un jugement du Tribunal de Marmande, du 28 mai 1814, lequel rejetant l'exception d'incompétence proposée par le sieur Gascq, le condamne par défaut, faute de conclure et de défendre, à payer au sieur Bertrand, cessionnaire du sieur Cazes la somme de 2,703 fr. 69, formant le montant des rôles supplétifs des années 13 et 14 et des cent premiers jours de 1806, des communes de Varès et Villotes, sous les déclarations offertes par ledit sieur Bertrand, et énoncées audit jugement; réserve à ce dernier ses droits et actions contre ledit sieur Gascq pour de plus fortes sommes qu'il parviendrait à justifier lui être dues, et condamne ledit sieur Gascq aux dépens;

Vu l'arrêté du sous-préfet de Marmande, du 10 avril 1807, qui charge le sieur Gascq de suivre le recouvrement des exercices dont était chargé le sieur Cazes, ex-percepteur des communes de Varès et de Villotes;

Notre Conseil d'Etat entendu, etc.;

Considérant que, quoi qu'il eût été allégué devant le Tribunal de Marmande que notre Trésor ayant été rempli par le sieur Cazes ou le sieur Bertrand, son cessionnaire, du montant des rôles supplétifs dont le recouvrement avait été confié au sieur Gascq, le Tribunal aurait dû reconnaître que lesdits rôles ne pouvaient être mis à exécution qu'au nom de l'Etat et par un percepteur autorisé; qu'en conséquence l'Administration était seule compétente pour vérifier les perceptions qui avaient été et dû être faites et pour en arrêter le compte, et que l'action de l'autorité judiciaire ne pouvait commencer qu'après que l'autorité administrative aurait déterminé la somme due par le sieur Gascq, à payer au sieur Bertrand, comme étant aux droits du sieur Cazes;

Art. 1er. L'arrêté susdit du préfet du département de Lot-et-Garonne, du 19 novembre 1814, qui élève le conflit d'attribution, est confirmé;

Le jugement du Tribunal de Marmande, du 28 mai précédent, sera considéré comme non avenu, ainsi que tout ce qui s'en est suivi ou pourrait s'en suivre;

Le sieur Bertrand poursuivra l'effet de sa demande, s'il le juge convenable, devant l'autorité administrative compétente, sauf à procéder ensuite, s'il est nécessaire, devant les Tribunaux contre le sieur Gascq, pour le payement des sommes dont le sieur Cazes aura été déclaré débiteur par l'Administration.

REVENDICATION DE MEUBLES SAISIS. — CONFLIT. — COMPÉTENCE.

20 novembre 1816. — *Lorsque, dans le cas de saisie des meubles pour le payement des contributions, il s'élève une demande en revendication, elle ne peut être portée devant les Tribunaux qu'après avoir été soumise à l'autorité administrative; mais ce préalable administratif ne donne pas au préfet le droit de juger le fond, ni d'élever un conflit.* (C. d'Etat.)

Louis, etc.; — Sur le rapport du comité du contentieux;

Vu le jugement rendu par le Tribunal de première instance séant en la ville d'Aubusson, le 13 mars 1816, en faveur de la dame Decombredet (Anne), femme séparée quant aux biens du sieur Jean-Baptiste Chateanvert, propriétaire, contre le sieur Decourteix, percepteur des contributions directes à Aubusson;

Vu l'avis du sous-préfet de l'arrondissement d'Aubusson, en date du 9 mai 1816;

Vu l'avis du directeur des contributions directes du 6 juillet de la même année;

Vu l'arrêt de conflit du préfet du département de la Creuse, en date du 1er août;

Vu l'arrêt du Tribunal de première instance séant à Aubusson, le 21 août 1816, par lequel il fait acte du conflit élevé par le préfet, et ordonne en conséquence qu'il sera sursis au jugement de l'instance jusqu'à ce qu'il ait été statué sur le conflit;

Vu la lettre adressée, le 1ᵉʳ septembre 1816, par notre procureur près le Tribunal d'Aubusson, au préfet du département de la Creuse ;

Vu le rapport de notre Ministre secrétaire d'Etat au département des finances, du 15 octobre 1816 ;

Considérant que l'article 4 de la loi du 12 novembre 1808 porte que, lorsque, dans le cas de saisie de meubles et autres effets mobiliers pour le payement des contributions, il s'élèvera une demande en revendication de tout ou partie desdits meubles et effets, elle ne pourra être portée devant les Tribunaux ordinaires qu'après avoir été soumise par l'une des parties intéressées à l'autorité administrative ;

Considérant que la revendication portée en l'arrêté du préfet ne pouvait pas tendre à un conflit, mais à l'exécution préalable de l'article 4 de la loi du 12 novembre 1808 ;

Notre Conseil d'État entendu,

Nous avons décrété et décrétons ce qui suit :

Art. 1ᵉʳ. L'arrêté du préfet du département de la Creuse, en date du 1ᵉʳ mars 1816, est annulé, en ce qu'il élève le conflit dans l'instance pendante au Tribunal de première instance séant à Aubusson, entre le percepteur de cette ville et la dame Chateauvert.

Art. 2. Les parties, avant de continuer leurs poursuites devant les Tribunaux, se retireront devant le Conseil de préfecture, en exécution de la loi du 12 novembre 1808.

REVENDICATION DE MEUBLES SAISIS. — COMPÉTENCE.

9 avril 1817. — *Aux termes de la loi du 12 novembre 1808, dans le cas de saisie exercée sur les effets mobiliers des contribuables, les revendications formées par des tiers sont du ressort des Tribunaux et non de la justice administrative. Il n'y a pas lieu dès lors d'élever le conflit, surtout quand la saisie a eu lieu sur les meubles d'un particulier non inscrit nominativement au rôle.* (C. d'Etat.)

Le 25 septembre 1816, le percepteur des contributions de la ville de Louviers, département de l'Eure, n'ayant pu obtenir de la dame Durosé, habitant à Louviers, le payement de la somme de 170 fr., montant de ses contributions de 1816, fit sommation au sieur Berrier, cultivateur à Saint-Aubin-de-Crosville, et fermier de la dame Durosé, pour que ledit Berrier eût à déclarer ce dont il était débiteur envers ladite dame, et à payer en son acquit la somme de 205 fr. 08, par elle due pour ses contributions, faisant défense audit sieur Berrier de remettre à tout autre qu'à lui, percepteur des contributions de Louviers, les deniers dus par ledit fermier à la dame Durosé, jusqu'à l'entier payement du montant des contributions dont il s'agit.

Le sieur Berrier n'ayant pas obtempéré à cette sommation, ledit percepteur de Louviers fit procéder à la saisie de ses meubles et effets.

Des tiers revendiquants des fermages s'étant opposés à cette saisie, le sieur Berrier cita le percepteur à l'audience des référés du Tribunal de première instance de Louviers.

Sur cette citation, ordonnance du 26 octobre 1816, rendue par le président du Tribunal, laquelle donna mainlevée de la saisie, et condamna le sieur Morin, percepteur, aux dépens, tant envers le sieur Berrier qu'envers les tiers revendiquants.

Le 4 novembre 1816, arrêté du préfet du département de l'Eure, qui éleva le conflit d'attribution, sur le motif que la contestation survenue entre le percepteur Morin et le sieur Berrier, au sujet du recouvrement des contributions dues par la dame Durosé, était du ressort de l'autorité administrative, et non de la compétence des Tribunaux.

Ce conflit fut déféré au Conseil d'Etat, devant lequel le percepteur de Louviers soutint :

Que la dame Durosé n'ayant aucune faculté pécuniaire pour payer ses contributions, avait elle-même indiqué son fermier, le sieur Berrier, pour prélever, sur le montant des fermages à elle dus, la somme demandée par lui, percepteur ;

Que le sieur Berrier s'étant refusé à cette délégation, il avait dû, d'après les formes usitées, faire procéder contre lui à la saisie de ses meubles;

Que la revendication formée par des tiers devait être portée, non aux tribunaux, mais bien devant l'autorité administrative, sauf à elle à renvoyer la contestation aux juges civils, si elle l'eût jugé convenable ;

Que déjà, dans une contestation semblable et sur une demande formée par voie de référé, comme dans l'espèce, une ordonnance du président du Tribunal de Louviers, donnant mainlevée d'une saisie, avait été annulée par le maintien de l'arrêté de conflit élevé à ce sujet, par le préfet du département de l'Eure ;

Que, le 13 août 1816, une autre demande en revendication contre un percepteur de l'arrondissement de Louviers, ayant été soumise au Tribunal, il se déclara incompétent, par un jugement fondé sur l'article 4 de la loi du 12 novembre 1808, et que ce jugement d'incompétence avait été confirmé, sur appel, par la Cour royale de Rouen.

Dans l'espèce, il a été statué sur le conflit, par l'ordonnance suivante :

Louis, etc.; — Sur le rapport, etc... Vu, etc...

Considérant qu'aux termes de la loi du 12 novembre 1808, dans le cas de saisie exercée sur les meubles et effets mobiliers du contribuable, les revendications formées par des tiers sont du ressort des Tribunaux; qu'en conséquence il n'y avait pas lieu à conflit dans l'espèce où il s'agit d'une saisie-exécution administrativement exercée, non sur les meubles et effets du contribuable, mais sur ceux d'un tiers ;

Notre Conseil d'État entendu,

Nous avons ordonné et ordonnons ce qui suit :

Art. 1er. L'arrêté de conflit du préfet du département de l'Eure, du 4 novembre 1816, est annulé.

Art. 2. Le sieur Morin et ses adversaires sont renvoyés devant les Tribunaux ordinaires, pour y faire statuer sur leurs prétentions respectives, s'ils s'y croient fondés.

DETTE POUR CONTRIBUTIONS. — SOLIDARITÉ. — COMPÉTENCE.

9 avril 1817. — *L'autorité administrative n'est pas compétente pour prononcer sur une question de solidarité, entre des époux, pour le payement d'une contribution extraordinaire. Les Tribunaux ordinaires sont compétents pour ordonner la mainlevée ou le sursis à des poursuites exercées par le receveur des contributions, sur le mobilier d'un tiers non inscrit au rôle nominativement.* (C. d'État.)

Louis, etc.; — Sur le rapport du comité du contentieux ;

Vu l'arrêt du 4 février 1817, par lequel le préfet du département de la Seine élève le conflit d'attribution entre l'Administration et le Tribunal de première instance séant à Paris, au sujet de l'opposition formée par la dame Hainguerlot, aux poursuites exercées contre elle pour raison de la taxe qui lui a été assignée solidairement avec son mari, dans l'emprunt de cent millions, ledit arrêté de conflit motivé sur ce que notre ordonnance royale du 16 août 1815, confirmée par la loi du 28 avril 1816, attribue spécialement aux préfets le droit de statuer sur les réclamations relatives à l'emprunt de cent millions ;

Vu la requête à nous présentée par la dame Augustine-Marguerite Perrol, épouse séparée, quant aux biens, du sieur Pierre-Laurent Hainguerlot ; ladite requête enregistrée au secrétariat du comité du contentieux de notre Conseil d'État, le 22 mars 1817, et concluant à ce qu'il nous plaise :

1° Statuant sur le conflit élevé par le préfet du département de la Seine, le mettre au néant, comme non recevable et d'ailleurs sans objet et mal fondé ; en conséquence, maintenir l'ordonnance de référé du 6 décembre 1816, jusqu'à ce qu'il ait été statué au principal par l'autorité administrative ;

2° Faisant droit sur le pourvoi de la dame Hainguerlot, contre l'arrêté du préfet du département de la Seine, du 20 novembre 1816, annuler ledit arrêté comme incompétemment rendu, illégal et injuste, décharger la dame Hainguerlot de toute solidarité dans les payements de la taxe imposée sur le sieur Hainguerlot, personnellement, dans l'emprunt de cent millions, avec dépens ;

Vu l'arrêté du 20 novembre 1816, par lequel le préfet du département de la Seine, sur l'avis du comité établi pour le travail relatif à la répartition de l'emprunt de cent millions, prononce que la taxe de 8 à 50 fr., ouverte au nom du sieur Hainguerlot, sous l'article 51 du rôle D., est maintenue et déclarée solidairement payable par la dame son épouse ;

Vu l'ordonnance de référé du 6 décembre 1816, laquelle donne défaut contre le préfet du département de la Seine, renvoie pour le principal les parties à se pourvoir dès à présent, et par provision, attendu que la dame Hainguerlot, séparée de biens d'avec son mari, n'est pas comprise dans le rôle de répartition de l'emprunt de cent millions, prononce que les poursuites commencées contre elle seront, quant à présent, discontinuées ;

Vu l'article 4 de la loi du 12 novembre 1808, ainsi conçu :

« Lorsque, dans le cas de saisie de meubles et autres effets mobiliers pour le payement des contributions, il s'élève une demande en revendication de tout ou partie desdits meubles et effets, elle ne pourra être portée devant les tribunaux ordinaires qu'après avoir été soumise par l'une des parties intéressées à l'autorité administrative, aux termes de la loi du 5 novembre 1790. »

Considérant, quant à l'arrêté de conflit, que l'ordonnance de référé contre laquelle il est dirigé n'a point statué sur une réclamation relative à l'emprunt de cent millions, et n'a fait que prononcer sur une demande en revendication, en suspendant les poursuites exercées sur le mobilier d'un tiers non inscrit au rôle de l'emprunt ;

Considérant, quant à l'arrêté du 20 novembre 1816, qu'il est incompétemment rendu, en ce qu'il établit une solidarité entre les époux séparés de biens, pour le payement d'une taxe portée au rôle sous le nom de l'un d'eux seulement ;

Notre Conseil d'État entendu,

Nous avons ordonné et ordonnons ce qui suit :

Art. 1er. L'arrêté de conflit du 4 février 1817 et l'arrêté du 20 novembre 1816 sont annulés.

POURSUITES. — QUOTITÉ D'IMPÔTS. — COMPÉTENCE.

16 juillet 1817. — *Ce n'est ni aux préfets, ni aux Tribunaux, mais au Conseil de préfecture qu'il appartient de prononcer sur les contestations relatives à la quotité des contributions réclamées par un percepteur.* (C. d'Etat.)

Louis, etc.; — Vu les requêtes à nous présentées par le sieur Caron, percepteur des contributions des communes réunies d'Hetcamps et Sainte-Claire, département de la Somme, lesdites requêtes enregistrées au secrétariat du comité du contentieux de notre Conseil d'Etat, les 8 et 29 avril 1816, et concluant à ce qu'il nous plaise annuler un arrêté du préfet de ce département, en date du 12 octobre 1814, lequel a déclaré nulles toutes les poursuites faites par ledit percepteur contre le sieur Dumesnil, fermier, demeurant à Sainte-Claire; réformer une décision de notre Ministre secrétaire d'Etat des finances, en date du 27 mars 1816, portant que le sieur Caron doit se pourvoir, s'il le juge à propos, devant le Conseil d'Etat, contre l'arrêté dont il s'agit, et condamner Dumesnil aux dépens; — Vu l'arrêté et la décision attaqués; — Vu toutes les pièces produites par le requérant, et notamment la copie à lui signifiée de deux jugements du Tribunal de première instance, séant à Amiens, en date des 11 novembre 1814 et 13 janvier 1815, lesquels ont condamné ledit sieur Caron à payer audit sieur Dumesnil la somme de 6,000 fr. de dommages et intérêts, à raison d'une saisie opérée sur ses récoltes; — Vu la loi du 28 pluviôse an 8 et les arrêtés du gouvernement des 24 floréal et 16 thermidor même année, concernant les réclamations en matière de contributions et l'exercice des contraintes;

Considérant que c'est aux Conseils de préfecture qu'il appartient de prononcer en général sur le contentieux administratif, et spécialement sur les contestations relatives à la quotité du recouvrement des contributions directes; considérant que la lettre instructive de notre Ministre secrétaire d'Etat des finances, adressée, le 27 mars 1816, au préfet du département de la Somme, ne contient aucune décision et s'est bornée à indiquer une marche conforme aux principes de la matière;

Notre Conseil d'Etat entendu, etc. :

Art. 1er. L'arrêté ci-dessus visé du préfet de la Somme est annulé pour cause d'incompétence, et les parties sont renvoyées devant le Conseil de préfecture dudit département.

Art. 2. Il n'y a à statuer sur celle des conclusions du sieur Caron, qui est relative à une décision de notre Ministre secrétaire d'Etat des finances.

COMMANDEMENT. — NULLITÉ. — COMPÉTENCE.

25 février 1818. — *C'est aux Tribunaux ordinaires qu'il appartient de statuer sur la validité d'un commandement qui a précédé une saisie et qui est argué de nullité pour vices de formes, et à décider les questions de privilège entre les percepteurs et les autres créanciers du redevable.* (C. d'Etat.)

Par acte notarié, le 3 septembre 1814, le sieur Chartin Amiaud acheta du sieur Justeaud un pré, moyennant la somme de 600 fr., payables le 24 juillet 1815.

Ce pré, ainsi que les autres propriétés du sieur Justeaud, était grevé d'hypothèques, et ledit Justeaud devait, en outre, toutes ses contributions des années 1814, 1815 et 1816.

Le 9 février 1815, le percepteur des contributions fit une saisie-arrêt entre les mains du sieur Chartin Amiaud, pour qu'il eût à lui payer, sur le prix de la vente dont il était redevable au sieur Justeaud, la somme de 300 fr., à laquelle s'élevaient les contributions de ce dernier.

Le percepteur ayant été changé, son successeur fit, le 26 septembre 1816, une nouvelle saisie-arrêt pour le payement de 647 fr., somme à laquelle s'élevait alors, selon lui, le montant des contributions dues par le sieur Justeaud.

Mais le sieur Amiaud ne voulait verser entre les mains du percepteur, qu'autant qu'il ne pourrait être inquiété par les créanciers inscrits du sieur Justeaud, auxquels il avait fait signifier son contrat d'acquisition.

Le 2 avril 1817, un juge-commissaire fut nommé à la requête du sieur Amiaud, pour être procédé à l'ordre et distribution des deniers provenant de la vente.

Le préfet du département de la Charente autorisa le sieur Amiaud à verser dans la caisse du percepteur la somme dont il était débiteur envers Justeaud.

Mais le sieur Amiaud refusa de se conformer à l'arrêté du préfet, et prétendit que c'était aux Tribunaux qu'il appartenait de prononcer dans l'espèce.

Le 27 mai 1817, nouvelle saisie de la part du percepteur, contre laquelle le sieur Amiaud se pourvut devant le Tribunal de Ruffec, pour en faire prononcer l'annulation, sur le motif que le commandement à lui fait ne portait aucune date.

Un autre commandement fut fait au sieur Amiaud, et le percepteur, en s'opposant à la demande en nullité de la saisie du 27 mai, prétendit, devant le Tribunal, que l'autorité judiciaire était incompétente pour statuer sur la validité de l'acte, et qu'il n'appartenait qu'à l'Administration d'en connaître.

Mais, par jugement du 2 juillet 1817, le Tribunal rejeta cette prétention et se déclara compétent sur le fondement, qu'il ne s'agissait, dans l'espèce, que de savoir si le procès-verbal de saisie du 27 mai et le commandement qui l'avait précédé, devaient ou non être déclarés nuls, et que ces actes étant attaqués pour vices de forme, il n'appartenait qu'aux Tribunaux d'en connaître.

Par arrêté du 5 juillet suivant, le préfet éleva le conflit, sur le motif que toutes les lois relatives aux contributions et au contentieux, tant sur le recouvrement entre les contribuables et le percepteur, qu'à l'égard de tous ceux chargés de ce recouvrement et de tous dépositaires provenant du chef d'un contribuable, attribuaient exclusivement à l'autorité administrative la connaissance de toutes les contestations qui pouvaient s'élever sur cette matière.

Tel est l'arrêté de conflit, sur lequel est intervenue l'ordonnance dont la teneur suit :

Louis, etc.; — Sur le rapport du comité du contentieux,

Vu l'arrêté du 5 juillet 1817, par lequel le préfet du département de la Charente a élevé le conflit d'attribution sur la demande en nullité d'actes extrajudiciaires, formée devant le Tribunal de première instance de Ruffec, par le sieur Chastin Amiaud, contre le sieur Champville-Desbertins, percepteur, au sujet de contributions réclamées par ledit percepteur, contre le sieur Chastin Amiaud, en qualité d'acquéreur d'une partie des biens du sieur Justeaud;

Vu le jugement du Tribunal de première instance de Ruffec, en date du 2 juillet 1817;

Vu le rapport à nous adressé par notre garde des sceaux, Ministre secrétaire d'État au département de la justice, ledit rapport concluant à l'annulation de l'arrêté du préfet;

Ensemble toutes les pièces jointes au dossier;

Considérant, dans l'espèce, qu'il s'agit de statuer sur la validité d'un commandement qui a précédé une saisie, et qui est argué de nullité pour vices de formes; que cette contestation est du ressort des Tribunaux ordinaires;

Que, d'ailleurs, il s'agit d'une question de préférence entre un percepteur et des créanciers hypothécaires;

Notre Conseil d'État entendu, etc.

Art. 1er. L'arrêté de conflit pris par le préfet du département de la Charente, le 5 juillet 1817, est annulé.

RÉVENDICATION DE MEUBLES SAISIS. — CONFLIT. — COMPÉTENCE.

18 mars 1818. — *Si l'article 4 de la loi du 12 novembre 1808 ordonne que les demandes en revendication des meubles et effets, après saisie pour contribu-*

tions, ne peuvent être portées devant les Tribunaux qu'après avoir été soumises à l'autorité administrative, aux termes de la loi du 5 novembre 1790, et de l'arrêté du 13 brumaire an 10 ; cette disposition ne change pas l'ordre des juridictions ; elle ne fait point cesser la compétence de l'autorité judiciaire ; elle n'établit qu'une formalité préalable au jugement dont l'inobservation peut bien entraîner l'annulation de la procédure, mais ne peut autoriser un conflit. (C. d'Etat.)

Louis, etc. ; — Sur le rapport du comité du contentieux,

Vu l'arrêté de conflit pris, le 9 avril 1817, par le préfet du département de la Creuse, dans une contestation existante entre le sieur Cazenaud, percepteur de la commune de Saint-Priest-en-Plaine, et les sieurs Chéron et Bonnet, habitants de ladite commune, à l'occasion d'une saisie de bestiaux, faite à la requête dudit Cazenaud sur ledit Chéron, pour recouvrement de contributions arriérées, suivie d'une demande en revendication desdits bestiaux, formée par le sieur Bonnet ;

Vu le jugement rendu, le 11 février 1817, par le Tribunal de première instance, séant à Guéret, ledit jugement portant que les bestiaux saisis par le sieur Cazenaud et revendiqués par le sieur Bonnet, à titre de cheptel, seront réintégrés dans les étables du sieur Chéron ;

Vu le rapport de notre garde des sceaux, Ministre secrétaire d'Etat de la justice ;

Vu aussi l'article du 13 brumaire an 10 (4 novembre 1801), la loi du 5 novembre 1790 et celle du 12 novembre 1808 ;

Considérant que les préfets ne doivent élever le conflit sur la question portée devant les Tribunaux que lorsque la connaissance en est attribuée par la loi à l'autorité administrative ;

Considérant que les demandes en revendication de meubles et effets saisis sont exclusivement de la compétence de l'autorité judiciaire ; que si l'article 4 de la loi du 12 novembre 1808 ordonne que ces demandes formées sur une saisie faite pour payement de contributions ne pourront être portées devant les tribunaux qu'après avoir été soumises, par l'une des parties intéressées, à l'autorité administrative, aux termes de la loi du 5 novembre 1790, cette disposition, qui ne change pas l'ordre des juridictions, prescrit seulement une formalité préalable au jugement, et dont l'inobservation ne peut entraîner que l'annulation de la procédure ;

Notre Conseil d'Etat entendu,

Nous avons ordonné et ordonnons ce qui suit :

Art. 1er. L'arrêté de conflit pris le 9 avril 1817, par le préfet du département de la Creuse, est annulé, sauf au sieur Cazenaud à se pourvoir, s'il y a lieu, devant la Cour royale du ressort, contre le jugement du Tribunal de Guéret, du 11 février 1817 (1).

TIERS DÉTENTEURS. — PRIVILÉGE DU TRÉSOR. — OPPOSITION.

21 avril 1819. — *Les tiers détenteurs de sommes appartenant à des débiteurs de contributions directes et affectées au privilége du Trésor, doivent les verser entre les mains du percepteur jusqu'à concurrence des contributions dues et sur la simple demande de ce comptable, lors même qu'il existerait des oppositions formées par d'autres créanciers.* (C. de Cass.)

Deux jugements rendus par le Tribunal civil de Rochefort, les 21 mai et 17 juin 1818, dans des espèces absolument identiques, ont été dénoncés à la Cour de

---

(1) Il existe un autre arrêt du Conseil du 20 janvier 1819, qui reproduit *textuellement*, les considérants ci-dessus : il nous a paru dès lors suffisant de le mentionner ici par sa date.

cassation par M. le procureur-général. Voici comment ce magistrat rend compte, dans son réquisitoire, des faits de chaque espèce, et des motifs qui doivent faire casser les deux jugements :

Première espèce. Le sieur Duret devait au sieur Lagarde une somme de 518 fr. Un créancier du sieur Lagarde avait fait saisie-arrêt entre les mains du sieur Duret, et formé sa demande en validité et en déclaration affirmative.

Le sieur Lagarde était, d'un autre côté, débiteur de 344 fr. pour contributions ; le percepteur, instruit de sa créance sur Duret, avait fait à celui-ci une sommation de lui payer, en l'acquit de Lagarde, les 344 fr. que ce dernier devait pour contributions. Duret n'a pas déféré à la sommation, et il a fait au greffe la déclaration qu'il devait à Lagarde 518 fr. Mais, postérieurement, le percepteur a décerné contrainte contre Duret pour les 344 fr. de contributions dues par Lagarde, et il lui a envoyé des garnisaires. Après les avoir gardés plusieurs jours, Duret s'est vu obligé de payer, comme contraint, les 344 fr.

Sur l'instance en validité de saisie et déclaration affirmative, Duret a produit la quittance du percepteur, et a justifié des poursuites faites par celui-ci ; il a demandé que sa déclaration affirmative fût restreinte aux 174 fr. dont il restait débiteur.

L'affaire portée à l'audience du 21 mai 1818, il est intervenu jugement, qui, sans s'arrêter aux conclusions de Duret, a ordonné qu'il payerait la somme de 518 fr. par lui primitivement due, sauf à lui à se pourvoir contre qui et ainsi qu'il aviserait, pour faire rentrer la somme dont il s'était inconsidérément dessaisi.

Les motifs exprimés en ce jugement sont que : « les tiers saisis sont des séquestres judiciaires, des dépositaires de fonds qu'ils ne peuvent remettre que suivant que par justice est ordonné ; que Duret n'a pas pu verser entre les mains du percepteur une partie des fonds dont il avait fait déclaration, sans que le droit du percepteur ne fût jugé ; que ce n'est pas par force majeure, mais volontairement qu'il a fait ce versement, et que s'il paye deux fois, il doit en imputer la faute à lui-même. »

Deuxième espèce. Un sieur Dérand était créancier d'une somme de 293 fr. 70 c. d'un sieur Hervouet, entre les mains duquel il y avait, de la part d'un tiers, saisie-arrêt et demande judiciaire en validité et en déclaration affirmative. Mais le sieur Dérand était débiteur d'une somme de 239 fr. 70 c. pour contributions.

Pour en obtenir le payement, le percepteur a fait à Hervouet sommation de lui payer, en l'acquit de Dérand, les 239 fr. 70 c. que ce dernier devait pour contributions. Hervouet a payé ; puis il a fait au greffe sa déclaration qu'il ne devait à Dérand que 54 fr. Cette déclaration a été contestée par le saisissant, qui a soutenu qu'au moment de la saisie le sieur Hervouet avait en mains 293 fr. 70 c. et qu'il n'avait pu, dès lors, se dessaisir d'aucuns deniers pour payer les contributions.

La cause portée à l'audience du 17 juin 1818, il est intervenu jugement qui a condamné Hervouet à payer au saisissant, tant les 54 fr. dont il se reconnaissait débiteur, que les 239 fr. 70 c. dont il s'était dessaisi envers le percepteur, et sauf son recours ainsi qu'il aviserait.

Les motifs exprimés dans ce jugement sont que : « Les tiers saisis ne peuvent verser les deniers saisis au préjudice du saisissant sans faire juger les droits de toutes les autres parties ; que la loi du 12 novembre 1808, en ordonnant que tous dépositaires ou détenteurs des deniers affectés au privilége du Trésor public, seront obligés de vider leurs mains en celles du percepteur, ne doit s'entendre que des deniers qui se trouvent libres, et non de ceux déjà arrêtés par des saisies précédentes, et que, dans tous les cas, ces dépositaires ne peuvent se dessaisir qu'après jugement rendu sur les contestations ou priviléges. »

La Cour voit que, dans la question jugée dans les deux espèces, il ne s'agit que d'apprécier l'opinion du Tribunal de Rochefort et de voir si les jugements qu'il a rendus, outre qu'ils mettent une entrave considérable dans la perception de l'impôt, ne violent pas en même temps les règles de la compétence, la législation spéciale sur la matière et même les règles du droit commun.

L'examen des deux affaires donne pour résultat ces deux questions :

1° Quelle est la compétence de l'autorité administrative en matière de contributions? La circonstance qu'il y a des tiers intéressés peut-elle avoir pour conséquence de donner attribution à l'autorité judiciaire ?

2° En supposant l'affirmative, le Tribunal de Rochefort pouvait-il condamner le tiers saisi à payer deux fois, par cela seul que, lors du premier payement, les droits respectifs n'avaient pas encore été réglés en jugement? Cette circonstance d'un payement prématuré pouvait-elle dispenser le Tribunal de Rochefort d'ouvrir la contribution? Et, en d'autres termes, le premier payement était-il nul dans un sens absolu, ou ne l'était-il qu'éventuellement ?

Sur la première question, l'exposant pense qu'il ne faut pas juger de la compétence administrative par la qualité des personnes, mais par la nature des questions. Ainsi, quand il ne s'agira que de savoir si la somme réclamée par le percepteur est due, et si elle est due par privilége, ces deux points ne pourront être décidés que par l'autorité administrative. Peu importe qu'il y ait des opposants ou des tiers intéressés à la solution, l'autorité administrative est privativement compétente à l'égard de tous. Otez ce principe, vous paralysez l'impôt, et le paralyser c'est le détruire. On a vu des instances en contribution qui ont duré des années entières, et où il y avait un nombre infini de créanciers. Dans la contribution Savalette, deux cent cinquante créanciers furent assignés par exploit du 6 prairial de l'an 9, et l'instance ne fut terminée que le 28 avril 1810.

Comment veut-on que le percepteur des contributions figure dans de pareilles instances? Il faut donc que le principe général soit respecté, et que la compétence administrative soit reconnue toutes les fois qu'il ne s'agira que de savoir si les années pour lesquelles le percepteur réclame ont privilége, et si elles n'ont pas été soldées.

La présence des tiers ne change rien à la nature de la difficulté, et c'est essentiellement dans la nature de la difficulté qu'est placée la compétence en matière de contributions. Dira-t-on que l'autorité administrative sera juge et partie ? Elle ne le sera pas davantage à l'égard des tiers qu'elle ne l'est à l'égard de la partie saisie elle-même. La loi ne s'arrête point à cette méfiance injurieuse. Partout où elle établit un Tribunal quelconque, elle répute qu'il y a justice et impartialité.

Mais, si les questions sont autres que celles que nous venons de déterminer, c'est à l'autorité judiciaire qu'elles doivent être déférées.

Ainsi, le tiers saisi soutiendra qu'il ne doit rien, ou la partie saisie elle-même dira qu'elle n'a point qualité, qu'elle est poursuivie comme héritière, mais qu'elle a renoncé à l'hérédité, en sorte qu'il faudra juger le mérite de la renonciation ; ou bien un tiers soutiendra que la saisie a été faite *super non domino*, et exercera une demande en revendication; ou bien, enfin, on arguera une saisie de nullité, par les motifs qu'il n'ont pas été observées; dans ce cas, et dans tous les autres semblables, l'autorité judiciaire est seule compétente.

L'article 2 de la loi du 12 novembre 1808 fixe le droit du Trésor public; il porte : « Tous fermiers, locataires, receveurs, économes, notaires. commissaires-priseurs, et autres dépositaires et débiteurs de deniers provenant du chef des redevables, et affectés au privilége du Trésor, seront tenus, sur la demande qui leur en sera faite, de payer en l'acquit des redevables, et sur le montant des fonds qu'ils doivent ou qui sont en leurs mains, jusqu'à concurrence de tout ou partie des contributions dues par ces derniers. Les quittances des percepteurs pour les sommes légitimement dues leur seront allouées en compte. »

Mais l'article 4 de cette même loi nous donne la mesure de la compétence administrative; nous y lisons : « Lorsque, dans le cas de saisie de meubles et autres effets mobiliers, pour le payement des contributions, il s'élèvera une demande en revendication de tout ou partie desdits meubles et effets, elle ne pourra être portée devant les Tribunaux ordinaires qu'après avoir été soumise, par l'une des parties intéressées, à l'autorité administrative, aux termes de la loi du 5 novembre 1790. »

Pourquoi cet article veut-il que, lorsqu'il y a une revendication exercée par un tiers, la contestation soit portée devant l'autorité judiciaire? C'est assurément parce qu'il s'agit de décider une question de propriété, ou, en d'autres termes, c'est parce qu'il ne s'agit pas uniquement de décider s'il est dû au Trésor, et s'il lui est dû par privilége. Aussi l'article doit-il être considéré comme purement démonstratif.

Il doit être considéré comme purement démonstratif, parce qu'il y a évidemment d'autres espèces qui appartiendraient essentiellement aux Tribunaux.

Il doit aussi, et par identité de raisons, être regardé comme démonstratif, en ce qui concerne la formalité préalable de la comparution devant l'autorité administrative.

Il est essentiel, et infiniment essentiel, que la Cour décide que lors même que l'affaire est de la compétence de l'autorité judiciaire, elle doit pourtant préalablement être soumise à l'autorité administrative. Ici, l'intention de la loi est manifeste; elle a voulu que l'Administration publique ne pût être engagée dans une contestation judiciaire avant de s'être assurée qu'elle est fondée à la soutenir; et, comme un percepteur ne peut paraître en jugement pour soutenir les intérêts du Trésor que lorsqu'il y est autorisé, la loi a sagement prescrit que les parties fussent tenues de se présenter devant l'Administration, parce que ce n'est que par une discussion contradictoire qu'elle peut bien juger de ses droits.

Supposons pourtant que la compétence doive se régler, non par la nature de la contestation, mais par la circonstance qu'il y a ou qu'il n'y a pas des tiers intéressés, le Tribunal de Rochefort pouvait-il se dispenser d'examiner si le Trésor n'avait pas réellement un droit de préférence sur les créanciers opposants? L'exposant pense que les jugements du Tribunal de Rochefort renferment tout à la fois une iniquité révoltante et une contravention formelle : 1° à l'article 1242 du Code civil : 2° au titre tout entier du Code de procédure sur la contribution.

Comment concevoir que, par cela seul que j'ai payé (volontairement si l'on veut) à un des créanciers opposants, je devienne tout à coup passible de payement envers les autres créanciers, lors même que le créancier payé avait un droit de préférence, lors même que j'ai versé entre ses mains tous les deniers dont j'étais débiteur? Quelle est ma condition lorsque j'ai pris sur moi de juger ce droit de préférence? C'est de courir tous les dangers d'un faux aperçu et d'une mauvaise appréciation; mais toujours faut-il juger si je me suis trompé. Il est absurde de prétendre que, dans un fait qui s'est passé arrière les opposants, qui ne leur est connu que parce que je le leur ai dénoncé, ils trouvent un droit qu'ils n'auraient pas eu sans cela.

Mon payement peut être nul, mais il ne peut l'être qu'éventuellement. Dans les instances d'ordre, comme dans les instances de contributions, on ne peut obliger celui qui tient entre ses mains les deniers, sur lesquels s'opère l'ordre ou la contribution, qu'à les représenter : mais il faut que l'ordre des contributions se fasse : tel est le cri de la raison; tel est le principe rappelé dans un arrêt de la Cour de cassation du 11 mars 1806.

Ce principe est établi par l'article 1242 du Code civil, ainsi conçu :

« Le payement fait par le débiteur à son créancier, au préjudice d'une saisie « ou d'une opposition, n'est pas valable à l'égard des créanciers saisissants ou « opposants; ceux-ci peuvent, *selon leur droit*, le contraindre à payer de nou- « veau, sauf, en ce cas seulement, son recours contre le créancier. »

La Cour remarquera aussi que l'article 1242 est placé sous la même rubrique que l'article 1251, où il est dit que *la subrogation a lieu de plein droit au profit de l'acquéreur d'un immeuble qui emploie le prix de son acquisition au payement des créanciers auxquels cet héritage était hypothéqué.*

Or, si l'acquéreur d'un immeuble peut, à ses risques et périls, payer les créanciers, et s'il lui suffit de faire valoir une subrogation à l'ordre, pourquoi n'en serait-il pas de même pour les instances en contributions? N'est-il pas évident que si, à l'article 1251, le législateur n'a pas dit, pour le débiteur de deniers mobiliers, ce qu'il disait pour le débiteur de deniers immobiliers, n'est-il pas évident, disons-nous, que c'est parce qu'il avait déjà statué, dans l'article 1242, sur le sort des payements mobiliers?

Ainsi, le Tribunal de Rochefort (en supposant qu'il fût compétent) a violé cet article 1242, et, par suite, toutes les dispositions du Code de procédure au titre de la *distribution par contribution.*

Ce considéré, il plaise à la Cour, vu les articles 2 et 4 de la loi du 12 novembre 1808, l'article 1242 du Code civil et les articles 656 et suivants du Code de procédure civile, casser et annuler, dans l'intérêt de la loi, les deux jugements ci-dessus énoncés et ordonner qu'à la diligence de l'exposant l'arrêt à intervenir sera imprimé et transcrit sur les registres du Tribunal de Rochefort.

Fait au parquet, ce 30 mars 1819.

Signé : MOURRE.

LA COUR; — Vu l'article 2 de la loi du 12 novembre 1808, dont la teneur est énoncée au réquisitoire ci-dessus; — Attendu qu'en jugeant dans les deux espèces sus-énoncées que le tiers saisi n'avait pu, en déférant à la contrainte décernée contre lui par le percepte r des contributions directes, verser dans les mains de ce percepteur la somme dont il était débiteur envers un contribuable en retard, jusqu'à concurrence du montant de cette contrainte, avant d'avoir fait statuer, par voie judiciaire, sur le mérite des oppositions faites dans ses mains par des tiers créanciers, et sur la préférence due au Trésor public, et en condamnant par suite ce tiers saisi à représenter une seconde fois la somme par lui déjà payée au percepteur, sauf son recours contre qui de droit, le Tribunal civil de Rochefort a évidemment méconnu et le privilége du Trésor public, pour le recouvrement des contributions directes, et l'obligation où sont tous les dépositaires et débiteurs de deniers appartenant aux redevables, d'en verser le montant aux mains des percepteurs, sur la demande qui leur en est faite par ces derniers, aux termes de l'article 2 de ladite loi du 12 novembre 1808, et que ce Tribunal a ainsi directement violé ledit article; — Par ces motifs, faisant droit sur le réquisitoire du procureur-général du roi, du 30 mars dernier, casse et annule, dans l'intérêt de la loi, sauf les droits des parties, et sans y préjudicier, les deux jugements du Tribunal civil de Rochefort des 21 mai et 17 juin 1818, énoncés audit réquisitoire.

18 mai 1819. — *Le redevable peut disposer de son mobilier, même après une contrainte exercée contre lui, tant que ce mobilier n'a pas été mis sous la main de justice par une saisie, et la vente ainsi faite doit être maintenue si elle a eu lieu de bonne foi et sans fraude.* (C. cass.)

LA COUR; — Attendu que le privilége établi en faveur de la régie des contributions indirectes par l'article 47 de la loi du 1er germinal an 13 n'a pour objet que de lui assurer la préférence sur les autres créanciers du redevable en retard, mais non d'attenter à la propriété légalement acquise des meubles ou effets mobiliers ayant appartenu à ce dernier ; que ni cet article, ni aucune autre loi de la matière n'interdisent au redevable de disposer de son mobilier, même après une contrainte décernée contre lui, tant que ce mobilier n'a pas encore été mis sous la main de la justice par une saisie exercée à son préjudice ; — Attendu que, dans l'espèce, la vente du 8 novembre 1815, quoique postérieure à la contrainte décernée contre Thuilier, a néanmoins acquis une date certaine par son enregistrement, en date du 10 du même mois, antérieurement à la saisie pratiquée contre ledit Thuilier seulement, le 29 dudit mois de novembre 1815 ; — Attendu que la Cour de Bordeaux, à qui il appartenait d'apprécier les faits et les actes de la cause, n'a pas cru devoir déclarer la vente dont il s'agit frauduleuse ou même simulée, d'où il suit que cette Cour a pu, sans violer l'article 47 de la loi du 1er germinal an 13, maintenir l'effet de cette vente, nonobstant la réclamation de la Régie ; — Rejette.

GARDIENS AUX SAISIES. — REMPLACEMENT. — COMPÉTENCE.

2 juin 1819. — *En matière de contributions directes, le président du Tribunal de première instance est incompétent pour autoriser un gardien établi par le percepteur à se faire remplacer.* (C. d'Etat.)

Louis, sur le rapport du comité du contentieux ;

Vu le rapport, en date du 28 décembre 1818, qui nous a été fait par notre garde des sceaux, Ministre secrétaire d'Etat au département de la justice, tendant à ce qu'il nous plaise confirmer un arrêté du préfet du département des Bouches-du-Rhône, en date du 31 octobre 1818, qui élève un conflit de juridiction dans une contestation pendante devant le Tribunal de première instance d'Arles, entre le sieur Sermet de Tournefort, percepteur de la seconde division d'Arles, et le sieur Olivier, qu'il avait établi séquestre des blés saisis sur le sieur Derrés, dans son domaine dit le *Mas-de-Batagnon*, pour le payement de ses contributions personnelles et mobilières de 1817 ;

Vu l'ordonnance du président du Tribunal de première instance d'Arles, du 24 juin 1818, qui, accueillant la requête du sieur Olivier, l'autorise à faire établir, par le premier huissier, un gardien à l'effet de le remplacer ;

Vu la lettre de notre Ministre secrétaire d'Etat des finances, qui demande également le maintien dudit arrêté ;

Vu la loi du 16 fructidor an 3, portant défenses aux Tribunaux de connaître des actes d'administration, de quelque espèce qu'ils soient ;

L'arrêté du 16 thermidor an 8, relatif à l'établissement des gardiens, et notamment les articles 18 et 52 dudit arrêté ;

L'arrêté du 12 brumaire an 11, qui annule deux jugements rendus par les Tribunaux, en matière de contribution ;

La loi du 28 pluviôse an 8, qui attribue aux Conseils de préfecture le contentieux en fait de contributions directes ;

Vu le dit arrêté du préfet des Bouches-du-Rhône, du 31 octobre 1818 ;

Considérant que l'établissement de gardiens n'est qu'un moyen de conservation et d'exécution des contraintes, et que par l'article 18 de l'arrêté du 16 thermidor an 8, les porteurs de contraintes, investis des fonctions d'huissiers, en matière de contributions directes, sont seuls chargés de cette exécution, et que l'autorité, à qui appartient le droit de les nommer, a seule aussi le droit de les changer ;

Notre Conseil d'Etat entendu,

Nous avons ordonné et ordonnons ce qui suit :

Art. 1er. L'arrêté du préfet du département des Bouches-du-Rhône, en date du

31 octobre 1818, est maintenu, et l'ordonnance du président du Tribunal de première instance d'Arles, du 24 mai 1818, est regardée comme non avenue.

POURSUITES. — SURSIS. — COMPÉTENCE.

28 juillet 1819. — *Lorsqu'une saisie pour contributions a été faite par un percepteur, l'opposition par exploit, dénoncée tant au percepteur qu'à l'huissier, ne peut arrêter la saisie, si, au moment de la contrainte et de la saisie, la partie intéressée ne s'est pas pourvue devant le Conseil de préfecture pour obtenir un sursis ou une décharge.* (C. d'Etat.)

Louis, sur le rapport du comité du contentieux;

Vu la requête à nous présentée, au nom du sieur Reybaud, propriétaire des bains sur bateaux à Lyon, enregistrée au secrétariat du comité du contentieux de notre Conseil d'Etat, le 6 février 1818, et tendant à ce qu'il nous plaise,

1° Annuler l'arrêté du Conseil de préfecture du département du Rhône, du 11 octobre 1817, qui a décidé que la cote imposée au requérant, pour ses bains établis sur bateaux à Lyon, dans le rôle de la contribution foncière de la ville de Lyon, pour 1817, sera maintenue; condamner la ville de Lyon à rembourser au requérant toutes les sommes indûment exigées de lui, à titre de taxe municipale additionnelle à la contribution foncière; ordonner que le montant de la contribution foncière pour 1817 lui sera remboursé;

2° Déclarer nulle la saisie faite contre lui, et renvoyer le requérant devant les Tribunaux, pour les dommages et intérêts qu'il peut avoir droit de réclamer contre le percepteur de la ville de Lyon et l'huissier qui a procédé à la saisie;

Vu les articles 87, 88 et 96 de la loi du 3 frimaire an 7;

Vu la loi du 28 pluviôse an 8;

Vu également l'article 531 du Code civil :

Considérant, sur le premier chef de la demande, que les bains sur bateaux non fixés par piliers sont expressément classés parmi les biens meubles, dans l'article 531 du Code civil;

Qu'aucune loi de finances ne les a assimilés aux immeubles ou biens fonds, pour la contribution foncière;

Que l'article 96 de la loi du 3 frimaire an 7 n'est applicable qu'aux établissements sur bateaux fondés sur piliers;

Considérant, sur le second chef de la demande, que l'opposition par exploit, dénoncée tant au percepteur qu'à l'huissier, ne pouvait arrêter la saisie, puisque le sieur Reybaud, au moment de la contrainte et de la saisie, ne s'était pas pourvu devant le Conseil de préfecture pour obtenir un sursis ou une décharge;

Notre Conseil d'Etat entendu,

Nous avons ordonné et ordonnons ce qui suit :

Art. 1er. L'arrêté du Conseil de préfecture du département du Rhône, en date du 11 octobre 1817, est annulé.

Art. 2. Le receveur général du département du Rhône restituera au sieur Reybaud la somme payée par lui, en 1817, pour la contribution foncière établie sur ses bains.

Le receveur municipal de la ville de Lyon restituera également au sieur Reybaud la somme payée par lui, en 1817, pour la taxe municipale additionnelle à la contribution foncière imposée sur ses bains.

Art. 3. Les autres conclusions du sieur Reybaud sont rejetées (1).

---

(1) Ainsi, quoique le Conseil d'Etat ait reconnu que le réclamant avait été imposé mal à propos, il n'en a pas moins laissé à sa charge les frais des poursuites faites contre

TIERS ACQUÉREURS. — POURSUITES. — COMPÉTENCE.

23 janvier 1820. — *Un percepteur ne peut poursuivre le payement de la contri-*
bution foncière que contre l'individu dont le nom est porté sur le rôle, sauf
les recours de ce dernier contre qui de droit, et la faculté de faire ultérieure-
ment régler par les Tribunaux dans quelle proportion chacun doit contribuer
au payement. (C. d'Etat.)

Louis, etc. ; — Sur le rapport du comité du contentieux,'

Vu la requête à nous présentée au nom du sieur Desjardins, percepteur des
contributions directes des communes de Claye et de Souilly, arrondissement de
Meaux, département de Seine-et-Marne ; ladite requête, enregistrée au secrétariat
de notre Conseil d'Etat, le 3 septembre 1818, et tendant à ce qu'il nous plaise
recevoir appelant d'un arrêté du Conseil de préfecture dudit département, pris le
23 décembre 1815, au profit de la dame de Neukirchen de Nivenheim, épouse
séparée de biens du sieur duc Armand de Polignac ; et, faisant droit, casser et
annuler ledit arrêté, et ordonner que ladite dame de Polignac sera tenue de payer
au requérant, en sa qualité de percepteur des contributions, la somme de
1,390 fr. 59 c. et demi, pour le reliquat de la cotisation foncière des terres de
Claye et de Souilly pour l'année 1814, avec les intérêts et dépens ;

Vu une autre requête présentée au nom du sieur Dellard, enregistrée audit
secrétariat, le même jour 3 septembre 1818, et tendant à ce qu'il nous plaise
recevoir ledit sieur Dellard partie intervenante dans l'instance engagée par ledit
sieur Desjardins, devant le comité du contentieux de notre Conseil d'Etat ; lui donner
acte de ce qu'il adhère à l'appel interjeté par ledit sieur Desjardins, et de ce qu'il
interjette lui-même incidemment appel de l'arrêté du Conseil de préfecture du
département de Seine-et-Marne, du 23 décembre 1815 ; et, faisant droit sur le
tout, casser et annuler ledit arrêté, et renvoyer la dame de Polignac à discuter ses
prétentions contre le requérant, dans l'instance judiciaire en liquidation des jouis-
sances, constructions et améliorations, pendante devant les Tribunaux, et condamner
ladite dame aux dépens ;

Vu la requête en défense produite par la dame de Neukirchem de Nivenheim,
épouse séparée de biens du duc de Polignac, de lui dûment autorisée, ladite
requête enregistrée au secrétariat général de notre Conseil d'Etat, le 22 février 1819, et tendant à ce qu'il nous plaise, attendu les fins de non-recevoir
proposées en la présente requête, déclarer les sieurs Desjardins et Dellard purement et simplement non recevables, avec dépens ; et, dans le cas où il serait passé
outre et statué au fond, dire et ordonner que l'arrêté du Conseil de préfecture du
département de Seine-et-Marne sortira son plein et entier effet, et condamner les
adversaires aux dépens ;

Vu l'arrêté du Conseil de préfecture du département de Seine-et-Marne du
23 décembre 1815, portant que la somme de 2,781 fr. 19 1/2 restant des contributions de 1814, des domaines de Claye et de Souilly, sera payée, savoir :
1,390 fr. 59 c. et demi par la dame de Polignac, suivant ses offres, et pareille
de 1,390 fr. 59 c. et demi par le percepteur, conformément à l'article 148 de la
loi du 3 frimaire an 7, sauf le recours dudit percepteur contre les sieurs Dellard
et consorts, et tous autres qu'il appartiendra ;

Vu toutes les pièces produites ;

Considérant, sur la fin de non recevoir, que la dame de Polignac ne justifiant
pas avoir légalement fait signifier l'arrêté du Conseil de préfecture aux sieurs Des-

---

lui, par le motif que le rôle étant exécutoire, le percepteur ne pouvait en suspendre le
recouvrement tant que le contribuable n'avait pas obtenu un sursis du Conseil de préfecture.

jardins et Dellard, ces deux requérants ne peuvent être déclarés déchus du droit
de se pourvoir contre ledit arrêté ;

Considérant, au fond, en ce qui touche le sieur Desjardins, qu'il n'appartient
pas au Conseil de préfecture de condamner ce percepteur au payement des sommes
à l'égard desquelles il n'y avait eu ni demande ni action exercées par le receveur
de l'arrondissement ou autres agents du Trésor, seul cas où il pût y avoir lieu à
faire l'application, envers ce comptable, des dispositions portées en l'article 148
de la loi du 3 frimaire an 7 ;

Considérant, en ce qui touche le sieur Dellard, que les biens de Claye et de
Souilly étant portés, sur les rôles de 1814, sous les noms desdits sieurs Dellard et
consorts, le Conseil de préfecture s'est conformé aux dispositions de l'article 36 de
la même loi du 3 frimaire an 7, en déclarant que c'était contre ces contribuables
que devaient être dirigées les poursuites du percepteur ; mais que, par cette disposition de son arrêté, le Conseil de préfecture n'a point enlevé au sieur Dellard son
recours contre la dame de Polignac, non plus que la faculté de faire ultérieurement régler par les Tribunaux dans quelle proportion chacun d'eux doit contribuer
au payement des impositions de 1814, pour les biens qu'ils ont successivement
possédés durant le cours de ladite année ;

Notre Conseil d'Etat entendu,

Nous avons ordonné et ordonnons ce qui suit :

Art. 1er. L'arrêté du Conseil de préfecture du département de Seine-et-Marne,
du 23 décembre 1815, est réformé pour cause d'incompétence, en ce qu'il ordonne
que le percepteur Desjardins payera la somme de 1,390 fr. 59 c. et demi sur les
contributions de 1814, des domaines de Claye et de Souilly, sans préjudice du
recours de notre Trésor contre ce comptable, aux termes de l'article 148 de la loi
du 3 frimaire an 7.

Art. 2. L'arrêté est maintenu, en tant qu'il déclare le sieur Dellard passible des
six premiers mois de 1814, sans préjudice de son recours contre la dame de
Polignac et autres, s'il s'y croit fondé.

Art. 3. Le sieur Dellard et la dame de Polignac sont condamnés aux dépens,
chacun pour moitié, envers le sieur Desjardins ; lesdits dépens seront compensés
entre eux.

Art. 4. Notre garde des sceaux, Ministre secrétaire d'Etat de la justice, et notre
Ministre secrétaire d'Etat des finances sont chargés, etc., etc.

POURSUITES. — CONVENTIONS. — PIÈCES. — COMPÉTENCE.

23 janvier 1820. — *Lorsque le Trésor est sans intérêt dans une contestation relative à des contributions acquittées, et lorsque cette contestation ne concerne ni
la perception, ni la répartition ou le dégrèvement de l'impôt, et qu'elle a uniquement pour objet l'exécution d'une convention entre particuliers, les Tribunaux
seuls peuvent en connaître. (C. d'Etat.)*

Louis, sur le rapport du comité du contentieux ;

Vu le rapport de notre garde des sceaux, Ministre secrétaire d'Etat de la justice, sur un conflit de juridiction élevé par le préfet du département de la Haute-
Saône, dans une contestation existante entre le sieur Roussel, domicilié à Gri-
court, et le sieur Jean-Baptiste Millot et sa femme, meuniers à Calmoutiers, au
sujet d'un payement qu'aurait fait ledit Roussel d'une somme de 67 fr. 89, à la
décharge des époux Millot, pour solde de la contribution foncière assise, en 1817
et 1818, sur une portion de domaine et un moulin qu'il leur avait sous-amodiés,
à la condition qu'outre le prix du bail, ils acquitteraient les impositions dont les
objets affermés pourraient être grevés ;

Vu le jugement du 14 juin 1819, par lequel le juge de paix du canton de Noroy-l'Archevêque a condamné le sieur Millot, solidairement avec Marguerite Crécia, sa femme, à payer au sieur Roussel la somme ci-dessus mentionnée ;

Vu l'arrêté de conflit ;

Considérant que le Trésor est sans intérêt dans la contestation, puisque les contributions ont été acquittées ; qu'elle n'est relative ni à la perception ni à la répartition ou au dégrèvement de l'impôt, et qu'elle a uniquement pour objet l'exécution d'une convention entre particuliers, dont les Tribunaux seuls peuvent connaître ;

Notre Conseil d'Etat entendu,

Nous avons ordonné et ordonnons ce qui suit :

Art. 1er. L'arrêté de conflit pris par le préfet du département de la Haute-Saône, le 13 novembre 1819, est annulé, et les parties sont renvoyées devant les Tribunaux ordinaires.

PRIVILÉGE DU TRÉSOR. — IMMEUBLES. — COMPÉTENCE.

19 mars 1820. — *Aux termes de la loi du 12 novembre 1808, le privilége accordé au Trésor public, en matière de contributions, ne s'étend que sur les meubles et fruits du contribuable ; le Trésor ne peut exercer ses droits sur les immeubles que concurremment avec les autres créanciers, et l'ordre à établir avec ces créanciers est de la compétence des Tribunaux.* (C. d'Etat.)

Louis, sur le rapport du comité du contentieux ; — Vu le rapport de notre sous-secrétaire d'Etat de la justice, chargé du portefeuille du ministère, sur l'arrêté de conflit elevé par le préfet du département de la Haute-Saône, le 13 novembre 1819, à l'occasion d'un jugement du Tribunal de première instance de Vesoul, et en exécution duquel le percepteur de la commune d'Echenoz-la-Méline a été mis en cause par suite de la saisie-arrêt faite, à sa requête, entre les mains du sieur Claude-Louis Othenin, adjudicataire, par expropriation forcée, des immeubles du sieur Thiébaud-Bergerat, dont les contributions étaient dues, par ce dernier, pour 1815 et 1816 ;

Vu ledit jugement, en date du 28 avril 1818 ;

Vu l'arrêté de conflit, fondé sur ce que l'exécution de la saisie faite par le percepteur ne concernait nullement l'autorité judiciaire, mais bien l'autorité administrative, qui, seule, peut connaître des contestations en matière de contributions directes ;

Vu l'arrêté du Conseil de préfecture de la Haute-Saône, du 27 janvier 1818, qui enjoint au sieur Claude-Louis Othenin, d'acquitter au percepteur d'Echenoz-la-Méline les sommes dues au Trésor par le sieur Bergerat, pour les contributions de 1815 et 1816, ainsi que les frais faits pour le recouvrement desdites contributions, sous peine d'y être contraint par les voies de droit ;

Vu l'assignation faite par la dame Marie-Françoise Ogier, femme séparée de biens du sieur Thiébaud Bergerat, au sieur Claude-Louis Othenin, tendant au remboursement de sa dot ;

Vu un autre arrêté du préfet de la Haute-Saône, du 19 octobre 1819, pris sur la demande de ladite dame Ogier, femme Bergerat, qui rapporte et déclare comme non avenu son arrêté du 27 janvier 1818, et ordonne au percepteur d'Echenoz-la-Méline, de restituer au sieur Claude-Louis Othenin la somme qui lui a été versée par suite dudit arrêté, attendu que le Trésor n'a point de privilége sur la vente des immeubles, mais seulement les créanciers hypothécaires ;

Vu toutes les pièces réunies au dossier ;

Vu la loi du 12 novembre 1808 ;

Considérant qu'aux termes de la loi du 12 novembre 1808, le privilége accordé au Trésor public, en matière de contributions, ne s'étend que sur les meubles et fruits; que les droits du Trésor ne peuvent s'exercer sur les immeubles que concurremment avec les autres créanciers, et que l'ordre à établir entre ces créanciers est de la compétence des Tribunaux;

Notre Conseil d'Etat entendu,

Nous avons ordonné et ordonnons ce qui suit :

Art. 1er. L'arrêté de conflit pris par le préfet du d'partement de la Haute-Saône, le 2 novembre 1819, et les autres arrêtés ci-dessus visés, sont annulés pour cause d'incompétence.

REVENDICATION DE MEUBLES SAISIS. — COMPÉTENCE.

1er novembre 1820. — *La connaissance des demandes en revendication de meubles et effets saisis pour le recouvrement des contributions appartient exclusivement aux Tribunaux. — De ce que la loi du 12 novembre 1808 dispose que les demandes en cette matière ne peuvent être portées devant les Tribunaux qu'après avoir été soumises à l'autorité administrative, il ne s'ensuit pas que cette disposition change l'ordre des juridictions; elle prescrit seulement une formalité préalable au jugement, dont l'omission ne peut donner lieu à élever le conflit.* (C. d'Etat.)

Louis, sur le rapport du comité du contentieux;.

Vu l'arrête de conflit pris, le 24 juin 1820, par le préfet du département du Puy-de-Dôme dans une contestation existante entre le sieur Jobert, percepteur des contributions directes de la ville de Clermont, et la dame Guillemin, à l'occasion d'une saisie de meubles faite à la requête dudit percepteur, sur le sieur Guillemin, pour le recouvrement de contributions arriérées, suivie d'une demande en revendication desdits meubles, formée par la dame Guillemin;

Vu le jugement du Tribunal de Clermont, du 31 août 1819, par lequel il se déclare compétent et ordonne que les parties plaideront au fond devant lui;

Vu l'arrête du 13 brumaire an 10, la loi du 5 novembre 1790 et celle du 12 novembre 1808, ensemble, toutes les pièces jointes au dossier;

Considérant que les préfets ne doivent élever le conflit sur une question portée devant les Tribunaux que lorsque la connaissance en est attribuée par la loi à l'autorité administrative;

Considérant que les demandes en revendication de meubles et effets saisis sont exclusivement de la compétence de l'autorité judiciaire; que si l'article 4 de la loi du 12 novembre 1808 ordonne que les demandes formées sur une saisie faite pour payement de contributions ne peuvent être portées devant les Tribunaux qu'après avoir été soumises par l'une des parties intéressées à l'autorité administrative (1), aux termes de la loi du 5 novembre 1790, cette disposition, qui ne change pas l'ordre des juridictions, prescrit seulement une formalité préalable au jugement, et ne peut donner lieu qu'à une action pour l'annulation de la procédure;

Notre Conseil d'Etat entendu,

Avons ordonné et ordonnons ce qui suit :

Art. 1er. L'arrêté de conflit pris, le 24 juin 1820, par le préfet du département du Puy-de-Dôme, est annulé.

---

(1) L'autorité administrative dont il est ici question n'est pas le Conseil de préfecture, mais le préfet. (Voir l'avis du Conseil d'Etat du 28 août 1823, rapporté dans le *Commentaire* sur l'article 69 du *Règlement*)

COMPÉTENCE. — SAISIE-EXÉCUTION. — NULLITÉ.

19 février 1821. — *L'autorité judiciaire est compétente pour connaître de la vali-*
dité des actes de procédure ayant pour objet le recouvrement des contributions
directes. — Spécialement : *les Tribunaux de première instance peuvent statuer*
sur le moyen de nullité qu'un contribuable tire contre la saisie-exécution pra-
tiquée sur ses meubles, de ce que cette saisie n'aurait pas été précédée de la
signification soit du titre, soit d'une contrainte. (C. de Bruxelles.)

Un arrêté du préfet de l'Escaut, du 19 messidor an 8, dûment approuvé, avait
décidé qu'on poursuivrait, par les mêmes voies et dans les mêmes formes que
pour la contribution foncière, le payement de la taxe pour l'entretien des polders.
— Un commandement est fait au sieur Cornelis, receveur de polders, sans notification ni de titre, ni de contrainte, de payer une somme de 520 florins. — Opposition ; assignation devant le Tribunal de Gand, auquel Cornelis demande l'annulation du commandement pour défaut de notification de titre. Le Tribunal se déclare
incompétent. — Appel.

ARRÊT. — La Cour ; — Attendu que, par l'exploit d'opposition, l'appelant a
soutenu la nullité du commandement fait à la requête du défaillant, en la qualité
que celui-ci agissait ; — Que l'appelant a fondé ce moyen de nullité sur ce que
ce commandement était fait sans notification de titre ; que d'ailleurs aucun acte de
contrainte n'avait été représenté ; — Attendu que ce commandement, dont la
forme avait été puisée dans les lois de la procédure civile et que ces lois dési-
gnent comme indispensable pour arriver à l'exécution, est le seul acte qui ait
donné lieu à la question préjudicielle ; qu'on n'en a représenté aucun autre ; —
Attendu que la connaissance de ces sortes de questions, et sur la forme et sur la
voie d'exécution, parfaitement étrangères à l'objet de la contestation, n'en est pas
moins restée aux Tribunaux, quoique celle du principal ait été attribuée au pouvoir
administratif ; — Par ces motifs, met au néant le jugement dont appel ; et attendu
que le commandement dont il s'agit ne contient pas notification du titre et qu'il
n'a pas été constaté que déjà il aurait été notifié, notification que l'article 583 du
Code de procédure exige comme partie essentielle du commandement, déclare nul
et sans effet le susdit commandement du 7 juin 1818, ainsi que tout ce qui s'est
ensuivi, etc.

ACTES DE POURSUITES. — NULLITÉ. — COMPÉTENCE.

22 février 1821. — *En matière de contributions, l'autorité administrative est*
seule compétente pour examiner la question de savoir si les poursuites qui ont
précédé le commandement fait au contribuable sont régulières, et si ce contri-
buable est réellement débiteur. (C. d'État.)

Louis, sur le rapport du comité du contentieux ;
Vu l'arrêté de conflit pris par le préfet du département de l'Aude, le 2 décembre
1820, dans une contestation existante devant la Cour royale de Montpellier, entre
le sieur de Villenouvette et le sieur Demnié, percepteur de la commune de Plaigne,
au sujet des poursuites exercées par ledit percepteur contre le sieur de Villenouvette, pour le payement de ses contributions directes arriérées ;
Vu l'arrêt de la Cour royale de Montpellier, du 13 juillet 1820 ;
Ensemble, les pièces jointes au dossier ;
Considérant, dans l'espèce, que le sieur de Villenouvette fonde le motif de son
opposition aux contraintes décernées contre lui par le percepteur Demnié, pour
le recouvrement de ses contributions arriérées, sur ce que lesdites contraintes n'ont
pas été visées par le maire de Plaigne ;

Considérant que le préfet s'est borné à élever le conflit sur la question de savoir si les poursuites qui ont précédé le commandement sont régulières, et si le contribuable est réellement débiteur; qu'ainsi le conflit a été bien élevé;

Notre Conseil d'Etat entendu,

Nous avons ordonné et ordonnons ce qui suit :

Art. 1er. L'arrêté pris par le préfet du département de l'Aude, le 2 décembre 1820, est confirmé.

Art. 2. L'arrêt de la Cour royale de Montpellier, du 13 juillet 1820, est considéré comme non avenu.

ACTE NUL. — DÉSISTEMENT. — DÉFAUT D'INTÉRÊT.

16 mai 1821.—*Le contribuable poursuivi en payement d'un droit ne peut opposer une fin de non-recevoir prise du défaut d'intérêt du Trésor, en ce qu'il a forcé le receveur en recette et a été indemnisé par lui de l'omission de perception. Les poursuites sont valables dans l'intérêt du receveur.*

L'acte de désistement par lequel l'Administration déclare qu'elle se désiste de la demande formée contre le sieur... par la contrainte du... n'emporte point renonciation à l'action, mais seulement à la contrainte, lorsqu'il est établi que le désistement n'a eu d'autre objet que de renoncer à des actes nuls pour vices de formes. (C. de cass.)

Le sieur Réthoré, receveur de l'enregistrement à Vesoul, avait perçu un droit insuffisant pour un acte qui lui avait été présenté par le sieur Roussel. Sur les observations de la Régie, il décerna contrainte, le 9 avril 1813, contre ce redevable, pour en obtenir un supplément de droits. En même temps, forcé lui-même en recette par son administration, il fit abandon de son cautionnement jusqu'à concurrence de la somme due; opposition du sieur Roussel à la contrainte décernée contre lui. Le sieur Rethoré ayant été remplacé, son successeur, le sieur Dubost, reçut ordre de continuer les poursuites, et signifia une deuxième contrainte, le 1er juillet 1813; mais comme il crut voir dans cette contrainte quelques vices de formes qui en auraient pu faire prononcer l'annulation, il signifia, le 13 août 1813, au sieur Roussel, son désistement dudit acte, avec offre d'en payer les frais. — Le sieur Roussel notifia son acceptation du désistement. — Alors le sieur Dubost décerna une autre contrainte, le 2 novembre 1814, parfaitement régulière.

Le sieur Roussel forma opposition, et l'affaire fut portée devant le Tribunal de première instance de Vesoul, qui, par jugement du 6 décembre 1814, condamna la Régie, par le motif : 1° qu'il y a eu désistement des poursuites; 2° que la Régie était sans intérêt, puisque, le sieur Rethoré lui ayant abandonné son cautionnement, le Trésor se trouvait rempli de ses droits.

Pourvoi en cassation, sur lequel est intervenu l'arrêt suivant :

LA COUR ; — Vu l'article 403 du Code de procédure civile; — Attendu que l'administration de l'enregistrement et des domaines, en se désistant de la contrainte décernée le 29 avril 1813, par le sieur Réthoré, son receveur à Vesoul, contre le sieur Roussel, contrainte que celui-ci soutenait n'avoir pas été suffisamment motivée, n'a eu d'autre but, ainsi que cela est établi par les circonstances de l'affaire, que de renoncer à un acte qui aurait pu être déclaré irrégulier, et d'éviter ainsi un incident préjudiciable à ses intérêts; mais qu'elle n'a jamais entendu renoncer au droit de poursuivre de nouveau et d'une manière plus régulière le recouvrement de la somme de 6,600 fr. dont elle avait forcé son receveur en recette; — Attendu que l'acceptation faite par le sieur Roussel du désistement donné au nom de l'administration n'a produit, aux termes de l'article 403 du Code de procédure civile ci-dessus cité, d'autre effet que celui de remettre les parties dans l'état où elles étaient avant l'abandon de la contrainte susdatée ; d'où il suit que l'Administration, qui avait uniquement renoncé à continuer ses poursuites sur une première contrainte qui pouvait avoir quelque chose d'irrégulier, mais qui avait conservé son action à fin de recouvrement de la somme de 6,600 fr., a pu reprendre sa poursuite, en décernant, comme elle l'a fait, une nouvelle contrainte contre le sieur Roussel ; — Attendu qu'il n'est pas exact en fait, comme l'a cependant soutenu ledit sieur Roussel, que l'Administration ait été remplie de la somme de 6,600 francs par ledit sieur Réthoré ; que cet ex-receveur, en consentant le délaissement de son cautionnement jusqu'à concurrence de la somme de 6,600 francs, n'a évidemment fourni qu'une délégation imparfaite que l'Administration n'a point acceptée, qui n'a été suivie d'aucun payement effectif, et qui, dans tous les cas, et lors même qu'elle aurait servi à désintéresser la Régie, n'aurait pas libéré le sieur Roussel envers le sieur Réthoré, qui aurait toujours été fondé à exercer son recours contre ledit sieur Roussel, qui n'aurait pu échapper à ce recours qu'en faisant juger que le forcement de recette n'était pas fondé ; — Attendu que de tout ce que dessus il suit que la nouvelle contrainte décernée contre le sieur Roussel, au nom de l'Administration, le 2 novembre 1814, était régulière et bien fondée, et que c'est à tort que le jugement attaqué a déclaré ladite Administration non recevable dans sa nouvelle poursuite, soit sous le rapport d'un désistement qui n'emportait évidemment pas l'abandon de ses droits et de son action à fin de recouvrement de la somme à elle due, mais seulement celui d'un premier acte de poursuite qui, pouvant être impugné pour cause d'insuffisance, devait être remplacé par un acte plus régulier que le premier, soit sur la supposition gratuite et démontrée inexacte par toutes les circonstances de l'affaire, qu'elle avait été désintéressée par la délégation imparfaite du sieur Réthoré, et que dès lors elle n'avait rien à répéter contre le sieur Roussel ; — Qu'en se décidant, sur de pareilles fins de non-recevoir, à déclarer l'Administration non-recevable, le Tribunal de Vesoul a violé l'article 403 du Code de procédure civile, qui ne porte pas que le désistement d'un premier acte de poursuite accepté emportera l'extinction de l'action, et qui se borne à dire, au contraire, que l'acceptation d'un désistement remet les parties dans l'état où elles étaient avant la demande; d'où il suit que ce Tribunal a fait dire à la loi ce qu'elle ne dit pas, méconnu les vrais principes et commis un véritable excès de pouvoirs ; — Casse, etc.

GARDIEN. — CONTRAINTE PAR CORPS. — COMPÉTENCE.

30 mai 1821.—*C'est aux Tribunaux seuls qu'il appartient de décerner une contrainte par corps contre un contribuable, afin de le forcer à représenter des effets mobiliers saisis sur lui pour le payement de ses contributions, et dont il avait été constitué gardien.* (C. d'État.)

Le 27 juin 1820, un jugement du Tribunal de Trévoux, département de l'Ain, avait déclaré le sieur Morel contraignable, par corps, pour la représentation des effets mobiliers saisis sur lui, à la requête du percepteur et dont il avait été constitué gardien. Le 4 août suivant, le sieur Morel a interjeté appel de ce jugement devant la Cour royale de Lyon, et, le 23 octobre, le préfet du département de l'Ain a élevé le conflit d'attribution.

Les motifs de l'arrêté de ce magistrat sont que l'autorité administrative est seule chargée d'autoriser et diriger les poursuites à exercer pour la rentrée des contributions directes ;

Qu'il est de principe que l'action accessoire doit suivre l'action principale ; qu'ainsi tout ce qui avait suivi ou devait suivre la saisie à laquelle il avait été procédé, par le percepteur, contre le sieur Morel, était de compétence administrative, soit que le contribuable réclamât contre les actes de ce percepteur, soit que celui-ci poursuivît le complément et la consommation de ces actes; que le préfet, séant en Conseil de préfecture, devait connaître de toutes les discussions de cette nature, et que c'était à lui, par conséquent, et non au Tribunal, à prononcer la contrainte par corps à laquelle le sieur Morel pouvait être soumis, pour la représentation des objets saisis dont il avait été constitué gardien et séquestre.

Le garde des sceaux a été d'avis que ce conflit n'était pas fondé. |« Il n'appartient pas à l'autorité administrative, a-t-il dit, de prononcer la contrainte par corps, dans le cas prévu par l'article 2060, n° 4, du Code civil. »

C'est aussi ce qu'a jugé le Conseil d'Etat, par l'arrêt dont la teneur suit :

Louis, etc.;

Considérant qu'au Tribunal seul appartient de décerner une contrainte par corps contre le sieur Morel, pour la représentation des objets saisis sur lui pour le payement de ses contributions, et dont il avait été constitué gardien par le percepteur.

Notre Conseil d'Etat entendu,

Nous avons ordonné et ordonnons ce qui suit :

Art. 1er. L'arrêté pris par le préfet du département de l'Ain, le 23 octobre 1820, est annulé.

HÉRITIERS. — COMPÉTENCE. — SAISIE-ARRÊT.

14 novembre 1821. — *Lorsque la question de savoir si des arrérages de contributions directes sont dus par les héritiers d'un contribuable, est subordonnée à la décision des Tribunaux sur des questions d'hérédité, de validité de saisie et de prescription triennale, les Conseils de préfecture doivent surseoir jusqu'après le jugement des Tribunaux.*

En attendant les jugements, le percepteur a la faculté de faire saisie-arrêt sur les loyers, et d'en suivre l'effet devant qui de droit. (C. d'Etat.)

Le sieur Chas, avoué à Nimes, mourut laissant une succession obérée, à laquelle renoncèrent, par acte du 2 avril 1816, ses enfants, et parmi eux la dame Héraud, née Chas.

Cette dernière et son mari continuèrent à occuper, comme locataires, une maison qui faisait partie de cette succession, et ils en payèrent, comme à-compte sur leurs loyers, les contributions de 1816, 1817, 1818.

Le 12 janvier 1820, le sieur Possac, percepteur des contributions directes à Nimes, saisit les meubles des sieur et dame Héraud, pour une somme de 539 fr. 09 due sur la maison qu'ils occupaient. Le sieur Héraud se pourvut devant les Tribunaux pour faire prononcer la nullité de cette saisie.

Le Tribunal de première instance de Nimes se déclara incompétent, et renvoya les parties devant l'Administration.

Le Conseil de préfecture rendit, le 20 novembre 1820, un arrêt par lequel il renvoya devant les tribunaux la demande en cessation de saisie, mais déclara en même temps le sieur et la dame Héraud débiteurs de la somme de 593 fr. 09.

Les motifs de cette partie de l'arrêté étaient : 1° que la somme réclamée n'était point éteinte par la prescription pour cause de cessation de poursuites ; 2° que les sieur et dame Héraud devaient être considérés comme ayant perdu le bénéfice de leur prétendue renonciation à la succession Chas, puisqu'il paraissait qu'ils étaient détenteurs de meubles et effets mobiliers qui avaient appartenu à cette succession ; 3° qu'en outre, comme locataires d'une maison qui en faisait aussi partie, ils étaient tenus des contributions arriérées, aussi bien que des contributions courantes.

Pourvoi au Conseil d'État contre cet arrêté, de la part des sieur et dame Héraud; les moyens suivants ont été par eux présentés :

1° Quant à la prescription, les poursuites que le Conseil de préfecture allègue n'avaient été faites que pour les contributions courantes et non pour les contributions arriérées; en sorte que, pour ces dernières, la prescription n'avait pu être interrompue. D'ailleurs, cette prétention ne pouvait être débattue qu'avec les véritables débiteurs, c'est-à-dire les représentants de la succession Chas, au nombre desquels ne pouvaient se trouver les sieur et dame Héraud, qui y avaient renoncé.

2° Le Conseil de préfecture, en déclarant que la renonciation des sieur et dame Héraud, à la succession Chas, n'était point valable, a commis un excès de pouvoir; l'appréciation d'un pareil acte ne peut être faite que par les Tribunaux.

3° Comme locataires, les sieur et dame Héraud soutinrent que l'on n'aurait pu prendre contre eux que la voie de saisie-arrêt sur le prix du loyer; que, même avant de l'employer, le propriétaire aurait dû être constitué en demeure, et la légitimité de la dette être débattue avec la succession Chas, seule débitrice; que même encore, dans ce cas, les locataires ne pouvaient répondre de la contribution foncière, que jusqu'à concurrence du prix des loyers dus par eux au propriétaire au moment de la saisie.

Dans ses observations sur ce recours, le Ministre des finances s'est exprimé dans le même sens :

« Le percepteur, après y avoir été autorisé par l'Administration, pouvait appeler les sieur et dame Héraud devant le Tribunal civil, pour, en argumentant des actes d'hérédité qu'ils pouvaient avoir faits, les faire déclarer héritiers purs et simples du sieur Chas père, et il les aurait ensuite poursuivis pour le payement des contributions qu'il réclame contre la succession; mais le Conseil de préfecture n'avait pas le droit de prononcer sur une pareille question, et je pense, par cette seule considération, que son arrêté doit être annulé.

« La direction donnée à cette affaire me parait d'autant plus extraordinaire que le percepteur pouvait suivre une marche beaucoup plus simple et qui aurait amené des résultats plus certains. La valeur locative de la maison est très certainement plus considérable que le montant de la contribution, et les sieur et dame Héraud s'en reconnaissent les locataires; il fallait donc faire évaluer le prix de leur location, former entre leurs mains une saisie-arrêt (1), et, en vertu du privilége attaché aux contributions directes, les obliger à vider leurs mains du montant dont ils seraient reconnus débiteurs, dans la caisse du percepteur. »

Le Conseil d'État s'est rangé à cet avis.

Louis, etc.; — Sur le rapport du comité du contentieux;

Considérant que la question de savoir si les contributions en litige sont dues par les sieur et dame Héraud est subordonnée à la décision des Tribunaux sur les questions d'hérédité et de validité de saisie ou de prescription; que le Conseil de préfecture devait surseoir à sa décision jusqu'après le jugement des tribunaux sur cette question, sauf au percepteur à faire arrêt sur les loyers, et à en suivre l'effet devant qui de droit;

Notre Conseil d'État entendu,

Nous avons ordonné, et ordonnons ce qui suit :

Art. 1er. L'arrêté du Conseil de préfecture du département du Gard, du 20 novembre 1820, est annulé.

_____

(1) Il n'était pas même besoin de saisie-arrêt; une simple sommation aurait suffi. (V. l'art. 2 de la loi du 12 novembre 1808 et l'arrêt de la Cour de cassation du 21 avril 1819.)

REVENDICATION DE MEUBLES SAISIS. — COMPÉTENCE.

20 février 1822. — Toute contestation relative à la revendication faite par un tiers, d'effets saisis par un percepteur sur un contribuable, est de la compétence de l'autorité judiciaire.

La disposition de l'article 4 de la loi du 12 novembre 1808, qui veut que les demandes formées sur une saisie faite pour payement des contributions ne puissent être portées devant les Tribunaux qu'après avoir été soumises à l'autorité administrative par l'une des parties, n'a pas changé l'ordre des juridictions. Elle prescrit seulement une formalité préalable au jugement, et dont l'omission ne peut donner lieu qu'à une action en annulation de la procédure. (C. d'Etat.)

Louis, etc. ;

Vu l'arrêté du 15 brumaire an 10, la loi du 5 novembre 1790, et celle du 12 novembre 1808 ; ensemble toutes les pièces jointes aux dossiers ;

Considérant qu'il s'agit, dans l'espèce, d'une revendication faite par un tiers d'effets saisis par un percepteur sur un contribuable ; que cette question de propriété est de la compétence de l'autorité judiciaire ; que si l'article 4 de la loi du 12 novembre 1808 ordonne que les demandes formées sur saisies faites pour payement de contributions ne pourront être portées devant les Tribunaux qu'après avoir été soumises, par l'une des parties intéressées, à l'autorité administrative, aux termes de la loi du 5 novembre, cette disposition, qui ne change pas l'ordre des juridictions, prescrit seulement une formalité préalable au jugement, et ne peut donner lieu qu'à une action pour l'annulation de la procédure ;

Notre Conseil d'Etat entendu,

Nous avons ordonné et ordonnons ce qui suit :

Art. 1er. L'arrêté de conflit pris par le préfet du département de l'Ain, le 19 décembre 1821, est annulé.

ACTES DE POURSUITES. — VALIDITÉ. — COMPÉTENCE.

28 juillet 1823. — Les Tribunaux sont compétents pour connaître de la validité des actes de procédure pratiqués pour le recouvrement des contributions directes. (C. de Bruxelles.)

Le 29 août 1822, commandement à Dewattines de payer ses contributions directes ; le 2 septembre, itératif commandement, et le 6, saisie-exécution : tous ces actes d'exécution avaient été faits, non par un huissier, mais par un porteur de contraintes. — Dewattines demanda, devant le Tribunal de Tournay, la nullité de cette exécution, comme faite sans signification préalable d'une contrainte, qui seule pouvait former un titre exécutoire pour le percepteur.

L'administration des contributions a soutenu que le Tribunal était incompétent pour connaître des actes de poursuites qui ont pour objet le recouvrement des contributions, et qui sont administratifs, parce qu'ils sont faits par un porteur de contraintes, agent de l'autorité administrative, et parce qu'ils ne sont qu'une suite, une exécution des rôles. Le 17 octobre 1822, jugement par lequel le Tribunal se déclare incompétent, sur le seul motif que la validité des poursuites n'est pas du ressort des Tribunaux. — Appel.

ARRÊT. — LA COUR ; — Attendu que si le législateur a soustrait, comme on ne peut en douter, les actes administratifs de la compétence du pouvoir judiciaire, il n'est personne cependant qui ne doive convenir que cette disposition est restreinte aux actes seuls, et que, sans doute, elle n'embrasse pas les formes de

IIe PARTIE.   8 l'exécution judiciaire de ces mêmes actes envers ceux qu'ils concernent; qu'à cet égard les administrations doivent se conformer aux règles ordinaires, et discuter devant les tribunaux la régularité de ces exécutions; que, pour se renfermer dans l'espèce qui est relative à la rentrée forcée des contributions directes, on ne peut se dispenser d'envisager comme actes administratifs la hauteur de la taxe, l'époque de son exigibilité, ainsi que la contrainte; mais qu'il n'en est pas de même des poursuites d'exécution nécessitées par le retard du débiteur contribuable; que ceci est reconnu à l'égard des expropriations et de la saisie par corps, et qu'il y a identité de motifs entre ces deux cas et celui de la saisie mobilière dont il s'agit au procès; qu'il en résulte que le premier juge était compétent pour statuer sur le mérite de la demande en nullité de celle dont il s'agit, et que les appelants fondaient sur le défaut de la signification de la contrainte; — Par ces motifs, met le jugement dont est appel au néant; émendant, dit que le Tribunal civil de Tournay était compétent pour connaître du moyen de nullité de saisie proposé par-devant lui, renvoie, etc.

CONTRIBUTIONS DIRECTES. — RECOUVREMENT. — FRAIS. — CONTESTATION. — COMPÉTENCE.

22 janvier 1824. — *Les contestations sur le recouvrement des contributions directes sont du ressort des Conseils de préfecture.*
Lorsqu'il s'élève un débat pour le payement des frais faits à l'occasion du recouvrement de ces contributions, les Conseils de préfecture sont également compétents pour en connaître. (C. d'Etat.)

Le sieur Masson était l'huissier habituel de M. Dutremblay, percepteur des contributions directes du dixième arrondissement municipal de Paris. En cette qualité, il faisait les recouvrements pour le compte et à la requête de ce dernier; au bout de huit ans, il se trouva en avance avec le percepteur, pour frais de recouvrement, de la somme de 9,721 fr. 50. — Après sa mort, les héritiers ont réclamé cette somme auprès du préfet de la Seine. Ce fonctionnaire a rejeté leur réclamation par arrêté du 28 février 1814 : « Attendu que cette demande en payement de frais, pour le recouvrement des contributions directes, n'est pas susceptible d'être jugée administrativement; qu'il ne s'agit pas de prononcer sur la légitimité de ces frais, mais bien de décider si les actes qui les ont occasionnés établissent ou non une action en faveur des réclamants contre M. Dutremblay. »
Le 14 août 1814, assignation au sieur Dutremblay par-devant le Tribunal de première instance.
Le 27 janvier 1815, jugement par lequel le Tribunal se déclare incompétent, sur le motif que l'affaire est du ressort de l'autorité administrative.
Recours devant le Conseil de préfecture. — Le 22 octobre 1817, arrêté qui déclare que la contestation est du ressort des Tribunaux, et renvoie les héritiers Masson devant l'autorité judiciaire.
Le 16 août 1821, pourvoi au Conseil d'Etat. — Les héritiers Masson ont conclu à ce que le Conseil, vidant le conflit négatif, renvoyât la cause devant l'autorité judiciaire, attendu que, quoique la question de légitimité de la créance, c'est-à-dire la question de savoir si les actes avaient été faits régulièrement et sur les ordres du percepteur des contributions, approuvés par M. le préfet, semblât appartenir à l'autorité administrative, le matériel du payement ne pouvait néanmoins être réclamé que *judiciairement* contre le percepteur, seul débiteur personnel.
Le sieur Dutremblay a conclu, au contraire, au renvoi devant le Conseil de

préfecture, attendu que tout ce qui tient à la perception des impôts dépend essen-tiellement du ressort de l'autorité administrative.

Pour juger la question au fond, il eût été besoin de savoir : 1° S'il existait un acte quelconque passé entre le sieur Dutremblay et le Trésor, pour les frais de poursuites judiciaires, de telle sorte qu'aucune garantie ne pût être exercée contre le Trésor par le receveur, dans le cas où celui-ci aurait payé de ses deniers per-sonnels les frais de poursuites non recouvrés, et si, un tel acte existant, l'huissier en aurait eu connaissance ; 2° s'il pourrait y avoir quelques recours contre l'Admi-nistration, en cas de renvoi de l'affaire aux Tribunaux, et, par conséquent, quelque intérêt éventuel pour le Trésor à maintenir la juridiction administrative.

Interrogé sur tous ces points par le Conseil d'Etat, le Ministre des finances y a fourni ses réponses ; mais nous ne croyons pas devoir les analyser, parce que le Conseil n'a décidé que la question de compétence.

Voici l'arrêt :

Louis, etc.; — Sur le rapport du comité du contentieux ; — Vu les lois des 1er décembre 1790, 7 novembre 1796 (17 brumaire an 5), 12 novembre 1797 (22 frimaire an 6), 17 février 1800 (28 pluviose an 8), et l'arrêté du gouverne-ment du 4 août 1800 (16 thermidor an 8);

Considérant que, d'après toutes les lois de la matière, les contestations sur le recouvrement des contributions directes sont du ressort des Conseils de préfecture;

Considérant que les frais n'étant que l'accessoire dudit recouvrement, les récla-mations qui peuvent s'élever à cet égard doivent être également portées devant les Conseils de préfecture ;

Art. 1er. Les arrêtés du préfet et du Conseil de préfecture du département de la Seine, des 28 février 1814 et 22 octobre 1817, sont annulés, et les parties sont renvoyées devant le Conseil de préfecture dudit département.

ANCIEN PERCEPTEUR. — REMBOURSEMENT. — COMPÉTENCE.

30 janvier 1824. — *Lorsqu'un ancien percepteur des contributions, qui a rendu ses comptes à l'Administration, est poursuivi par un particulier en rembour-sement d'une somme qu'il a reçue en qualité de percepteur, les Tribunaux sont incompétents pour connaître de cette action ; elle rentre dans les attributions de l'autorité administrative. (C. de Toulouse.)*

LA COUR. — Sur les conclusions confirmatives de M. Chalret, avocat général ; — Attendu qu'il est constant, en fait, que le sieur Fossé n'est plus percepteur des contributions de la commune de Lacaune depuis l'année 1815 ; qu'il a rendu ses comptes au gouvernement et reçu son quitus ; que le sieur Fossé soutient qu'il a porté en émargement la somme de 600 fr. réclamée par le sieur Lande sur les contributions des exercices de 1813 et 1814, et que, dès lors, il est évident que le sieur Fossé, en recevant cette somme, n'a agi qu'en sa qualité de percepteur des contributions ;

Attendu que cette vérité résulte incontestablement de la contexture du reçu fourni par le sieur Fossé au sieur Lande, puisqu'on y voit que le sieur Lande, ne verse la somme en question que comme acquéreur du sieur Bonafour et du domaine de Couloubrac; que la somme est reçue à compte des contributions arriérées de Bonafour, ce qui établit les rapports du percepteur avec le contri-buable; attendu qu'il résulte de ce qu'il vient d'être dit que, pour juger le fond de la contestation, il fallait soumettre à l'examen du Tribunal civil une pièce administrative, c'est-à-dire le reçu fourni par un percepteur à un contribuable; qu'il fallait lui soumettre aussi l'interprétation de l'arrêté du Conseil de préfecture du 19 août 1814, et enfin la vérification des comptes du sieur Fossé en sa qualité de percepteur; mais que des pièces de cette nature et les questions auxquelles elles peuvent donner lieu rentrent dans les attributions de l'autorité administrative; que, dès lors, c'est à juste titre que les premiers juges se sont déclarés incompétents; — Démet le sieur Lande de son appel.

TIERS ACQUÉREURS. — PRIVILÉGE DU TRÉSOR. — COMPÉTENCE.

30 juin 1824.—En matière de contributions directes, lorsqu'il n'y a pas de contestations sur l'assiette ou la quotité de la contribution due pour l'immeuble vendu, mais qu'il s'agit seulement du recouvrement des contributions de l'année échue et de l'année courante, due par le propriétaire exproprié, la question de savoir si le percepteur a conservé un privilége sur l'immeuble vendu est du ressort des Tribunaux civils. (C. d'Etat.)

Le sieur Maheult, receveur de l'enregistrement à Liancourt (Oise), s'est rendu adjudicataire d'un moulin à vent et de quelques pièces de terre voisines appartenant au sieur Leconte. En vertu des lois et règlements qui assurent le privilége du Trésor pour l'année échue et l'année courante des contributions, le sieur Dupressoir, percepteur, a fait faire au nouvel acquéreur commandement de payer les contributions arriérées dues pour cet immeuble. Le sieur Maheult s'y est refusé, sur le motif qu'il ne devait les contributions que du moment de son acquisition, et a fait des offres réelles en conséquence; elles n'ont point été accueillies. Il a fait assigner le percepteur devant le Tribunal de première instance de Clermont, pour voir annuler ses poursuites; et, le 6 avril 1824, le Tribunal a rendu un jugement par défaut ainsi motivé, par lequel les poursuites du percepteur ont été annulées : « Attendu, 1º qu'aux termes des principes de la matière, les percepteurs ne peuvent agir, par voie de contrainte et de commandement, que contre les contribuables en retard, nominativement désignés dans leurs rôles; 2º Que, dans l'espèce, le sieur Maheult n'est nullement repris aux rôles du sieur Dupressoir, comme débiteur des contributions réclamées; qu'elles sont toutes portées à la cote et au nom du sieur Jean-Baptiste Leconte, meunier à Cattenoy; qu'ainsi le percepteur Dupressoir était sans titre paré vis-à-vis du sieur Maheult, et sans droit aucun pour agir sur ses meubles par voie de contrainte et saisie-exécution. »

Le 30 du même mois, le conflit d'attribution a été élevé par le préfet, sur le motif que toutes contestations en matière de recouvrement de contributions directes ont été soumises à la décision de l'autorité administrative, notamment par les lois du 22 décembre 1789, 16 août, 7 octobre 1790, et 16 floréal an 3.

Ce conflit a été déféré au Conseil d'Etat.

D'après la loi du 12 novembre 1808, le privilége accordé au Trésor public, en matière de contributions directes, ne s'étend que sur les meubles et fruits, récoltes, loyers et revenus des biens immeubles sujets à la contribution; les droits du Trésor ne peuvent s'exercer sur les immeubles que concurremment avec les autres créanciers, et l'ordre à établir entre ces créanciers est de la compétence des Tribunaux.

Le sieur Maheult a présenté des observations tendantes à l'annulation du conflit; il a cité à l'appui, un arrêt du Conseil, du 2 juin 1815, qui a décidé que l'adjudicataire n'est pas personnellement débiteur du montant des contributions, qu'il ne peut être tenu, soit envers le percepteur, soit envers les autres créanciers, qu'à la représentation et à la distribution de son prix, laquelle distribution doit être faite devant les Tribunaux, suivant les formes prescrites par le Code de procédure.

Le conflit a été annulé par l'ordonnance suivante :

Louis, etc.;

Considérant qu'il n'y avait point de contestation, dans l'espèce, sur l'assiette ou la quotité de la contribution due pour l'immeuble adjugé au sieur Maheult, mais qu'il s'agissait seulement du recouvrement des contributions de l'année échue et de l'année courante, dues par un propriétaire exproprié ; que ce recouvrement devait être poursuivi à la diligence du percepteur, et avoir lieu par privilège sur le prix de l'immeuble adjugé ; que ces poursuites devaient être dirigées conformément à ce qui est prescrit au Code de procédure civile, au titre de l'ordre, et que les Tribunaux seuls sont compétents en cette matière ;

Art. 1er. L'arrêté de conflit d'attribution pris par le préfet du département de l'Oise, le 30 avril 1824, est annulé.

REMBOURSEMENT. — PERCEPTEUR. — COMPÉTENCE.

30 juin 1824. — *Toute contestation relative au remboursement de contributions directes que le percepteur prétend avoir avancées pour un contribuable, est du ressort de l'autorité administrative.* (C. d'État.)

Dans l'espèce, le sieur Bressler, percepteur des contributions directes à Sainte-Marie-aux-Mines, département du Haut-Rhin, prétendait avoir payé pour l'acquit de la dame veuve Petit-Didier, les contributions des années 1819 et 1820. En conséquence, il l'avait citée devant le juge de paix du canton de cette ville, et par jugement du 8 avril 1824, la dame Petit-Didier avait été condamnée au payement de la somme de 27 fr. 50 pour contributions avancées et payées à son acquit. Ce jugement a donné lieu à un conflit, sur lequel est intervenu la décision suivante.

Louis, etc.; — Sur le rapport du comité du contentieux ;

Considérant qu'il s'agissait, dans l'espèce, de savoir si les sommes que le sieur Bressler prétend avoir payées pour ladite veuve Petit-Didier, l'ont été pour l'acquit de ses contributions des années 1819 et 1820 ; que cette contestation étant relative au recouvrement des contributions directes, ne pouvait être jugée que par l'autorité administrative ;

Art. 1er. L'arrêté de conflit pris par le préfet du Haut-Rhin, le 13 mai 1824, est confirmé.

Art. 2. Le jugement rendu, le 8 avril 1824, par le juge de paix du canton de Sainte-Marie-aux-Mines est considéré comme non avenu.

POURSUITE. — GARDIEN INFIDÈLE. — CONTRAINTE PAR CORPS. — COMPÉTENCE.

14 juillet 1824. — *Le contentieux relatif au recouvrement entre le contribuable et le percepteur est attribué à l'autorité administrative. Aussi, un Tribunal doit-il se borner à ordonner, le cas échéant, que le contribuable qui a été constitué gardien judiciaire des meubles saisis sur lui, sera contraint par corps à les représenter, sans que ce Tribunal puisse s'immiscer dans la recherche des causes de ladite saisie.* (C. d'État.)

Le percepteur de la commune de Dégenha (Lot), a fait saisir les meubles du sieur Dusserech, à l'effet d'obtenir le payement de ses contributions, pendant les exercices de 1821 et 1822. Le sieur Dusserech ayant été nommé gardien des meubles saisis, le percepteur l'a sommé de lui en faire la remise ; au jour indiqué pour la vente, il a été dressé un procès-verbal de refus, sous la date du 16 juin 1823. — Sur le vu de ce procès-verbal et à la requête du percepteur, le Conseil de préfecture a pris une délibération portant qu'il y avait lieu à faire prononcer la contrainte par corps contre le sieur Dusserech, pour refus de représentation des objets saisis sur lui et dont il avait été constitué gardien. En vertu de cette délibération, le percepteur des contributions a présenté requête au Tribunal de première instance de Gourdon, tendant à faire prononcer la contrainte par corps contre le contribuable. Celui-ci a prétendu qu'il n'avait jamais été réglé de compte entre lui et le percepteur, pour les exercices 1821 et 1822, et, que c'était sans doute par erreur qu'il était poursuivi, puisqu'il était porteur de quittances qui établissaient sa libération pour ces deux exercices.

Le 1er décembre 1823, jugement qui commet le sieur Combes, percepteur à Gourdon, pour entendre les parties, les concilier s'il est possible, et rapporter son procès-verbal, pour être ultérieurement statué.

Le 19 janvier 1824, autre jugement qui ordonne que le sieur Dusserech se retirera devant l'administration pour faire fixer sa situation avec le percepteur, et à la charge de rapporter la vérification devant le Tribunal dans le délai d'un mois. — Ces deux jugements ont donné lieu à un conflit élevé par le préfet du Lot.

Voici l'arrêt intervenu :

Louis, etc. ; — Sur le rapport du comité du contentieux ;

Vu les lois des 30 mars 1793 et 24 mars 1794 (4 germinal an 2) (1) ;

Vu les lois des 1er décembre 1790, 7 novembre 1796, 12 novembre 1797, 5 décembre 1798, 17 février 1800, et l'arrêté du gouvernement du 4 août 1800 ;

Considérant que, par son premier jugement, le Tribunal de l'arrondissement de Gourdon a renvoyé le contribuable et le percepteur à compter devant un commissaire, lorsqu'aux termes de toutes les lois sur la matière, la surveillance et la perception des contributions, et le contentieux relativement au recouvrement entre le contribuable et le percepteur, sont attribués à l'autorité administrative ; — Considérant que, par un second jugement, le même Tribunal, au lieu de se borner, dans les limites de sa compétence, à prononcer la validité de la saisie et à ordonner, le cas y échéant, que le contribuable, gardien judiciaire des meubles saisis sur lui, serait contraint par corps à les représenter, s'il persistait à s'y refuser, s'est immiscé dans la recherche des causes de ladite saisie et a renvoyé les parties à compter devant l'autorité administrative, lorsque cette autorité avait déjà décerné une contrainte contre le contribuable ;

Art. 1er. L'arrêté de conflit par le préfet du département du Lot, le 7 février 1824, est confirmé ; en conséquence, les jugements du Tribunal de Gourdon, en date des 1er décembre 1823 et 19 janvier 1824, sont considérés comme non avenus.

CONTRIBUTIONS DIRECTES. — RECOUVREMENT. — ACQUÉREUR.
SAISIE-ARRÊT. — COMPÉTENCE.

26 août 1824. — *Lorsqu'un percepteur prétend devoir exercer une action privilégiée sur le prix d'une vente immobilière, cette action doit être poursuivie conformément à ce qui est prescrit par le Code de procédure civile, au titre de l'ordre, et les Tribunaux sont seuls compétents en cette matière.* (C. d'Etat.)

Louis, etc. ; — Sur le rapport du comité du contentieux ;

Considérant qu'il n'y avait pas contestation, dans l'espèce, sur l'assiette ou la

---

(1) On s'explique difficilement pourquoi le Conseil d'Etat a visé ces lois, qui n'ont jamais concerné que les débets des receveurs de contributions et non pas les contribuables eux-mêmes : dans l'espèce, il était d'ailleurs bien évident que ce n'était pas comme débiteur de contributions, mais seulement comme gardien infidèle que le sieur Dusserech pouvait être contraignable par corps.

quotité de la contribution due pour l'immeuble dotal adjugé au sieur Lafaille ; mais qu'il s'agissait du recouvrement des contributions arriérées, dues par l'ancien propriétaire ; qu'il avait été ordonné, par un jugement du Tribunal civil de Tarbes, du 28 avril 1823, passé en force de chose jugée, que l'acquéreur serait tenu de verser la totalité du prix de la vente dans la Caisse des dépôts et consignations, et qu'il serait fait remploi de toute la somme consignée en biens immeubles, qui demeureraient dotaux en faveur de la dame Dogerot ; — Que si le percepteur prétendait devoir exercer une action privilégiée sur le prix de ladite vente, cette action devait être poursuivie, conformément à ce qui est prescrit au Code de procédure civile, au titre de l'ordre, et que les Tribunaux seuls sont compétents en cette matière ;

Art. 1er. Les arrêtés du préfet du département des Hautes-Pyrénées, des 19 juin et 7 juillet 1823, sont annulés pour cause d'incompétence.

TIERS ACQUÉREUR. — PRIVILÉGE. — COMPÉTENCE.

4 novembre 1824. — *Lorsqu'il s'agit du recouvrement des contributions arriérées dues par l'ancien propriétaire, et que le percepteur a fait saisir les fruits excrus depuis la possession du nouvel acquéreur, si celui-ci forme opposition à la saisie, le préfet excède ses pouvoirs en statuant sur cette opposition.* (C. d'Etat.)

Charles, etc.; — Sur le rapport du comité du contentieux ;
Vu les ordonnances royales des 2 juin 1815 et 26 août 1824 ;
Considérant qu'il n'y avait pas de contestation, dans l'espèce, sur l'assiette ou la quotité de contribution due pour l'immeuble adjugé aux frères Robez, mais qu'il s'agissait uniquement du recouvrement des contributions arriérées dues par l'ancien propriétaire, et qu'en statuant sur l'opposition formée par les requérants, à la saisie des fruits excrus postérieurement à l'adjudication dudit immeuble, le préfet a excédé sa compétence ;
Art. 1er. L'arrêté du préfet du département du Jura, du 23 avril 1820, est annulé pour cause d'incompétence.

RECOUVREMENT. — COMPÉTENCE.

15 juin 1825. — *Lorsque le Ministre des finances prescrit à ses agents de recouvrer, par les voies ordinaires, les contributions dues par un particulier, l'opposition aux contraintes décernées en vertu de cette instruction doit être portée devant le Conseil de préfecture.*
En d'autres termes, l'instruction ministérielle ne fait pas obstacle à ce que le Conseil de préfecture prononce sur l'opposition formée par le contribuable. (C. d'Etat.)

Le sieur Charreault, percepteur des contributions directes de la commune de Pagny (Côte-d'Or), est décédé en 1819, laissant un deficit considérable dans sa caisse, et des livres tenus irrégulièrement et pleins d'altérations et de surcharges. La responsabilité du sieur Soustras, receveur particulier de l'arrondissement de Beaune, se trouvant atteinte par suite de la gestion de ce comptable, il a fait dresser un procès-verbal, constatant le déficit. Dans cette opération, il s'est aperçu que divers articles concernant la dame veuve Baudot avaient été altérés sur les rôles du recouvrement : il a conclu de là que le déficit du percepteur était le résultat d'un concert frauduleux entre lui et cette dame, dont il était le débiteur personnel, et envers laquelle il se serait acquitté en lui délivrant des quittances de contributions dont elle n'avait nullement versé les fonds. Le sieur Soustras en a référé à Son Excellence le Ministre des finances, qui, par une lettre du 18 avril 1820, adressée au préfet du département, a déclaré qu'il n'y avait pas lieu de rendre le sieur Soustras responsable, attendu qu'il avait fait sans délai les poursuites de droit, mais qu'il y avait lieu « de rejeter, comme frauduleusement obtenues, jusqu'à concurrence de la somme de 5,904 francs, à laquelle s'élève encore le débet de ce percepteur, les quittances délivrées par lui à la dame Baudot et non inscrites, ou portées avec des surcharges sur les registres de cet ex-percepteur.

« Cette dame, disait Son Excellence, dont la libération n'est pas valablement opérée, doit être poursuivie par les mêmes voies que les contribuables en retard, pour le payement des 5,904 francs qu'elle n'a que fictivement versés entre les mains du sieur Charreault. »

Conformément à cette lettre, le sieur Soustras a décerné une contrainte contre la dame Baudot, et a fait procéder à la saisie de ses meubles. Cette dame y a formé opposition ; elle a représenté des quittances constatant sa libération, et l'affaire a été portée devant le Tribunal de Beaune, qui, par jugement du 5 juillet 1820, s'est déclaré incompétent et a renvoyé les parties devant l'autorité administrative. Le Conseil de préfecture a été saisi ; mais, par décision du 22 octobre 1822, il s'est aussi déclaré incompétent en ces termes :

« Considérant que les contraintes exercées contre la dame veuve Baudot l'ont été en vertu de la décision de Son Excellence le Ministre des finances du 18 avril 1820, dont M. le préfet n'a pas cru devoir arrêter l'exécution, que les Tribunaux ont déclaré ne pouvoir infirmer, et que le Conseil de préfecture n'a pas qualité pour annuler, de même pour faire casser les contraintes qui en ont été la conséquence, et dont la forme n'est point attaquée ; arrête qu'il n'y a pas lieu de faire droit à la demande de la veuve Baudot, sauf à elle à solliciter de Son Excellence le Ministre des finances le rapport de sa décision, ou d'en poursuivre la réformation près du Conseil d'État. »

La dame Baudot s'est pourvue contre cet arrêté, et en a demandé l'annulation, par le motif que la contrainte n'avait pas été décernée par le Ministre, mais bien par le receveur, et que par conséquent son opposition devait être portée devant le Conseil de préfecture et non devant Son Excellence ; qu'enfin cette marche était indiquée par la loi et la jurisprudence.

Le sieur Soustras a soutenu, au contraire, que le Conseil de préfecture était incompétent, 1° parce que la lettre du Ministre était une décision qui liait le Conseil ; 2° parce que le fait dont il s'agissait n'était, en aucune manière, dans les attributions du Conseil de préfecture, mais bien dans celles de Son Excellence, sauf recours au Conseil d'État.

L'arrêt suivant n'a pas prononcé dans ce sens :

Charles, etc. ; — Sur le rapport du comité du contentieux,

Considérant que la lettre de notre Ministre des finances, du 18 avril 1820, n'était, à l'égard de la dame veuve Baudot, qu'une simple instruction qui prescrivait à ses agents de recouvrer, par les voies ordinaires, les contributions dues par la dame Baudot ; que des contraintes ayant été décernées contre la dame Baudot, celle-ci y ayant formé opposition, fondée sur les quittances par elle représentées, par lesquelles elle prétendait établir sa libération, l'instruction de notre Ministre des finances ne faisait pas obstacle à ce que le Conseil de préfecture prononçât sur la validité desdites quittances :

Art. 1er. L'arrêté du Conseil de préfecture du département de la Côte-d'Or, du 22 octobre 1822, est annulé.

Art. 2. Les parties sont renvoyées devant le Conseil de préfecture du département de la Côte-d'Or, pour être instruit et prononcé sur la validité des quittances présentées par la dame Baudot.

Art. 3. Le sieur Soustras est condamné aux dépens.

ANCIEN PERCEPTEUR. — POURSUITES. — COMPÉTENCE.

16 février 1826. — *L'action en répétition qu'un ancien percepteur veut exercer contre un contribuable est du ressort des Tribunaux. — Il n'en serait pas de même si le percepteur était en fonctions et qu'il poursuivît le recouvrement des contributions.* (C. d'Etat.)

Le sieur Cléret, ancien percepteur de Fouquière, arrondissement de Beauvais, fait citer devant le juge de paix de Formerie le sieur Tavernier-Zende en payement d'une somme de 45 fr. 17, qu'il prétend lui être due par ce particulier, pour contributions de 1821 et années antérieures, et dont il aurait fait l'avance pour son compte. — Jugement du 8 novembre 1825, qui condamne Tavernier aux dépens.

Le préfet de l'Oise élève le conflit, par le motif que le recouvrement des contributions appartient à l'autorité administrative.

Le Conseil a prononcé comme il suit :

Charles, etc.; —Sur le rapport du comité du contentieux ;

Vu la loi du 18 février 1800 (28 pluviôse an 8), et les arrêtés réglementaires des 14 mai et 4 août 1800 (24 floréal et 16 thermidor an 8) ;

Considérant que, dans l'action portée devant le juge de paix, le sieur Cléret n'agissait point comme percepteur en exercice, poursuivant le recouvrement de contributions, mais comme simple créancier, à raison d'avances qu'il aurait faites pour le compte personnel du sieur Tavernier-Zende ;

Art. 1er. L'arrêté de conflit pris par le préfet du département de l'Oise, le 17 novembre 1825, est annulé.

RECOUVREMENT. — COMMANDEMENT. — NULLITÉ. — COMPÉTENCE.

15 mars 1826. — *Le contentieux des contributions directes n'appartient jamais aux préfets.*

C'est, en conséquence, aux Conseils de préfecture à statuer sur la question de savoir si un contribuable est vraiment débiteur.

Mais les Tribunaux sont seuls compétents, en pareille matière, pour connaître de la validité des actes de procédure et examiner si les formalités requises ont été remplies. (C. d'Etat.)

Le sieur Reynaud, percepteur de la commune d'Eyjaux (Haute-Vienne), fait commandement au fermier du sieur Petiniaud d'acquitter les dix douzièmes de sa contribution foncière. Quelques jours après, sans commandement préalable, il fait saisir une partie des bestiaux et des grains qui se trouvaient dans un domaine du sieur Petiniaud ; le procès-verbal de saisie a lieu pour le payement de onze douzièmes. Cette saisie est suivie d'une seconde, et d'une foule d'actes de procédure plus ou moins vicieux en la forme, et plus ou moins vexatoires envers le contribuable. Celui-ci, enfin, ne pouvant s'entendre avec le percepteur, s'adresse au préfet, et demande : 1° Qu'il lui soit tenu compte des sommes qu'il a payées à l'acquit de ses contributions, et qui n'ont pas été émargées, selon lui, par le percepteur ; 2° Que les poursuites intentées contre lui soient annulées, ainsi que tout ce qui en a été la conséquence, soit comme n'ayant pas été précédées des formalités prescrites par l'arrêté du 18 thermidor an 8, soit pour vice de forme des actes, soit enfin comme vexatoires ; et que le percepteur et l'huissier soient condamnés à des dommages-intérêts envers lui ; 3° Que les frais perçus sans taxe légale lui soient restitués.

Le préfet se saisit de l'affaire et rend un arrêté par lequel il décide que les payements dont excipe le réclamant ne sont pas suffisamment justifiés, et déclare que les poursuites sont valables et suffisamment motivées.

Recours. — Le sieur Petiniaud soutient que le préfet a excédé les bornes de sa compétence, attendu que le contentieux des contributions directes est attribué exclusivement aux Conseils de préfecture. Il s'appuie sur la jurisprudence du Conseil et sur l'opinion de M. de Cormenin en ses *Questions de droit adminis-tratif.* — En ce qui concerne les dommages-intérêts et la nullité des actes pour vice de forme, il soutient également que le préfet a excédé ses pouvoirs, mais il conclut au renvoi devant les Tribunaux.

Le Ministre des finances a présenté des observations dans ce sens, et le Conseil a prononcé l'annulation de l'arrêté attaqué, en ces termes :

Charles, etc.; — Sur le rapport du comité du contentieux; Vu la loi du 17 février 1800 (28 pluviôse au 8) ;

Considérant qu'il s'agissait, dans l'espèce, de décider, d'une part, si le sieur Petiniaud était véritablement débiteur, sur ses contributions, des sommes récla-mées par le sieur Reynaud, et si, par conséquent, des poursuites avaient pu ou non être valablement exercées contre lui ; que, sous ce rapport, c'était au Conseil de préfecture qu'il appartenait de statuer, aux termes de l'article 4 de la loi du 17 février 1800 (28 pluviôse an 8), qui attribue à ces Conseils le contentieux des contributions directes;

Considérant qu'il s'agissait, en second lieu, de reconnaître si les actes de pro-cédure faits au sujet de ces poursuites étaient nuls, ainsi que le prétendait le sieur Petiniaud, pour n'avoir pas été revêtus de toutes les formalités requises, et qu'à cet égard les Tribunaux étaient seuls compétents pour prononcer;

Art. 1er. L'arrêté du préfet du département de la Haute-Vienne, du 3 jan-vier 1825, est annulé pour cause d'incompétence.

Art. 2. Le sieur Reynaud est condamné aux dépens.

COUPES DE BOIS. — ACQUÉREURS. — CONTRAINTE. — COMPÉTENCE.

15 octobre 1826. — *Les acquéreurs de plusieurs coupes successives de bois représentent le propriétaire et peuvent, en cette qualité, être poursuivis à raison de la contribution foncière due par lui pour cette propriété.*
Les Conseils de préfecture sont compétents pour le déclarer; mais les questions relatives à la nullité du commandement sont de la compétence des Tribunaux. (C. d'Etat.)

Charles, etc.; — Sur le rapport du comité du contentieux;

Considérant que le Conseil de préfecture était compétent pour déclarer, et a déclaré avec raison que les sieurs Chambon et consorts représentaient la dame de Marcillac envers le Trésor, en leur qualité d'acquéreurs de neuf coupes succes-sives de bois appartenant à ladite dame, et qu'ils pouvaient, en cette qualité, être poursuivis à raison des contributions dues par elle pour cette propriété;

Sur les conclusions relatives à l'illégalité et à la nullité de la contrainte :

Considérant que cette question est de la compétence des Tribunaux ordinaires, et que l'arrêté du Conseil de préfecture, quels que soient ses motifs, ne fait point obstacle, par son dispositif, à ce que les requérants se pourvoient devant les tribunaux pour faire statuer sur la légalité ou la régularité de la contrainte décernée contre eux ;

Art. 1er. La requête des sieurs Chambon, Girard et Larjat est rejetée.

MUTATION NON OPÉRÉE. — HÉRITIER. — POURSUITES.

1ᵉʳ novembre 1826.—*L'héritier d'un contribuable, dont la qualité a été reconnue judiciairement, peut être poursuivi en payement de contributions dues par la succession.*

En admettant que l'héritier ne fût plus propriétaire des biens imposés sous le nom de son auteur, le percepteur a encore le droit de le poursuivre, conformément aux dispositions de l'article 36 de la loi du 3 frimaire an 7, sauf le recours dudit héritier contre le nouveau propriétaire. (C. d'Etat.)

La dame Héraud, née Chas, est poursuivie en payement des contributions imposées sur les biens de la succession de son père. Cette dame oppose sa renonciation à la succession. Nonobstant cela, le Conseil de préfecture du Gard la déclare débitrice. Sur l'appel au Conseil d'Etat, arrêt qui annule la décision attaquée, attendu qu'il faut, avant tout, que la question d'hérédité soit résolue devant les Tribunaux, et qu'il y avait lieu de surseoir à toute décision administrative. La question d'hérédité est portée devant les tribunaux; 29 août 1822, arrêt définitif de la Cour royale de Nîmes, qui déclare que la dame Héraut a perdu le bénéfice de sa renonciation. Les poursuites sont renouvelées, et le Conseil de préfecture est de nouveau saisi. La dame Héraud oppose plusieurs exceptions : elle soutient qu'elle n'est pas héritière; et que si elle peut devoir les contributions échues au moment du décès du sieur Chas, son père, indivisément, les contributions échues postérieurement se divisent nécessairement entre chaque cohéritier, et que les immeubles, à raison desquels on l'imposait, ne lui appartenaient pas. Nonobstant ces moyens, le Conseil de préfecture met à la charge de la dame Héraud les contributions assises sur les biens qui ont appartenu au sieur Chas, son père, attendu qu'elle a été déclarée héritière.

Recours au Conseil d'Etat. Les mêmes moyens y sont développés. On prétend que l'autorité administrative a méconnu les principes et les lois, en exigeant d'un seul des héritiers la totalité des impositions dues par les immeubles de la succession, alors qu'il n'est nullement justifié que les immeubles soient sa propriété, et qu'il soutient, au contraire, qu'ils ne lui appartiennent pas.

Dans ses observations sur le pourvoi, le Ministre des finances s'est exprimé en ces termes : « Le revenu des immeubles, ainsi que le produit de la vente du mobilier dont se compose la succession du sieur Chas, sont, aux termes des lois, le gage du payement des contributions qu'il devait en mourant, et de celles qui ont continué d'être assignées aux propriétés laissées par lui. La question d'hérédité me paraît étrangère à celle du payement des contributions, qui sont plutôt dues par la propriété que par son possesseur, et pour lesquelles le percepteur est investi par la loi du droit de saisir les loyers et de faire vendre les meubles sans le concours de l'autorité judiciaire. La réclamation de la dame Héraud ne me paraîtrait donc point admissible, du moins en ce qui concerne les poursuites faites par le percepteur de Nîmes, pour obtenir le payement des contributions dues par le sieur Chas et par sa succession, puisque c'est le gage de ces contributions, et non la personne de l'héritier qu'il a poursuivi. Le droit du percepteur se trouve formellement dans l'article 36 de la loi du 3 frimaire an 7. »

C'est dans le sens de ces observations qu'il a été statué.

Charles, etc.; — Sur le rapport du comité du contentieux;

Vu la loi du 23 novembre 1798 (3 frimaire an 7), portant, article 36 : « Tant que les mutations n'auront pas été inscrites au livre desdites mutations, l'ancien propriétaire continuera à être imposé au rôle, et lui ou ses héritiers naturels pourront être contraints au payement de l'imposition foncière, sauf leur recours contre le nouveau propriétaire. »

Considérant que la dame Héraud a été reconnue héritière du sieur Chas, son père, par arrêt de la Cour royale de Nîmes, du 29 août 1822 ; que, par conséquent, elle a pu être poursuivie en payement des contributions dues par le sieur Chas, son père, et par sa succession ; qu'en admettant qu'elle ne fût plus propriétaire des biens imposés sous cette dénomination, ainsi qu'elle le prétend ; le percepteur aurait eu encore le droit de la poursuivre, conformément aux dispositions de l'article 36 de la loi du 23 novembre 1798 (3 frimaire an 7), ci-dessus rappelées :

Art. 1er. La requête de la dame Héraud, née Chas, est rejetée.

GARDIEN. — LIBÉRATION. — COMPÉTENCE.

18 mai 1827. — *Un contribuable saisi qui, constitué lui-même gardien judiciaire de la saisie, a disposé des effets confiés à sa garde, et prétend s'être libéré envers le percepteur, peut, lorsqu'il est poursuivi pour la représentation de ces objets, demander et obtenir qu'on juge d'abord la question de savoir s'il est ou non débiteur.*

Dans ce cas, c'est à l'autorité administrative à statuer. (C. d'Angers.)

Ces questions se sont présentées dans l'espèce suivante :

Le sieur Osuliveau, percepteur des contributions, avait fait saisir une certaine quantité de barriques de vin chez le sieur Besnard, débiteur en retard : le contribuable saisi fut constitué lui-même gardien de la saisie ; mais, malgré sa qualité de gardien judiciaire, il disposa des barriques. Double poursuite de la part du percepteur contre le sieur Besnard : 1º comme débiteur de contributions ; 2º comme gardien judiciaire, pour l'obliger à représenter les objets confiés à sa garde. L'action est portée devant le Tribunal de Saumur.

Le sieur Besnard soutient qu'il a payé le montant de ses contributions, et que par conséquent les causes de la saisie étant éteintes, il a pu disposer des effets mobiliers dont il avait été constitué gardien.

Le Tribunal nomme un commissaire pour régler le compte entre le percepteur et le sieur Besnard : le résultat de ce compte établissant que ce dernier est débiteur, le Tribunal le condamne.

Besnard appelle ; il soutient que si le Tribunal était compétent pour connaître de la partie de l'instance relative à la qualité de gardien, il ne l'était pas pour statuer sur la question de savoir s'il était débiteur de contributions.

La Cour royale d'Angers a accueilli cette prétention par un arrêt en date du 18 mai 1827, motivé en ces termes :

« Attendu que Besnard figure dans la contestation, non-seulement comme gardien de la saisie, mais encore comme débiteur saisi ; que sous ce double rapport, il a qualité pour soutenir que les causes de la saisie sont éteintes, et qu'il ne peut être contraint à payer comme gardien les sommes qu'il a soldées comme débiteur principal ; que, d'après les lois des 1er décembre 1790, 17 brumaire an 5, 22 frimaire an 6, 28 pluviôse an 8, et l'arrêté du gouvernement du 16 thermidor an 8, les contestations sur le recouvrement des contributions directes doivent être portées devant le Conseil de préfecture ; que les Tribunaux sont incompétents pour statuer sur la créance d'un percepteur sur son contribuable ; que si celui-ci conteste, soit l'existence, soit la quotité de la créance, le débat doit être porté devant l'autorité administrative ;

« Attendu que le Tribunal de Saumur, en réglant le compte d'Osuliveau contre Besnard, a commis un excès de pouvoir, met au néant, comme incompétemment rendu, le jugement dont est appel ; renvoie le sieur Osuliveau à se pourvoir devant qui de droit, pour faire décider si Besnard est encore débiteur du Trésor royal, tous droits relatifs à la saisie réservés, etc. »

COMMISSAIRE-PRISEUR. — RESPONSABILITÉ.

24 mai 1828. — *Le commissaire-priseur chargé de la vente d'un mobilier doit,*
à peine de responsabilité, avant de se dessaisir des fonds provenant de la vente,
s'assurer de l'acquit des contributions. (T. de 1re inst. de Paris.)

Un sieur Tribouillet, locataire, ne payait pas ses loyers. Le principal-locataire,
nommé Rémon, fait vendre ses meubles par le ministère de Me Picot, commissaire-priseur, qui lui remet immédiatement le produit total de la vente. Mais
Tribouillet devait 301 francs de contributions. Le percepteur, privé de son gage,
poursuit, non Me Picot, mais le sieur Lebailly, propriétaire, comme n'ayant pas
fait la déclaration de l'enlèvement des meubles. Celui-ci, contraint, paye, et aussitôt
réclame de Me Picot la restitution de la somme acquittée.

Me Picot soutenait que la loi du 12 novembre 1808 n'impose au commissaire-
priseur l'obligation de retenir le montant des contributions dues que dans le cas
où le percepteur a formé une opposition entre ses mains.

Le propriétaire prétendait, au contraire, que la loi de 1791 astreint les huissiers-
priseurs à retenir, sur le produit des ventes, le montant des impôts dus par le
contribuable dont le mobilier est vendu ; que par conséquent il pouvait, comme
subrogé aux droits du Trésor, puisqu'il avait payé le percepteur, invoquer en sa
faveur le bénéfice de cette disposition et obliger le commissaire-priseur à représenter la somme dont il s'était mal à propos dessaisi.

« Le Tribunal, attendu, en droit, qu'aux termes de la loi du 18 août 1791, les
commissaires-priseurs ne doivent remettre aux créanciers ayant droit de toucher,
les sommes dont ils sont dépositaires qu'en justifiant du payement des impositions
mobilières, et que l'article 2 de la loi du 22 novembre 1808, loin de déroger à ce
principe, n'a pour but que d'indiquer que les commissaires-priseurs sont tenus de
payer le Trésor sur la demande qui leur en est faite, sans qu'il soit besoin d'autorisation judiciaire ;

Attendu, en fait, que Lebailly, propriétaire, justifie du payement des contributions dues par Tribouillet, et se trouve ainsi légalement subrogé aux droits du
Trésor ;

Condamne Picot à payer à Lebailly la somme de 301 francs et intérêts ; le
condamne en outre aux dépens, sauf, pour le tout, son recours contre Rémon. »

RÔLES. — DÉFAUT DE FORMULE EXÉCUTOIRE. — NULLITÉ. — COMPÉTENCE.

5 novembre 1828. — *Les rôles d'impositions locales ne peuvent être mis à exé-*
cution s'ils ne sont revêtus par le préfet de la formule exécutoire.
Dans le cas où cette formalité n'a pas été accomplie, il y a lieu de déclarer nuls
les actes de poursuites faits en vertu desdits rôles.
Les Tribunaux civils sont compétents pour prononcer cette nullité. (C. d'Etat.)

Un aqueduc avait été construit dans la commune de Collaterie, tant pour l'écou-
lement des eaux et le desséchement des terrains connus sous le nom de *Bas-*
Champs, que pour garantir ces terrains des invasions de la mer.

Un rôle fut dressé pour répartir cette dépense entre les propriétaires intéressés,
d'après leur degré d'intérêt respectif, et conformément à d'anciens règlements et
usages. Mais ce rôle ne fut pas revêtu, comme le proscrit la loi, de la formule
exécutoire. Le receveur procéda néanmoins à la mise en recouvrement, et par suite
une saisie-exécution fut pratiquée contre deux habitants de la commune.

Sur l'opposition de ceux-ci, le Tribunal de Montreuil prononça la nullité de la saisie et de tous les actes de poursuites qui l'avaient précédée, par le motif que le rôle n'étant pas revêtu de la formule exécutoire ne pouvait être mis légalement à exécution, et que, par suite, la taxe ne pouvait être valablement exigée.

Le préfet du Pas-de-Calais pensa qu'il n'appartenait pas aux Tribunaux civils de s'immiscer dans l'examen des questions relatives à la confection des rôles, et qu'ils n'étaient compétents pour connaître de la validité ou de la nullité des actes de poursuites qu'à dater du commandement; mais que tous les actes antérieurs devaient être appréciés par la seule autorité administrative, conformément à la jurisprudence du Conseil d'Etat. En conséquence, ce magistrat éleva le conflit; mais son arrêté fut annulé au Conseil d'Etat, par une ordonnance ainsi conçue :

Charles, etc.; — Sur le rapport du comité du contentieux ;

Considérant que le Tribunal s'est borné à déclarer nulle la saisie-exécution, parce que le rôle d'après lequel elle avait été pratiquée n'avait pas été revêtu, par le préfet, de la formule exécutoire ;

Art. 1er. L'arrêté pris par le préfet du Pas-de-Calais, le 16 août 1828, est annulé (1).

OUTRAGES. — PERCEPTEUR.

21 novembre 1828. — *Les injures adressées aux percepteurs dans l'exercice de leurs fonctions sont passibles des peines prononcées par la loi pour outrages envers les fonctionnaires publics.* (T. corr. de Narbonne.)

Le sieur Bérot, percepteur des contributions directes, insulté dans l'exercice de ses fonctions, a dressé un procès-verbal des faits et l'a remis à M. le procureur du roi, pour qu'il fût exercé contre le délinquant telle poursuite qu'il appartiendrait.

La plainte portée devant le Tribunal de police correctionnelle de l'arrondissement de Narbonne, département de l'Aude, le procureur du roi a dit : « Qu'en exécution du procès-verbal dressé par le sieur Bérot, percepteur des contributions directes à Sigean, le 15 octobre dernier, il a fait citer ledit Brunet, pour s'être permis, ledit jour, vers les dix heures du matin, de diffamer ledit sieur Bérot, dans l'exercice de ses fonctions, etc., etc. » — Et il a requis contre le délinquant la condamnation en vingt jours d'emprisonnement et aux frais, par application de l'article 6 de la loi du 25 mars 1822.

Jugement du Tribunal en ces termes :

Lecture faite du procès-verbal du percepteur; — Les témoins entendus, etc...;

Considérant qu'il demeure établi par les débats que, le 15 octobre dernier, vers les dix heures du matin, le nommé Brunet, défaillant, a outragé publiquement le sieur Bérot, percepteur des contributions directes à Sigean, dans l'exercice de ses fonctions, par où il s'est rendu passible des peines portées par l'article 6 de la loi du 25 mars 1822 ;

Considérant que ledit Brunet étant faible d'esprit, c'est une circonstance atténuante qui doit engager le Tribunal à s'aider, à l'égard de Brunet, de l'article 463 du Code pénal, combiné avec l'article 14 de la loi précitée;

---

(1) Cette décision n'est pas contraire à la jurisprudence d'après laquelle l'autorité judiciaire ne peut pas connaître des actes de poursuites qui ont précédé le commandement. Le Tribunal de Montreuil aurait sans doute excédé ses pouvoirs s'il avait annulé la saisie par un motif tiré de la confection irrégulière du rôle, d'un défaut de répartition dans les cotes; mais il a agi dans le cercle de ses attributions, en jugeant que le rôle ne portait pas les signes extérieurs qui commandent l'obéissance, et que par conséquent la saisie avait été faite sans titre. C'est là ce que le Conseil d'Etat a reconnu dans l'espèce.

Par ces motifs, le Tribunal jugeant en défaut dudit Brunet, l'a déclaré et déclare convaincu d'avoir outragé publiquement le sieur Bérot, percepteur des contributions directes à Sigean, dans l'exercice de ses fonctions, et lui appliquant l'article 6 de la loi du 25 mars 1822, et s'aidant à son égard de l'article 463 du Code pénal, combiné avec l'article 14 de la loi précitée, desquels M. le président a fait lecture et qui sont ainsi conçus :

Art. 6. L'outrage fait publiquement d'une manière quelconque à raison de leurs fonctions ou de leur qualité, soit à un ou plusieurs membres de l'une des deux Chambres, soit à un fonctionnaire public, soit enfin à un ministre de la religion de l'Etat ou de l'une des religions dont l'exercice est légalement reconnu en France, sera puni d'un emprisonnement de quinze jours à deux ans et d'une amende de cent francs à quatre mille francs.

Art. 14. Dans les cas de délits correctionnels prévus par les premier, second et quatrième paragraphes de l'article 6, par l'article 8 et par le premier paragraphe de l'article 9 de la présente loi, les Tribunaux pourront appliquer, s'il y a lieu, l'article 463 du Code pénal.

Art. 463. Dans tous les cas où la peine d'emprisonnement est prononcée par le présent Code, si le préjudice causé n'excède pas vingt-cinq francs, et si les circonstances paraissent atténuantes, les Tribunaux sont autorisés à réduire l'emprisonnement même au-dessous de six jours, et l'amende même au-dessous de seize francs; ils pourront aussi prononcer séparément l'une ou l'autre de ces peines, sans qu'en aucun cas elle puisse être au-dessous des peines de simple police;

L'a condamné et condamne en cinq jours d'emprisonnement et aux frais, etc. (1).

HUISSIERS. — FRAIS. — COMPÉTENCE.

3 décembre 1828. — *C'est pour le compte des percepteurs que les huissiers font les actes judiciaires.*

Lorsque les parties s'opposent respectivement des exceptions tirées du droit commun, comme la prescription, le serment décisoire, il y a lieu de les renvoyer devant les Tribunaux, seuls compétents pour apprécier ces moyens de droit commun. (C. d'Etat.)

Il s'agissait, dans l'espèce, de frais de recouvrement de contributions réclamés par les héritiers du sieur Masson, huissier, contre le sieur Dutremblay, ancien percepteur du dixième arrondissement de la ville de Paris. Le Conseil de préfecture de la Seine, saisi de la contestation, a prononcé une décision dont le sieur Dutremblay a interjeté appel.

Les moyens de l'appelant étaient fondés principalement sur des exceptions de droit commun, le serment décisoire et la prescription. Les défendeurs ont répondu à ces moyens, et ont formé appel incidemment contre un chef de l'arrêté attaqué qui avait admis la prescription sur une partie de la demande.

Le Conseil d'Etat a infirmé l'arrêté dans les seuls points qui touchaient au droit commun, et pour cela a renvoyé les parties devant les Tribunaux ordinaires.

Charles, etc.; — Sur le rapport du comité du contentieux;

Vu les lois des 1er décembre 1790, 7 novembre 1796 (17 brumaire an 5), 12 novembre 1797 (22 brumaire an 6), 17 février 1800 (28 pluviôse an 8), et l'arrêté du gouvernement du 4 août 1800 (16 thermidor an 8);

Sur la question de savoir si le sieur Dutremblay était débiteur des frais réclamés; — Considérant qu'aux termes des lois ci-dessus visées, les percepteurs sont

---

(1) Nous aurions pu citer d'autres décisions conformes; mais celle-ci nous a paru suffire pour établir le principe.

responsables du recouvrement des contributions, et, à cet effet, tenus de faire toutes les poursuites que ledit recouvrement peut exiger ; que les arrêtés du préfet de la Seine, en date des 12 et 13 septembre 1802 (22 et 25 fructidor an 10), ne prescrivent que des mesures d'ordre et de surveillance administrative qui n'ont rien changé ni pu changer à la nature des obligations imposées aux percepteurs par les lois et règlements ci-dessus visés; qu'il en résulte que c'est pour le compte, comme sur les ordres du percepteur, que l'huissier Masson a fait les actes judiciaires dont ses héritiers réclament le salaire ;

Sur le règlement desdits frais ; — Considérant que les parties s'opposent respectivement des exceptions tirées du droit commun, dont l'appréciation appartient aux Tribunaux ;

Art. 1er. La requête du sieur Dutremblay est rejetée, dans le chef de ses conclusions relatives à la disposition de l'arrêté du Conseil de préfecture, qui déclare que les frais de poursuites sont à la charge du receveur. — La requête des héritiers et représentants Masson est également rejetée, quant à celles de leurs conclusions autres que celles qui tendraient à la confirmation de la disposition ci-dessus.

Art. 2. L'arrêté sus-énoncé est annulé dans la disposition qui statue sur les exceptions du droit commun et dans celle qui prononce sur les frais; les parties sont, à cet égard, renvoyées devant les Tribunaux.

Art. 3. Est condamnée aux dépens la partie qui succombera devant les Tribunaux, en fin de cause.

POURSUITES. — FRAIS VEXATOIRES. — DOMMAGES-INTÉRÊTS. — COMPÉTENCE.

17 juin 1830. — *Les Tribunaux civils sont incompétents pour connaître d'une demande en dommages-intérêts intentée par un contribuable contre son percepteur, pour contraintes vexatoires que celui-ci aurait dirigées contre lui.* (C. de Bordeaux.)

Le sieur Birolle avait formé une demande en dommages-intérêts devant les Tribunaux civils contre le sieur Bordier, percepteur, pour réparation de prétendues contraintes vexatoires que ce fonctionnaire aurait dirigées contre lui.

Jugement qui déclare l'autorité judiciaire incompétente; — Attendu que la demande formée par le sieur Birolle contre le sieur Bordier ne pouvait être portée que devant l'autorité administrative, et que le Tribunal civil est incompétent pour y statuer; que c'est ce qui résulte des lois des 1er décembre 1790, 17 brumaire an 5 et 28 pluviôse an 8; par ces motifs, faisant droit sur l'opposition de la veuve Bordier, le Tribunal se déclare incompétent. — Appel.

La Cour; — Attendu que la demande portée par Birolle devant le Tribunal de première instance contre le feu sieur Bordier, percepteur des contributions de la commune de Latresne, avait pour objet de faire condamner ce percepteur en des dommages-intérêts, pour avoir exercé des contraintes vexatoires à son préjudice, à raison du payement de ses contributions;

Attendu que, d'après les lois de la matière rappelées dans le jugement dont est appel, le contentieux des contributions directes est du ressort de l'autorité administrative, et que les Tribunaux sont incompétents pour en connaître; — Met l'appel au néant, etc.

RÉCLAMATION. — QUITTANCE DES TERMES ÉCHUS.

9 mars 1831. — *En matière de contributions directes, toute demande en réduction doit être accompagnée, conformément à la loi, de la quittance des termes*

échus; elle doit être formée dans les trois mois après la publication du rôle, sous peine de déchéance. (C. d'Etat.)

Louis-Philippe, etc.,
Vu la loi du 20 juin 1799 (2 messidor an 7);
Vu la loi du 3 mai 1802 (13 floréal an 10);
Considérant qu'il résulte de l'instruction et qu'il n'est pas dénié par le sieur Labrouche, que sa première demande, sous la date du 17 juillet 1828, n'était point accompagnée, conformément à la loi, de la quittance des termes échus;
Considérant que la seconde demande de l'exposant n'a été formée que le 14 mars 1829, plus de trois mois après la publication du rôle supplémentaire des patentes de l'année 1828, d'où il suit qu'il avait encouru la déchéance prononcée par l'article 17 de la loi du 20 juin 1799, et que c'est avec raison que le Conseil de préfecture lui en a fait l'application;
Art. 1er. La requête du sieur Labrouche est rejetée.

CONTRAINTES ADMINISTRATIVES. — RÉFÉRÉ. — AUTORITÉ JUDICIAIRE.

28 janvier 1832. — *L'autorité judiciaire ne peut pas, par voie de référé, arrêter l'exécution des contraintes administratives délivrées pour le recouvrement des contributions directes.* (C. de Paris.)

Le régisseur du droit des pauvres sur les spectacles, à Paris, avait décerné contre le directeur d'un théâtre une contrainte approuvée par le préfet de la Seine, pour le recouvrement des droits des pauvres sur les spectacles. — Le directeur a manifesté l'intention de contester le droit des hospices devant le Conseil de préfecture et, provisoirement, il a demandé en référé qu'il fût sursis à l'exécution des poursuites. — Le président du Tribunal civil, adoptant ces conclusions, rendit une ordonnance qui renvoyait, pour le fond, le directeur à se pourvoir devant l'autorité administrative, et ordonnait par provision la suspension des poursuites commencées en vertu de la contrainte, jusque après decision de la contestation. Cette ordonnance, déférée à la Cour royale, a été annulée par arrêt du 28 janvier 1832, ainsi conçu :
« Considérant qu'aux termes de l'arrêté du 8 fructidor an 13, les poursuites à faire pour assurer le recouvrement des droits des indigents sur les billets d'entrée dans les spectacles, doivent être dirigées suivant le mode fixé par l'arrêté du 16 thermidor an 8, et par les autres lois et règlements relatifs au recouvrement des contributions directes et indirectes;
« Considérant que l'article 13 de l'arrêté du 16 thermidor an 8, attribuant au préfet le droit de rendre exécutoires les rôles des contributions directes, c'est également au préfet qu'il appartient de donner la force exécutoire aux contraintes décernées par le régisseur du droit des indigents pour le recouvrement desdits droits;
« Considérant que les règles relatives à l'indépendance respective des Tribunaux et de l'Administration interdisent à l'autorité judiciaire la connaissance de l'exécution des actes administratifs;
« Déclare incompétemment rendue l'ordonnance de référé, etc. »

DEMANDE EN DÉCHARGE. — DÉCHÉANCE. — CONFLIT. — COMPÉTENCE.

24 mars 1832. — *Le préfet ne peut pas user de la voie du conflit sur un débat de compétence entre lui et le Conseil de préfecture. — Les Conseils de préfecture sont seuls compétents pour prononcer sur les réclamations en matière de*

contributions, et aucune disposition de loi n'en excepte les questions de déchéance qui s'y rapportent. — Un préfet excède ses pouvoirs en prononçant sur ces questions. (C. d'Etat.)

Louis-Philippe, etc.,

Vu la loi du 14 octobre 1790 et celle du 3 nivôse an 7, article 58 ; l'arrêté du 13 brumaire an 10 et l'ordonnance royale du 1ᵉʳ juin 1828 ;

En la forme : Considérant qu'à l'occasion d'un débat de compétence entre deux autorités administratives, le préfet du département de Saône-et-Loire ne devait point user de la voie du conflit, applicable seulement à la revendication par l'autorité administrative des contestations qui sont de sa compétence et dont les Tribunaux seraient saisis ;

Sur la compétence : Considérant que la loi du 28 pluviôse an 8 attribue aux Conseils de préfecture le jugement des réclamations en matière de contributions, et qu'aucune disposition de la loi n'en a excepté les questions de déchéance qui s'y rapportent ;

Considérant qu'en prononçant, par son arrêté du 21 décembre 1830, un relevé de déchéance, le préfet du département de Saône-et-Loir a excédé ses pouvoirs,

Art. 1ᵉʳ. Les arrêtés pris par le préfet du département de Saône-et-Loire, les 21 décembre 1830 et 13 janvier 1832, sont annulés.

POURSUITES. — FERMIERS. — RESPONSABILITÉ.

13 avril 1832. — *Les fermiers peuvent être poursuivis pour la contribution des biens qu'ils tiennent à ferme, lors même qu'ils ont payé au propriétaire le prix de leur fermage.* (T. 1ʳᵉ instance de Nantes.)

Mˡˡᵉ Rivière-Déshéros devait ses contributions foncières de l'année 1831. Au mois d'avril 1832, le percepteur, n'ayant pu être payé d'elle, s'est adressé à M. Decoussy, fermier des immeubles imposés au nom de ladite demoiselle, et il a fait saisir ses meubles. Le fermier a formé opposition et actionné le percepteur devant le Tribunal civil, pour faire annuler la saisie, prétendant qu'il ne devait rien à sa propriétaire et qu'il ne pouvait pas être tenu à faire l'avance du prix de son fermage pour payement des contributions qui pouvaient être dues. Il se fondait surtout sur les dispositions de la loi du 12 novembre 1808, qui semblent n'obliger les fermiers au payement de la contribution que jusqu'à concurrence des sommes qu'ils doivent ou qu'ils ont entre les mains.

« Le Tribunal, etc.; — Considérant que le sieur Decoussy est fermier de biens immeubles ruraux appartenant à la demoiselle Rivière-Déshéros ;

« Que cette demoiselle devait bien réellement les contributions exigées par l'Administration, et que ce n'est qu'après avoir légalement été mis en demeure de les payer que le sieur Decoussy a été saisi dans une partie de son mobilier ;

« Considérant que, fût-il justifié (ce qui n'est pas) que le sieur Decoussy ne devait rien à la demoiselle Rivière-Déshéros au moment qu'on l'a sommé de payer les contributions dont il s'agit, il n'en aurait pas moins du déférer à ce commandement ;

« Qu'en effet il résulte de l'article 8 de loi du 17 brumaire an 5 que les fermiers sont tenus de faire l'avance des contributions pour leurs propriétaires, sauf à s'en faire rembourser ou à les retenir sur le prix de leurs fermages, ce qui prouve que le fermier doit verser provisoirement aux mains du percepteur les contributions assises sur la propriété dont il jouit, qu'il soit d'ailleurs libéré ou non envers son propriétaire ;

« Que l'article 147 de la loi du 3 frimaire an 7 ne déroge point non plus aux lois précitées de l'an 5 ; qu'il est dans la nature même des choses que les fruits d'un immeuble soient affectés au payement des contributions mises sur cet immeuble, et que l'Administration s'adresse au fermier qui perçoit les fruits et qui représente sous ce rapport le propriétaire ;

« Que l'article 2 de la loi du 11 novembre 1808 n'a point évidemment le sens abrogatif que lui suppose le sieur Decoussy ; que ces mots « *sur le montant des fonds qu'ils doivent, ou qui sont en leurs mains,* » ne se rapportent qu'aux dépositaires des redevables et aux fermiers dont parlent les lois de l'an 5 et de l'an 7 ;

« Que l'article 1er de la loi du 18 avril 1831 prouverait encore au besoin que rien n'a changé à cet égard, puisqu'il porte que les 30 centimes ajoutés à la contribution foncière pour l'année 1831 seront payés *en entier* directement (comme pour les contributions ordinaires) par les fermiers, qui donneront pour comptant dans le payement du prix de leurs baux la moitié des sommes qu'ils justifieront *avoir payées* pour l'acquit de 30 centimes, rédaction qui emporte nécessairement l'idée qu'antérieurement à l'échéance du fermage le fermier avait fait l'avance de la contribution ;

« Considérant que, puisqu'aux termes des lois précitées le fermier devait *directement* à l'Administration et était *tenu* de lui payer, en l'acquit du propriétaire, les contributions exigibles, l'Administration ne pouvait procéder par voie de saisie-arrêt, et qu'il n'était pas besoin d'un jugement prononçant préalablement une condamnation contre le fermier ;

« Qu'enfin le payement fait depuis la saisie par ou pour la demoiselle Rivière-Déshéros ne porte aucune atteinte à la validité de cette saisie, autorisée dans l'origine par l'injuste résistance du sieur Decoussy, qui devrait encore les frais de poursuites occasionnés par cette résistance ;

« En premier lieu, déboute le sieur Decoussy de son opposition et de ses conclusions, ordonne qu'il sera, conformément à la loi, passé outre à la saisie dont il s'agit, et condamne le sieur Decoussy aux dépens, etc. (1). »

SAISIE-EXÉCUTION. — TÉMOINS. — NULLITÉ. — COMPÉTENCE.

5 juin 1832. — 1° *Les Tribunaux sont compétents pour statuer sur la validité d'une saisie faite par un percepteur sur un contribuable pour le payement de ses impositions, lorsque d'ailleurs il ne s'est élevé aucune contestation, ni sur la légitimité de la somme due, ni sur sa quotité.*

2° *Une saisie-exécution n'est pas nulle, par cela seul que l'un des témoins instrumentaires ne serait pas Français : la disposition de l'article 585 du Code de procédure sur ce point n'emporte pas nullité.*

3° *Tous les biens d'un contribuable étant soumis au payement de ses contributions, le percepteur peut diriger des poursuites sur ceux situés même hors du ressort de sa perception, attendu qu'il agit en vertu d'un mandat du receveur particulier de l'arrondissement.* (C. de Bordeaux.)

Le sieur Lamarque demandait la nullité d'une saisie faite sur ses meubles à Artigues, par le sieur Acquart, percepteur des contributions du canton de Blanquefort. Il se fondait : 1° sur ce que le sieur Acquart n'avait pu diriger des poursuites et surtout une saisie-exécution sur des objets qui se trouvaient hors du ressort de sa perception, et par conséquent non soumis au payement des impositions réclamées par le percepteur ; 2° sur ce que l'un des témoins qui avaient assisté à la saisie n'était pas Français.

_____

(1) Voir nos observations sur ce jugement, au *Commentaire* sur l'article 13 du *Règlement.*

Jugement du Tribunal de Bordeaux, qui rejette ces deux moyens de nullité.

Appel par Lamarque. Il oppose devant la Cour que la contestation étant relative au recouvrement de contributions, l'autorité judiciaire était incompétente ; que cette contestation était du ressort exclusif de l'Administration, aux termes de la loi du 28 pluviôse an 8 et des arrêtés réglementaires des 24 floréal et 16 thermidor an 8. Au fond, le sieur Lamarque reproduisait les mêmes moyens de nullité qu'en première instance.

Arrêt. — La Cour, — Vu les pièces remises sur le bureau ; attendu, en ce qui touche la compétence de la Cour, qu'il ne s'agit point, dans la cause, de rechercher si le sieur Lamarque est ou n'est pas débiteur des impositions réclamées par le percepteur de Blanquefort, pas même de déterminer la quotité de ces impositions, sur lesquelles, au surplus, le sieur Lamarque n'a soulevé aucune difficulté ; qu'il s'agit uniquement d'apprécier la validité d'une saisie-exécution, et de voir s'il y a eu, comme l'a soutenu le sieur Lamarque, violation des formalités prescrites, à peine de nullité, par le Code de procédure civile ; que l'examen et la solution d'une pareille question appartiennent incontestablement à l'autorité judiciaire, et que cela est tellement évident que M. le préfet de la Gironde, par son arrêté du 17 janvier dernier, a déclaré autoriser le percepteur de Blanquefort à défendre, devant le Tribunal de première instance de Bordeaux, à l'action formée contre lui par le sieur Lamarque ; qu'ainsi la compétence de la Cour ne saurait être douteuse ;

« Attendu, sur le premier moyen de nullité pris de ce que l'un des témoins ne serait pas Français, que c'était au sieur Lamarque à prouver que Lauriette était Espagnol, et qu'il n'a point fait cette preuve ; qu'en effet on ne peut la trouver dans cette déclaration de M. l'adjoint, chargé à Bordeaux de la police, que le nommé Lauriette paraît être d'origine espagnole, et que, dans tous les cas, la formalité prescrite par l'article 585 du Code de procédure, ne l'étant pas, à peine de nullité, l'article 1030 du même Code ne permet pas d'accueillir le moyen proposé par le sieur Lamarque ;

« Attendu, en ce qui touche le second moyen invoqué par l'appelant, que le percepteur de Blanquefort agissait comme mandataire du receveur particulier de l'arrondissement de Bordeaux ; qu'il existe au procès une contrainte délivrée par ce receveur et visée par M. le préfet ; qu'ainsi, du propre aveu du sieur Lamarque, le sieur Acquart a pu, comme agent du receveur, agir hors de sa commune, et faire pratiquer une saisie à Artigues, au préjudice d'un contribuable en retard ; attendu enfin que la dette des contributions est une dette personnelle au contribuable, et que l'État peut, faute de payement, poursuivre son débiteur sur la généralité de ses biens ; qu'il résulte de ce qui précède que la saisie faite dans la commune d'Artigues, le 3 décembre 1831, au préjudice du sieur Lamarque, est valable, et qu'en le jugeant ainsi les premiers juges ont bien statué ; — se déclare compétente, et, statuant sur l'appel, met ledit appel au néant, etc. »

PORTEURS DE CONTRAINTES. — OUTRAGES.

30 juin 1832. — *Les porteurs de contraintes doivent être considérés comme huissiers, en matière de contributions directes ; et, à ce titre, les outrages qui leur sont adressés dans l'exercice de leurs fonctions doivent être poursuivis par les mêmes voies que ceux qui sont commis envers les agents de l'autorité publique. (C. de cass.)*

La dame Touzel, femme de Louis Ségaud, était prévenue d'avoir outragé par paroles, gestes et menaces le sieur Delboys, porteur de contraintes, dans l'exercice de ses fonctions. Le Tribunal de première instance de Moissac, jugeant correctionnellement, relaxa la prévenue de la plainte. Appel du procureur du roi devant le Tribunal de Montauban, qui se déclara incompétent par le motif que, les porteurs de contraintes n'étant pas des agents de l'autorité publique, il n'y avait pas lieu à l'application des peines correctionnelles, mais seulement des peines de police prononcées pour injures envers les particuliers.

Cette décision, qui considérait les porteurs de contraintes comme de simples agents du percepteur, sans caractère public, aurait eu pour résultat de leur enlever la garantie qui doit leur être acquise contre les outrages et les violences auxquels les expose quelquefois l'accomplissement de leurs devoirs. Le procureur général a appelé de ce jugement devant la Cour de cassation, qui a annulé la décision du Tribunal de Montauban, en déclarant que les porteurs de contraintes sont de véritables huissiers en matière de contributions directes, et qu'ils sont, à ce titre, des agents de l'autorité publique.

LA COUR, — Vu la requête du procureur général près la Cour royale de Toulouse, tendant à ce qu'il soit réglé de juges dans le procès instruit contre Jeanne Touzel, femme de Louis Ségaud, prévenue d'outrages par paroles, gestes et menaces envers Delboys, porteur de contraintes, dans l'exercice de ses fonctions ;

Vu le jugement correctionnel du Tribunal de première instance de Moissac, rendu le 11 avril dernier, par lequel la femme Ségaud est relaxée des poursuites du procureur du roi près ce Tribunal ;

Vu le jugement correctionnel du Tribunal de Montauban, du 25 avril suivant, qui, statuant sur l'appel du procureur du roi de Moissac, confirme le jugement, et sur l'appel du procureur du roi près le Tribunal de Montauban, se déclare incompétent, par le motif que les porteurs de contraintes ne sont pas des agents de l'autorité publique ;

En ce qui concerne l'appel du procureur du roi de Moissac, et par cet autre motif qu'il s'agit d'injures verbales de la compétence du Tribunal de simple police, et que la femme Ségaud a demandé son renvoi ;

En ce qui concerne l'appel du procureur du roi de Montauban ;

Vu le jugement du Tribunal de simple police de Moissac, du 4 mai suivant, par lequel ce Tribunal s'est déclaré incompétent sur l'action de C. Delboys, porteur de contraintes, contre la femme Ségaud pour le fait dont il s'agit, par le motif principal que les porteurs de contraintes, d'après l'article 18, § 2 du décret du 16 thermidor an 8, sont les huissiers des contributions directes ; — Attendu que le jugement correctionnel de Montauban et le jugement du Tribunal de simple police de Moissac, ont acquis l'autorité de la chose jugée ; — Qu'il résulte de leur contrariété un conflit négatif qui suspend le cours de la justice, et qu'il importe de le rétablir ;

Vu les articles 525 et suivants du Code d'instruction criminelle sur les réglements de juges ;

Vu l'article 18 du décret du 16 thermidor an 8 et l'article 224 du Code pénal ;

Attendu que les porteurs de contraintes sont huissiers des contributions directes ; que dès lors ils sont officiers ministériels dans l'exercice de leurs fonctions et que les outrages qui leur sont adressés dans cet exercice, par paroles, gestes et menaces, sont prévus et réprimés par l'article 224 du Code pénal ;

Sans s'arrêter au jugement correctionnel du Tribunal de Montauban ;

Renvoie les pièces du procès et les parties devant le Tribunal correctionnel de Toulouse.

PRIVILÉGE. — MEUBLES. — VENTE OU DATION EN PAYEMENT.

9 juillet 1832. — *Le privilége du Trésor sur les biens meubles des redevables ne peut valablement s'exercer qu'autant que les meubles n'ont pas été vendus ou cédés* DE BONNE FOI *avant toute contrainte ou saisie.* (C. de Nimes.)

En mai 1831, la dame Lavoudes obtient sa séparation de biens et est autorisée à recouvrer ses droits. Dans le même mois, par acte notarié, Lavoudes cède à sa femme tous ses meubles, à compte de ses reprises dotales. En juin, le receveur des contributions indirectes décerne une contrainte contre Lavoudes et saisit tout le mobilier. Opposition de la dame Lavoudes. En janvier 1832, jugement du Tribunal d'Avignon, qui déclare valables les exécutions commencées, et ordonne qu'elles seront continuées. — Appel.

ARRÊT. — LA COUR ; — Attendu que le mobilier sur lequel l'administration des contributions indirectes a voulu faire porter les exécutions, appartient à ladite Lavoudes, ainsi qu'il en est justifié par le bail en payement qui lui en fut consenti par son mari, le 9 mai 1831, à la suite du jugement de séparation de biens entre eux, rendu le 3 du même mois ; — Qu'il est impossible de considérer ce bail en payement comme frauduleux, puisqu'il a précédé non-seulement la saisie, mais même la contrainte qui n'est qu'à la date du 9 juin 1831 ; — Attendu que le privilége attribué par l'article 47 du décret du 1er germinal an 13, sur les biens meubles des redevables, ne peut valablement s'exercer qu'autant que les meubles se trouvent entre leurs mains, et ne saurait nuire à la vente qui a été consentie à autrui de bonne foi, avant toute contrainte de saisie ; — Attendu qu'il n'est nullement établi que la dame Lavoudes fût débitante et se trouvât elle-même débitrice de la Régie ; que le contraire résulte des actes versés au procès et même de la contrainte, puisqu'on y voit qu'elle n'a été décernée que contre le mari ; que c'est aussi à lui seul qu'a été fait le commandement de payer ; qu'ainsi les exécutions commencées par la Régie devaient être annulées ; — Par ces motifs, déclare la dame Lavoudes propriétaire du mobilier dont s'agit ; — Casse et annule les exécutions commencées.

PRIVILÉGE DU TRÉSOR. — MEUBLES. — VENTE OU CESSION DE BONNE FOI.

19 juillet 1832. — *La vente légalement prouvée et contre laquelle on n'allègue aucune fraude, d'objets mobiliers affectés au privilége du Trésor, éteint ce privilége et rend les meubles libres dans les mains de l'acheteur.* (C. de préf. de l'Aisne.)

Le Conseil de préfecture, vu l'arrêté de renvoi rendu par M. le préfet, le 5 de ce mois, à l'effet d'obtenir l'avis du Conseil sur la question contenue dans la lettre de M. le receveur général de ce département, du 28 mai dernier ;

Vu la lettre susdatée, dans laquelle il est exposé : que Boudloque, débiteur de Pierret d'une somme de 300 fr., en vertu d'un jugement du 1er décembre 1831, pour éviter les poursuites dont il était menacé en vertu de ce jugement, a vendu audit Pierret, une charrette, deux chevaux, un tombereau, une cariole, des harnais et deux tables, moyennant 298 fr., qui se sont compensés jusqu'à due concurrence avec les condamnations prononcées par ledit jugement ; que la vente de ces objets, qui étaient hors du domicile du vendeur, a eu lieu le 10 du même mois de décembre, par acte privé, enregistré le 12 ; que, plus tard, Pierret a revendu une portion de ces objets mobiliers par adjudication publique, faite par le sieur Roger, huissier à Rosoy, et que le produit de cette vente s'est élevé à une somme de 232 fr. 25 ; que le percepteur, pour garantir les droits du Trésor, créancier de Boudloque de 45 fr. 44 pour contributions personnelle et mobilière, des portes et fenêtres et patentes de 1831, a fait au sieur Roger sommation de lui verser ladite somme de 45 fr. 44, et a pratiqué en ses mains une saisie-arrêt, par suite de son refus d'obtempérer à cette sommation ;

Vu la lettre du sieur Roger, du 18 du même mois de mai, dans laquelle il fait connaître les faits ci-dessus rappelés ;

Vu aussi la copie de l'acte privé du 10 décembre 1831 ;

Vu la loi du 5 novembre 1790, section 3, articles 13, 14 et 15 ; celle du

12 novembre 1808 et l'avis du Conseil d'État, dûment approuvé, portant la date du 28 août 1823;

Considérant qu'aux termes de la loi du 5 novembre 1790 et l'avis du Conseil d'État susdaté, interprétatif de cette loi, c'est au préfet seul, et non au Conseil de préfecture, qu'il appartient d'accorder l'autorisation pour intenter une action dans laquelle le Trésor est intéressé;

Que, toutefois, l'arrêté de renvoi de M. le préfet tendant spécialement à provoquer un avis du Conseil sur la question de savoir si l'autorisation doit être accordée, il y a lieu d'accéder officieusement à cette demande; Considérant que, par la vente légalement prouvée, et contre laquelle on n'allègue aucun moyen de fraude, le sieur Pierret a été valablement saisi de la pleine propriété des objets mobiliers faisant l'objet de cette vente; que la compensation du prix de cette vente, avec une portion égale de la créance dudit sieur Pierret, a pu aussi valablement s'opérer, puisque ces objets mobiliers étaient, lors de la vente, entièrement libres dans les mains du sieur Boudloque, vendeur, et que cette compensation, outre qu'elle a fait la matière d'une convention très licite, devait avoir lieu même dans le silence de la convention, par la seule force de la loi, aux termes des articles 1289 et suivants du Code civil;

Considérant que la vente étant ainsi consommée, et l'acheteur s'étant légalement libéré de son prix, le privilège du Trésor, encore qu'il eût la priorité sur tout autre, s'est trouvé éteint, quant aux objets mobiliers dont s'agit et au prix en question, et que la revente faite par l'acquéreur, de quelque manière qu'elle ait eu lieu, n'a pu faire revivre ce privilège ni grever de ce même privilège le prix de cette vente, représentant dans ses mains les objets mobiliers eux-mêmes;

Est d'avis que le Trésor, pour garantie des contributions personnelle et mobilière, des portes et fenêtres et des patentes dues par Boudloque, pour l'année 1831, a perdu son privilège sur les objets mobiliers vendus à Pierret par Boudloque, le 10 décembre 1831, ainsi que sur le prix de ces objets provenant de la revente faite par Pierret, par le ministère de Roger, huissier à Rosoy, et qu'en conséquence il n'y a pas lieu à accorder l'autorisation demandée.

PROPRIÉTAIRES DE BIENS RURAUX. — FERMIERS. — DÉMÉNAGEMENT. RESPONSABILITÉ.

4 juin 1833. — *La responsabilité imposée par les articles 19 et 20 de la loi du 26 mars 1831, et les articles 22 et 23 de celle du 21 avril 1832, aux propriétaires et principaux locataires des maisons, en cas de déménagement de leurs locataires, n'est pas encourue, dans les mêmes cas, par les propriétaires de biens ruraux, à l'égard de la contribution personnelle et mobilière due par leurs fermiers. (C. de préf. du Var.)*

Le sieur Troin, fermier de biens ruraux appartenant au sieur Jaubert, devait sa contribution personnelle et mobilière. Il a quitté sa ferme sans s'être libéré envers le percepteur. Celui-ci a pensé qu'il pouvait exercer son recours contre le propriétaire, attendu qu'il n'avait pas donné avis du déménagement de son fermier, un mois à l'avance, conformément à l'article 15 du *Règlement sur les Poursuites*. Il lui a, en conséquence, fait commandement de payer la portion de cote restant due par le fermier.

Sur l'opposition du propriétaire, l'affaire a été portée devant le Conseil de préfecture du département du Var, qui a déclaré que la responsabilité n'était encourue que par les propriétaires de maisons, à l'égard de leurs locataires, et non par les propriétaires de biens ruraux, à l'égard de leurs fermiers.

Voici le dispositif de son arrêté :

« Le Conseil de préfecture du Var, vu la pétition présentée, le 25 mai dernier, par le sieur Désiré Jaubert, propriétaire à Flayon, par laquelle il expose que, par commandement du 23 du même mois, à lui notifié ledit jour, par le porteur de contraintes Carbonel, à la requête du sieur Chaudié, percepteur des contributions directes de ladite commune, il a été mal à propos sommé de payer la somme de 4 fr. 89 pour frais de poursuites, montant de la contribution personnelle et mobilière du sieur Troin (Denis), son fermier pendant l'exercice 1831.

« Vu l'exploit d'opppoition formée à ce commandement, le 25 du même mois;

« Vu la loi du 26 mars 1831 et celle du 21 avril 1832;

« Considérant que les articles 19 et 20 de la loi du 26 mars 1831, et les articles 22 et 23 de la loi du 21 avril 1832. ne concernent que les propriétaires et principaux locataires de maisons;

« Qu'aucune disposition de ces lois ni des lois antérieures n'autorise les agents de perception à rendre les propriétaires de biens ruraux responsables des contributions de leurs fermiers, comme les propriétaires et principaux locataires sont responsables de celles de leurs locataires;

« Qu'on ne peut, en pareille matière, agir par analogie, mais qu'au contraire les rigueurs de la loi doivent toujours être restreintes dans leurs termes naturels;

« Considérant que l'esprit de la loi semble même, en ce cas. s'opposer à l'extension qu'on voudrait donner à ses dispositions; en effet, la responsabilité établie à la charge des propriétaires et principaux locataires a eu pour objet de parer à la facilité qu'auraient les locataires à court terme et les locataires en garni de se soustraire aux poursuites des agents de perception; or, ce danger n'existe pas pour les fermiers de biens ruraux, dont les baux durent toujours plusieurs années, et dont les récoltes présentent un gage assuré, qu'il n'est pas facile de soustraire à la surveillance des agents du Trésor;

« Considérant que le percepteur des contributions directes de Flayon avait le droit et le moyen d'user contre le fermier du sieur Jaubert, avant l'expiration de son bail, des voies de rigueur que la loi prescrit; que, si le sieur Troin est indigent, il devait le faire constater suivant les formes établies, au lieu de poursuivre le sieur Jaubert en payement d'une somme qu'il ne doit pas; — Arrête :

« Art. 1ᵉʳ. Le commandement du 23 mai 1833, notifié, le même jour, au sieur Jaubert (Désiré), par le porteur de contraintes Carbonel, pour le payement de la cote personnelle et mobilière du nommé Troin (Denis), son fermier pendant 1831. s'élevant à 4 fr. 89, est annulé;

« Art. 2. Expédition du présent sera adressé à M. le receveur particulier des finances de l'arrondissement, ainsi qu'à M. le receveur général du département, à Toulon. »

<h3 style="text-align:center">COLON PARTIAIRE. — PRIVILÉGE.</h3>

23 août 1834. — *Le privilége du Trésor pour le recouvrement des contributions directes s'exerce sur la récolte entière de l'immeuble imposé, sans en distraire la part du colon partiaire.* (T. 1ʳᵉ inst. de Montauban.)

Le sieur Ravaisson, percepteur de Puylaroque (Tarn-et-Garonne), fit opérer, le 10 juillet 1834, une saisie au préjudice de la veuve Laporte (Louis), sur les récoltes du domaine de Gafré, exploité par le sieur Gaben (Pierre), pour parvenir au payement des contributions de 1833 et 1834.

Le sieur Gaben, se prétendant propriétaire de la moitié de la récolte saisie, s'opposa à la vente, en invoquant en sa faveur les dispositions de l'article 548 du Code civil, et assigna le saisissant devant le Tribunal de Montauban, à l'effet de faire ordonner la distraction de la moitié de ladite récolte.

Sur la contestation, le Tribunal a rendu un jugement en ces termes :

Attendu que la loi du 12 novembre 1808, article 1ᵉʳ, dispose que le privilége du Trésor, pour le recouvrement des contributions directes, s'exerce sur les récoltes, fruits, loyers et revenus des biens immeubles sujets à la contribution; que la généralité de cette disposition ne reçoit aucune exception, n'importe le droit des tiers sur ces mêmes objets; que la seule vérification à faire, est de savoir si les objets saisis proviennent bien de l'immeuble imposé, ce qui, dans l'espèce, n'est pas contesté; que les arguments pris dans les principes du droit commun viennent se briser devant le droit spécial en cette matière, droit spécial que le législateur a créé pour simplifier la rentrée des contributions directes, objet si important au maintien de l'ordre public; que les juges, organes de la loi, n'en doivent pas être les réformateurs;

Par ces motifs, le Tribunal rejette la demande en distraction formée par ledit Gaben; condamne ledit Gaben aux dépens envers toutes les parties, ceux du sieur Ravaisson liquidés à.....

RECOURS AU CONSEIL D'ÉTAT. — FORME EXCEPTIONNELLE.

3 février 1835. — *Les lois du 26 mars 1831 et du 21 avril 1832, en affranchissant de tous droits d'enregistrement et des formes du règlement du 22 juillet 1806, les recours dirigés contre les arrêtés des Conseils de préfecture, en matière de contributions, n'ont autorisé cette forme exceptionnelle de procédure que pour les recours transmis par l'intermédiaire des préfets.* (C. d'Etat.)

Il s'agissait, dans l'espèce, d'une demande en réduction de la cote mobilière du sieur Teulade, propriétaire à Grenade (Haute-Garonne).

Louis-Philippe, etc..., Vu le décret du 22 juillet 1806 et les lois des 26 mars 1831 et 21 avril 1832;

Considérant que l'article 29 de la loi du 26 mars 1831 et l'article 30 de la loi du 21 avril 1832, en affranchissant de tous droits d'enregistrement et des formes du règlement du 22 juillet 1806 les recours dirigés contre les arrêtés des Conseils de préfecture, en matière de contributions, n'ont autorisé cette forme exceptionnelle de procédure que pour les recours transmis par l'intermédiaire des préfets; — Que, dans l'espèce, le pourvoi du sieur Teulade n'a pas été introduit dans les formes du règlement du 22 juillet 1806, et qu'il n'a pas été transmis par l'intermédiaire du préfet,

La requête du sieur Teulade est rejetée (1).

HÉRITIERS. — SAISIE. — VALIDITÉ. — COMPÉTENCE. — POURSUITES A FINS CIVILES. — VOIE CONTENTIEUSE.

10 février 1835. — *Lorsque l'héritier refuse de payer la contribution sous prétexte qu'il a renoncé à la succession, cette question est du ressort des Tribunaux.*
Les questions relatives à la nullité d'un commandement sont aussi du ressort des Tribunaux. (C. d'Etat.)

Louis-Philippe, etc.,
Vu les lois des 3 frimaire et 2 messidor an 7, celle des 23 novembre-1er décembre 1790, et l'arrêté du gouvernement du 16 thermidor an 8; — Vu la loi du 28 pluviôse an 8; Au fond : — Considérant que la cote était sous le nom du sieur Malot, à la succession duquel les sieur et dame Regnault avaient renoncé;

_____

(1) Le **recours** formé au greffe de la section du contentieux, par ministère d'avocat, n'en est pas moins affranchi de tous droits autres que celui de timbre

que l'Administration prétendait que les biens cotisés appartenaient, de fait, à la dame Regnault, ce que niait la dame Regnault; qu'il s'élevait, dès lors, des questions de propriété et d'hérédité, sur lesquelles les Tribunaux seuls pouvaient statuer;

En ce qui touche le chef des conclusions tendant à la nullité du commandement et de la saisie auxquels il a été procédé dans le département de Saône-et-Loire : — Considérant qu'il n'appartient qu'aux Tribunaux de prononcer sur la régularité des actes de cette nature :

Art. 1er. L'arrêté du Conseil de préfecture du département de l'Yonne est annulé.

Art. 2. La requête du sieur Regnault est rejetée pour le surplus de ses conclusions.

POURSUITES. — PRIVILÉGE. — USUFRUIT.

21 mai 1835. — *Les meubles faisant partie d'un usufruit peuvent-ils être saisis à la requête du percepteur pour le payement de la contribution personnelle et mobilière de l'usufruitier?* (C. de Rennes.)

LA COUR, — Considérant, en droit, que l'article 589 du Code civil dispose que si l'usufruit comprend des choses qui, sans se consommer de suite, se détériorent par l'usage, l'usufruitier n'a le droit de s'en servir que pour l'usage auquel elles sont destinées, sans les détériorer par un dol ou par sa faute;

Considérant que ces principes, conformes à ceux de l'ancien droit, avaient constamment fait admettre dans la pratique que l'usufruitier ne pouvait ni vendre, ni louer à des tiers l'usage des choses mobilières et classées dans la catégorie de l'article précité;

Considérant, en droit, que, d'après le principe que le créancier ne peut exercer plus de droit que n'en a son débiteur lui-même sur les objets qu'il a en sa possession, la même jurisprudence prohibait toute saisie mobilière, et, par suite, la vente à des tiers des choses mobilières de la nature de celles énoncées dans l'article 589, et dont le débiteur n'avait que l'usufruit;

Considérant que les mêmes motifs de décision subsistaient sous l'empire du Code; — Considérant, en droit, que l'article 608 du Code de procédure civile et les principes ci-dessus établis autorisaient les enfants R... à s'opposer à la saisie et à la vente des effets mobiliers portés dans l'inventaire du 16 mars 1830, et dont la nue-propriété leur a été assurée par l'acte authentique du 10 juin 1831;

Par ces motifs, faisant droit sur l'appel du jugement du Tribunal de Ploërmel du 2 mai 1834, dit qu'il a été mal jugé, décharge les appelants des condamnations prononcées contre eux; corrigeant et réformant, déclare bonne et valable l'opposition faite par les enfants R..., par acte du 26 août 1833, à la vente des effets mobiliers saisis sur leur père par l'intimé, et portés dans l'inventaire du 16 mars 1830; donne mainlevée aux opposants de ladite saisie, en ce qui concerne lesdits effets seulement.

FAILLITE. — PRIVILÉGE DU TRÉSOR.

29 août 1836. — *Le concordat consenti à un failli redevable du Trésor ne peut être opposé à cette administration qui, par suite, a droit d'obtenir le montant intégral de sa créance privilégiée.* (C. de Paris.)

Le sieur Kropff, brasseur, étant tombé en faillite, obtint de ses créanciers un concordat de 85 pour cent.

Nonobstant ce concordat, l'administration des contributions indirectes, créancière privilégiée du sieur Kropff pour une somme de 3,716 fr., montant d'obligations souscrites pour droits dus par sa brasserie, demanda que ce dernier fût condamné, même par la voie de la contrainte par corps, au payement intégral de sa créance.

Le sieur Kropff soutint que la législation spéciale, concernant les droits de la Régie, n'autorisait pas celle-ci à entraver les conséquences du concordat consenti par tous les créanciers, et dont l'objet, en remettant le failli à la tête de ses affaires, est de lui donner les moyens d'acquitter les engagements de ce concordat; qu'il fallait donc que ce concordat fût obligatoire pour la Régie, et que, d'ailleurs, l'article 2098 du Code civil, qui renvoie aux lois spéciales pour le règlement du privilége du Trésor, et pour l'ordre dans lequel il s'exerce, n'était point contraire à cette prétention.

Jugement ainsi conçu : — Attendu qu'aux termes de l'article 2098 du Code civil, le privilége à raison des droits du Trésor public est réglé par les lois qui le concernent, et que le Code ne distingue pas entre la forme et le fond réglés par ces lois ; — Qu'il n'a été dérogé à ce principe d'intérêt public ni par le Code de procédure civile, ni par le Code de commerce, et qu'il est d'ailleurs de règle que la loi générale ne déroge à la loi spéciale que par une disposition expresse ; — Que l'article 89 de la loi du 5 ventôse an 12 porte que le payement des obligations souscrites pour l'acquit des droits, en matière de droits réunis, sera poursuivi par la voie de contrainte, dans la même forme que celle suivie pour décerner les contraintes en matière de contributions ; — Que l'article 43 de la loi du 1er germinal an 13 porte que la Régie pourra employer, contre ses redevables en retard, la voie de contrainte, et que l'article 52 ajoute que les redevables sur lesquels auraient été protestées, faute de payement, des obligations souscrites par eux envers la Régie, par suite des crédits obtenus, seront contraignables par corps ; — Qu'on lit dans l'article 45 : « L'exécution de la contrainte ne pourra être suspendue que par une opposition formée par un redevable devant le Tribunal civil, avec des formes et des délais spéciaux ; »

Attendu que l'article 47 de la même loi dispose que la Régie aura privilége et préférence à tous les créanciers sur les meubles des redevables pour leurs droits : — Que l'article 48 annule même toute espèce de saisie du produit de ces droits entre les mains des redevables ; — Que ces dispositions ne sont que la reproduction de l'article 4 de la loi du 4 germinal an 2, qui disait en termes généraux : « La République est préférée à tous créanciers, pour droits, confiscation, amende et restitution, et avec la contrainte par corps ; »

Attendu qu'aucune de ces lois spéciales ne porte d'exception pour le cas de faillite du redevable, et que le motif de la volonté du législateur se tire de la nature de la dette et de celui envers qui elle est contractée ; — Qu'en effet il n'est pas possible d'imposer au Trésor public les conséquences de la volonté des créanciers concordants, qui pourraient ne pas craindre de sacrifier les intérêts du Trésor, en enlevant à celui-ci la garantie qui lui appartient sur la personne et sur les biens de son débiteur ; — Que la loi spéciale n'a pas distingué non plus entre la nature des objets mobiliers soumis au privilége du Trésor ; et que, tant qu'il en existera ou surviendra entre les mains du redevable, la loi a voulu qu'il devinssent l'objet du privilége du Trésor ;

Attendu, au surplus, que les créanciers de Kropff, dans le concordat qu'ils lui ont consenti, ont stipulé dans l'article 6 qu'ils autorisaient les syndics à rendre au failli des meubles et des effets dont ils pourraient être détenteurs, et tout son actif, mais seulement après la justification du payement des créances privilégiées et des frais de faillite ; — Qu'en supposant que l'actif lors actuel ait été épuisé, l'article 2 du concordat n'en demeurait pas moins obligatoire, lequel imposait à Kropff de payer les créances privilégiées ; — Qu'ainsi jusqu'à ce qu'il ait accompli ses obligations envers la Régie, Kropff ne pouvait pas même jouir du bénéfice du concordat qu'il oppose; et que ce concordat, dans tous les cas, serait sans force contre la Régie dont, d'ailleurs, il consacre les droits ;

Attendu, quant à la contrainte par corps, que Kropff s'est spécialement soumis, dans les obligations qu'il a contractées, à l'application des articles 89 de la loi du 5 ventôse an 12, 45 et 52 du décret du 1er germinal an 13 ;

Attendu que le versement, entre les mains de Bonneville, syndic, des sommes destinées, ainsi que le prétend Kropff, à désintéresser la Régie et la disparition de de ce syndic ne peuvent, en aucune façon, changer les droits de la Régie envers Kropff ;

Condamne, etc.

Sur l'appel, la Cour, adoptant les motifs des premiers juges, confirme.

PROCÈS-VERBAL. — OMISSION DE L'INDICATION DU JOUR DE LA VENTE. — RESPONSABILITÉ DU PORTEUR DE CONTRAINTES.

21 novembre 1836. — *L'omission par le porteur de contraintes, dans un procès-verbal de saisie mobilière, de l'indication du jour de la vente, n'entraînerait pas nullité de cette vente ; mais elle pourrait donner lieu à des dommages-intérêts envers la partie saisie qui justifierait d'un préjudice éprouvé par suite de l'ignorance où on l'aurait laissée du jour des enchères.* (C. de Bourges.)

LA COUR ;— Considérant qu'aux termes de l'article 596 du Code de procédure civile, l'huissier doit indiquer, dans le procès-verbal de la saisie, le jour de la vente, mais que la loi ne prononce pas la nullité en cas d'omission de cette formalité ;

Que, quoique la nullité de la vente ne puisse pas être prononcée, la partie saisie qui n'a pas été légalement prévenue du jour de la vente est recevable à demander des dommages-intérêts, si, par l'omission de la formalité prescrite par la loi, elle a éprouvé des torts ; mais que, dans l'espèce, non-seulement les saisis n'établissent aucun préjudice, mais qu'il résulte même du procès-verbal de récolement que c'est en leur présence que ce récolement a eu lieu, et que le mobilier a été enlevé et conduit au marché sans opposition de leur part;

Qu'ainsi, la Cour ne peut accorder aucuns dommages-intérêts ;

Dit mal jugé, bien appelé, émendant, décharge les appelants des condamnations contre eux prononcées, et, faisant ce que les premiers juges auraient dû faire, déclare mal fondée la demande des intimés.

RÉTRIBUTIONS UNIVERSITAIRES. — PRIVILÉGE.

10 mars 1837. — *Le privilége du Trésor, établi par la loi du 12 novembre 1808, ne s'étend pas aux rétributions universitaires, ni au droit annuel dû par les instituteurs.* (T. civ. de Versailles.)

Le sieur Esquitat, maître de pension à Versailles, se trouvait débiteur des loyers de la maison qu'il habitait et en même temps de la rétribution universitaire et du droit annuel de diplôme. Le propriétaire de la maison ayant fait vendre ses meubles, le receveur général des finances a réclamé près du commissaire-priseur la délivrance du prix de la vente, pour être appliqué par privilége au montant des droits dus au Trésor. — Opposition de la part du propriétaire. La contestation ayant été portée devant le Tribunal civil de Versailles, est intervenu le jugement suivant :

Attendu qu'aucune disposition de loi n'attribue de privilége à l'Université pour les droits et rétribution créés à son profit par le décret du 17 mars 1808 et celui du 17 septembre même année;

Attendu que la loi du 24 mai 1834, en chargeant les agents du Trésor de poursuivre le recouvrement des droits et rétributions universitaires dans les mêmes formes que pour les contributions directes, n'a rien changé d'ailleurs à l'origine, la nature et le caractère de ces droits et rétributions dont les produits devaient, avant la loi de 1834, entrer dans la caisse de l'Université; qu'une simple modification dans la forme de la perception n'a pu avoir pour effet de transformer en contributions directes ces droits et rétributions qui ne cessent pas d'appartenir à l'Université;

Qu'il résulte de ce qui précède que le privilége invoqué par le receveur général de Seine-et-Oise, dans l'intérêt du Trésor, ne peut s'appliquer aux droits et rétributions dont il s'agit :

Fait mainlevée de l'opposition formée par le receveur général sur le produit de la vente des meubles du sieur Esquitat, faite à la requête du propriétaire (1).

TIERS ACQUÉREURS. — PRIVILÉGE DU TRÉSOR. — COMPÉTENCE.

19 juillet 1837. — *Lorsqu'il s'agit de savoir si le Trésor a le droit de poursuivre, tant par voie d'opposition entre les mains des locataires d'une maison, que par voie de contrainte directe contre l'adjudicataire de cette maison, le recouvrement des contributions qui étaient dues sur l'exercice précédent par l'ancien propriétaire de ladite maison, c'est au Conseil de préfecture qu'il appartient de statuer. — Dès lors, le préfet excède les limites de sa compétence en statuant sur cette question. (C. d'Etat.)*

Le sieur Hamel poursuivait l'annulation d'un arrêté du préfet de la Seine, qui le déclarait responsable de la contribution foncière arriérée d'un immeuble dont il s'était rendu adjudicataire sur expropriation forcée. Il soutenait que la question était de la compétence de l'autorité judiciaire, et que, dans tous les cas, l'adjudicataire, par suite d'expropriation forcée d'un immeuble, ne pouvait être tenu de payer les contributions arriérées dues par le propriétaire dépossédé. Le Conseil d'Etat n'a pas examiné le fond de la question. Il a reconnu l'incompétence du préfet pour la juger, mais en déclarant la compétence du Conseil de préfecture, et non de l'autorité judiciaire (2).

Louis-Philippe, etc.,

Sur le rapport du comité de législation et de justice administrative,

Vu la requête à nous présentée par le sieur Hamel, demeurant à Paris, enregistrée au secrétariat général de notre Conseil d'Etat, le 8 décembre 1836, tendant à ce qu'il nous plaise annuler un arrêté du préfet de la Seine du 31 août 1836, qui a refusé au requérant restitution d'une somme de 325 fr. 89 c. par lui payée comme contraint pour reliquat des contributions foncières dues pour 1835 par le précédent propriétaire d'une maison, rue Saint-Ambroise-Popincourt, n° 8, à lui adjugée suivant jugement de l'audience des criées du Tribunal de la Seine, en date du 2 décembre 1835 ;

Vu l'arrêté attaqué ; — Vu les observations du préfet de la Seine, du 6 décem-

---

(1) Ce jugement est combattu dans le *Commentaire* sur l'article 11, n° 53.

(2) Cette jurisprudence est à combiner avec la doctrine précédemment consacrée par le Conseil d'Etat dans divers arrêts (V. arrêts des 11 août 1808, 2 juin 1815, 19 mars 1820, 30 juin, 26 août et 4 novembre 1821) et avec l'arrêt de la Cour de cassation du 6 juillet 1852, qui sera rapporté plus loin.

bre 1836; — Vu le décret du 12 novembre 1808; — Vu l'arrêté du 24 floréal an 8; ·

Considérant qu'il s'agissait, dans l'espèce, de savoir si la Régie des contributions directes avait le droit de poursuivre, tant par voie d'opposition entre les mains des locataires sur les loyers de 1836, que par voie de contrainte directe contre le sieur Hamel, adjudicataire d'une maison rue Saint-Ambroise-Popincourt, n° 8, le recouvrement des contributions qui restaient dues sur l'exercice 1835, par l'ancien propriétaire de ladite maison; — Que c'était là une question contentieuse en matière de contributions dont la connaissance appartient au Conseil de préfecture, aux termes de la loi du 28 pluviôse an 8, et de l'arrêté du 24 floréal an 8, même année; — d'où il suit qu'en y statuant, le préfet de la Seine a excédé la limite de ses pouvoirs;

Art. 1er. L'arrêté attaqué du préfet de la Seine, du 31 août 1836, est annulé pour incompétence.

Art. 2 Le sieur Hamel est renvoyé devant le Conseil de préfecture du département de la Seine, pour être statué ce qu'il appartiendra.

PORTEUR DE CONTRAINTES. — CONCUSSION. — CRIME. — DÉLIT.

6 octobre 1837. — *Un porteur de contraintes doit-il être considéré comme fonctionnaire public, ou seulement comme simple commis au préposé de fonctionnaire public? En conséquence, les faits de concussion qui lui sont imputés doivent-ils être qualifiés crime ou seulement simple délit? (C. de Toulouse.)*

Par ordonnance de la chambre du conseil du Tribunal de première instance d'Albi, en date du 22 juin 1837, Antoine Coursières, porteur de contraintes pour le recouvrement des contributions directes, a été mis en prévention du crime de concussion prévu par l'article 174 du Code pénal, pour avoir, étant porteur de contraintes, exigé ou reçu ce qu'il savait n'être pas dû ou excéder ce qui était dû pour droits, taxes ou pour salaires.

Par arrêt du 4 juillet 1837, la Cour royale de Toulouse, chambre des mises en accusation, a annulé l'ordonnance susdatée, en ce qu'elle avait considéré le porteur de contraintes comme fonctionnaire public, et avait en conséquence qualifié crime les faits de concussion imputés à Antoine Coursières, tandis qu'ils n'auraient dû être qualifiés que du simple délit prévu par l'article 174 du Code pénal, le porteur de contraintes ne devant être considéré que comme un simple commis ou préposé du fonctionnaire public.

Par suite de ces principes, cet arrêt a renvoyé Coursières devant le Tribunal correctionnel d'Albi.

Par jugement du 11 août 1837, ce Tribunal s'est déclaré incompétent pour connaître des faits imputés à Coursières, par le motif qu'aux termes du décret du 16 thermidor an 8, qui a institué les porteurs de contraintes, et déterminé leurs fonctions et leurs attributions, ils doivent être considérés comme fonctionnaires publics, puisqu'ils sont nommés et commissionnés par les sous-préfets, et soumis à la formalité du serment; puisqu'ils sont appelés à faire de fréquents actes d'exécution, tels que commandements, saisies, etc., et qu'enfin ils sont spécialement chargés d'exercer seuls les fonctions d'huissier pour les contributions directes; d'où il suit que les faits imputés à Coursières constituaient le crime de concussion prévu par l'article 174 du Code pénal, et que la connaissance en appartenait à la Cour d'assises.

Sur l'appel interjeté par Coursières dudit jugement, la Cour royale de Toulouse, chambre des appels de police correctionnelle, par arrêt du 30 août 1837, en a adopté les motifs et l'a confirmé dans toutes ses dispositions.

Cet arrêt, ainsi que celui des mises en accusation de ladite Cour, en date du 4 juillet 1837, ayant acquis la force de chose jugée, puisqu'ils n'ont pas été attaqués en temps de droit, il est résulté de la contrariété qui existe entre eux un conflit négatif qui interrompt le cours de la justice qu'il importe de rétablir.

En conséquence, le procureur général à la Cour royale de Toulouse s'est pourvu en réglement de juges; et sur sa requête est intervenu l'arrêt suivant, au rapport de M. de Haussy et sur les conclusions conformes de M. Hébert, avocat général :

Vu les articles 525 et suivants du Code d'instruction criminelle sur les règlements des juges;

Vu les articles 18, 20, 24 et 29 du décret du 16 thermidor an 8;

Attendu qu'il résulte des dispositions combinées desdits articles du décret précité que les porteurs de contraintes sont expressément chargés d'exercer seuls les fonctions d'huissier pour les contributions directes; qu'ils sont nommés et commissionnés par les sous-préfets et assujettis à la formalité du serment; qu'ils sont appelés à faire de fréquentes exécutions, tels que commandements et saisies; que, par conséquent, ils doivent être considérés comme officiers publics; d'où il suit que les concussions par eux commises dans l'exercice de leurs fonctions ont le caractère de *crime* prévu par l'article 174 du Code pénal.

Par ces motifs, — La Cour, statuant par voie de réglement de juges sur la demande du procureur général du roi près la Cour royale de Toulouse, sans s'arrêter ni avoir égard à l'arrêt rendu par ladite Cour, chambre des mises en accusations, le 4 juillet 1837, lequel est et demeure comme non avenu, renvoie A. Coursières, porteur de contraintes, en l'état où il se trouve et les pièces du procès, devant la Cour royale d'Agen, chambre des mises en accusation, pour, sur l'instruction déjà existante et d'après tout le complément qui pourra être ordonné, s'il y a lieu, être par ladite Cour statué tant sur la prévention que sur la compétence, conformément à la loi.

COMMANDEMENT. — FRAIS. — NULLITÉ. — COMPÉTENCE.

15 janvier 1838. — *Il n'est pas nécessaire, pour poursuivre la rentrée des frais, d'un commandement particulier : la saisie peut être faite en vertu du commandement primitif qui a été signifié pour le recouvrement de la cote même qui a donné lieu auxdits frais. — C'est à l'autorité judiciaire à connaître de la demande en nullité d'une saisie qu'on prétend n'avoir pas été précédée d'un commandement.* (T. 1re inst. de Nantes.)

Le Tribunal, etc.,

Considérant que si les Tribunaux sont incompétents pour statuer sur les questions de savoir si un contribuable est exactement imposé et s'il doit le montant de la cote fixée par l'autorité administrative, ils sont compétents pour décider si les poursuites dirigées contre les contribuables sont conformes à la loi; si, par exemple, une saisie mobilière est ou non frappée de nullité, et qu'ici le sieur Leray demande que la saisie du 2 janvier 1835 soit déclarée nulle, comme n'ayant pas été précédée d'un commandement;

Considérant que de l'examen des pièces il résulte qu'à l'époque du commandement du 21 juillet 1834 le sieur Leray devait, pour douzièmes exigibles, une somme de... 45 fr. 78 c.

Pour frais, une somme de................................ 2 fr. 18 c.

y compris le coût du commandement et sauf le droit d'enregistrement.

Total.......... 47 fr. 96 c.

Qu'il n'a payé que 47 fr. 03, dont 44 fr. 75 seulement pour le principal; qu'ainsi il redevait 93 c ; que le sieur Leray n'ayant pas acquitté, non-seulement les 93 c., mais même les nouveaux douzièmes devenus exigibles, le receveur a pú faire procéder à la saisie en conséquence du commandement du 21 juillet 1834, sans qu'il fût besoin d'un nouveau commandement; qu'ainsi la nullité alléguée par le sieur Leray n'existe pas ;

En premier lieu, retient la connaissance de l'affaire; en second lieu, déboute le sieur Leray de sa demande en nullité, et le condamne, suivant ses offres, à payer au sieur Hubert, en ses susdites qualités, conformémeut à la loi, la somme de 11 fr. 12 pour les causes de la saisie; en troisième lieu, le condamne, en outre, aux dépens, ainsi qu'au coût, retrait et signification du présent jugement, qui sera enregistré.

ACTES D'EXÉCUTION. — NULLITÉ. — COMPÉTENCE. — COMMUNICATION PRÉALABLE A L'AUTORTIÉ ADMINISTRATIVE.

20 mars 1838. — *Les Tribunaux civils sont compétents pour connaître de la validité des actes de procédure faits pour pourvoir au recouvrement des contributions directes (1).*

La demande en nullité desdits actes n'est pas soumise à la formalité de la communication préalable à l'autorité administrative, en exécution de l'article 15 de la loi du 5 novembre 1790; ce préambule n'est exigé, d'après l'article 4 de la loi du 12 novembre 1808, qu'en cas de revendication des meubles saisis. (C. d'Aix.)

Le sieur Ferrari, l'un des percepteurs des contributions directes de la ville de Marseille, fit faire une saisie-exécution contre le sieur Romieu, contribuable de la même ville, pour le payement de ses contributions arriérées. Ce dernier s'étant pourvu devant le Tribunal de première instance, à l'effet de faire annuler cette saisie, dont il attaquait en même temps la forme et le fond, le percepteur crut devoir décliner la compétence de l'autorité judiciaire, prétendant que cette affaire devait, avant tout, être portée devant l'autorité administrative, en vertu des lois du 5 novembre 1790 et 12 novembre 1808.

Le Tribunal a rejeté cette prétention par le jugement ci-après, rendu sous la date du 14 août 1837 :

Ouï les avoués des parties, et M. le substitut du procureur du roi en ses conclusions, tant en la forme qu'au fond ;

Attendu, en fait, que M. Romieu querelle de nullité en la forme et au fond la procédure dirigée contre lui à la requête du sieur Ferrari, percepteur des contributions directes;

Attendu que, si les Tribunaux sont incompétents pour statuer sur les difficultés qui s'élèvent entre les contribuables et les percepteurs relativement à l'assiette de l'impôt et à la quotité de leurs contributions, au point de savoir s'ils sont ou non débiteurs envers le fisc; si c'est à tort ou à raison qu'il sont portés sur le rôle de recouvrement; si toutes ces contestations sont de la compétence de l'autorité administrative, il n'en est pas de même de l'appréciation en la forme des actes de procédure civile, auxquels se livrent les percepteurs pour parvenir au recouvrement de l'impôt ;

Que les Tribunaux sont seuls compétents pour connaître de la validité ou de l'invalidité de ces actes ;

---

(1) Voir plus bas l'arrêt du Conseil d'Etat du 1 juin 1870.

Que telle est à cet égard la jurisprudence du Conseil d'Etat et de tous les Tribunaux du royaume ;

Attendu qu'avant de réclamer en justice la nullité d'une procédure irrégulière et vicieuse poursuivie contre lui, le contribuable n'a pas besoin d'adresser préalablement un mémoire au préfet, en conformité de l'article 15 de la loi du 5 novembre 1790 ;

Attendu qu'il suffit d'examiner attentivement l'ensemble de cette loi, et spécialement de cet article, pour se convaincre que les dispositions n'en sont applicables qu'au cas où le particulier se propose d'intenter une action contre une administration ;

Que, dans ce cas, sa demande doit être préalablement communiquée au chef de l'administration, qui peut la trouver fondée et l'accueillir, sans qu'il soit nécessaire de recourir aux Tribunaux ;

Que cette disposition sage et bienveillante, dont le but est de prévenir des frais et des débats toujours fâcheux, n'a point été abrogée, et le maintien en a été souvent proclamé par la justice ordinaire ;

Mais, attendu que cette mesure préalable ne saurait être utilement appliquée à un cas d'urgence, tel que celui d'un contribuable qui n'attaque pas, mais qui, obligé de se défendre contre les actes irréguliers d'une procédure rigoureuse et prompte, invoque l'appui des Tribunaux, juges naturels des actes judiciaires, protecteurs légaux du droit des citoyens en pareille matière ;

Que, dans le grand nombre d'affaires de cette nature qui se sont présentées dans le Tribunal de céans, jamais cette fin de non-procéder n'a été soulevée ;

Attendu, au fond, que M. Romieu articule contre la procédure dirigée contre lui divers moyens de nullité qui n'ont pas été débattus devant le Tribunal, et sur lesquels le sieur Ferrari n'a pas même conclu, qui ne peuvent par conséquent être appréciés en l'état ;

Que, sans s'immiscer dans la question de savoir si au fond M. Romieu est ou non débiteur envers le fisc, le Tribunal doit se borner à retenir la matière, pour être statué uniquement sur le moyen de forme ;

Par ces motifs, le Tribunal de première instance séant à Marseille, statuant en contradictoire défense, sans s'arrêter à la fin de non-procéder opposée par le sieur Ferrari, se déclare compétent pour statuer sur les vices de forme reprochés à la procédure dirigée contre M. Romieu ; retient, en conséquence, la matière quant à ce ; renvoie la cause à huitaine pour être prononcé sur le fond, les dépens de l'incident réservés.

Le percepteur a interjeté appel de ce jugement ; mais la décision du Tribunal a été confirmée par arrêt de la Cour royale d'Aix, du 20 mars 1838, ainsi conçu :

LA COUR :

Adoptant les motifs des premiers juges, et considérant au surplus que quelques-uns des moyens d'opposition de Romieu doivent être appréciés d'après les règles de la procédure civile ;

Met l'appellation au néant, ordonne que ce dont est appel sortira son plein et entier effet ;

Condamne l'appelant à l'amende et aux dépens.

CONTRIBUTIONS. — PRIVILÉGE. — COMPÉTENCE.

18 juillet 1838.—*Les questions de privilège en matière de contributions publiques et de validité de payement faits en conséquence, sont de la compétence exclusive des Tribunaux* (1). (C. d'Etat.)

_____

(1) C'est un point constant. (Voir M. Cormenin : *Questions de Droit administratif*, vᵉ Contributions directes, t. 1ᵉʳ, p. 243.) « C'est un des principes les mieux établis, dit ce

Louis-Philippe, etc.;

Vu les lois des 4 frimaire an 7, 23 pluviôse et 24 floréal an 8, 24 mai 1834, 22 décembre 1789 et 16 août 1790; l'arrêté du gouvernement du 16 fructidor an 3 et l'ordonnance royale du 1er juin 1828;

Considérant que la demande des commissaires de la faillite du sieur Cornuand n'a pour objet ni l'assiette ni le recouvrement des contributions dues par ce failli; qu'elle ne tend à contester ni la cause ni le montant des sommes dues à l'Etat; qu'elle porte uniquement sur le privilége réclamé par le Trésor public et sur le payement fait en conséquence par la Caisse des consignations,, à l'exclusion de la masse des créanciers (1); que, sous ce rapport, elle donne lieu à l'examen des questions de propriété, de privilége et de contributions entre créanciers, questions qui sont de la compétence de l'autorité judiciaire:

Art. 1er. L'arrêté de conflit est annulé.

RESPONSABILITÉ DES RECEVEURS MUNICIPAUX EN CE QUI CONCERNE LE RECOU-VREMENT ET LA CONSERVATION DES REVENUS DES COMMUNES ET DES ÉTA-BLISSEMENTS. — INTERRUPTION DES POURSUITES.

1838. — *La responsabilité des receveurs municipaux ne s'arrête qu'au point où la commune aurait à soutenir ou intenter une action devant les Tribunaux.* (Arr. C. des comptes.)

La Cour; — Vu, etc.;

Relativement à l'injonction de faire recette de la somme de 423 fr. 55 restant à recouvrer sur loyers de 1830, dus par le sieur G...;

Considérant que cette injonction, bien qu'elle ait été prononcée par l'arrêt du 2 août 1833, sur le compte de la gestion 1831 et maintenue par les arrêts subsé-quents, nonobstant les observations et réclamations du sieur R..., receveur muni-cipal, a été, par l'effet de la tolérance dont la Cour use quelquefois envers les comptables en exercice, reproduite dans l'arrêt du 19 octobre 1836, sur le compte de la gestion 1834, avec la réserve de statuer définitivement d'après les justifica-tions, que ledit sieur R... pourrait produire encore;

Considérant que des pièces rapportées relativement à la créance dont il s'agit, il résulte : que le 15 décembre 1830, ledit sieur R... a fait faire après les significations et commandements prescrits, une saisie mobilière contre le sieur G... et le sieur A... sa caution en garantie d'une somme de 680 francs, due à la ville par ledit G..., pour loyers échus d'un bâtiment occupé par ce dernier, et employé au service de la poste aux chevaux;

Que ledit jour le local ne contenait plus qu'une partie du mobilier de poste, le reste ayant été enlevé, dès le 12 décembre, par les sieurs B... et C..., acquéreurs dudit mobilier, suivant acte signifié à l'huissier saisissant, en même temps qu'un avis ou déclaration de l'un de ces derniers, portant que, suivant le marché conclu, le loyer dû à la ville serait grevé par eux;

Que la vente du mobilier saisi ayant été dénoncée et affichée à la diligence du

---

dernier auteur. Il est de la nature des privilégiés d'être régis par les principes du droit commun, et, par suite, tout ce qui touche à l'appréciation de leur étendue respective et la fixation du rang qu'ils doivent occuper entre eux, appartient naturellement à la justice ordinaire. » (Note du *Recueil* de Sirey.)

(1) La Caisse des consignations, dépositaire de sommes appartenant à la faillite Cor-nuand, ancien instituteur, avait versé sur ces sommes, au percepteur des contributions, 2,452 fr. pour contributions et taxes universitaires dues par le failli; c'est la validité de ce payement que les créanciers contestaient.

sieur B..., pour le 24 décembre suivant, cette vente n'eut cependant pas lieu audit jour, bien qu'aucune opposition n'eût été faite; qu'il n'a plus été donné suite à la saisie opérée contre le sieur G..., mais qu'une nouvelle dénonciation de la vente des meubles du sieur A... lui ayant été faite à la diligence du sieur R..., le 1er février 1834, et ledit A... ayant formé opposition à cette vente, le 6 février suivant, la ville a été autorisée à défendre sur ladite opposition, par un arrêté du Conseil de préfecture du 28 février 1835 ;

Que le payement de la somme due à la ville n'ayant pas été effectué par lesdits sieurs B... et C..., à cause d'oppositions faites entre leurs mains, une saisie-arrêt leur a été signifiée au nom de la ville, le 15 février 1831 ;

Qu'enfin une contribution ayant été ouverte pour la distribution entre les créanciers G... du prix du mobilier vendu auxdits B... et C..., la ville a été colloquée à ladite contribution pour une somme de 352 fr. 75 comprenant, par privilége, le prix de deux chevaux faisant partie de la saisie opérée sur ledit G..., le 15 décembre 1830, laquelle somme, déduction faite des frais restés à la charge de la ville, et s'élevant à 79 fr. 55, s'est réduite au net à 256 fr. 45, ce qui, en définitive, a causé à la ville une perte de 423 fr. 55, qui fait l'objet de l'injonction en question ;

Considérant qu'aux termes de l'arrêté du 19 vendémiaire an 12, les receveurs des communes sont tenus, sous leur responsabilité personnelle, de faire faire, contre tous débiteurs en retard de payer, les exploits, significations, poursuites et commandements nécessaires pour la recette et la perception des revenus municipaux, d'empêcher la prescription et de veiller à la conservation des droits, priviléges et hypothèques qui intéressent les communes ;

Que la Circulaire réglementaire du Ministre de l'intérieur aux préfets, du 3 brumaire an 12, a, conformément à l'article 3 dudit arrêté, assigné pour limite aux poursuites dont les receveurs sont responsables, la saisie-exécution des meubles des débiteurs, inclusivement, mais qu'elle n'a déterminé aucune limite pour les actes au moyen desquels ces comptables sont également tenus de conserver les priviléges acquis aux communes et d'empêcher les prescriptions ;

Que, par conséquent, leur responsabilité ne s'arrête qu'au point où la commune aurait à soutenir ou intenter une action devant les Tribunaux, cas auquel doit intervenir l'autorité municipale, conformément aux lois des 14-22 décembre 1789, 29 vendémiaire an 5 et 28 pluviôse an 8 ;

Considérant que l'Instruction du Ministre de l'intérieur de septembre 1824, sur les recettes et dépenses des communes, rappelle ces règles comme étant les seules à suivre pour déterminer les obligations des receveurs, quant à la perception des revenus communaux ;

Considérant que l'Instruction générale du Ministre des finances du 15 décembre 1826, qui a eu pour objet de résumer les dispositions relatives au service des receveurs généraux et particuliers des finances, et de leur faire connaître celles qui concernaient le service des receveurs communaux qui étaient en même temps percepteurs de contributions directes, et dont l'ordonnance du 19 novembre 1826 venait de placer la gestion sous leur responsabilité ; que cette Instruction, bien qu'elle rappelle, art. 593 et 594, que la saisie-exécution est la limite des poursuites dont ces receveurs sont responsables, attribue aux maires, art. 595, le soin de faire procéder à la vente des meubles, mais que cette disposition est le résultat d'une fausse interprétation de la Circulaire réglementaire du 3 brumaire an 12 ; la saisie-exécution comprenant nécessairement la vente des meubles, ainsi qu'il résulte du titre 8 du Code de procédure civile qui, suivant Merlin, assigne à cette saisie deux objets principaux : la saisie-exécution considérée en elle-même et la distribution du prix de la vente des meubles ;

Qu'au surplus, la Circulaire du directeur de la comptabilité générale des finances du 25 janvier 1827 a fait connaître aux receveurs spéciaux des communes les dispositions d'ordre de cette Instruction générale, dont ils étaient invités à faire application dans leur comptabilité, et a dû les empêcher de se méprendre sur le sens et la portée de cette Instruction à leur égard;

Attendu que la perte éprouvée par la commune, sur la créance dont il s'agit, provient de ce que le sieur R... n'a pas rempli les obligations qui lui étaient imposées sous sa responsabilité personnelle, par les règlements mentionnés ci-dessus :

1° En négligeant de faire procéder à la vente des meubles saisis sur le sieur G..., sur lesquels la commune n'a pu profiter plus tard que partiellement du privilége qui lui était acquis;

2° En négligeant surtout de faire faire, dans les délais prescrits par l'article 2102 du Code civil, la revendication des meubles qui avaient garni le bâtiment communal loué au sieur G..., et qui en avaient été déplacés par suite de la vente faite aux sieurs B... et C..., et en laissant ainsi s'éteindre le privilége acquis à la créance de la ville, et d'après ledit article :

Ledit sieur R... est déclaré définitivement responsable de la perte éprouvée par la ville de Besançon sur la créance G...;

Il lui est enjoint, en conséquence, de verser dans la caisse municipale la somme de 423 fr. 55, à laquelle s'élève cette perte, et ce dans le délai de deux mois à dater de la notification du présent arrêt, et d'en justifier par l'envoi d'une quittance extraite de son registre à souche, sous peine d'être déclaré en débet de ladite somme et soumis aux poursuites déterminées par la loi;

Sauf son recours contre qui de droit et contre la commune elle-même, dans le cas où, par l'effet des poursuites qu'elle peut avoir exercées contre le sieur A..., caution du sieur G..., elle aurait été couverte de tout ou partie de ladite perte;

Le sursis à décharge sur 1831 est maintenu.

PRIVILÉGE DU TRÉSOR. — VENTE. — REVENUS.

15 juillet 1843. — *Le privilége du Trésor pour le recouvrement de la contribution foncière affecte les fruits de l'immeuble bien qu'il ait cessé d'appartenir au redevable.* (T. civ. de Draguignan.)

« Attendu qu'aux termes de l'article 1er de la loi du 12 novembre 1808, le Trésor a un privilége sur les fruits et récoltes de la propriété imposée, pour le recouvrement des contributions foncières de l'année échue et de l'année courante;

« Que cette disposition est absolue et doit recevoir son application, quel que soit le propriétaire ou détenteur de l'immeuble soumis à la contribution;

« Que la prétention du sieur B... de vouloir restreindre ce privilége aux cas où l'immeuble est encore possédé par le contribuable débiteur, ne saurait être accueillie; en effet, si le législateur l'avait entendu ainsi, il n'eût pas manqué, après avoir dit dans l'article 1er de la loi, que le privilége s'exerce sur les fruits et revenus des biens immeubles, sujets à la contribution, d'ajouter les mots *possédés par le contribuable,* comme il est dit pour la contribution personnelle et mobilière;

« Que le texte et l'esprit de la loi de 1808 résistent également à l'interprétation voulue par B...; Qu'il est bien évident, en effet, que si le privilége du Trésor ne peut s'exercer que sur le contribuable débiteur et pendant la possession, il dépend de celui-ci de restreindre et d'annihiler même le privilége, en vendant sa propriété; et, dans ce cas, le privilége qui, d'après la loi, est étendu à l'année échue et à l'année courante, se trouverait, par la seule volonté du contribuable débiteur, réduit au temps de sa possession;

« Qu'admettre les prétentions de B..., ce serait exposer le Trésor à des chances de pertes que la loi a voulu éviter par les dispositions bien précises de l'article 1er;

qu'en effet, au cas d'une vente volontaire de l'immeuble soumis à l'impôt, l'agent du fisc n'ayant aucun moyen d'intervenir, le prix étant soldé, si le contribuable débiteur est seul obligé, le fisc se trouve exposé à une perte certaine en cas d'insolvabilité, et, par suite, le privilége écrit dans la loi annulé par le fait seul du contribuable ; Qu'il en est de même pour le cas de vente par autorité de justice, puisque le privilége ne s'exerçant que sur les fruits ou récoltes ou sur le fruit d'iceux, qui auraient fait partie de la saisie, le privilége serait sans résultat toutes les fois que la saisie ne comprendrait aucuns fruits ni récoltes ; Que cette interprétation pourrait donc amener le résultat, que, sans faute ni négligence aucune du percepteur et par la seule force de la volonté du contribuable, le Trésor serait exposé à la perte de ses droits, pour lesquels il a pourtant créé un privilége si formel et si positif ;

« Que les acquéreurs et les adjudicataires ne sauraient se plaindre d'un état de choses qui peut les exposer au-delà du prix primitivement consenti par eux ; que nul n'est censé ignorer la loi, et, connaissant le privilége du Trésor établi par l'article 1er de la loi de 1808, ils ont à s'imputer la faute de ne pas s'être assuré que les contributions étaient soldées, et qu'en se rendant acquéreurs, ils se soumettaient à l'exercice de ce privilége et à toutes ses conséquences ;

« Par ces motifs, le Tribunal, faisant droit aux conclusions prises par L.... condamne B... à représenter et remettre à L..., percepteur, les récoltes saisies sur les biens ayant appartenu à Bru..., par procès-verbal du 2 juillet 1843, pour être procédé, etc. » (1)

CONTRAINTE. — SIGNIFICATION. — EXÉCUTION FORCÉE. — SAISIE-EXÉCUTION. COMMANDEMENT. — TITRE. — COPIE.

12 février 1845. — *Il n'est pas nécessaire que le commandement signifié au redevable contienne copie entière et littérale de la contrainte délivrée contre lui ; il suffit, au contraire, qu'en tête de ce commandement il soit donné copie du rôle, en ce qui concerne le contribuable, et qu'il soit fait mention de la contrainte décernée contre lui.* (C. de cassation.)

LA COUR ; — Vu les articles 13 et 30 de l'arrête du 16 thermidor an 8 et l'article 583 du Code de procédure ;

Attendu que le commandement fait à Chesnel pour le payement de ses contributions directes, exercice 1840, a eu lieu en vertu du rôle rendu exécutoire, conformément à l'article 13 de l'arrêté du 16 thermidor an 8, et par suite de la contrainte décernée contre les contribuables en retard, ainsi qu'il est prescrit par l'article 30 du même arrêté ;

Attendu que l'extrait signifié en tête du commandement contient la copie du rôle, en ce qui concerne Chesnel, et mention de la contrainte décernée pour que le porteur de contrainte le poursuive par voie de saisie-exécution ;

Attendu que dans cet extrait et ce commandement se trouvaient toutes les énonciations de nature à établir que le contribuable en retard peut être régulièrement poursuivi, et est tenu de se libérer, aux mains du porteur de contrainte, du montant de sa cote portée au rôle, qui est le véritable titre dont copie doit être signifiée, pour satisfaire aux dispositions de l'article 583 du Code de procédure ;

Attendu qu'en annulant le commandement du 9 mars 1841, par l'unique motif que la contrainte délivrée contre les contribuables en retard n'avait pas été signi-

(1) Voir l'arrêt de cassation du 6 juillet 1872, rapporté plus bas

fiée littéralement et en entier, le Tribunal civil d'Alençon a faussement interprété et appliqué, et a expressément violé les articles 13 et 30 de l'arrêté du 16 thermidor an 8 et l'article 583 du Code de procédure ; — Casse.

CONTRIBUTIONS DIRECTES (MOBILIÈRE). — DEMANDE EN DÉCHARGE OU EN RÉDUCTION. — COMPÉTENCE. — CONFLIT. — DÉPÔT.

3 décembre 1846. — *C'est à l'autorité administrative, à l'exclusion de l'autorité judiciaire, qu'il appartient de statuer sur l'opposition formée par un contribuable, avec demande en restitution des sommes indûment perçues et en dommages-intérêts, au recouvrement de la taxe mobilière à laquelle il avait été imposé et à l'exécution des poursuites dirigées contre lui, ladite opposition fondée sur ce que l'impôt dont il s'agit, qui est un impôt de répartition, serait cependant perçu par l'administration comme impôt de quotité.*
C'est également à l'autorité administrative qu'il appartient de statuer sur une demande en nullité de poursuites, fondée sur ce que les douzièmes dont lesdites poursuites avaient pour objet de faire opérer le recouvrement n'étaient point exigibles, d'après l'article 28 de la loi du 21 avril 1832. (C. d'Etat.)

Un jugement du Tribunal civil de la Seine, en date du 30 avril 1846, avait admis le déclinatoire présenté par le préfet à l'effet de revendiquer pour l'autorité administrative la connaissance d'une affaire de Genoude qui se refusait à payer la taxe mobilière mise à sa charge, prétendant qu'il y avait eu substitution arbitraire d'un nouveau mode de perception par voie de répartition au mode de perception par voie de quotité fixé par la loi, atteinte portée au principe de l'égalité proportionnelle devant exister entre tous les contribuables, dans une délibération prise par le Conseil municipal, qui affranchissait de toute cotisation les loyers de 200 fr. et au-dessous (1).

Appel de M. de Genoude, le 8 mai 1846 et arrêté de conflit pris par le préfet de la Seine le 22 mai suivant, déposé le même jour au greffe de la Cour.

L'arrêté de conflit a été confirmé en ces termes :

« Louis-Philippe, etc.;

« Vu les lois des 22 décembre 1789, 28 pluviôse an 8, 26 mars 1832;

« Vu les ordonnances des 1er juin 1828, 12 mars 1831 et 19 juin 1840;

« Sur le moyen tiré de ce que l'arrêté de conflit n'aurait pas été déposé en temps utile au greffe de la Cour :

« Considérant qu'il résulte de l'extrait susvisé du registre tenu au parquet de notre procureur général près notre Cour de Paris, que l'arrêté de conflit pris par le préfet de la Seine, le 22 mai 1846, a été déposé le même jour au greffe de notre dite Cour, et qu'ainsi il a été satisfait aux prescriptions de l'ordonnance du 1er juin 1828;

« Sur la compétence :

« Considérant que l'action intentée par le sieur de Genoude contre le receveur-percepteur du 21e arrondissement de perception de la ville de Paris a pour objet de s'opposer au recouvrement de la taxe mobilière à laquelle il a été imposé, à l'exécution des poursuites dirigées contre lui, et d'obtenir la restitution des sommes par lui payées et des dommages-intérêts pour le préjudice qu'il aurait éprouvé; subsidiairement, de faire déclarer la nullité desdites poursuites;

(1) L'article 5 de la loi des recettes du 3 juillet 1846 a conféré aux Conseils municipaux la faculté de répartir, soit au centime le franc, soit d'après un tarif gradué, la portion de la contribution personnelle et mobilière non prélevée sur l'octroi. La délibération critiquée ne pourrait donc plus l'être aujourd'hui.

« En ce qui touche les conclusions principales :

« Considérant que le sieur de Genoude fonde son opposition sur ce que le mode de répartition individuelle de la contribution mobilière par nous approuvé pour la ville de Paris ne serait point établi conformément à l'article 20 de la loi du 21 avril 1832 ;

« Considérant que la réclamation du sieur de Genoude porte sur le mode de répartition dont il s'agit, et qu'elle a réellement pour but d'obtenir le dégrèvement de la surtaxe qui résulterait pour sa cote mobilière de ladite répartition, et qu'aux termes des lois ci-dessus visées, c'est à l'autorité administrative à connaître des demandes des particuliers tendant à obtenir la décharge ou la réduction de leur cote de contributions directes ;

« En ce qui concerne les conclusions subsidiaires :

« Considérant que le sieur de Genoude demande la nullité de poursuites commencées contre lui, par le motif que les douzièmes dont lesdites poursuites avaient pour objet de faire opérer le recouvrement n'étaient point exigibles, d'après l'article 28 de la loi précitée du 21 avril 1832 ;

« Considérant que ce chef de demande porte sur le recouvrement de la contribution directe dont il s'agit, et qu'ainsi, et aux termes des mêmes lois susvisées, il est de la compétence de l'autorité administrative :

Art. 1er. L'arrêté de conflit pris par le préfet de la Seine, le 22 mai 1846, est confirmé.

PRIVILÉGE. — MEUBLES. — TRÉSOR PUBLIC. — CONTRIBUTIONS DIRECTES. — POSSESSION.

17 août 1847. — *Bien que le privilége du Trésor public, pour le recouvrement des contributions directes atteigne les meubles des redevables au 1er janvier de l'année pour laquelle l'impôt a été établi, ce privilége ne peut s'exercer sur ces meubles qu'autant qu'ils sont en leur possession au jour des poursuites.* (C. civ., art. 2119 ; L. 12 novembre 1808, art. 1er.) (C. de cass.)

La Cour ; — Vu les articles 2119 du Code civil et 1er de la loi du 12 novembre 1808 ;

Attendu qu'aux termes de l'article 1er de la loi de 1808, le privilége du Trésor public pour l'année échue et l'année courante de la contribution des patentes ne s'exerce, avant tout autre, sur tous les meubles et autres effets mobiliers, en quelque lieu qu'ils se trouvent, qu'autant que ces meubles et ces effets appartiennent aux redevables ;

Que la contribution est établie pour l'année entière ; qu'elle résulte de la loi de finances qui l'impose et non de l'émission des rôles ou des avertissements individuellement délivrés, lesquels ne sont que des actes administratifs destinés à l'exécution de la loi ; qu'ainsi le privilége atteint les meubles des redevables dès le moment où l'année commence à courir ; mais qu'il ne suit pas de là qu'il atteigne, dans les mains des tiers, les meubles régulièrement aliénés de bonne foi et sans fraude, par les redevables, avant l'exercice de toute poursuite ;

Qu'il n'est fait, pour ce cas, aucune exception au principe en vertu duquel les meubles ne sont pas susceptibles d'un droit de suite ;

Attendu, en fait, que la saisie du Trésor public a été pratiquée sur des meubles dont Quentin, imposé au rôle des patentes comme agent d'affaires, pour l'année 1843, avait transmis la propriété à sa femme, par acte authentique dont l'arrêt attaqué n'a mis en question ni la régularité, ni la sincérité ;

Que l'arrêt attaqué, en validant la saisie dans cet état des faits, a formellement violé la loi précitée ; — Casse.

SAISIE. — CONTRIBUTIONS DIRECTES. — COMMANDEMENT. — CONTRAINTE. — DOUZIÈMES A ÉCHOIR. — EXERCICES DIFFÉRENTS.

20 janvier 1848. — *Lorsqu'un contribuable en retard de payer ses contributions a deux résidences, la circonstance que la demande en nullité de la saisie-exécution pratiquée dans l'une de ces résidences est portée devant le Tribunal d'arrondissement du ressort, ne fait pas obstacle à ce que le Tribunal de l'autre arrondissement statue sur la demande en nullité formée dans l'autre résidence. La saisie exécution pratiquée tant pour les douzièmes d'un exercice clos que pour ceux de l'exercice courant, est nulle, quant à ces derniers, si le commandement ne comprenait que ceux-là.* (C. d'appel de Paris, 4e chambre.)

LA COUR; — Considérant, que les poursuites contre de Genoude ont été précédées d'une contrainte relative au solde des contributions 1846, délivrée, conformément aux règlements, par le receveur particulier de l'arrondissement de Provins, le 3 janvier 1847;

« Qu'il lui a été fait commandement à Paris, le 6 mars suivant;

« Que la saisie pratiquée à Chénoise, le 30 avril dernier, était faite avec itératif commandement;

« Que les actes faits à Paris, par l'un des percepteurs de cette ville, ont eu lieu en exécution de la délégation donnée au comptable par la contrainte ci-dessus énoncée;

« Que le contribuable en retard peut être poursuivi par voie de saisie, à fin de payement de l'impôt, dans tous les lieux où il a établi sa résidence, et où se trouve une partie de ses meubles et effets mobiliers;

« Qu'aucune disposition des lois de procédure n'autorise à considérer comme nul, au regard de la saisie, un premier commandement, par ce motif qu'il aurait été signifié au débiteur dans une résidence autre que celle où la saisie est, en définitive, pratiquée, et que, dans l'espèce, le percepteur de la commune de Chénoise a pu valablement continuer les poursuites commencées;

« Mais, considérant que la saisie du 30 avril a été pratiquée pour une somme de 594 fr. 38, bien que la poursuite ne fût primitivement fondée que sur le solde des contributions de 1846, s'élevant à 302 fr. 90, que le surplus appartient à l'exercice de 1847, pour lequel il n'existe aucune contrainte ni commandement;

« Que, s'il résulte des dispositions des règlements sur la matière que le commandement a lieu non-seulement pour le montant des douzièmes échus à sa date, mais pour les douzièmes échus et à échoir jusqu'au payement, et que, de même, la saisie est faite pour tous les termes échus et à échoir, cette extension ne peut être appliquée lorsqu'il s'agit d'exercices différents constituant des dettes nouvelles et distinctes pour chaque année, chaque rôle formant un titre nouveau;

« Que la législation spéciale ne contenant aucune dérogation, le droit commun doit être observé, et qu'ainsi la contrainte du 4 janvier 1847, base des poursuites relatives au solde de 1846, n'a pu légitimer les poursuites et la saisie du 30 avril, en ce qui touchait les douzièmes de l'exercice de 1847;

« Considérant que, sous ce rapport, lesdites poursuites devaient être déclarées nulles et de nul effet;

« Adoptant, au surplus, les motifs des premiers juges :

« En ce qui touche les dommages-intérêts réclamés par de Genoude, fondés sur l'illégalité des poursuites exercées contre lui :

« Considérant que de Genoude prétend que les commandements et saisie contre lui pratiqués étaient nuls et ne pouvaient produire d'effet, même pour les contributions dues sur l'exercice de 1846; que, d'un autre côté, il résulte de la notoriété des faits que la prétention de de Genoude est de ne satisfaire à aucune des demandes formées contre lui par l'Administration, relativement au payement de l'impôt et qu'il ne fonde pas cette étrange prétention sur les irrégularités dont seraient entachées les poursuites contre lui dirigées, mais que cette conduite est le résultat d'un refus systématique ;

« Considérant qu'il est constant que de Genoude, non-seulement était débiteur, au moment de la saisie, de la somme de 302 fr. 90, mais encore des douzièmes échus dus pour l'exercice de 1847, et qu'il n'a fait pour arrêter les poursuites aucune offre ;

« Qu'il résulte donc de ces circonstances, et de la situation prise par de Genoude, que la saisie et la vente qui en a été la suite ne lui ont causé, en ce qu'elles ont eu d'irrégulier, qu'un préjudice minime que la Cour est à même d'apprécier ;

« Infirme, en ce que les poursuites ont été validées pour toutes les causes de la saisie ; émendant, quant à ce, annule lesdites poursuites pour ce qui excède 302 fr. 90 ; condamne Renon à payer à de Genoude 25 francs de dommages-intérêts ; le jugement, au résidu, sortissant effet ;

« Fait masse des dépens, qui seront supportés : quatre cinquièmes par de Genoude, un cinquième par Renon. »

COMPÉTENCE. — TIERS DÉTENTEUR. — HUISSIER. — CONSIGNATION. — PRIVILÉGE.

1 mai 1852. — *L'examen des questions relatives à la propriété d'effets saisis, à l'immobilisation de fruits et récoltes, est essentiellement du ressort de l'autorité judiciaire.*

L'huissier, dépositaire des fonds provenant d'une vente d'effets mobiliers, ne peut se dispenser de déférer à la demande ou à la sommation du percepteur, sous pretexte qu'il existe des oppositions et qu'il serait dans l'obligation de consigner ; il peut, en cas de refus, être lui-même poursuivi par la voie de la saisie-exécution.

Et s'il a soulevé des contestations mal fondées, notamment en invoquant les droits prétendus de tiers opposants, il peut être condamné à des dommages-intérêts envers l'administration représentée par le percepteur. (C. de Riom.)

En ce qui touche l'appel interjeté par Jacques Lamouroux, partie de Salvy, comme percepteur des contributions directes de la ville de Murat, du jugement rendu le 23 juillet 1851, par le Tribunal civil de cette ville, sur la question d'incompétence ; — Par les motifs exprimés audit jugement, et y ajoutant : Considérant que l'exception présentée par Antoine Bafoil, huissier, dans l'intérêt du sieur Fontaine, créancier d'Augustin Veysseire, reposait sur une question de propriété de bestiaux saisis, qui aurait été tranchée au profit dudit sieur Fontaine par le jugement du Tribunal de Murat du 15 juin 1851, lequel validait la saisie desdits bestiaux ; — Considérant que la seconde exception, aussi présentée par Bafoil, et résultant de ce que, aux termes des articles 681 et 682 C. proc., le prix provenant de la vente des fruits et récoltes saisis sur les immeubles dont l'expropriation était poursuivie devait être déposé à la Caisse des consignations, comme lesdits fruits et récoltes, ayant été immobilisés après la transcription de la saisie immobilière, présentait également une autre question dont l'appréciation appartenait au Tribunal civil ;

« Considérant, dès lors, que l'examen de ces diverses questions, se référant à la propriété d'effets et récoltes saisis, à l'immobilisation de fruits et récoltes et à des formes de procédure, appartenait essentiellement à l'appréciation de l'autorité judiciaire ;

« Par ces motifs, *dit* qu'il a été bien jugé par le Tribunal de Murat, par son jugement contradictoire rendu le 23 juillet 1851, mal et sans cause appelé; — *Dit*, en conséquence, qu'il a été bien procédé par ledit Tribunal en se déclarant compétent et en ordonnant que les parties plaideraient au fond sur le litige porté devant lui;

« En ce qui touche l'appel interjeté par Jacques Lamouroux, comme percepteur des contributions directes de la ville de Murat, du jugement contre lui rendu par défaut, faute de plaider, le 23 juillet 1851; — Considérant que le commandement fait le 16 juillet 1851, à la requête du sieur Lamouroux, percepteur des contributions directes de Murat, à l'huissier Bafoil, comme dépositaire des prix de ventes faites par son ministère, est intervenu par suite et en exécution d'une contrainte décernée le 15 juillet 1851 par le receveur particulier de Murat et visée par M. le sous-préfet de cette ville; — Que cette contrainte, décernée contre ledit Bafoil, en sa qualité de dépositaire de deniers provenant de vente d'objets saisis sur Augustin Veysseire, était exercée par suite des rôles des contributions directes, rendus exécutoires par M. le préfet du Cantal, pour les années 1850 et 1851, dans les communes de Murat et de Lavagnière, et par suite des dispositions de l'article 2 du décret du 12 novembre 1808; — Que le rôle exécutoire des contributions directes est un titre incontestable, tant contre les contribuables que contre ceux qui sont détenteurs de leurs deniers, pour que le Trésor puisse, contre ces derniers, réclamer par privilège le payement de l'impôt qui lui est dû;

« Considérant, dès lors, que le commandement du 16 juillet 1851 a été fait en vertu d'un titre valable et conforme à la loi;

« Considérant que vainement on objecterait, comme le prétend Bafoil dans ses conclusions prises devant la Cour, que le versement des deniers provenant de la vente des objets et récoltes saisis devient obligatoire, aux termes de l'article 657 du Code de procédure, de la part dudit dépositaire de ces deniers, lorsqu'il existe des oppositions de la part des tiers; qu'à cet égard, il a été dérogé aux dispositions du droit commun par le décret du 12 novembre 1808 qui, dans l'intérêt du Trésor et pour l'exercice de son privilège, lorsqu'il est en concurrence avec d'autres créanciers opposants, porte des prescriptions toutes spéciales;

« Considérant que le percepteur de Murat, en pratiquant, le 21 juillet 1851, une saisie-exécution sur le mobilier personnel de Bafoil, et en donnant suite à ladite saisie après l'ordonnance de référé rendue, le 22 juillet 1851, par M. le président du Tribunal de Murat, laquelle ordonnance portait qu'il serait sursis à l'exécution jusqu'après la décision du Tribunal devant lequel les parties étaient renvoyées, n'a pu commettre un acte nul et vexatoire; qu'alors qu'il agissait ainsi, l'ordonnance de référé ne lui avait pas été signifiée, et que légalement il n'était pas averti par Bafoil pour avoir à cesser ou à suspendre les poursuites commencées, et que, dans l'intérêt du Trésor, il ne devait négliger aucun des moyens propres à assurer le recouvrement de la créance qui faisait l'objet des poursuites;

« Considérant qu'en l'absence du sieur Fontaine, au nom duquel l'huissier Bafoil réclamait la propriété des bestiaux saisis sur Veysseire, des créanciers hypothécaires dudit Veysseire qui viendraient élever la prétention bien ou mal fondée d'être propriétaires, par voie d'immobilisation, des fruits saisis sur les propriétés de Veysseire, dont l'expropriation se poursuit; des domestiques dudit Veysseire qui viendraient aussi demander l'exercice de leur privilège pour les gages à eux dus et alors que les parties intéressées ont gardé le silence et ne sont intervenues ni en première instance, ni en appel, il n'est pas possible d'examiner leurs droits pour décider s'ils doivent primer ou modifier ceux que le Trésor exerce pour le payement de sa créance; Bafoil, ne pouvant exciper des moyens qui sont personnels à cesdites parties intéressées, qu'il n'a pas appelées en cause, et faire statuer sur le mérite de prétentions qu'elles ne viennent pas soutenir;

« Considérant, dès lors, que l'opposition formée par Bafoil au commandement de payer le 16 juillet 1851 est mal fondée, et que les poursuites commencées contre lui par Jacques Lamouroux, comme percepteur de Murat, ne doivent pas, quant à présent, être suspendues ;

« Considérant que Bafoil, par l'opposition mal fondée faite aux poursuites de Lamouroux, par le retard qu'il a occasionné dans le recouvrement de l'impôt dû par Veysseire, a causé au Trésor un préjudice qui, quoique minime, doit être réparé ;

« Par ces motifs, *dit* qu'il a été mal jugé par le jugement dont est appel, rendu le 23 juillet 1851 par le Tribunal de Murat, sur le fond de la contestation qu'il avait retenue comme compétemment saisi, mal et sans cause appelé du jugement de compétence ; — Emendant... *déclare* mal fondée l'opposition formée par Bafoil aux poursuites dirigées contre lui à la requête de Lamouroux, ès qualités que ce dernier agit ; — *Ordonne*, en conséquence, la continuation des poursuites, et *condamne* ledit Bafoil, pour tous dommages et intérêts envers Jacques Lamouroux, représentant l'administration des finances, aux dépens de première instance et d'appel. »

PRIVILÉGE. — TRÉSOR PUBLIC. — CONTRIBUTION FONCIÈRE. — REVENUS.

6 juillet 1852. — *Le privilége établi au profit du Trésor public sur les fruits et revenus des biens immeubles, pour la contribution foncière de l'année échue et de l'année courante, affecte ces fruits et revenus, encore que l'immeuble assujelti aurait cessé d'appartenir au redevable.* (C. de cassation.)

Le sieur Reiset, percepteur des contributions directes, avait formé entre les mains d'un locataire d'une maison appartenant à la dame Depresle, et qui venait d'être adjugée au sieur Bourdeaux, une saisie-arrêt, afin d'obtenir payement de contributions arriérées dues par la dame Depresle. Le sieur Bourdeaux demanda la mainlevée de cette saisie-arrêt, prétendant que le Trésor n'avait pas droit de suite pour sûreté de la contribution foncière due par le redevable qui avait cessé d'être propriétaire de l'immeuble assuré.

Un jugement du Tribunal de Rouen, du 23 mai 1851, valida la saisie-arrêt jusqu'à concurrence d'une année d'impôt foncier et de l'année courante :

« Attendu que l'article 1er de la loi du 12 novembre 1808 donne au Trésor public, pour le recouvrement de l'année échue et de l'année courante de l'impôt foncier, un privilége de premier ordre sur les fruits, récoltes, loyers et revenus des biens immeubles sujets à la contribution, et que cette disposition ne subordonne pas l'existence du privilége a la condition que l'immeuble existera toujours dans la main du même propriétaire ;

« Attendu que l'impôt foncier n'est pas dû par la personne même du propriétaire, mais par le fonds, et que c'est là ce qui explique pourquoi la loi de 1808 n'a pas parlé de la condition ci-dessus et a établi le privilége d'une manière absolue ;

« Attendu qu'il n'y a pas non plus de distinction sur l'échéance de ces fruits et revenus et que le privilége frappe aussi bien sur ceux qui sont échus au moment du premier acte de la poursuite que sur ceux à échoir. »

Pourvoi du sieur Bourdeaux pour violation et fausse application des articles 1er et 2 de la loi du 12 novembre 1808, combinés avec les articles 2098 et 2119 du Code civil, en ce que le jugement attaqué a déclaré l'existence d'un droit de suite au profit d'un privilége purement mobilier, et nonobstant la règle que les meubles n'ont pas de suite par hypothèque, principe qui conserve toute sa force dans les matières même spéciales pour lesquelles il n'a pas été expressément dérogé.

ARRÊT. —LA COUR : Attendu que l'article 1er, § 1er de la loi du 12 novembre

1808 établit au profit du Trésor public un privilège qui s'exerce avant tout autre sur les récoltes, fruits, loyers et revenus des biens immeubles sujets à la contribution, pour la contribution foncière de l'année échue et de l'année courante ; .

Que ces termes généraux embrassent tous les revenus des immeubles, sans distinguer si les biens ont changé de maître ou sont restés aux mains du même propriétaire, à la différérence du § 2 du même article qui ne frappe du privilége, à raison de la contribution mobilière, que les meubles et effets mobiliers n'ayant pas cessé d'être ceux des redevables;

Attendu qu'en concluant de ce texte que l'opposition formée par le percepteur sur les loyers de la maison en question devait produire son effet, l'arrêt attaqué, loin de violer la loi, en a fait, au contraire, une saine interprétation;

Rejette.

CONTRIBUTIONS DIRECTES. — REVENDICATION D'EFFETS SAISIS. — COMPÉTENCE

17 février 1853. — *C'est à l'autorité judiciaire qu'il appartient de prononcer sur les demandes en revendication de meubles et effets mobiliers saisis pour le payement des contributions directes.* (C. d'Etat.)

Vu la requete présentée par les sieurs Brosse et Cᵉ, fabricants de velours, demeurant à Lyon, ladite requête enregistrée le 30 avril 1851 au secrétariat du contentieux, et tendant à ce qu'il nous plaise annuler un arrêté du Conseil de préfecture du Rhône, en date du 17 décembre 1850, qui, statuant sur un mémoire adressé au préfet par lesdits sieurs Brosse et Cᵉ pour lui faire connaître qu'ils avaient formé opposition à la vente d'objets saisis dans les magasins de leur maison de commerce le 5 décembre 1850, à la requête du percepteur des contributions directes, par suite du refus des sieurs Paté, Verpillot et Ritton de payer le droit de patente auquel chacun d'eux avait été imposé, pour 1850, au rôle de la ville de Lyon, en qualité d'associés de la maison Brosse et Cᵉ, et que si, dans le délai d'un mois, il n'était pas fait mainlevée de ladite saisie, ils porteraient devant le Tribunal civil une demande en revendication des objets saisis, a autorisé le percepteur à continuer les poursuites jusqu'au payement des sommes dues par les sieurs Paté, Verpillot et Ritton; ce faisant, décharger les sieurs Brosse et Cᵉ de la patente imposée aux sieurs Paté, Verpillot et Ritton pour l'année 1850, et ordonner la restitution de la somme de 496 fr. 19 c. payée par la maison Brosse et Cᵉ à raison de ladite patente;

Vu l'arrêté attaqué;

Vu le mémoire adressé au préfet du Rhône par les sieurs Brosse et Cᵉ, le 20 décembre 1850;

Vu les rapports du directeur des contributions directes du département du Rhône, en date du 20 juin, 12 et 13 août 1851;

Vu les observations du Ministre des finances, enregistrées au secrétariat du contentieux le 6 septembre 1851, et tendant au rejet du pourvoi;

Vu toutes les pièces produites et jointes au dossier;

Vu la loi des 12-22 novembre 1808, art. 4, et la loi des 23 et 28 octobre, 5 novembre 1790, art. 15 du titre III;

Considérant qu'aux termes de l'article 4 de la loi du 12 novembre 1808, c'est à l'autorité judiciaire qu'il appartient de prononcer sur les demandes en revendication de meubles et objets mobiliers saisis pour le payement des contributions directes; mais que, avant de porter leur demande devant les Tribunaux, les parties intéressées doivent la soumettre au préfet, conformément à la loi du 28 octobre-5 novembre 1790; que, dès lors, le Conseil de préfecture du Rhône, par son arrêté du 27 décembre 1850, a commis un excès de pouvoirs en statuant sur la revendication que les sieurs Brosse et Ce déclaraient vouloir former des objets saisis à la requête du percepteur du 1er arrondissement de la ville de Lyon et en autorisant ledit percepteur à continuer jusqu'au payement les poursuites par lui commencées :

Art. 1er L'arrêté du Conseil de préfecture du Rhône, en date du 27 décembre 1850, est annulé pour excès de pouvoirs. (C. d'Etat.)

CONTRIBUTION DIRECTE. — RÉCLAMATION. — REVENDICATION DE MEUBLES SAISIS. MÉMOIRE PRÉALABLE. — CONSEIL DE PRÉFECTURE. —EXCÈS DE POUVOIRS.

28 février 1856. — Le mémoire préalable aux actions judiciaires en revendication des meubles saisis pour le payement des contributions directes doit être soumis, non au Conseil de préfecture, mais au préfet, auquel il appartient, comme chef de l'administration départementale, de prendre, en ce qui concerne la continuation des poursuites, les mesures qu'il jugera convenables dans l'intérêt de l'Etat : un Conseil de préfecture excède ses pouvoirs si, un tel mémoire lui ayant été soumis, il décide que l'opposition à la vente des objets saisis n'est pas fondée, s'il autorise le percepteur à suivre sur la saisie et à ester en justice pour le maintien de cette saisie. (C. d'Etat.)

Vu la requête présentée par la dame veuve Peyte, en qualité de tutrice de ses filles mineures et par le sieur Ferdinand Bazin, subrogé-tuteur desdites mineures, tendant à ce qu'il nous plaise annuler... 2° Un arrêté du 20 juin 1855 par lequel, le même Conseil, maintenant son arrêté précité, a décidé que l'opposition à la vente des objets saisis sur les mineures Peyte, à la requête du percepteur de la première division de Limoges, n'était pas fondée ; que le percepteur était autorisé à donner suite à la saisie et à ester en justice pour son maintien et pour les poursuites ultérieures ;

Ce faisant,..... 2° décider que le Conseil de préfecture était incompétent, soit pour apprécier le mérite de l'opposition à la saisie-exécution pratiquée sur les meubles revendiqués au nom des mineures Peyte, soit pour autoriser le percepteur à continuer les poursuites ;

Vu le procès-verbal de la saisie-exécution sur les meubles et effets de la dame Peyte et de ses enfants ;

Vu le mémoire du 6 juin 1855, par lequel la dame Peyte expose au Conseil de préfecture de la Haute-Vienne qu'une saisie a été pratiquée à son domicile sur les effets mobiliers appartenant aux mineures Peyte, et demande qu'il lui soit donné l'autorisation de se pourvoir en justice pour obtenir la nullité de cette saisie et de former une demande en revendication desdits meubles et effets mobiliers ;

Vu les observations de notre Ministre des finances tendant au rejet de la requête ;

Vu l'article 28 de la loi du 21 avril 1832 ; vu la loi du 12 novembre 1808, article 4 ; celle des 23 et 28 octobre, 5 novembre 1790, titre 3, article 15 et celle du 28 pluviôse an 8, notamment l'article 3 ;

En ce qui touche la réclamation du 6 juin ; — Considérant que, d'après l'article 4 de la loi du 12 novembre 1808, lorsque, dans le cas de saisie de meubles et autres effets mobiliers pour le payement des contributions directes, il s'élève une demande en revendication de tout ou partie desdits meubles et effets, cette demande doit être portée devant les Tribunaux civils, auxquels il appartient de prononcer sur la validité de la saisie ; que les parties intéressées doivent, il est vrai, soumettre préalablement leur demande à l'autorité administrative, conformément à l'article 15 du titre III de la loi des 23 et 28 octobre-5 novembre 1790 : mais que l'autorité à laquelle elles doivent s'adresser n'est pas le Conseil de préfecture ; que le mémoire qu'elles sont tenues de fournir doit être fourni au préfet auquel il appartient, comme chef de l'administration du département, de prendre, en ce qui concerne la continuation des poursuites, les mesures qu'il jugera convenables dans l'intérêt de l'Etat ; que, dès lors, le Conseil de préfecture était incompétent, soit pour décider que l'opposition à la vente des objets saisis n'était pas fondée, soit pour autoriser le percepteur à donner suite à la saisie et à ester en justice pour son maintien et pour les poursuites ultérieures :

Art. 1er. L'arrêté du Conseil de préfecture de la Haute-Vienne, du 20 juin 1855 est annulé pour excès de pouvoirs, en tant : 1° qu'il a déclaré que l'opposition à la vente des objets saisis le 1er juin 1855 à la requête du percepteur de la ville de Limoges (1re division) n'était pas fondée ; 2° qu'il a autorisé le percepteur à donner suite à la saisie et à ester en justice pour le maintien de cette saisie et les poursuites ultérieures.

Art. 2. Le surplus des conclusions de la dame Peyte et du sieur Bazin est rejeté.

DÉPOSITAIRE OU DÉBITEUR. — QUALITÉ CONTESTÉE. — COMPÉTENCE. — GARNISON A DOMICILE.

3 avril 1856. — *Lorsque, pour justifier les poursuites exercées contre un individu autre que celui au nom duquel la contribution est inscrite, le percepteur se fonde sur ce que l'individu poursuivi serait détenteur de fruits, loyers ou revenus des immeubles soumis à la contribution et affectés au privilége du Trésor public, si l'individu ainsi poursuivi conteste ces allégations, sa qualité et la nature de ses rapports avec le contribuable ne peuvent être appréciées que suivant les formes et les règles du droit civil; en conséquence, le Conseil de préfecture, saisi d'une réclamation tendant à faire déclarer les poursuites mal fondées, doit renvoyer le réclamant devant l'autorité judiciaire pour être statué sur l'exception par lui proposée.*

Les poursuites faites par le percepteur, en vertu de l'article 2 de la loi du 12 novembre 1808, contre les dépositaires ou débiteurs de fonds affectés au privilége du Trésor peuvent-elles être exercées par la voie de la garnison collective ou par celle de la garnison individuelle? (1) (C. d'Etat.)

Vu la requête présentée par le sieur Vuillemenot, demeurant à Orgelet (Jura), ladite requête tendant à ce qu'il nous plaise annuler un arrêté du 16 février 1855, par lequel le Conseil de préfecture du Jura a rejeté la réclamation qu'il avait formée à l'effet de faire déclarer mal fondées les poursuites exercées contre lui par le percepteur de la réunion de Présilly pour le recouvrement des contributions directes dont il aurait été débiteur, soit pour son compte, soit pour le compte de la dame veuve Dulong, comme détenteur de fonds appartenant à ladite dame, en qualité d'agent chargé de la vente ou de l'exploitation de ses bois;

Ce faisant, déclarer ces poursuites frustratoires, attendu : 1° que l'arrêté du préfet du Jura du 8 mars 1840 n'autorise, par son article 50, l'exercice de la garnison à domicile que contre les contribuables qui payent plus de 60 fr. de contributions directes; 2° que d'ailleurs, au moment où il a été poursuivi, il ne se trouvait ni dépositaire ni détenteur de deniers appartenant à la dame Dulong et affectés au privilége du Trésor, aux termes de la loi du 12 novembre 1808; en

---

(1) Cette question n'a pas été résolue par le Conseil d'Etat, parce que, dans l'espèce, la somme réclamée était inférieure au taux fixé par l'article 44 de l'arrêté du 16 thermidor an 8; le Ministre des finances avait exprimé l'avis que la cote ne se montant en réalité qu'à 13 fr. 38 c., il eût été plus régulier d'employer la garnison collective.

conséquence, mettre tous dépens à la charge du percepteur de la réunion de Prósilly, et le condamner à 20 fr. de dommages-intérêts.

Vu les observations de notre Ministre des finances tendant à ce qu'il nous plaise admettre les conclusions dudit pourvoi, en ce qui touche les contributions dues par Vuillemenot en son nom personnel, et rejeter le surplus desdites conclusions ;

Vu les articles 2058 et 2101 du Code Napoléon, et la loi du 12 novembre 1808; — Vu la loi du 1er septembre 1790 ; la loi du 12 brumaire an 5, article 3 ; la loi du 17 brumaire an 5, article 3 ; la loi du 3 frimaire an 7, art. 147 ; la loi du 2 messidor an 7 ; titre VIII ; la loi du 28 pluviôse an 8, article 4 ; l'arrêté du gouvernement, en date du 16 thermidor an 8, article 44 ; la loi du 15 mai 1818, article 51 ;

Sur les conclusions du sieur Vuillemenot, tendant à obtenir le dégrèvement du montant des frais de poursuites dirigées contre lui pour le recouvrement des contributions inscrites à son nom sur les rôles de la commune de Chaveria, et, en outre, des dommages-intérêts ;

Considérant qu'aux termes de l'article 44 de l'arrêté du gouvernement du 16 thermidor an 8, la garnison à domicile ne peut être exercée contre les contribuables qui payent moins de 10 fr. de contributions directes ; qu'ainsi ce mode de poursuites ne pouvait être employé contre le requérant pour le recouvrement d'une cote de 13 fr. 38, inscrite à son nom sur le rôle de la commune de Chavéria ; que, par suite, il y a lieu de lui accorder décharge des frais des poursuites exercées contre lui pour le recouvrement de ladite cote ;

Sur les conclusions du sieur Vuillemenot, tendant à faire déclarer qu'il ne pouvait être poursuivi pour le recouvrement des contributions inscrites au nom de la dame veuve Dulong sur les rôles de la commune de Puymorin et de Rothonay, et à obtenir le dégrèvement des frais des poursuites exercées contre lui ;

Considérant que, pour justifier les poursuites exercées contre le sieur Vuillemenot pour le recouvrement des contributions directes inscrites au nom de la dame veuve Dulong, le percepteur se fondait sur ce que le sieur Vuillemenot aurait été détenteur de fruits, loyers ou revenus des immeubles soumis à la contribution et affectés au privilége du Trésor public ; que le sieur Vuillemenot prétendait, au contraire, qu'en acquittant habituellement les impôts dont il s'agit, il n'aurait agi qu'à titre purement officieux et n'aurait été que le mandataire de ladite dame ; que, dans ces circonstances, la qualité du sieur Vuillemenot et la nature des rapports existant entre lui et la dame Dulong ne pouvaient être appréciées que suivant les formes et les règles du droit civil ; que, dès lors, le Conseil de préfecture aurait dû renvoyer le requérant devant l'autorité judiciaire pour être statué sur l'exception par lui proposée :

Art. 1er. L'arrêté du Conseil de préfecture du Jura du 16 février 1855 est annulé.

Art. 2. Le sieur Vuillemenot est renvoyé devant l'autorité compétente pour être statué ce qu'il appartiendra sur la question de savoir si, à l'époque où des poursuites ont été dirigées contre lui par le percepteur de la réunion de Présilly pour le recouvrement des contributions directes inscrites au nom de la dame veuve Dulong sur les rôles des communes de Pymorin et de Rothonay, il se trouvait dépositaire ou détenteur de deniers appartenant à ladite dame et affectés au privilége du Trésor, d'après les dispositions de la loi du 12 novembre 1808.

Art. 3. Décharge est accordée au sieur Vuillemenot des frais des poursuites exercées contre lui pour le recouvrement des contributions inscrites en son nom sur le rôle de la commune de Chavéria. — Le surplus des conclusions du sieur Vuillemenot est rejeté.

RESPONSABILITÉ DU PROPRIÉTAIRE. — PRIVILÉGE DU TRÉSOR. — COMPÉTENCE.

31 juillet 1856. — *Un Conseil de préfecture, saisi de la question de savoir si un propriétaire est responsable de la contribution des patentes et de la contribution mobilière dues par son locataire, ne peut, sans excès de pouvoirs, se saisir de la question de savoir si les meubles du locataire étaient affectés au privilége du Trésor et si, par la vente de ces meubles, le propriétaire s'est emparé du gage du Trésor. (C. d'Etat.)*

Vu la requête du sieur Ardisson, tendant à ce qu'il nous plaise annuler un arrêté du 26 juillet 1855, par lequel le Conseil de préfecture des Bouches-du-Rhône l'a déclaré responsable de la contribution mobilière et de la patente dues, pour l'année 1854, par le sieur Simon, son locataire, *par le motif qu'il a fait vendre les meubles du sieur Simon et s'est ainsi emparé du gage du Trésor, sans avoir rempli les formalités prescrites par la loi du 21 avril 1832;*

Ce faisant, annuler ledit arrêté, attendu qu'il s'agit, dans l'espèce, de statuer sur une question de préférence entre créanciers privilégiés, et que le Conseil de préfecture était incompétent pour en connaître;

Au fond, décider que c'est à tort qu'il a déclaré le propriétaire responsable, pour la totalité, des contributions dues par le sieur Simon;

Vu les observations de notre Ministre des finances tendant au maintien de l'arrêté attaqué;

Vu la loi du 28 pluviôse an 8; la loi du 21 avril 1832 et celle du 25 avril 1844:

Sur la compétence: Considérant que la question soumise au Conseil de préfecture était celle de savoir si le sieur Ardisson était responsable des contributions dues par le sieur Simon, par application de l'article 22 de la loi du 21 avril 1832 et de l'article 25 de la loi du 25 avril 1844; que cette question est de la nature de celles que le Conseil de préfecture est appelé à apprécier, d'après l'article 4 de la loi du 28 pluviôse an 8; mais que le Conseil de préfecture n'a pu, sans commettre un excès de pouvoir, se saisir de la question de savoir si les meubles du sieur Simon étaient affectés au privilége du Trésor, et si, par la vente de ces meubles, le sieur Ardisson s'était emparé du gage du Trésor;

Au fond: Considérant, en ce qui concerne la contribution mobilière que, d'après l'article 23 de la loi du 21 avril 1832, les propriétaires, en cas de déménagement de leurs locataires, doivent se faire représenter par ces derniers les quittances de leurs contributions; que, lorsque ces locataires ne représentent point ces quittances, ils sont tenus, sous leur responsabilité personnelle, de donner avis du déménagement au percepteur;

Considérant qu'il résulte de l'instruction que le sieur Simon, locataire de la maison dont le sieur Ardisson est propriétaire, rue du Tapis-Vert, n° 4, à Marseille, fut contraint, à la suite de mauvaises affaires, d'abandonner son établissement; que le sieur Ardisson, en sa qualité de propriétaire, devait, avant le départ du sieur Simon, se faire représenter la quittance de ses contributions; qu'à défaut de cette justification il était tenu, sous sa responsabilité personnelle, de donner avis au percepteur du départ de son locataire; qu'après le départ du sieur Simon et l'abandon de son établissement, le sieur Ardisson, sans avoir rempli les formalités qui lui étaient imposées par les dispositions ci-dessus rappelées, a fait saisir et vendre les meubles dudit Simon; que, dans ces circonstances, le sieur Ardisson devait être déclaré responsable de la contribution mobilière due par le sieur Simon pour l'année 1854;

Considérant, en ce qui touche la contribution des patentes, que, d'après l'article 25 de la loi du 25 avril 1844, la part de la contribution laissée à la charge des propriétaires comprend seulement le dernier douzième échu et le douzième courant dus par le patentable; d'où il suit que c'est à tort que le Conseil de préfecture a mis à la charge du sieur Ardisson le montant intégral de la patente due par le sieur Simon;

Art. 1er. L'arrêté du Conseil de préfecture des Bouches-du-Rhône du 26 juillet 1855 est annulé.

Art. 2. Le sieur Ardisson est déclaré responsable de la contribution mobilière et des deux douzièmes de la patente dus pour l'année 1854 par le sieur Simon.

Art. 3. Le surplus des conclusions du sieur Ardisson est rejeté.

RESPONSABILITÉ DU PROPRIÉTAIRE A L'ÉGARD DE LA PATENTE DU LOCATAIRE. — PRIVILÉGE DU TRÉSOR. — COMPÉTENCE.

19 février 1863. — *La demande formée par un propriétaire, contraint par le percepteur de payer la totalité de la patente due par son fermier qui a quitté son établissement sans la payer, à l'effet de faire déclarer que l'article 25 de la loi du 25 avril 1844 ne lui est pas applicable, peut être portée devant le Conseil de préfecture, en vertu de la loi du 25 pluviôse an VIII. — Cette réclamation est une demande en décharge.*

La question de savoir si le propriétaire est responsable de l'impôt comme adjudicataire du matériel et des objets mobiliers appartenant à son fermier, d'après l'article 2 de la loi du 12 novembre 1808, est une question de privilége, de la compétence exclusive de l'autorité judiciaire. (C. d'Etat.)

Vu la requête présentée par le sieur de Calvière, tendant à ce qu'il nous plaise annuler un arrêté du 28 mars 1862, par lequel le Conseil de préfecture du Gard s'est déclaré incompétent pour statuer sur la demande qu'il avait formée à l'effet d'obtenir le remboursement d'une somme de 299 fr. 66 c., qu'il aurait à tort été forcé de payer par le percepteur de Brignon, pour l'acquit de la contribution des patentes à laquelle le sieur Aurivel, l'un des fermiers de la papeterie dont le requérant est propriétaire dans la commune de Boucoiran, avait été imposé, pour l'année 1859, sur le rôle de ladite commune;

Ce faisant, décider que le Conseil de préfecture était compétent;

Attendu que le requérant demandait la décharge d'une contribution dont il avait été déclaré responsable, et, statuant au fond, lui accorder la décharge demandée;

Attendu, d'une part, que l'article 2 de la loi du 12 novembre 1808 n'est pas applicable au requérant, qui s'est rendu adjudicataire des appareils de la papeterie laissés par son fermier, sans que le percepteur ait formé opposition à la saisie qui a précédé la vente, et qu'ainsi celui-ci a laissé périmer le privilége du Trésor public, et, d'autre part, que l'article 25 de la loi du 25 avril 1844 s'applique seulement au cas de *déménagement* du locataire; que si le sieur Aurivel a laissé l'usine au mois de mars 1859, il y a laissé le mobilier et les appareils qui lui appartenaient; que, dès lors, le requérant ne saurait être responsable de la contribution des patentes de son locataire;

Subsidiairement, et pour le cas où l'article 25 de la loi du 25 avril 1844 lui serait appliqué, ordonner, conformément au dernier paragraphe de cet article, que deux douzièmes seulement de l'imposition qu'il a payée seront laissés à sa charge, et lui accorder décharge des dix autres douzièmes;

Vu les observations du Ministre des finances tendant au rejet du pourvoi...;

Vu la loi du 22 pluviôse an 8, celle du 12 novembre 1808 et celle du 25 avril 1844;

Considérant qu'il résulte de l'instruction que le sieur Aurivel, fermier de la papeterie dont le sieur de Calvière est propriétaire dans la commune de Boucoiran, a quitté cette usine au mois de mars 1859, sans avoir payé la contribution des patentes à laquelle il avait été assujetti pour ladite année, et que le sieur de Calvière a été contraint par le percepteur de Brignon d'acquitter la totalité de l'imposition de son fermier ;

Considérant qu'après avoir payé cette contribution, le sieur de Calvière a formé une réclamation devant le Conseil de préfecture, à l'effet de faire décider que l'article 25 de la loi du 25 avril 1844 ne lui était point applicable ; que, dès lors, il ne pouvait être tenu d'acquitter la contribution du sieur Aurivel ; qu'en réponse à cette réclamation, l'Administration a prétendu que le sieur de Calvière était responsable de l'impôt du sieur Aurivel, non-seulement comme propriétaire en vertu de la disposition précitée, mais en outre comme adjudicataire du matériel et des objets mobiliers appartenant à son fermier, d'après l'article 2 de la loi du 12 novembre 1808 ;

Considérant, en ce qui concerne l'application de l'article 25 de la loi du 25 avril 1844, que la réclamation du sieur de Calvière constituait une demande en décharge ; que cette demande est de la nature de celles que le Conseil de préfecture est appelé à apprécier, d'après l'article 4 de la loi du 28 pluviôse an 8, et que, dès lors, le Conseil de préfecture du Gard s'est à tort déclaré incompétent pour en connaître ;

Considérant que l'affaire est en état et qu'il y a lieu de statuer au fond ;

Considérant que si le sieur Aurivel a quitté la papeterie dont il était fermier au mois de mars 1859, il y a laissé le matériel et le mobilier qui lui appartenaient ; que, dès lors, le sieur de Calvière ne se trouvait dans aucun des cas prévus par l'article 25 de la loi du 25 avril 1844, et ne pouvait, en conséquence, être déclaré responsable, par application de cette loi, de la contribution des patentes imposée à son fermier :

Art. 1er. Il est accordé décharge au sieur de Calvière de la contribution des patentes qu'il a été contraint de payer, pour l'année 1859, au nom du sieur Aurivel...

(Arrêté réformé en ce qu'il a de contraire. Rejet du surplus des conclusions du demandeur.)

VENTE SUR SAISIE. — HUISSIER. — COMMISSAIRE-PRISEUR. — RESPONSABILITÉ.

12 février 1864. — *L'huissier ou le commissaire-priseur qui, ayant procédé à une vente publique de meubles, en a versé le prix entre les mains des ayants-droit sans s'être fait préalablement justifier du payement des contributions, est, à bon droit, poursuivi comme responsable vis-à-vis du Trésor public dont il a laissé périr le gage.* (T. de Douai.)

LE TRIBUNAL.—Attendu que la loi du 12 novembre 1808, article 2, a obligé les notaires, commissaires-priseurs et autres dépositaires ou débiteurs de fonds provenant du chef des redevables, et affectés au privilège du Trésor public, à verser ces fonds entre les mains du percepteur, en l'acquit des redevables, sur la seule demande qui leur en serait faite, sans qu'il fût besoin d'une saisie-arrêt ou opposition requise par le droit commun (C. Nap., art. 1944) ;

Mais qu'elle n'a point, en y ajoutant, supprimé l'obligation que le décret du 5 août 1791 imposait à ces dépositaires de ne remettre les fonds aux redevables que sur la preuve de leur libération envers le Trésor, sauf toutefois l'autorisation pour eux de devancer la demande et de libérer les redevables par un payement spontané en leur acquit ;

Attendu que la loi de 1808, qui règle l'exercice du privilège pour le recouvrement des contributions directes tout à l'avantage du Trésor, n'a pu, par la plus étrange inconséquence, mettre à néant l'obligation même qui le sauvegarde et en garantit l'efficacité;

Qu'au surplus, la loi du 18 juillet 1843 et la discussion qui l'a précédée ont dissipé tous les doutes possibles à cet égard, en reconnaissant d'une manière formelle la coexistence légale et l'autorité des lois du 5 août 1791 et 12 novembre 1808 (1).

DÉMÉNAGEMENT FURTIF. — RESPONSABILITÉ DU PROPRIÉTAIRE. — ENTENTE.

5 août 1867. — *En ce qui concerne la patente, la responsabilité du propriétaire, au lieu de s'étendre sur l'année entière, est restreinte au dernier douzième échu et au douzième courant.*

Au cas où le propriétaire aurait, par suite de cette responsabilité, soldé la totalité de la contribution due, il doit être remboursé de ce qu'il aurait payé au-delà des deux douzièmes. (A. du Conseil de préfecture du Pas-de-Calais.)

Vu la réclamation, en date du 19 novembre 1866, par laquelle le sieur Thilloy-Leborgne, propriétaire à Saint-Omer, demande : 1° La remise de 21 fr. 08 c., montant des contributions foncières et des portes et fenêtres assises sur une maison sise à Saint-Omer, rue des Epeers, n° 7, et devenue vacante par la disparition furtive de la demoiselle Pruvost, qui en était locataire; 2° le remboursement d'une somme de 81 fr. 02 c., que le réclamant aurait payée indûment, le 14 février 1866, comme complément de la patente de sa locataire, en 1865;

Vu les avis du maire, du contrôleur et du directeur, en date du 31 décembre 1866, 31 janvier et 15 février 1867;

Vu la décision préfectorale du 9 mars dernier, qui accorde au réclamant la remise sollicitée pour vacance de la maison, sauf renvoi au Conseil de préfecture pour le remboursement des sommes qui auraient été payées à tort par le propriétaire pour la contribution mobilière et celle des patentes de la demoiselle Pruvost;

Sur les observations du percepteur, en date du 12 mars 1867;

Vu la loi du 21 avril 1832 (art. 23); celle du 25 avril 1844 (art. 25) et celle du 14 août 1844 (art. 6);

Considérant qu'il résulte tant des termes de la réclamation que des explications données par le percepteur, que la somme payée, le 14 février 1866, par le sieur Thilloy-Leborgne à la décharge de la dame Pruvost, sa locataire, ne s'appliquait

---

(1) Un jugement du Tribunal de Blois, du 10 avril 1866, a statué dans le même sens; on y lit notamment les considérants qui suivent :

« Qu'il n'y a absolument rien d'inconciliable entre les dispositions du décret des 5-18 août 1791 et celles de la loi du 12 novembre 1808; que c'est, en effet, en partant de cette base que le privilège du Trésor atteignait les sommes en question et que, déjà aux termes du décret de 1791, les dépositaires de ces fonds étaient obligés d'acquitter certains impôts, que le législateur de 1808 a édicté les dispositions de la loi du 12 novembre 1808;

« Que loin de vouloir diminuer les garanties que la loi de 1791 réservait au Trésor, en exonérant les dépositaires de fonds de l'obligation d'acquitter en certains cas les impôts, il en ajouté de nouvelles, en prescrivant aux agents directs du Trésor, à ceux qui dépendent plus spécialement de lui, l'obligation d'agir eux-mêmes vis-à-vis des dépositaires des deniers en question. »

qu'à la patente de celle-ci; qu'il n'y a donc pas à s'occuper de la contribution personnelle et mobilière qui avait été intégralement payée par la demoiselle Pruvost elle-même;

Considérant qu'aux termes de l'article 25 de la loi du 25 avril 1844, les propriétaires ne sont responsables de la patente de leurs locataires disparus que pour le dernier douzième échu et le douzième courant; d'où il suit que le sieur Thilloy-Leborgne n'aurait dû payer que 2 fr. 12 c., représentant deux douzièmes de la patente de la demoiselle Pruvost, et qu'il a droit, par conséquent, à la restitution de 5 fr. 90 c. sur la somme de 8 fr. 02 c., montant de la réclamation;

Par ces motifs, arrête :

Une somme de 5 fr. 90 c. sera remboursée au sieur Thilloy-Leborgne sur celle qu'il a payée le 14 février 1866.

Fait et prononcé en séance publique, après délibération.

RECOUVREMENT. — QUÉRABILITÉ. — DISPENSE DE TOURNÉES MENSUELLES.

18 juin 1868. — *Il y a eu excès de pouvoir de la part du Ministre des finances à dispenser le percepteur d'une réunion de communes de se transporter, une fois chaque mois, dans certaines communes de sa réunion, pour y opérer le recouvrement de l'impôt. (C. d'État.)*

Napoléon, etc.,

Vu la loi du 3 frimaire an 7, article 124; vu la loi du 25 ventôse an 12, article 10, et la loi du 7-15 octobre 1790;

Considérant qu'il est de principe que les contributions directes doivent être acquittées par les contribuables dans les communes où ils sont imposés; que, conformément à ce principe, la loi du 5 ventôse an 12 dispose qu'il y aura, autant que possible, un percepteur par chaque ville, bourg ou village; que si l'article 2 de cette loi permet aux préfets de proposer un seul percepteur pour plusieurs communes, lorsque les localités l'exigeront et pourvu que le montant des rôles des communes réunies n'excède pas 20,000 fr.; que cette loi ni aucune autre disposition législative ne donne aux préfets le droit de dispenser les percepteurs d'une réunion de communes de se transporter, à des époques déterminées, dans les différentes communes de leur circonscription, à l'effet d'y opérer le recouvrement des contributions directes; qu'il suit de là que le sous-préfet de Barbezieux, en dispensant, par son arrêté du 19 février 1867, le percepteur de la réunion de Brossac de faire des tournées mensuelles dans huit communes dépendant de sa perception, et notre Ministre des finances, en confirmant, le 22 novembre, ledit arrêté, ont excédé la limite de leurs pouvoirs:

Art. 1er. L'arrêté du sous-préfet de Barbezieux du 19 février 1867 et la décision du Ministre des finances qui l'a confirmé, le 22 novembre suivant, sont annulés pour excès de pouvoirs.

PRIVILÉGE. — TRÉSOR PUBLIC. — CONTRIBUTIONS DIRECTES. — TAXE ASSIMILÉE. ALGÉRIE, LOI, PROMULGATION, ORDRE GÉNÉRAL, FINANCES, PRIVILÉGE.

15 juillet 1868. — *Le privilége établi, au bénéfice du Trésor public, par la loi du 12 novembre 1808, pour le recouvrement des contributions mobilières, des portes et fenêtres, des patentes et toute autre contribution directe et personnelle, s'applique au recouvrement des frais d'entretien, de réparation ou reconstruction des digues et ouvrages d'art sur les rivières non navigables, ledit recouvrement devant avoir lieu, aux termes de la loi du 14 floréal an 11, de la*

même manière que le recouvrement des contributions publiques. (L. 12 novembre 1808, art. 1er; L. 14 floréal an 11, art. 3.)

*La conquête et l'occupation permanente de l'Algérie, devenue territoire français,
y ont virtuellement et de plein droit rendu exécutoires les lois d'ordre général
précédemment existantes en France, dans la mesure où ces lois pouvaient
recevoir application sur le sol algérien.*

*Spécialement, la loi du 14 floréal an 11, intéressant l'ordre public et les finances
de l'Etat, notamment dans les dispositions relatives au recouvrement des frais
occasionnés par les travaux dont elle s'occupe, est devenue exécutoire en
Algérie sans promulgation locale.* (C. de cass.)

LA COUR; — Vu les lois du 14 floréal an 11 et du 12 novembre 1808;

Attendu que, par décret impérial du 5 août 1867, Imbert, aujourd'hui représenté par le défendeur, a obtenu, pour l'établissement d'un moulin, l'autorisation
de faire usage d'une chute d'eau résultant d'un barrage construit par l'Etat sur
l'Oued-Reghaïa; que, par le même décret, tous les frais d'entretien et de renou-
vellement de ce barrage ont été mis à la charge du permissionnaire;

Attendu que ce dernier, ayant négligé de remplir ses obligations, un arrêté
préfectoral du 2 février 1863 a prescrit et fait exécuter d'office, aux frais du permissionnaire, certains travaux de réparation audit barrage; que ces frais ayant été
réglés par le préfet d'Alger, le receveur des contributions de la banlieue d'Alger
en a poursuivi le recouvrement contre le défendeur, en réclamant le privilége
établi par la loi du 12 novembre 1808, au profit du Trésor public; que ce privilége ayant été contesté, le Tribunal civil d'Alger a décidé qu'aucun texte de loi
n'attribue aucun privilége à la contribution dont il s'agit dans l'espèce;

Attendu, en droit, que la loi du 14 floréal an 11 dispose que le recouvrement
des frais d'entretien, de réparation ou construction des digues et ouvrages d'art,
sur les rivières non navigables, s'opérera contre les imposés de la même manière
que le recouvrement des contributions publiques; que la loi du 12 novembre 1808,
relative au privilége du Trésor public, pour le recouvrement des contributions,
dispose que ce recouvrement pour les contributions mobilières, des portes et
fenêtres, des patentes et toute autre contribution directe et personnelle, s'exerce
sur tous les meubles et effets mobiliers appartenant aux redevables; que les lois
de finances votées chaque années font figurer parmi les contributions publique
les taxes perçues pour l'entretien des canaux et rivières non navigables et de
ouvrages d'art qui y correspondent; qu'enfin le décret du 15 février 1811, réglant
une manière analogue, dispose dans son article 13 que les percepteurs des taxes
de desséchement useront contre les retardataires des mêmes moyens de contrainte,
poursuites et priviléges que pour les contributions publiques; qu'il résulte de la
combinaison de ces divers textes légaux que, dans l'espèce, les frais faits par
l'Etat pour l'entretien et les réparations du barrage de Reghaïa doivent être
recouvrés contre le défendeur de la même manière et avec le même privilége que
les contributions directes ordinaires;

Attendu qu'à tort on a prétendu que la loi de floréal an 11, non promulguée
en Algérie, n'y est point exécutoire;

Attendu que la conquête et l'occupation permanente de l'Algérie, devenue territoire français, y ont, virtuellement et de plein droit, rendu exécutoires les lois
d'ordre général précédemment existantes en France, dans la mesure où ces lois
pouvaient recevoir application sur le sol algérien;

Attendu que la loi de floréal an 11, relative au curage des rivières non navigables et à l'entretien des digues et ouvrages d'art qui y correspondent, a été
appliquée en Algérie pour l'exécution de ces sortes de travaux; que cette loi,
notamment dans les dispositions où elle s'occupe du recouvrement des frais occa-

sionnés par lesdits travaux, intéresse l'ordre public et les finances de l'Etat; qu'elle est ainsi devenue, sans promulgation locale, exécutoire en Algérie; que, de ce qui précède il résulte que le jugement attaqué a violé les lois du 14 floréal an 11 et du 12 novembre 1808, ci-dessus visées ; — Casse.

PRIVILÉGE. — ACQUÉREUR. — CONTRIBUTIONS ANTÉRIEURES A LA VENTE.

30 décembre 1869. — *L'acquéreur d'une propriété foncière est tenu de souffrir l'exercice du privilége du Trésor sur les fruits de l'immeuble pour l'année échue et l'année courante, même lorsqu'il a payé son prix.* (Trib. de Saint-Jean-d'Angély.) (1)

Attendu qu'à la date du 29 décembre 1867, Bigeon a acquis du sieur Charbonneau des immeubles situés à Amberac; que, à cette date, ledit Charbonneau devait sur les impôts fonciers de l'année 1867 une somme de 93 fr. 78; que, à la date du 22 février 1869, une contrainte a été décernée contre Bigeon, acquéreur de Charbonneau, et que, en exécution de ladite contrainte, à la date du 1er mars suivant, commandement lui a été fait d'avoir à solder ladite somme, sous peine d'y être contraint par toutes les voies de droit et notamment par la saisie-exécution de ses meubles et récoltes; qu'opposition a été formée par Bigeon audit commandement, par le motif que le demandeur à l'opposition n'étant devenu propriétaire des immeubles de Charbonneau que le 29 décembre 1867, il ne doit pas les impôts antérieurs à cette époque ;

Attendu que l'article 1er, § 1er, de la loi du 12 novembre 1808 a établi, au profit du Trésor public, un privilége qui s'exerce avant tout autre sur les récoltes, fruits, loyers et revenus des biens immeubles sujets à la contribution, pour la contribution foncière de l'année échue et de l'année courante ; que ces termes généraux embrassent tous les revenus des immeubles, sans distinction si les biens ont changé de maître ou sont restés aux mains du même propriétaire, à la différence du § 2 du même article qui ne frappe de privilége, à raison de la contribution mobilière, que les meubles et effets mobiliers n'ayant pas cessé d'être ceux des redevables; qu'il y a lieu de penser que le legislateur, en établissant cette distinction, l'a fait avec intention ;

Attendu que l'acquéreur, tiers détenteur de l'immeuble dont les impôts arriérés sont poursuivis contre lui, a à s'imputer de ne s'être pas assuré, avant de payer son prix, que les contributions pour l'immeuble acheté avaient été acquittées;

Par ces motifs, etc...

PRIVILÉGE. — MEUBLES. — CRÉANCIER GAGISTE.

15 janvier 1870. — *Le privilége attribué à la régie des contributions indirectes sur l'ensemble des meubles du redevable, s'exerce même sur ceux de ces meubles que le redevable, avant de contracter la dette des droits réclamés, avait remis en nantissement à un prêteur ou à un créancier. Et, en pareil cas, le privilége de la Régie prime celui du créancier gagiste.* (C. de Caen.)

LA COUR; — Sur la première question :

Considérant que Bequet a fait à Monary des avances de fonds sur consignation de marchandises, et que cette opération ne constitue pas autre chose qu'un contrat de gage qui est régi par les règles ordinaires du droit;

Considérant que, d'après ces règles, le créancier détenteur du gage n'en devient

_____

(1) Conforme à l'arrêt de la Cour de cassation du 6 juillet 1852, reproduit ci-dessus.

pas propriétaire, mais a seulement le droit de le faire vendre pour exercer son privilége sur le prix ;

Considérant que le Code de commerce n'a pas dérogé à ces principes ; et il est à remarquer que lorsqu'il s'est agi, en 1863, de la révision des articles 91 et suivants de ce Code, il fut reconnu que les règles du Code Napoléon s'appliquaient également au nantissement commercial, à ce point que, nonobstant le privilége du créancier gagiste, les objets donnés en gage restaient soumis à l'action des autres créanciers, qui avaient le droit de les saisir et de les faire vendre ;

Considérant que la seule question à examiner consiste donc à savoir si le privilége du consignataire est ou non préférable à celui de l'administration des contributions indirectes ;

Considérant sur ce point qu'aux termes de l'article 2098 du Code Napoléon, le privilége du Trésor public et l'ordre dans lequel il s'exerce sont réglés par les lois qui les concernent ; qu'à l'époque où cette disposition a été écrite dans le Code Napoléon, le privilége du Trésor public était régi par le décret du 4 prairial an 2, qui déclarait d'une manière générale que la République, pour ses droits, était préférée à tous créanciers ; que le 1er germinal an 8, il intervint un nouveau décret qui, par son article 47, accorda la priorité à certaines créances qu'il détermine ; mais cette priorité n'est pas accordée au créancier gagiste ; et cependant le législateur de l'an 8 connaissait parfaitement la position de ce créancier, dont le privilége était inscrit dans les titres 17 et 18 du Code Napoléon ;

Considérant que si une exception n'a pas été faite en faveur du créancier gagiste, il faut conclure qu'il rentre dans le droit commun et qu'il est primé par la Régie, puisque le débiteur, jusqu'à la vente, reste propriétaire du gage et que la Régie a privilége et préférence sur tous les meubles et effets mobiliers des redevables ;

Considérant qu'il n'a été dérogé à ces principes par aucune loi postérieure à l'an 13, si ce n'est par l'article 8 de la loi du 28 mai 1858, mais que cette disposition s'applique exclusivement aux magasins généraux et ne peut être étendue aux consignations particulières ;

Que cette loi, pour donner une plus grande sécurité aux porteurs de warrants, a affranchi la marchandise engagée du privilége général des contributions indirectes et de la douane sur l'ensemble des meubles des redevables, et l'a réduit aux droits spécialement dus par la marchandise elle-même ; mais elle n'a pas compris dans sa modification les consignataires qui recevaient des marchandises d'un négociant de la même ville, et ce ne fut pas par oubli, car la proposition en fut faite lors de la discussion de l'article 8, et elle fut rejetée ; qu'ainsi, il est hors de doute que le décret du 1er germinal, qui n'a été l'objet d'aucune modification, doit recevoir son application dans l'espèce et que vainement on se plaint des exigences de la loi fiscale, car il ne faut pas perdre de vue que la loi qui protège le Trésor public est une loi d'intérêt général, et que cet intérêt, à moins de dispositions particulières, doit avoir la priorité ;

Confirme, etc.

CONTRIBUTIONS DIRECTES. — HUISSIER. — VENTE PUBLIQUE DE MEUBLES AUX ENCHÈRES. — PAYEMENT. — FIN DE NON-RECEVOIR.

31 mars 1870. — *L'huissier qui a procédé à une vente de meubles aux enchères publiques ne peut être actionné en payement des contributions directes dues par le saisi, lorsqu'il s'est régulièrement dessaisi aux mains de qui de droit du prix de la vente.* (L. 12 novembre 1808, art. 2 ; Régl. 21 décembre 1839, art. 14. (Trib. de Lisieux.)

LE TRIBUNAL ; — Attendu que suivant procès-verbal du 28 février 1869, en due formé, l'huissier Quesnoy a procédé à la vente aux enchères publiques du mobilier par lui précédemment saisi à la requête de Fresnel sur le sieur Chéradame ; que le produit de cette vente ne s'est élevé qu'à la somme de 90 fr. 90 c., dont décharge a été régulièrement donnée à Quesnoy par Fresnel, à la date du 24 mars même année, et qu'enfin cette décharge a été enregistrée le 26 avril suivant ;

Attendu qu'en cet état le percepteur Lepoissonnier a fait sommation à l'huissier Quesnoy, à la date du 25 juin 1867, de lui payer la somme de 30 fr. 05 c., lui restant due par Chéradame pour contributions mobilières ; que cette sommation a été suivie d'un commandement en date du 26 août, mais que, par acte du 28 du même mois, Quesnoy a formé opposition à ce commandement et ajourné le percepteur Lepoissonnier devant le Tribunal, à l'effet d'y voir juger à bonne cause cette opposition et de s'entendre faire défense de passer outre ;

Attendu, en fait, que l'opposition de Quesnoy est fondée sur ce que, à la date de la réclamation du percepteur, il s'était régulièrement dessaisi du produit de la vente du mobilier de Chéradame et n'avait plus en mains aucuns deniers provenant du chef de ce contribuable ;

Attendu que ce soutien est justifié par la décharge du 24 mars 1869 ;

Attendu, en droit, que cette opposition s'appuie sur l'article 2 de la loi des 12-22 novembre 1808 ; qu'il résulte, en effet, textuellement, de cette disposition de loi que tous dépositaires ou débiteurs de deniers provenant du chef des redevables et affectés au privilége du Trésor ne sont tenus de payer, en l'acquit des redevables, sur le montant des fonds qu'ils doivent ou qui sont entre leurs mains, tout ou partie des contributions dues par ces derniers que sur la demande qui leur en sera faite ; d'où la conséquence qu'après qu'ils se sont légalement dessaisis des fonds, toute réclamation du Trésor contre eux est tardive et mal fondée ;

Qu'à la vérité, pour repousser la fin de non-recevoir qui lui est opposée, le percepteur Lepoissonnier veut se prévaloir du décret du 18 août 1791, sur les sommes séquestrées ou déposées, portant que les dépositaires de ces sommes ne les remettront aux redevables qu'en justifiant de l'acquit des contributions dues par ceux-ci et seront même autorisés à payer ces contributions sur les deniers en leurs mains ; mais que ce décret paraît avoir cessé d'être obligatoire à partir de la promulgation de la loi du 22 novembre 1808, par laquelle le législateur a réglé et déterminé, en conformité de l'article 2098 C. Nap., le privilége et les droits du Trésor, en matière de contributions directes ; que c'est là sur cette matière une loi organique et complète ; qu'elle est intitulée : « Loi relative au privilége du Trésor public pour le recouvrement des contributions directes » ;

Que non-seulement cette loi n'a pas reproduit, quant aux détenteurs et dépositaires de deniers provenant du chef des redevables, les dispositions du décret du 18 août 1791, susvisées, mais que, bien loin de là, elle les a remplacées par une disposition toute différente ;

Que, d'ailleurs, il ne paraît pas admissible que ladite loi organique de 1808, en établissant, art. 1er, n° 2, le privilége du Trésor pour le recouvrement des contributions mobilières, des portes et fenêtres, des patentes et de toute autre contribution directe et personnelle sur tous meubles et autres effets mobiliers appartenant aux redevables, en quelque lieu qu'ils se trouvent, ait entendu maintenir la disposition du décret de 1791, puisqu'il en résulterait qu'aucun dépositaire ne pourrait se dessaisir en sécurité des sommes en ses mains du chef d'un contribuable qu'autant qu'il serait justifié, ce qui est impossible, que ce contribuable a acquitté non-seulement les contributions mobilières par lui dues au lieu de son domicile, mais encore toutes celles qu'il pourrait devoir sur tout autre point du territoire français ;

Attendu qu'il résulte à suffire des considérations qui précèdent que le décret du 18 août 1791, invoqué par le percepteur Lepoissonnier, a été remplacé par la loi organique des 12-22 novembre 1808, et qu'aux termes de l'article 2 de cette loi la fin de non-recevoir opposée par l'huissier Quesnoy à sa réclamation procède bien ;

Par ces motifs, etc. (1).

PERCEPTEUR.. — RECOURS AU CONSEIL D'ÉTAT. — FAILLITE. — PRIVILÉGE DU TRÉSOR.

4 juin 1870. — *Un percepteur est recevable à se pourvoir au Conseil d'Etat contre un arrêté du Conseil de préfecture qui a annulé une contrainte décernée par lui, lorsque cet arrêté a mis à sa charge les frais des actes de poursuites et ceux faits pour répondre à ces actes.*

Un Conseil de préfecture est incompétent pour statuer sur une opposition formée par un syndic de faillite à un commandement à lui notifié à la requête du percepteur, opposition fondée sur le motif que le percepteur ne pouvait exercer le privilége du Trésor public pour le recouvrement des contributions dues par le failli qu'autant qu'il aurait rempli les formalités prescrites pour la production et l'affirmation des créances en cas de faillite.

Vu la requête, etc.;

Vu la loi du 3 frimaire an 7 ; la loi du 4 frimaire an 7 ; la loi du 21 avril 1832 ; la loi du 21 mai 1836, art. 3 ; la loi du 2 mai 1855 et le décret du 4 août de la même année ; — Vu le décret du 5-18 août 1791 et la loi du 12 novembre 1808 ; — Vu la loi du 28 pluviôse an 8, art. 4, et l'arrêté du gouvernement en date du 24 floréal de la même année ;

Sur la fin de non-recevoir opposée au sieur Nancey :

Considérant que, par l'arrêté en date du 3 décembre 1869 ci-dessus visé, le Conseil de préfecture a mis à la charge du sieur Christophe les frais des divers actes de poursuites et ceux qui ont été faits pour répondre à ces actes; que dès lors le sieur Nancey n'est pas fondé à soutenir que le sieur Christophe n'a pas qualité pour se pourvoir devant nous contre ledit arrêté ;

Sur la compétence :

Considérant que l'opposition formée par le sieur Nancey au commandement qui lui avait été notifié le 11 octobre 1869, à la requête du sieur Christophe, percepteur à Chaumont, était fondée sur le motif que le percepteur de Chaumont ne pouvait exercer le privilége du Trésor public, pour le recouvrement des contributions dues par le sieur Thiébaut, déclaré en faillite, qu'autant qu'il aurait rempli les formalités prescrites par le Code de commerce pour la production et l'affirmation des créances en cas de faillite ;

Considérant que c'est aux Tribunaux civils qu'il appartenait de statuer sur la question de savoir à quelle condition l'agent chargé du recouvrement des rôles des contributions directes pouvait, par application des lois des 5-18 août 1791 et du 12 novembre 1808, poursuivre contre le sieur Nancey, syndic de la faillite du sieur Thiébaut, le payement des contributions dues par le sieur Thiébaut; que, dès lors, le sieur Christophe est fondé à nous demander l'annulation pour incompétence de l'arrêté, en date du 3 décembre 1869, par lequel le Conseil de préfecture du département de la Haute-Marne a statué sur l'opposition formée par le sieur Nancey :

Art. 1er. L'arrêté précité est annulé pour incompétence.

---

(1) Nous regardons la doctrine de ce jugement comme absolument erronée; l'époque à laquelle il a été rendu explique qu'il n'ait pas été soumis au contrôle de la Cour de cassation. (Voir ci-dessus le jugement du 12 février 1864 et le *Commmentaire* sur l'article 14.)

ACTION EN RESTITUTION DE CONTRIBUTIONS. — COMPÉTENCE. — CONFLIT.

21 octobre 1871. — *Le Tribunal civil est seul compétent pour statuer sur une action en restitution de contributions portée devant lui par un contribuable qui prétend que ces contributions n'ont pas été autorisées par une loi, en conformité de la disposition finale des lois de finances annuelles.* (Commission provisoire remplaçant le Conseil d'Etat.)

Considérant que, dans le dernier état du litige, l'action intentée par le sieur Lacave-Laplagne-Barris, devant le Tribunal de Mirande, contre les sieurs Bobillard, receveur particulier des finances, et Lamothe, percepteur des contributions directes, tendait à obtenir non-seulement l'annulation de la contrainte décernée contre lui, ainsi que du commandement et de la saisie pratiquée à la suite de cette contrainte, mais, en outre, la restitution d'une somme de 800 fr. qui avait été saisie à son domicile ; que cette action était fondée sur ce que l'imposition qu'il avait été contraint de payer, en exécution du décret du gouvernement de la Défense nationale, en date du 22 octobre 1870, pour le payement des dépenses de la garde nationale mobilisée, n'était pas légalement établie et que, par suite, il avait le droit d'en réclamer la restitution, en vertu de l'article final des lois de finances des 8 mai 1869 et 27 juillet 1870;

Considérant que ces articles, qui sont reproduits chaque année, depuis 1814, dans la loi de finances, après avoir interdit toutes contributions directes ou indirectes autres que celles autorisées par la loi, sous peine contre les autorités qui les ordonneraient, contre les employés qui confectionneraient les rôles et tarifs, et ceux qui en feraient le recouvrement, d'être poursuivis comme concussionnaires, a ouvert aux contribuables une action pendant trois ans contre tous receveurs, percepteurs ou individus qui en auraient fait la perception et sans que, pour exercer cette action, il soit besoin de l'autorisation préalable exigée par l'article 75 de la Constitution du 22 frimaire an 8, qui était alors en vigueur;

Que cette disposition a eu pour objet d'instituer, en faveur des contribuables, une garantie spéciale contre l'établissement et la perception des contributions non autorisées par la loi ;

Que si les Conseils de préfecture, compétents, en vertu de l'article 4 de la loi du 28 pluviôse an 8, pour statuer sur les demandes en décharge ou réduction de contributions directes, ont le pouvoir, lorsqu'ils sont appelés à prononcer sur les réclamations de cette nature, d'apprécier la légalité des impôts, cette compétence de la juridiction administrative, qui doit être saisie, à peine de déchéance, dans le délai de trois mois, à partir de la publication des rôles, ne fait pas obstacle à l'exercice de l'action en restitution qui peut être portée devant l'autorité judiciaire dans le cas spécial prévu par la disposition finale des lois de finances, et qui est ouverte pendant trois ans;

Qu'il suit de là que c'est à tort que le préfet du département du Gers a élevé le conflit d'attributions dans l'instance engagée par le sieur Lacave-Laplagne-Barris contre les sieurs Robillard et Lamothe :

Art. 1er. L'arrêté de conflit pris par le préfet du Gers, le 5 août 1871, est annulé.

CONTRIBUTIONS DIRECTES. — VENTE. — HUISSIER. — RESPONSABILITÉ.

16 juillet 1872. — *La question de savoir si l'huissier qui s'est dessaisi des deniers affectés au privilége du Trésor sans demander la justification du paye-*

ment des contributions est responsable du payement de ces contributions est du ressort exclusif de l'autorité judiciaire. (C. d'État.)

Le sieur Bourbon, huissier, avait vendu les meubles de la demoiselle Boret, tombée en déconfiture, et s'était dessaisi du produit de la vente, sans acquitter les contributions. Touché d'un commandement à la requête du percepteur de Chambéry, il s'était pourvu devant le Conseil de préfecture, qui avait annulé ce commandement; le percepteur, à son tour, a formé devant le Conseil d'État un recours sur lequel il a été statué dans les termes suivants :

Vu le décret du 5-18 août 1791 et la loi du 12 novembre 1808;

Considérant qu'il s'agit, dans l'espèce, d'une contestation sur l'application du décret des 5-18 août 1791 et de la loi du 12 novembre 1808 relative au privilége du Trésor pour le recouvrement des contributions directes; que c'est à l'autorité judiciaire qu'il appartient, d'après les lois précitées, de statuer sur les contestations; que c'était donc à ladite autorité qu'il appartenait, dans l'espèce, de statuer sur la validité du commandement dirigé contre le sieur Bourbon, huissier; que le Conseil de préfecture ne pouvait, sans excéder ses pouvoirs, statuer sur le fond de la réclamation du sieur Bourbon :

Art. 1er. L'arrêté du Conseil de préfecture du département de la Savoie, du 8 décembre 1871, est annulé.

Art. 2. Il n'y a lieu de statuer sur le fond du recours du percepteur de Chambéry.

CONTRIBUTIONS DIRECTES. — RECOUVREMENT. — PRIVILÉGE DU TRÉSOR. — COMMANDEMENT. — VENTE DE MEUBLES. — COMPÉTENCE JUDICIAIRE.

7 août 1872. — *C'est à l'autorité judiciaire qu'il appartient de statuer sur les contestations relatives au privilége du Trésor public pour le recouvrement des contributions directes.* (Déc. des 5-18 août 1791; L. du 12 novembre 1808.) *En conséquence, le Conseil de préfecture est incompétent pour apprécier la validité du commandement dirigé par un percepteur contre un huissier chargé de la vente d'objets mobiliers appartenant à un contribuable qui n'aurait pas payé ses contributions.* (C. d'État.)

Vu la requête présentée par le sieur Poucet, gérant intérimaire de la perception de Chambéry... tendant à ce qu'il plaise au Conseil annuler un arrêté du 8 décembre 1871, par lequel le Conseil de préfecture de la Savoie a prononcé la nullité d'un commandement dirigé contre le sieur Bourlon, en sa qualité d'huissier chargé de la vente d'objets mobiliers appartenant à la demoiselle Bonnet, contribuable tombée en état de déconfiture;

Ce faisant, attendu que par le décret des 5-18 août 1791 et la loi du 12 novembre 1808, il est fait défense aux huissiers, détenteurs de deniers appartenant à des redevables, de se dessaisir des deniers, sur lesquels repose le privilége du Trésor, sans demander justification du payement des contributions dues;

Attendu que la demoiselle Bonnet, lingère à Chambéry, avait été régulièrement portée au rôle de la contribution des patentes pour l'année 1869; qu'aucune demande en décharge n'a été instruite, dans le délai légal, contre cette imposition, et que le sieur Bourlon, en procédant à la vente des objets appartenant à ladite demoiselle Bonnet, sans s'assurer du payement des contributions dues, a méconnu la loi et doit être déclaré personnellement responsable du payement desdites contributions; déclarer valable le commandement décerné contre ledit sieur Bourlon ;

Vu les observations du Ministre des finances du 18 mai 1872, et tendant à ce que l'arrêté attaqué soit annulé et à ce qu'il soit déclaré que la juridiction administrative est incompétente pour connaître du litige;

Vu le décret des 5-18 août 1791 et la loi du 12 novembre 1808;

Considérant qu'il s'agit, dans l'espèce, d'une contestation sur l'application du décret des 5-18 août 1791 et la loi du 12 novembre 1808, relatives au privilége du Trésor public pour le recouvrement des contributions directes; que c'est à l'autorité judiciaire qu'il appartient, d'après les lois précitées, de statuer sur ces contestations; que c'est donc à ladite autorité qu'il appartenait, dans l'espèce, de statuer sur la validité du commandement dirigé contre le sieur Bourlon, huissier, et que le Conseil de préfecture ne pouvait, sans excéder ses pouvoirs, statuer au fond sur la réclamation du sieur Bourlon...

Arrêté annulé. Non lieu de statuer au fond sur le recours.

CONTRIBUTIONS DIRECTES. — PRIVILÉGE SUR LES MEUBLES. — PROPRIÉTAIRE. — COMPÉTENCE JUDICIAIRE. — PROCÉDURE. — DÉPÔT DU DOSSIER. — DÉFAUT PRÉTENDU D'AVERTISSEMENT. — ALLÉGATION NON JUSTIFIÉE.

8 novembre 1872. — *Un propriétaire soutient que c'est à tort que le commissaire-priseur chargé de la vente des meubles d'un locataire, a prélevé sur le produit le montant de la contribution foncière due au Trésor par ce locataire et que le Trésor n'est privilégié, sur le prix du mobilier, que pour les droits de patente; il demande que la somme prélevée pour la contribution foncière lui soit restituée pour venir en déduction des loyers dus. — Le Conseil de préfecture n'est pas compétent, il s'agit d'une question de règlement de privilége sur laquelle il n'appartient qu'à l'autorité judiciaire de statuer.* (C. d'État.)

Vu la requête présentée par le sieur Barthélemy, le 29 février 1872, et tendant à ce qu'il plaise au Conseil annuler un arrêté du 6 février 1872, par lequel le Conseil de préfecture du Rhône a rejeté sa demande tendant à faire décider que c'était à tort que le commissaire-priseur chargé de la vente des meubles du sieur Vesuty, locataire du requérant, avait prélevé, sur le prix de ladite vente, le montant de la contribution foncière due par le sieur Vesuty au Trésor;

Ce faisant, attendu, en la forme, que le sieur Barthélemy n'a reçu que tardivement la lettre d'avis du dépôt du dossier de son affaire à la sous-préfecture, et de la proposition de l'Administration tendant au rejet de sa réclamation;

Qu'ainsi il n'a pas été mis à même de fournir de nouvelles observations, soit écrites, soit verbales, devant le Conseil de préfecture; dire que l'arrêté attaqué est nul pour vice de forme;

Et attendu, au fond, que le Trésor n'était privilégié sur le prix de vente du mobilier du sieur Vesuty que pour le montant des droits de patente dus par ce contribuable, ordonner que la somme prélevée pour la contribution foncière sera remboursée par le Trésor au requérant, pour venir en déduction des loyers qui lui sont dus par le sieur Vesuty;

Vu la loi du 21 avril 1832 et celle du 12 novembre 1808;

Sur le grief tiré de ce que le réclamant n'aurait été que tardivement informé du dépôt du dossier de son affaire à la sous-préfecture:

Considérant qu'il résulte de l'instruction que le dossier de la réclamation du sieur Barthélemy a été déposé à la préfecture du Rhône le 24 janvier 1872; que le réclamant a été mis en demeure par une lettre, à la date de ce jour, de fournir ses observations; qu'il ne justifie pas que cette lettre ne lui soit parvenue, ainsi qu'il l'allègue, que le 24 février suivant;

Qu'ainsi l'arrêté du 16 février 1872, par lequel le Conseil de préfecture a statué sur la demande du sieur Barthélemy, n'a été pris qu'après l'accomplissement des formalités prescrites par la loi ;

Au fond : — Considérant qu'il résulte des termes mêmes de la requête présentée au Conseil d'Etat par le sieur Barthélemy, qu'il n'a pas entendu réclamer devant le Conseil de préfecture la décharge d'une taxe qui aurait été à tort mise à la charge du sieur Vesuty, son locataire, mais qu'il soutient que le montant de la contribution foncière due par le sieur Vesuty a été indûment prélevé sur le prix provenant de la vente des meubles garnissant les lieux à lui loués par le requérant, par préférence au privilége du propriétaire ; que, dès lors, il s'agit d'une question de règlement de priviléges sur laquelle il n'appartient qu'aux Tribunaux judiciaires de statuer... Rejette.

PRIVILÉGE. — VENTE DE MEUBLES. — ACQUÉREUR. — POURSUITES.

15 mars 1873. — *Si le privilége accordé au Trésor sur les meubles des redevables ne porte aucune atteinte au droit de propriété qu'un tiers de bonne foi pourrait avoir acquis, c'est à la condition que le tiers prouve légalement son droit de propriété, spécialement par acte ayant date certaine antérieure à la saisie faite des meubles.* (Déc. 1er germinal an 13, art. 17.)(C. de Limoges.) (1)

LA COUR ; — Attendu que si l'article 47 du décret du 1er germinal an 13, qui a pour but de déterminer la position de la Régie vis-à-vis des créanciers venant en concurrence avec elle, n'a pu porter atteinte au droit de propriété, il faut, pour que ce droit puisse être valablement revendiqué par un tiers de bonne foi, qu'il soit légalement contracté ;

Que, dans l'espèce, Raynaud ne produit aucun acte ayant date certaine de nature à établir qu'au moment des poursuites de l'administration des contributions indirectes intentées contre Monureau, les marchandises saisies sur ce dernier aient été la propriété de l'appelant, qu'il ne saurait appuyer cette prétention sur un blanc-seing sans date certaine et ne contenant aucun des caractères constitutifs d'une vente ;

Attendu, à la vérité, que Raynaud a articulé un certain nombre de faits ayant pour objet d'établir sa propriété sur les vins et les alcools saisis par la Régie ; mais que les faits posés par lui ne sont pas pertinents ; qu'en effet, aucun d'eux n'est de nature ni à établir l'époque et les conditions d'une première vente de marchandises faite par l'appelant à Monuveau, ni l'espèce exacte, la quantité et le prix des liquides que Raynaud prétend avoir achetés de ce dernier le 27 août 1872 ;

Qu'on ne saurait davantage admettre que, si la vente des objets dont s'agit avait réellement eu lieu, Monureau ait, ainsi que cela est articulé, consenti à les réintégrer dans ses chais sur la simple invitation d'un des employés de la Régie ; qu'il est évident que s'il n'eût pas considéré comme lui appartenant les vins et les alcools saisis, il eût réclamé, avant de les déplacer, l'intervention de leur prétendu propriétaire Raynaud ;

Attendu que les autres faits posés se trouvent dès à présent contredits par les documents versés au procès ; qu'en ces circonstances, il n'y a pas lieu d'admettre Raynaud à la preuve offerte ; — Confirme.

SOMMATION PRÉALABLE. — LETTRE MISSIVE. — SAISIE-ARRÊT. — COMPÉTENCE.
RETARD. — RESPONSABILITÉ.

19 mars 1873. — *La sommation gratuite qui doit être délivrée par le percepteur*

_____

(1) Cette solution est applicable par analogie en matière de contributions directes.

des contributions directes au contribuable en retard, huit jours avant le premier acte de poursuite devant donner lieu à des frais, n'est soumise à aucune forme spéciale ; elle peut notamment être adressée au contribuable sous forme de lettre missive.

La saisie-arrêt formée par le percepteur des contributions directes entre les mains du débiteur d'un contribuable en retard de se libérer (du fermier de celui-ci, par exemple), est un acte conservatoire dont l'appréciation, lorsqu'il y a contestation, appartient exclusivement à l'autorité judiciaire ;

Sauf le renvoi à l'autorité administrative des questions préjudicielles qui pourraient être élevées, soit sur l'existence et la quotité de la dette, soit sur la valeur du titre administratif sur lequel elle repose, mais non de la question de savoir si la saisie-arrêt aurait due être précédée de la sommation sans frais.

Le contribuable poursuivi pour le payement de contributions en retard ne peut prétendre rejeter la responsabilité de ce retard et des poursuites auxquelles il a donné lieu sur le percepteur lui-même, à raison de ce seul fait que, à un jour où il se serait présenté pour payer, le percepteur se serait trouvé absent de son bureau. (C. de cass.)

La dame veuve Legoubey fut, par lettre du percepteur de Saint-Pierre-Eglise, invitée, le 20 octobre 1871, à verser la somme de 102 fr. 68 c., montant de ses contributions de l'année. Cette lettre étant restée sans réponse, le percepteur fit pratiquer, le 5 février 1872, une saisie-arrêt aux mains du fermier de cette dame. Sur l'assignation en validité, la dame Legoubey prétendit que la saisie était vexatoire et irrégulière, parce qu'elle n'avait pas été précédée d'une sommation ; que, d'ailleurs, le retard était imputable au percepteur lui-même, qui ne s'était pas trouvé à son bureau dans la journée du 8 avril 1871, jour où l'on s'était présenté pour faire le versement ; en conséquence, elle concluait à ce que le sieur Mareille, percepteur, fût condamné aux dépens et, en outre, au payement de 200 fr., à titre de dommages-intérêts, et, pour le cas où il serait justifié qu'il était autorisé à s'absenter, à ce que la condamnation fût prononcée contre l'administration supérieure, représentée par le sieur de Roussy, comme responsable du fait qui a donné lieu aux poursuites, en ce qu'elle aurait dû pourvoir à ce qu'il y eût, en l'absence du sieur Mareille, une personne pour gérer la perception de Saint-Pierre-Eglise.

7 mai 1872, jugement du Tribunal civil de Cherbourg, qui valide la saisie-arrêt en ces termes :

Attendu que la saisie-arrêt n'exige pas la mise en demeure préalable du contribuable débiteur ; que les poursuites ne pouvant avoir lieu que pour les contributions qui sont dues, le contribuable n'est exposé à éprouver aucun préjudice, puisqu'il eût été, dans tous les cas, obligé de payer lesdites contributions et que le tiers détenteur n'a fait qu'acquitter en son lieu et place des cotes échues qu'il n'aurait pu se dispenser d'acquitter lui-même ;

Attendu que la dame Legoubey reconnaît que, dès le 20 octobre 1871, le percepteur de Saint-Pierre-Eglise lui a écrit une lettre, l'invitant à lui envoyer dans la huitaine la somme de 102 fr. 68 c., montant de ses contributions, mais qu'elle soutient qu'elle ne peut équivaloir à la sommation sans frais prescrite par l'article 51 de la loi du 15 mai 1818 ;

Attendu que cette sommation sans frais n'est qu'un second avertissement ; que, du moment où le contribuable a reçu ce second avertissement par lettre du percepteur, le but de la loi est parfaitement rempli ;

Attendu qu'il résulte des documents de la procédure qu'indépendamment de l'avertissement contenu dans la lettre du 20 octobre 1871, madame Legoubey a été officieusement prévenue par son parent, Me Hamel, notaire à Saint-Pierre-Eglise, et par le percepteur d'Equendréville ;

Attendu que ce n'est que plus de trois mois après que ces avertissements officieux et réitérés ont été donnés à la dame Legoubey, que le percepteur a fait pratiquer la saisie-arrêt;

Attendu que ce fonctionnaire a ainsi parfaitement concilié les intérêts du recouvrement de l'impôt avec les justes ménagements que l'Administration veut assurer aux contribuables;

Attendu qu'en supposant que le percepteur fût effectivement absent, lorsqu'on
s'est présenté à son bureau, le 8 avril 1871, pour payer les contributions de la
dame Legoubey, le montant des contributions n'en serait pas moins dû et la saisie régulière;

Sur les dommages-intérêts:

Attendu qu'il résulte de ce qui vient d'être dit que la dame Legoubey n'a droit
à aucuns dommages-intérêts;

Sur la mise en cause du directeur général de la comptabilité publique au ministère des finances:

Attendu que les percepteurs ont seuls titre pour effectuer et poursuivre le recouvrement des contributions directes; que le directeur général de la comptabilité
publique est entièrement étranger à l'instance actuelle et n'y a aucun intérêt;

Par ces motifs, sans s'arrêter aux offres tardives de la dame Legoubey et à sa
demande en dommages-intérêts, déclare régulière et valable la saisie conduite entre les mains de Legallois;

Ordonne que les sommes dues par le tiers-saisi seront versées au percepteur de
Saint-Pierre-Eglise jusqu'à concurrence de la somme due pour le principal des
impôts réclamés et des frais;

Dit à tort la mise en cause du directeur général de la comptabilité des finances, etc.

Pourvoi par la dame Legoubey; — Arrêt:

La Cour, sur le premier moyen tiré de la violation de l'article 51 de la loi du
15 mai 1818 et de l'article 21 de l'arrêté préfectoral du 1er mars 1852:

Attendu que si la loi de finances du 15 mai 1818, dans son article 51, prescrit
aux percepteurs de délivrer gratis une sommation aux contribuables huit jours
avant le premier acte qui doit donner lieu à des frais, cette loi de 1818 ni aucune
autre loi n'a déterminé la forme de cette sommation;

Attendu qu'il est constaté par le jugement attaqué qu'à la date du 20 octobre
1871, le percepteur de Saint-Pierre-Eglise a écrit à la dame veuve Legoubey une
lettre par laquelle elle était invitée à payer dans la huitaine la somme de 102 fr. 60,
montant de ses contributions, et que le même jugement déclare que cette lettre,
qui a précédé de plus de trois mois la saisie-arrêt, a rempli le but de la loi;

Attendu que la demanderesse en cassation ne produit pas la lettre que le Tribunal de Cherbourg a considérée comme équipollente à la sommation gratuite
exigée par la loi du 15 mai 1818 précitée; qu'en l'absence de cette pièce, il est
évident que le pourvoi ne justifie pas la violation de la loi dont il se plaint;

Sur le deuxième moyen, tiré de la violation de la loi des 16-24 août 1790 sur
la séparation des pouvoirs:

Attendu que la demanderesse en cassation n'a jamais nié qu'elle fût débitrice de
toute la somme qui lui était réclamée pour contributions directes, et a même offert
de payer cette somme à la barre du Tribunal; que, de plus, cette même demanderesse a reconnu que le Tribunal de Cherbourg était compétent pour statuer sur
le mérite de la saisie-arrêt et a conclu, devant ce Tribunal, à ce que la nullité de
ladite saisie-arrêt fût prononcée;

Attendu que, malgré ces conclusions, la veuve Legoubey prétend aujourd'hui,
en cassation, que le Tribunal de Cherbourg aurait dû prononcer d'office un sursis
qui n'était pas demandé;

Attendu que cette prétention du pourvoi est mal fondée; que s'il n'appartient qu'au Conseil de préfecture de statuer, en matière de contributions directes, sur la régularité des actes de poursuites qui précèdent le commandement, il ne s'agissait pas, dans l'espèce, d'un acte de cette nature, parce qu'une saisie-arrêt, pratiquée entre les mains du débiteur d'un contribuable n'est pas un acte administratif; ce n'est qu'une mesure conservatoire qui, autorisée par le droit commun, doit être appréciée exclusivement par l'autorité judiciaire;

Attendu qu'en supposant qu'il y ait des cas où une procédure de saisie-arrêt fait naître des questions préjudicielles dont l'examen doit être renvoyé à l'autorité administrative, la veuve Legoubey n'était dans aucun de ces cas, puisqu'elle ne contestait ni l'existence ni la quotité de sa dette, ni la valeur du titre administratif sur lequel elle reposait; qu'elle se bornait à soutenir que la saisie-arrêt aurait dû être précédée d'une sommation sans frais; que cette prétention, qui ne mettait point en débat la régularité d'un acte administratif de poursuite, mais soulevait seulement la question de savoir si cette sommation était nécessaire pour valider la saisie-arrêt elle-même, n'était relative qu'à un acte de procédure, et a pu être jugée par le Tribunal de Cherbourg sans violer les règles de sa compétence;

Sur le troisième moyen, tiré de la violation de l'article 1282 du Code civil:

Attendu que le jugement attaqué suppose que le percepteur a pu être absent de son bureau dans la journée du 8 avril 1871, mais qu'il ne constate pas que cette absence ait été préjudiciable à la veuve Legoubey; que, d'un autre côté, cette dame n'a ni prouvé ni demandé à prouver un fait quelconque d'où résultât un tort du défendeur éventuel;

D'où il suit que le troisième moyen manque en fait; — Rejette.

POURSUITES. — RECEVEUR MUNICIPAL. — COMMUNE CRÉANCIÈRE ET DÉBITRICE D'UNE MÊME PERSONNE, PAR SUITE D'UN LEGS. — CRÉANCE NON LIQUIDE. — TITRE EXÉCUTOIRE. — OPPOSITION. — DEMANDE DE COMPENSATION, AVEC OFFRES RÉELLES POUR LE SURPLUS DE LA DETTE. — CONTINUATION DES POURSUITES.

21 mai 1874. — *La compensation d'une dette contractée par une commune à l'égard de son débiteur, poursuivi en vertu de la loi de 1837 par le receveur municipal, ne peut être opposée qu'au maire, représentant de cette commune.*

Le receveur n'a pas qualité pour reconnaître les dettes de la commune et ne peut accepter que le montant de la somme figurant à l'état régulier des débiteurs retardataires dont il est porteur.

C'est au maire que le créancier de la commune doit produire son titre; c'est par le maire qu'il doit faire reconnaître sa créance en temps utile pour opposer un titre liquide au titre exécutoire existant contre lui, et il doit mettre en cause le maire de ladite commune. (Tr. civ. de la Seine.)

LE TRIBUNAL; — Attendu que la veuve B... est poursuivie en vertu d'un état dressé par le maire et visé par le sous-préfet, qui constitue un titre exécutoire, aux termes de l'article 63 de la loi du 18 juillet 1837;

Que tant que cet état n'a pas été attaqué par les voies légales, la veuve B... est obligée de s'y soumettre;

Attendu que le legs fait à la commune de V... a été délivré par les héritiers légitimes et que la veuve B... déclare elle-même en connaître la délivrance;

Attendu, quant à la compensation, que s'il est certain que la veuve B... a payé pour la commune une somme de 1,242 fr., montant des droits de mutation dus à raison du legs de 12,000 fr. et si elle a le droit de réclamer cette somme à la commune, il est constant qu'elle n'a pas adressé cette demande au maire de V..., n'a pas produit le titre constatant sa créance et ne l'a pas fait reconnaître par le représentant légal de la commune;

Que D .. n'a pas qualité pour représenter la commune de V... et reconnaître la dette de ladite commune;

« Qu'en l'absence du représentant de cette commune, le Tribunal ne peut donc pas, par une compensation qui suppose une dette liquide et reconnue, condamner la commune à payer cette somme;

Qu'en vertu du titre exécutoire, la veuve B... doit payer le montant de l'état délivré par le maire, sauf à elle à réclamer, dans les formes voulues par la loi, le payement de la somme qu'elle a payée pour le compte et en l'acquit de la commune;

Attendu que, dès lors, les offres faites par la veuve B... ne peuvent donc pas être validées;

Par ces motifs,

Sans s'arrêter aux offres faites par la veuve B..., déclare la demanderesse mal fondée en sa demande de discontinuation des poursuites, l'en déboute;

Ordonne, au contraire, la continuation desdites poursuites, et condamne la veuve B... aux dépens.

CONTRIBUTIONS FONCIÈRES. — PRIVILÉGE DU TRÉSOR. — LOCATAIRE. — SAISIE DES MEUBLES. — CRÉANCIER DU PROPRIÉTAIRE. — PERCEPTEUR. — POURSUITES CONTRE CE CRÉANCIER. — NULLITÉ. — DOMMAGES-INTÉRÊTS.

2 janvier 1875. — *En matière de contributions directes, l'article de la loi du 12 novembre 1808 n'oblige au payement que les débiteurs des redevables ou les détenteurs de fonds leur appartenant et dont ils sont comptables envers eux.*

Les fonds provenant de la vente des meubles d'un locataire étant grevés du privilége du Trésor pour la garantie du payement de l'impôt foncier, le receveur-percepteur doit exiger du commissaire-priseur, détenteur pour compte d'autrui, le payement de la créance de l'Etat, avant que la somme ne soit tombée dans le patrimoine d'un autre créancier plus diligent. (Trib. civ. de la Seine.)

M. Cahuzac a prêté à Mme veuve Riant, propriétaire d'immeubles sis à Paris, rue Montaigne, 2, le 30 novembre 1869, une somme de 50,000 fr. Celle-ci, pour se libérer, a transporté à son créancier une semblable somme de 50,000 fr. à prendre sur les loyers échus à échoir, dus par M. et Mme Pappel, ses locataires, à qui le transport a été signifié. M. et Mme Pappel et leurs successeurs, MM. Rummel frères, n'ayant pas payé leur loyer, M. Cahuzac a exercé contre eux des poursuites qui ont été mises à fin par la vente des meubles garnissant les lieux loués. M. le percepteur du huitième arrondissement, qui avait fait opposition sur le produit de la vente, en a donné main-levée après avoir reçu du commissaire-priseur le montant des contributions dues par les locataires, et M. Cahuzac a touché le reliquat du produit de la vente et a pu ainsi éteindre d'autant sa créance.

Plus tard, l'administration des contributions directes a exercé contre M. Cahuzac des poursuites ayant pour objet le recouvrement des contributions directes réclamées par l'Etat à Mme veuve Riant pour l'immeuble ci-dessus désigné.

Après avoir adressé un mémoire à M. le préfet de la Seine, représentant l'Etat, M. Cahuzac a payé comme contraint et forcé, et a intenté contre le receveur-percepteur du huitième arrondissement, représentant l'Etat, une demande en restitution des sommes ainsi versées par lui, et en dommages-intérêts.

Le Tribunal a rendu le jugement qui suit:

« LE TRIBUNAL; — Attendu que Cahuzac réclame à l'Etat la somme de

2,478 fr. 58 c., représentant les contributions foncières de 1871 et 1872, relatives à une maison sise à Paris, rue Montaigne, 2, somme qu'il a payée comme contraint et forcé sur les poursuites exercées en décembre 1872 par le receveur-percepteur du huitième arrondissement de Paris ;

« Attendu que Cahuzac ne pouvait être poursuivi que comme débiteur direct ou comme détenteur de fonds grevés du privilège du Trésor ;

« Attendu que, n'étant pas propriétaire de la maison dont s'agit, Cahuzac ne pouvait pas être obligé personnellement au payement des contributions foncières ; qu'il n'était pas porté au rôle des contributions ; que d'ailleurs le défendeur déclare qu'il ne l'a poursuivi que comme détenteur de fonds grevés du privilège appartenant à l'Etat ;

« Attendu, quant à cette seconde qualité, que l'article 2 de la loi du 12 novembre 1808 n'oblige au payement que les débiteurs des redevables ou les détenteurs de fonds leur appartenant et dont ils sont comptables envers eux ;

« Que Cahuzac, en recevant du commissaire-priseur le solde du produit de la vente, déduction faite des sommes remises au Trésor, est devenu propriétaire des fonds par lui touchés, qui ont éteint d'autant sa créance envers Rummel frères, et qu'il ne s'est trouvé détenteur d'aucune somme appartenant à autrui et dont il dût rendre compte ;

« Que s'il est vrai que les fonds provenant de la vente étaient grevés du privilège du Trésor, c'était au receveur à exiger du commissaire-priseur, détenteur pour le compte d'autrui, le payement de la créance de l'Etat, avant que la somme ne fût tombée dans le patrimoine d'un autre créancier plus diligent ;

« Que les poursuites exercées contre Cahuzac doivent donc être annulées, et que ce dernier a droit de se faire restituer ce qu'il n'a payé que sous toutes réserves ;

« Attendu que ces poursuites ont causé préjudice à Cahuzac en le privant, depuis plus de deux ans, des intérêts de la somme qu'il a dû verser et en l'obligeant à introduire l'instance actuelle, et que le Tribunal a les éléments nécessaires pour fixer le préjudice à la somme de 500 fr. ;

« Par ces motifs,

« Déclare nulles les poursuites exercées contre Cahuzac en 1872 ;

« Condamne le receveur-percepteur du huitième arrondissement, représentant l'Etat, à restituer à Cahuzac la somme de 2,478 fr. 58 c. ;

« Condamne ledit percepteur audit nom à lui payer la somme de 500 fr. à titre de dommages-intérêts,

« Et le condamne, en outre, aux dépens. » — (Jug. 2 janvier 1875.)

SAISIE. — A-COMPTE VERSÉS. — CONTESTATION ENTRE LE PERCEPTEUR ET LE CONTRIBUABLE. — JURIDICTION COMPÉTENTE.

25 janvier 1875. — *Quand une difficulté entre le percepteur et le comptable soulève des questions de vérification, de régularité de versements d'à-compte et d'imputation de payements en matière de contributions directes, elle doit être portée devant l'autorité administrative, seule compétente pour statuer.* (A. C. d'appel de Douai.)

« LA COUR :

« Attendu que le Tribunal civil était saisi d'une demande en payement de dommages-intérêts formée par V... contre D..., percepteur, en réparation d'un préjudice causé ;

« Attendu que, pour justifier sa demande, V... articule qu'après commandement fait le 2 mai 1872 et saisie opérée le 7 juin suivant par D..., percepteur de la circonscription de T..., pour avoir payement de contributions directes fixées en bloc à 303 fr. 19 c., il avait, le 8 juin, éteint par le payement toutes les causes du commandement et de la saisie, et que néanmoins, le 30 juin 1872, en vertu du même commandement et de la même saisie, D... a fait procéder à la vente pour avoir payement d'une somme de 29 fr. 19 c., complétement étrangère aux causes du commandement et de la saisie, comprise dans les 203 fr. 19 c. et afférente à la taxe des mobilisés (exercice 1870), taxe que, dans son exploit introductif d'instance et dans ses conclusions d'audience, V... déclare d'ailleurs avoir toujours refusé de payer ;

« Attendu que D... soutient, de son côté, que les 203 fr. 19 c., montant du commandement et de la saisie, n'avaient pas seulement pour cause les contributions que V... a réellement soldées le 8 juin, mais encore la somme de 29 fr. 19 c. relative à la taxe des mobilisés et fixée, en vertu d'un rôle spécial régulièrement dressé et rendu exécutoire en avril 1871 par les autorités compétentes du département ;

« Attendu que l'impôt des mobilisés a été décrété par une décision du gouvernement de la Défense nationale du 22 octobre 1870, qu'il a été sanctionné par différentes décisions postérieures de l'Assemblée nationale et que, aux termes des lois des 11 et 16 septembre 1871 (art. 20), 4 décembre 1872 (art. 5), la perception dudit impôt n'a cessé que quinzaine après la promulgation de la loi du 4 décembre 1872 ; que cette somme de 29 fr. 19 c., afférente à cette taxe, pouvait donc légitimement figurer dans les causes du commandement du 2 mai 1872 ;

« Mais, attendu que les parties sont en complet désaccord, tant sur les causes mêmes du commandement que sur ses causes d'extinction ;

« Qu'il s'agit avant tout de rechercher si les 29 fr. 19 c. afférents à la taxe des mobilisés sont ou non compris dans le commandement;

« Que cette difficulté naît à l'occasion d'un rôle de contributions rendu exécutoire par l'autorité administrative ;

« Qu'elle exige, pour sa solution, l'examen des livres et des documents de la perception ;

« Qu'elle soulève des questions de vérification, de régularité de versements d'à-compte et d'imputation de payement en matière de contributions;

« Que toutes ces questions sont de la compétence des Tribunaux administratifs :

« Que c'est donc à juste titre qu'en retenant la demande en dommages-intérêts à eux compétemment soumise, les premiers juges ont sursis à prononcer sur cette même demande jusqu'au moment où la question des causes du commandement et de celles articulées à l'appui de son extinction aura été jugée par l'autorité administrative ;

« Par ces motifs, la Cour met l'appellation au néant, ordonne que le jugement qui a sursis à prononcer jusque après décision de l'autorité administrative des difficultés de sa compétence, sortira son plein et entier effet,

« Condamne l'appelant à l'amende et aux dépens de la cause d'appel. »

PORTEURS DE CONTRAINTES. — SAISIE OPÉRÉE HORS DU RESSORT DE SA COMMISSION. — NULLITÉ. — DOMMAGES-INTÉRÊTS.

19 novembre 1875. — *Est passible de dommages-intérêts le percepteur qui emploie, pour opérer une saisie, un porteur de contraintes autre que celui de la commune où est domicilié le contribuable poursuivi.*
Est nulle la saisie faite dans ces conditions. (T. civil de F..., jugement inédit.)

« Attendu que le Tribunal est compétent pour statuer sur le procès actuel, qui rentre dans ses attributions et qui ne nécessite, pour être jugé, l'application d'aucune loi spéciale à la matière des contributions directes ;

« Attendu que le sieur P... invoque les règles du droit commun, qui ont été violées à son préjudice, et formule un grief que l'autorité judiciaire a le droit d'apprécier ; qu'il se plaint, en effet, d'une saisie faite à son domicile par un officier ministériel sans qualité pour exercer ses fonctions dans le lieu où il a opéré, et que la connaissance d'un pareil litige n'est réservée par aucune loi à la jurisprudence administrative ;

« Par ces motifs, le Tribunal, jugeant en matière sommaire et en premier ressort : ouï le substitut du procureur de la République, qui s'en est remis à justice, retient la cause, se déclare compétent, rejette l'exception proposée ;

« Et, attendu que la partie assignée, en proposant le déclinatoire, a défendu au fond, statuant dès à présent sur la demande ;

« Attendu que, le 28 septembre dernier, le percepteur de F... a fait procéder à une saisie mobilière au domicile du sieur P... par l'un des porteurs de contraintes de l'arrondissement de F...; que la demeure de P... étant située sur le territoire de la commune de S... E..., arrondissement de M..., l'officier ministériel qu'avait choisi D... était sans pouvoir pour y faire un acte de ses fonctions ;

« Attendu que D... l'a reconnu lui-même, en se désistant des poursuites et en promettant de payer les frais déjà exposés ;

« Mais, attendu que ces offres n'étaient pas satisfactoires ; qu'en faisant pratiquer illégalement une saisie-exécution au domicile de P..., et en privant ce dernier de la faculté de disposer à son gré d'une paire de bœufs qu'il se proposait de vendre aux foires d'octobre, et dont il aurait pu, à cette époque, tirer un parti plus avantageux, le défendeur en opposition a agi légèrement, et a commis une faute qui a causé à l'opposant un préjudice dont il est dû réparation ;

« Attendu que le Tribunal a les éléments suffisants pour fixer le dommage éprouvé dont D... est responsable vis-à-vis de P..., sauf son recours contre le porteur de contraintes employé par lui ;

« Par ces motifs, le Tribunal, sans s'arrêter au surplus des conclusions des parties qui sont rejetées, déclare nulle et de nul effet la saisie pratiquée le 28 septembre dernier au domicile de P... par le porteur de contraintes M... à la requête du percepteur de F... Ce fait, et sans avoir égard au désistement de ce dernier, ordonne la cessation des poursuites, et le condamne à cinquante francs de dommages-intérêts et aux dépens, liquidés à trente-deux francs cinquante-quatre centimes ; réserve néanmoins à D... son recours contre l'officier ministériel choisi par lui, si toutefois il se croit fondé à l'exercer. »

NOTE

SUR LE FORMULAIRE

On remarquera que, dans le *Formulaire* ci-après, nous n'avons pas toujours suivi, pour la classification des Modèles, l'ordre dans lequel les poursuites s'exécutent; cela vient de la nécessité où nous avons été de donner, en première ligne, les Modèles annexés au *Règlement du Ministre*. Ceux que nous avons rédigés nous-même et qui composent la plus grande partie du *Formulaire*, ont pris rang immédiatement après.

On trouvera, dans la Table particulière qui termine le *Formulaire*, la concordance des numéros des Modèles du *Commentaire* avec les numéros des Modèles annexés au *Règlement*.

FORMULAIRE

CONTRIBUTIONS DIRECTES

ET TAXES COMMUNALES ASSIMILÉES

SOMMATION SANS FRAIS

(Loi du 15 mai 1818, art. 51.)

Modèle n° 1er (*a*).

Art. 21 et 21 *bis*
du Règlement.

M

demeurant

est requis de payer, sans retard, les termes échus de ses contributions.

Il est prévenu que, faute de payement dans le délai de *huit jours*, les poursuites ordonnées par les lois seront faites contre lui.

A　　　　, le　　　　187 .

Le Percepteur des contributions directes,

Nota. — On est prié de rapporter la présente sommation en venant payer.

DÉPARTEMENT

d _____

PERCEPTION

d _____

M

Receveur-Percepteur.

BUREAU OUVERT

le

CONTRIBUTIONS DIRECTES

ET TAXES COMMUNALES ASSIMILÉES

_____

SOMMATION SANS FRAIS

(Loi du 15 mai 1818, art. 51.)

_____

M

à

rue

Modèle n° 1 (*b*).

_____

Art. 21 et 21 *bis*
du Règlement (1).

SITUATION DU REDEVABLE

Année.	Article du rôle.	Montant de la taxe.	A compte payé.	Reste à payer.

Le contribuable susnommé est requis de payer, sans retard, les termes échus de ses contributions énoncées dans le bordereau ci-contre.

Il est prévenu que, faute de payement dans le délai de *huit jours*, il sera poursuivi suivant les voies autorisées par les lois et règlements sur le recouvrement des contributions directes.

A   , le   187 .

Le Receveur-Percepteur,

Nota. — On est prié de rapporter la présente sommation en venant payer.

_____

(1) Ce Modèle, qui présente la situation du redevable, peut être avec avantage substitué au précédent pendant le cours de l'exercice.

POURSUITE

PAR GARNISON COLLECTIVE OU INDIVIDUELLE

DÉPARTEMENT
d

ARRONDISSEMENT
d

PERCEPTION
d

Art. 34 et 46
du Règlement (1).

NUMÉROS D'ORDRE
de la série générale:

De la série particulière
à la perception:

État des contribuables des communes de la perception d   qui, n'ayant pas satisfait à la sommation *gratis* qui leur a été délivrée, sont passibles de la poursuite par voie de garnison   , aux termes de l'article   de l'arrêté de M. le préfet, en date du

Numéros d'ordre du présent état.	Exercices.	Articles des rôles.	NOMS des contribuables	Demeures.	Date de la sommation gratis.	Montant de la cote de l'exercice courant.	SOMMES DUES			NOMS et qualités des personnes auxquelles les bulletins ont été remis.	JUSTIFICATION DU RECOUVREMENT DES FRAIS.			
							sur l'exercice courant.	sur les exercices antérieurs	TOTAL		DATE pour chaque contribuable de la remise des bulletins	Coût de chaque bulletin de garnison.	Date du payement des frais avant la taxe et numéro de la quittance du journal à souche	
													Date.	Numéro
1	2	3	4	5	6	7	8	9	10	11	12	13	14	15
			Commune d											

(1) Ce Modèle est celui qui est annexé au Règlement sous le n° 2, et auquel renvoie l'art. 46.

FORMULAIRE

Vu et enregistré à la préfecture d
sous le numéro , le présent état contenant
pour être exécuté selon la forme et teneur.
Le 18 .

articles,

Le Percepteur des contributions directes, soussigné, certifie le présent état,
véritable.
Fait en double expédition, à le 18 .

Vu par le maire de la commune
d , qui certifie
avoir fait publier la présente contrainte le
Il certifie, en outre, que l'agent de poursuites a déclaré n'avoir pu notifier les bulletins inscrits sous les nos attendu que les individus auxquels ils étaient destinés n'ont pas été trouvés au domicile indiqué.
Ce 18 .

Vu par le maire de la commune
d , qui certifie
avoir fait publier la présente contrainte le
Il certifie, en outre, que l'agent de poursuites a déclaré n'avoir pu notifier les bulletins inscrits sous les nos attendu que les individus auxquels ils étaient destinés n'ont pas été trouvés au domicile indiqué.
Ce 18 .

Vu par le maire de la commune
d , qui certifie
avoir fait publier la présente contrainte le
Il certifie, en outre, que l'agent de poursuites a déclaré n'avoir pu notifier les bulletins inscrits sous les nos attendu que les individus auxquels ils étaient destinés n'ont pas été trouvés au domicile indiqué.
Ce 18 .

CONTRAINTE (*). — Le Receveur particulier de l'arrondissement d
Vu la demande faite par le sieur , Percepteur de contributions directes,
de la réunion d , tendant à être autorisé à faire poursuivre, par voie de
garnison , les contribuables au nombre de dénommés en l'état
qui précède ;
En vertu des articles nos de l'arrêté de M. le Préfet, en date du 18 ,
Enjoint au sieur , agent de poursuites, de se transporter au lieu de la
résidence dudit Percepteur, à l'effet d'exercer, sous ses ordres et d'après sa direction, les poursuites par voie de garnison contre les redevables des communes d
compris au présent état, qui lui sera remis par le Percepteur.
Fait à , le 18 .

Le Receveur particulier des finances,

Le Percepteur des contributions directes, soussigné, requiert, en vertu de la contrainte ci-dessus, le sieur d'exercer, contre les redevables dénommés en l'état qui précède, les poursuites par voie de garnison.
A , le 18 .

Je soussigné, porteur de contraintes, certifie avoir notifié aux contribuables désignés dans l'état qui précède les bulletins de garnison qui les concernent, sauf ceux destinés aux contribuables qui n'ont pas été trouvés au domicile indiqué, ni en leur absence aucune personne apte à recevoir les bulletins, ainsi que je l'ai déclaré à MM. les maires des communes d
A , le 18 .

Vu par le maire de la commune
d , qui certifie
avoir fait publier la présente contrainte le
Il certifie, en outre, que l'agent de poursuites a déclaré n'avoir pu notifier les bulletins inscrits sous les nos attendu que les individus auxquels ils étaient destinés n'ont pas été trouvés au domicile indiqué.
Ce 18 .

Vu par le maire de la commune
d , qui certifie
avoir fait publier la présente contrainte le
Il certifie, en outre, que l'agent de poursuites a déclaré n'avoir pu notifier les bulletins inscrits sous les nos attendu que les individus auxquels ils étaient destinés n'ont pas été trouvés au domicile indiqué.
Ce 18 .

Vu par le maire de la commune
d , qui certifie
avoir fait publier la présente contrainte le
Il certifie, en outre, que l'agent de poursuites a déclaré n'avoir pu notifier les bulletins inscrits sous les nos attendu que les individus auxquels ils étaient destinés n'ont pas été trouvés au domicile indiqué.
Ce 18 .

(*) NOTA. — Lorsque la contrainte sera décernée d'office par le Receveur des finances, sur la représentation des rôles, elle sera libellée ainsi qu'il suit :
Le Receveur particulier des finances de l'arrondissement d
Vu la situation du sieur , percepteur de la réunion d , et attendu qu'il résulte de l'inspection des rôles et des émargements que les contribuables
des communes d sont en retard sur le payement des termes échus de leurs contributions de l'année courante et années antérieures,
En vertu des articles de l'arrêté de M. le Préfet, en date du 18 .
Enjoint au sieur , agent de poursuites, de se transporter au lieu de la résidence dudit sieur , percepteur, à l'effet d'exercer, sous ses ordres
et d'après sa direction, les poursuites par voie de garnison collective ou individuelle, contre les redevables des communes d comprises au présent état,
qui lui sera remis par le Percepteur. Fait à , le 18 . *Le Receveur particulier des finances,*

FORMULAIRE

MODÈLE N° 2 (art. 23 du Règlement).

————

La contrainte par voie de garnison, sur la demande du Percepteur, objet du Modèle n° 2, est formulée ci-contre, au verso de l'état des contribuables (Modèle n° 1 *bis*). Nous ne lui avons conservé un rang particulier que pour n'avoir pas à changer l'ordre des numéros du présent *Formulaire*.

————

MODÈLE N° 3 (art. 23, 24 et 25 du Règlement).

La contrainte par voie de garnison, objet du Modèle n° 3, auquel renvoie le *Commentaire*, doit être libellée suivant les indications du *Nota* de la page précédente. — Même observation que ci-dessus.

————

DÉPARTEMENT

d ————

ARRONDISSEMENT

d   *LISTE des*   *plus imposés de la com-*

————   *mune d*   *en retard sur les contri-*

COMMUNE   *butions directes à l'époque du* 187 .

d

Modèle n° 3 *bis.*

Article 24
du Règlement.

Articles du rôle.	Noms des contribuables.	Montant du rôle de l'exercice courant.	SOMMES DUES			Dernières poursuites.		Observations.
			sur l'exercice courant.	sur les exercices antérieurs.	Total.	Dates.	Nature.	
Totaux....								

Certifié sincère et véritable par moi soussigné, Percepteur de la réunion d

A   , le   187 .

CONTRIBUTIONS DIRECTES

Modèle n° 4 (1)

BULLETIN

DE

GARNISON COLLECTIVE

Art. 46 du Règlement.

N°   d'ordre
de la contrainte.

DÉPARTEMENT
d

ARRONDISSEMENT
d

PERCEPTION
d

COMMUNE
d

ARTICLE DU ROLE.

MONTANT DE LA COTE :

Art. 46 du Règlement.

Le salaire de l'agent de poursuites employé à la garnison collective consiste en une somme fixe par bulletin de garnison.

Le prix de chaque bulletin est fixé à   dans les villes d

Dans les autres communes du département, à

Et pour toute cote de *un franc et au-dessous*, le prix du bulletin de garnison est fixé invariablement à 10 centimes.

Les frais sont payables entre les mains du Percepteur, qui en doit quittance à souche.

En exécution de la contrainte décernée par M. le Receveur des finances de l'arrondissement, le   , contre les contribuables en retard des communes de   , de et de   , et après les publications et sommations faites dans les délais voulus par la loi et les règlements,

M.   , demeurant à   est prévenu qu'il est soumis à la poursuite par garnison collective, et sommé de payer sous *trois jours* au plus tard, entre les mains du Percepteur, la somme de   , dont il est redevable pour ses contributions. Ce délai expiré, il y sera contraint par voie de garnison individuelle ou de commandement, jusqu'à parfait payement des termes échus.

Et pour que M.   n'en ignore, le présent, dont le coût est de   , a été laissé à son domicile, parlant à sa personne, (*ou*) en son absence, à

A   , ce   18 .

L'agent des poursuites,

JOURS DE RECETTES

A   (*lieu de la résidence du percepteur*), les

A   , le
A   , le
A   , le

(1) Ce Modèle porte le n° 3 dans la plus récente édition du Règlement, à laquelle nous l'empruntons.

DÉPARTEMENT

d

_____

ARRONDISSEMENT

d

_____

PERCEPTION

d

_____

Modèle n° 5 (1)

_____

Art. 46 du Règlement.

ÉTAT des contribuables des communes de la réunion de perception d qui, n'ayant pas satisfait à la somma-tion gratis qui leur a été délivrée, sont passibles de la poursuite par garnison collective, aux termes de l'article de l'arrêté de M. le Préfet, en date du

Articles des rôles	NOMS des contribuables.	Demeure.	Sommes dues.	NOMS des personnes auxquelles les bulletins ont été laissés.	OBSERVATIONS.
		Commune d			
		Commune d			
		Commune d			

Le Percepteur des contributions directes, soussigné, certifie le présent état véritable, et requiert, en vertu de la contrainte décernée le   , par M. le Receveur particulier des finances de l'arrondissement, le sieur   , porteur de contraintes (ou garnisaire), d'exercer, contre les redevables ci-dessus dénommés, les poursuites par voie de garnison collective.

A   , le   187 .

Le Percepteur,

Je, soussigné, porteur de contraintes (ou garnisaire), certifie avoir remis aux per-sonnes dénommées dans la cinquième colonne du présent état, les bulletins de garnison collective.

A   , le   187 .

Vu par le maire ou adjoint de la commune d
Vu par le maire ou adjoint de la commune d
Vu par le maire ou adjoint de la commune d

_____

(1) Ce Modèle et celui qui suit rentrent dans le cadre plus général du Modèle n° 1 *bis*, dont ils constituent le developpement. C'est à ce titre que nous les conservons ici.

DÉPARTEMENT   Modèle n° 6.

d

ARRONDISSEMENT

d

PERCEPTION

d

ÉTAT des contribuables des communes de la réunion de perception d qui, n'ayant pas satisfait à la garnison collective qui leur a été délivrée, sont passibles de la poursuite par garnison individuelle, aux termes de l'article de l'arrêté de M. le Préfet, en date du

Art. 51 du Règlement.

Articles des rôles	NOMS des contribuables.	Demeures.	Sommes dues	NOMS des personnes auxquelles les bulletins ont été remis	Nombre des journées de garnison	OBSERVATIONS
		Commune d				
		Commune d				
		Commune d				

Le Percepteur des contributions directes certifie le présent état véritable, et requiert, en vertu de la contrainte décernée le   , par M. le Receveur particulier des finances de l'arrondissement, le sieur   , porteur de contraintes (ou garnisaire), d'exercer, contre les redevables ci-dessus dénommés, les poursuites par garnison individuelle.

A   , le   187 .

Le Percepteur,

Je, soussigné, porteur de contraintes (ou garnisaire), certifie avoir remis aux personnes dénommées dans la cinquième colonne du présent état les bulletins de garnison individuelle, et être resté, pendant les espaces de temps désignés dans la sixième colonne, au domicile des contribuables.

A   , le   187 .

Vu par le maire ou adjoint de la commune d

Vu par le maire ou adjoint de la commune d

CONTRIBUTIONS DIRECTES

DÉPARTEMENT

d

ARRONDISSEMENT

d

PERCEPTION

d

COMMUNE

d

Art.   du rôle.

Modèle n° 7.

BULLETIN
DE
GARNISON A DOMICILE

Art. 51 du Règlement.

MONTANT DE LA COTE :

Art. 50 du Règlement.

La garnison ne peut être établie à domicile, chez un contribuable, si ses contributions ne s'élèvent en totalité à et si les termes dus ne s'élèvent au moins à .

Art. 50 du Règlement.

Le prix de la journé de garnison à domicil avec vivres et logemen est fixé à , avec la représentation en argent des vivres et du logement, à .

Les frais sont payables entre les mains du Percepteur, qui en doit quittance à souche.

JOURS DE RECETTES

A (lieu de la résidence du percepteur), les

A , le

A , le

A , le

En exécution de la contrainte décernée par M. le Receveur particulier des finances de l'arrondissement, le contre les contribuables en retard des communes d

d et de et après les publications et sommations faites dans les délais voulus par la loi et les règlements,

M. , demeurant à est prévenu par moi porteur de contraintes (ou garnisaire), que je m'établis pour deux jours en garnison dans son domicile, à raison de franc par jour, avec nourriture et logement, conformément à l'art. de l'arrêté de M. le Préfet, en date du à défaut par M. de se libérer dans le delai de *trois jours*, entre les mains du percepteur, dont le bureau est établi à , il sera procédé contre lui par voie de commandement, saisie et vente.

A , le 187 .

L'agent des poursuites,

Modèle nº 8 (1)
Art. 56 du Règlement.

DÉPARTEMENT
d

ARRONDISSEMENT
d

PERCEPTION
d

POURSUITES PAR COMMANDEMENT

NUMÉROS D'ORDRE :
De la série générale :

De la série particulière
à la perception :

L I AT des contribuables retardataires de la perception d   *contre lesquels*
le Percepteur soussigné demande à faire exécuter les poursuites par voie de com-
mandement, et subsidiairement par voie de saisie-exécution et de saisie-brandon.

Numéros d'ordre.	Extraires	Articles du rôle	Noms des contribuables	Demeures	Montant de la cote	SOMMES EXIGIBLES			A-compte payés.	Sommes restant dues	Montant des frais antérieurs.	Total des sommes dues	POURSUITES ANTÉRIEURES		Montant des frais de commandement	Date du payement des frais avant la taxe, et numéros des quittances	OBSERVATIONS. Indiquer dans cette colonne la date de la libération avant la poursuite.
						Sur les exercices antérieurs.	Sur l'exercice courant	Total					Nº d'ordre de la contrainte	Date de la remise de l'acte			
1	2	3	4	5	6	7	8	9	10	11	12	13	14	15	16	17	18
			Commune d														

(1) Ce Modèle est celui qui est annexé au Règlement sous le nº 5.

FORMULAIRE

Vu par le sous-préfet de l'arrendissement, pour être exécuté selon la teneur.

A   , le   187 .

Le Percepteur des contributions directes, soussigné, requiert, en vertu de la contrainte ci-dessus, le sieur
d'exercer contre les redevables dénommés en l'état qui précède les poursuites par voie de commandement.

A   , le   187 .

Certifié et arrêté en double expédition par le percepteur soussigné.

A   , le   187 .

Le Receveur des finances soussigné, vu l'état ci-dessus des contribuables retardataires, au nombre de   , de la perception d   , enjoint au sieur   , porteur de contraintes commissionné par M. le Préfet, de se transporter au lieu de la résidence du sieur Percepteur, à l'effet d'exercer, contre ceux des redevables ci-dessus dénommés qui ne se seraient pas libérés à son arrivée, les poursuites par commandement, et de procéder ultérieurement, au besoin, par voie de saisie, en exécution de l'article 56 de l'arrêté de M. le Préfet, à la charge par ledit sieur   , porteur de contraintes, de faire viser le présent par le maire ou son adjoint, et, en leur absence, par l'un des membres du Conseil municipal, à son arrivée dans chaque commune.

Fait en double expédition, à   , le   187 .

Vu par le maire de la commune d qui certifie que la contrainte a été publiée le Le 187 .	Vu par le maire de la commune d qui certifie que la contrainte a été publiée le Le 187 .	Vu par le maire de la commune d qui certifie que la contrainte a été publiée le Le 187 .	Vu par le maire de la commune d qui certifie que la contrainte a été publiée le Le 187 .
Vu par le maire de la commune d qui certifie que la contrainte a été publiée le Le 187 .	Vu par le maire de la commune d qui certifie que la contrainte a été publiée le Le 187 .	Vu par le maire de la commune d qui certifie que la contrainte a été publiée le Le 187 .	Vu par le maire de la commune d qui certifie que la contrainte a été publiée le Le 187 .

DÉPARTEMENT
d ——

ARRONDISSEMENT
d ——

COMMUNE
d ——

CONTRIBUTIONS DIRECTES

ET TAXES COMMUNALES ASSIMILÉES
——

Modèle n° 6

N°   d'ordre de la contrainte.

COMMANDEMENT

Modele n° 9 (1)
——

FRAIS DU COMMANDEMENT
Original, copie et timbre
Enregistrem pour toute cote au-dessus de 100 fr. ——

TOTAL....

~~~~~~~~~
Le lieu du domicile du Percepteur est à

Il appert ⌠ des contributions directes
des rôles ⌡ des taxes communales assimilées
de année 187   , rendus exécutoires
par M. le Préfet du département
et publiés conformément à la loi dans la
commune d   que le sieur   de-
meurant à   est débiteur, SAVOIR :

Extrait du Règlement du

Art.   Dans les villes de
le prix du commandement, original, copie et timbre compris, est de
et dans les autres communes, de

Numéro d'ordre de la contrainte.	Nature des rôles.	Exercices.	Articles des rôles.	Montant de la cote.	Sommes exigibles.	A-compte payés.	Sommes pour lesquelles le présent commandem. a lieu.	Total	Observations.
1	2	3	4	5	6	7	8	9	10
	Contributions ⌠	187 .							
	⌡	187 .							
	Taxes commu- ⌠	187 .							
	nales ...... ⌡	187 .							
	Frais antérieurs............								
	TOTAL								

En exécution de la contrainte décernée le   par le Receveur des finances, et visée par M. le   Préfet, le sieur   porteur de contraintes, poursuivra, par voie de commandement, ledit sieur   pour la somme énoncée ci-dessus.

Fait à   , ce   187 .   *Le Percepteur,*

L'an mil huit cent soixante   le   en vertu de la contrainte décernée par M. le Receveur particulier de l'arrondissement d   département d conformément à l'arreté de M. le Préfet dudit département, en date du   et à la requête du Percepteur des contributions directes, demeurant à   pour lequel domicile est élu (2) dans la commune d

Je soussigné   porteur de contraintes pour l'arrondissement d   , aux termes de la commission dont je suis porteur, et qui m'a été délivrée par M. le Préfet du département, sous la date du   demeurant à

Ai fait COMMANDEMENT, de par la loi et justice, au sieur   demeurant à   où étant, en son domicile, et parlant à   ainsi déclaré;

De payer au Percepteur de ladite commune d   , à son bureau de recette, la somme de   montant des termes échus de la contribution de année 187 ainsi qu'il résulte des rôles desdites contributions dont ledit Percepteur est porteur; lesquels rôles ont été rendus exécutoires par M. le Préfet dudit département, et publiés dans la commune d   conformément aux lois, sans préjudice des termes à échoir et des frais faits et à faire ;

Et je lui ai déclaré que, faute par lui d'effectuer ledit payement dans le délai de trois jours à dater du présent, il y sera contraint par toutes les voies de droit, et notamment par la saisie-exécution et vente de ses meubles et récoltes, et je lui ai, en son domicile, et parlant comme dessus, laissé copie du présent exploit, dont le coût est de   .   *Le porteur de contraintes,*

(1) Ce Modèle est celui auquel le Règlement (art. 57) se réfère en lui donnant le n° 6.
(2) Indiquer ici le domicile élu dans la commune. (*La mairie ou tout autre endroit*.)

DÉPARTEMENT
d

CONTRIBUTIONS DIRECTES

ET TAXES COMMUNALES ASSIMILÉES

Modèle nº 9 *bis.*
Art. 57 du Règlement (1)

Circ. du 15 déc. 1864.

ARRONDISSEMENT
d

COMMANDEMENT COLLECTIF

SOUMIS AU TIMBRE

FRAIS DU COMMANDEMENT
Original, copies et
timbres. . . . .
Enregistrement * . .
      Total. . . . .

PERCEPTION
d

Extrait du Règlement du

ART.   . Dans les villes d
le prix du commandement, original, copie
et timbre compris est de   et dans les
autres communes de

*L'enregistrement n'est
dû que pour les cotes au-
dessus de 100 francs.

Le lieu du domicile du
Percepteur est à

Numéro d'ordre de la contrainte.	Noms des contribuables.	Domicile	NATURE des RÔLES	Exercices.	Articles des rôles.	Montant de la cote.	Sommes exigibles.	A-compte payés.	Sommes pour lesquelles le présent commandement a lieu.	Frais taxés précédemment.	Total.	Observations.
1	2	3	4	5	6	7	8	9	10	11	12	13
			Contributions. Taxes comm^{les}	187								
			Contributions. Taxes comm^{les}	187								
			Contributions. Taxes comm^{les}	187								
			Contributions. Taxes comm^{les}	187								
			Contributions. Taxes comm^{les}	187								
			Contributions. Taxes comm^{les}	187								
			Contributions. Taxes comm^{les}	187								
			Contributions. Taxes comm^{les}	187								
			Contributions. Taxes comm^{les}	187								
			Contributions. Taxes comm^{les}	187								
									Total...			

EN exécution de la contrainte décernée le   par le Receveur
particulier des finances, et visée par M. le   Préfet, le S^r   porteur de
contraintes, poursuivra par voie de commandement les dénommés au présent état, pour
les sommes énoncées ci-dessus.

Fait à   ce   18 .   *Le Percepteur,*

(1) C'est le Modèle nº 7 des annexes du Règlement.

L'an mil huit cent soixante   le   en vertu de la contrainte décernée par M. le Receveur des finances de l'arrondissement d   département d
conformément à l'arrête de M. le Préfet dudit département, en date du   et à la requête du Percepteur des contributions directes, demeurant à   pour lequel domicile est élu dans la maison où est établi son bureau de recette dans chaque commune ;

Je, soussigné   porteur de contraintes pour ledit arrondissement, aux termes de la commission dont je suis porteur et qui m'a été delivrée par M. le Préfet dudit département, sous la date du   demeurant à   ai fait **TRÈS EXPRÈS COMMANDEMENT**, au nom de la loi et justice, aux contribuables denommés dans le tableau qui précède, et aux domiciles indiqués, de payer audit Percepteur, savoir :

Le S^r la somme de
Le S^r celle de
Le S^t celle de
Le S^r celle de
Le S^t celle de
Le S^r celle de
Le S^r celle de
Le S^r celle de
Le S^r celle de
Le S^r .   celle de

Ainsi qu'il resulte des rôles desdites contributions dont ledit Percepteur est porteur, lesquels rôles ont été rendus exécutoires par M. le Préfet dudit département et public- conformément aux lois, sans préjudice des termes à échoir et des frais faits et à faire :
Et je leur ai declaré que, faute par eux d'effectuer ledit payement dans le delai de trois jours, a dater du présent, ils y seront contraints par toutes les voies de droit, et notamment par la saisie-exécution et vente de leurs meubles et récoltes, et j'ai à chacun d'eux laissé copie du présent, en son domicile, en parlant, savoir :

pour ledit	à	pour ledit	à
pour ledit	à	pour ledit	a
pour ledit	à	pour ledit	a
pour ledit	à	pour ledit	à
pour ledit	à	pour ledit	a

les jour, mois et an ci-dessus

Le porteur de contraintes,

Le porteur de contraintes, conformément à l'article 98 du Reglement, declare s'être assuré que les contribuables portés sous les n^{os} , se sont libérés intégralement dans le délai de quatre jours.

A   le   187 .

Certifié par le Percepteur,

Le   187 .

DÉPARTEMENT
d

ARRONDISSEMENT
d

PERCEPTION
d

ANNÉE 187 .

ÉTAT DE PAYEMENT

des frais de garnisons { collectives. / individuelles.

Modèles n°s 10 et 11 (1).

Articles 46 et 102 du Règlement.

N° d'ordre de la recette des finances.

ÉTAT des sommes dues au sieur   *, agent de poursuites,*
employé à la poursuite par voie de garnison { *collective,* / *individuelle,* } *dans les communes*
d   *, en exécution de la contrainte décernée*
le   *par M. le Receveur particulier des finances.*

Numéros d'ordre de la contrainte nominative.	Articles du rôle.	NOMS des contribuables.	Montant des cotes.	Sommes pour les-quelles des contri-buables ont été poursuivis.	MONTANT des frais établis dans l'état de garnisons.	taxés par le sous-préfet.	Date du payement des frais.	Numéros des quittances du journal à souche.	Observations.
1	2	3	4	5	6	7	8	9	10
		Commune d du 187 .							
		Total.							

Certifié véritable par le porteur de contraintes le présent état, montant à la somme de et comprenant contribuables. Fait en double expédition, à , le 187 .

Vérifié par le Percepteur des contributions directes de la réunion de perception d

A , le 187 .

Vu et arrêté par le Receveur particulier le présent état de frais, montant à la somme de .

A , le 187 .

Je, soussigné, porteur de contraintes, certifie avoir reçu des mains de M. le Receveur particulier la somme énoncée ci-contre pour le prix des *garnisons* exercées contre les contribuables désignés au présent état.

A , le 187 .

Arrêté par le Préfet d , le présent état, montant à la somme de , laquelle somme sera payée au sieur , agent de poursuites, par M. le Receveur particulier, et recouvrée par le Percepteur d sur les contribuables ci-dessus dénommés.

A , le 187 .

(1) Ce Modèle qui, s'appliquant à la fois à la garnison collective et à la garnison individuelle, remplace les modèles 10 et 11 de la 1re édition, est celui qui est annexé au Règlement sous le n° 9.

DÉPARTEMENT

d

ARRONDISSEMENT

d

PERCEPTION

d

ANNÉE 187 .

ÉTAT DE PAYEMENT

DES FRAIS DE COMMANDEMENTS

Modèle n° 12 (1)

Articles 51 et 102
du Règlement.

N° d'ordre
de la
recette des finances.

*ÉTAT des sommes dues au sieur , porteur de contraintes, pour les comman-
dements qu'il a faits et délivrés dans l commune d en exécution
de contrainte décernée le par le Receveur particulier de l'arrondissement d aux contribuables en retard.*

NOTA. Lorsqu'il y aura lieu d'appliquer à un contribuable l'exemption du droit d'enregistrement prévue par l'article 98 du Règlement, le Percepteur devra, afin de justifier
la non-perception du droit, certifier, dans la colonne d'observations, la libération intégrale dans le délai de quatre jours.

Numéros d'ordre de la contrainte nominative.	Articles du rôle.	NOMS des contribuables.	Date des dernières contraintes par voie de garnisons.	Montant des cotes	Sommes pour les-quelles les contri-buables ont été poursuivis	Montant des frais de commandements		Date du payement des frais taxes	Numéros des quittances du journal à souche.	Observations.
						établis dans l'état d'au-torisation	taxés par le sous-préfet.			
1	2	3	4	5	6	7	8	9	10	11
		Commune d du 187 .								
					Totaux.					

Certifié véritable par le
porteur de contraintes le
présent état, montant à la
somme de et com-
prenant contribuables.
Fait en double expédi-
tion, à , le 187 .

Vérifié par le Percepteur
des contributions directes
de la réunion de perception
d

A , le 187 .

Vu et arrêté par le Rece-
veur particulier le présent
état de frais montant à la
somme de

A , le 187 .

Je, soussigné, porteur de
contraintes, certifie avoir
reçu des mains de M. le
Receveur particulier la somme énoncée ci-contre, pour
le prix des *commandements*
signifiés aux contribuables
désignés au présent état.
A , le 187 .

Arrêté par le Préfet d , le présent etat,
montant à la somme de , laquelle
somme sera payée au sieur , agent de poursuites, par M. le Receveur particulier, et recouvrée par
le Percepteur d sur les contribuables
ci-dessus dénommés.

A , le 187 .

(1) Ce Modèle porte le n° 10 dans les annexes du Règlement.

DÉPARTEMENT
d

ARRONDISSEMENT
d

PERCEPTION
d

ANNÉE 187 .

ÉTAT DE PAYEMENT
DES FRAIS DE SAISIES ET DE GARDIENS

Modèle n° 13. (1)

Article 102
du Règlement.

N°   d'ordre
de la
recette des finances

ÉTAT des sommes dues au sieur   *, porteur de contraintes, pour les saisies qu'il a faites et les frais de gardiens dans l commune d en exécution d contrainte décernée le   18   par le Receveur particulier, aux contribuables en retard.*

NOTA. Lorsqu'il y a lieu à l'exemption du droit d'enregistrement des actes de poursuites par suite de la libération intégrale du contribuable dans le délai de quatre jours, le Percepteur doit certifier cette libération dans la colonne d'observations. (Art. 98 du Règl.)

Numéros d'ordre des articles sur la contrainte nominative.	Dates des contraintes.	Articles du rôle de l'exercice courant.	Noms des contribuables.	DÉTAIL DES FRAIS DUS par chacun d'eux.	Date des commandements	Montant des cotes.	Sommes pour lesquelles les contribuables ont été poursuivis.	MONTANT des frais de saisies		Date du payement des frais taxés.	Nombre des quittances du journal à souche.	Jour fixé pour la vente.	Observations.
								provisoires établis dans l'état d'autorisation.	définitifs taxés par le sous-préfet.				
1	2	3	4	5	6	7	8	9	10	11	12	13	14
				Commune d du 187 .									
				Original........ Copie à la partie. Id. au gardien.. Id. au maire (a). Témoins (b)..... Timbre......... Enregistrement. .... Total...									
				(a) En cas de saisie-brandon. (b) Sur saisie-exécution seulement.		TOTAUX ...							

Certifié véritable par le porteur de contraintes le présent état, montant à la somme de et comprenant contribuables.
Fait en double expédition, à , le 187 .

Vérifié par le Percepteur des contributions directes de la réunion de perception d

A , le 187 .

Vu et arrêté par le Receveur particulier le présent état montant à la somme de

A , le 187

Je, soussigné, porteur de contraintes, certifie avoir reçu des mains de M. le Receveur particulier la somme énoncée ci-contre, pour le prix des *saisies* faites au domicile des contribuables désignés au présent état.
A , le 187 .

Arrêté par le préfet montant à la somme de , laquelle somme sera payée au sieur , agent de poursuites, par M. le Receveur particulier, et recouvrée par le Percepteur d sur les contribuables ci-dessus dénommés.
A , le 187 .

(1) Ce Modèle correspond au n° 11 des annexes du Règlement.

FORMULAIRE

ANNÉE 187 .

Modèle 14. (1)

Article 102
du Règlement.

DÉPARTEMENT
d

ARRONDISSEMENT
d

PERCEPTION
d

ÉTAT DE PAYEMENT
DES FRAIS DE VENTE

N° d'ordre
de la
recette des finances.

NOTA. Lorsqu'il y a lieu à l'exemption du droit d'enregistrement des actes de poursuites autres que le procès-verbal de vente par suite de la libération du contribuable
dans le délai de quatre jours, le Percepteur doit certifier cette libération dans la colonne
d'observations. (Art. 98 du Règlement.)

*ÉTAT des sommes dues au sieur   , porteur de contraintes ou commissaire-
priseur pour la vente des objets mobiliers saisis sur les contribuables en retard de
commune d   .*

Numéros d'ordre des articles sur la contrainte nominative	Dates des autorisations de vente	Article du rôle de l'exercice courant	Noms des contribuables	DÉTAIL DES FRAIS DUS par chacun d'eux	Dates des procès-verbaux de saisie	Montant des cotes	Sommes pour lesquelles les contribuables ont été poursuivis	Sommes dues pour frais relatifs à la vente	Montant de ces frais taxés par le sous-préfet	Date du payement des frais taxés	Numéros des quittances du journal à souche	Observations (Colonne réservée pour certifier, s'il y a lieu, la libération du contribuab)
1	2	3	4	5	6	7	8	9	10	11	12	13
				Commune d du 187 . Récolement (orig.) Témoins (*) . . . . . Procès-verbal d'af-fichage (orig.) . Affiches et plac. Insertions au jour-nal judiciaire . . Déclaration à l'en-registrement . . Transport des ef-fets saisis. . . . . Procès-verbal de vente (original). Copie (si elle a été demandée								
				Total								
				(*) En cas de vente sur saisie-brandon, l'assis-tance des témoins n'est pas prescrite.		Total. . . .						

Certifié véritable par le porteur de contraintes le présent état montant à la somme de et com-prenant contribuables. Fait en double expédi-tion, à , le 187 .	Vérifié par le Percepteur des contributions directes de la réunion de perception d A , le 187 .	Vu et arrêté par le Rece-veur particulier le présent état montant à la somme de A , le 187 .
Je, soussigné, porteur de contraintes, certifie avoir reçu des mains de M. le Receveur particulier la som-me énoncée ci-contre, pour prix des actes faits contre les contribuables désignés au présent état. A , le 187 .	Arrêté par le Préfet d , le présent état, montant à la somme de , laquelle somme sera payée au sieur , agent de pour-suites, par M. le Receveur particulier, et recouvrée par le Percepteur d sur les contribuables ci-dessus dénommés. A , le 187 .	

(1) Ce Modèle est le 12e de ceux qui sont imprimés à la suite du Règlement.

DÉPARTEMENT
d

ARRONDISSEMENT
d

PERCEPTION
d

ANNÉE 187 .

ÉTAT DE PAYEMENT

DES FRAIS D'ACTES CONSERVATOIRES
ET D'ACTES EXTRAORDINAIRES

Modèle 15. (1)

Article 102
du Règlement.

N° d'ordre
de la
recette des finances.

NOTA. Lorsqu'il y a lieu à l'exemption du droit d'enregistrement des actes de poursuites autres que le procès-verbal de vente par suite de la libération du contribuable dans le délai de quatre jours, le Percepteur doit certifier cette libération dans la colonne d'observations. (Art. 98 du Règlement.)

ÉTAT des sommes dues au sieur , *porteur de contraintes, chargé par le Percepteur* *de commune d de la poursuite par voie d contribuables ci-après dénommés.*

Numéros d'ordre des articles sur la contrainte nominative.	Article du rôle de l'exercice courant.	Noms des contribuables.	DÉTAIL DES FRAIS DUS par chacun d'eux.	Noms des tiers auxquels les actes ont été signifiés.	Montant des cotes.	Sommes pour lesquelles les contribuables ont été poursuivis.	Sommes dues pour frais détaillés ci-contre.	Montant des frais taxés par le sous-préfet.	Date du payement des frais taxés.	Numéros des quittances du journal à souche.	Observations. Colonne réservée pour certifier, s'il y a lieu, la libération du contribuab.
1	2	3	4	5	6	7	8	9	10	11	12
		Commune d du 187 . *Saisie-arrêt ou opposition.* Original et copie au tiers saisi.. *Dénonciation au tiers saisi.* Original et copie. *Déclaration affirmative.* Original et copie.. Total.......			Total.....						

Certifié véritable par le porteur de contraintes le présent état, montant à la somme de et comprenant contribuables.
Fait en double expédition, à le 187 .

Vérifié par le Percepteur des contributions directes de la réunion de perception d

A , le 187 .

Vu et arrêté par le Receveur particulier le présent état de frais montant à la somme de

A , le 187 .

Je, soussigné, porteur de contraintes, certifie avoir reçu des mains de M. le Receveur particulier la somme énoncée ci-contre, pour prix des actes faits contre les contribuables désignés au présent état.
A , le 187 .

Arrêté par le Préfet d , le présent état, montant à la somme d , laquelle somme sera payée au sieur , agent de poursuites, par M. le Receveur particulier, et recouvrée par le Percepteur d sur les contribuables ci-dessus dénommés.
A , le 187 .

(1) Ce Modèle porte le n° 13 dans les annexes du Règlement.

CONTRIBUTIONS DIRECTES

Modèle n° 16 (1)

Article 113
du Règlement.

ÉTAT général des poursuites dirigées contre les contribuables de l'arrondissement d , *du 1er janvier jusqu'au dernier jour du* ° *trimestre.*

Désignation des perceptions.	Noms des Percepteurs.	Montant des rôles de l'année courante	Nombre des articles de rôles	Moyenne des cotes.	FRAIS TAXES DU 1er JANVIER AU													Total.		Montant des recouvrements faits jusqu'au dernier jour du trimestre sur tous les exercices.	Proportion des frais avec les recouvrements. (*)
					GARNISONS				Commandements		Saisies et frais de gardiens.		Ventes.		Actes conservatoires.					
					collectives.		individuelles.													
					Nombre des actes	Montant des frais.	Nombre des actes	Montant des frais	Nombre des actes	Montant des frais	Nombre des actes	Montant des frais.	Nombre des actes.	Montant des frais.	Nombre des actes	Montant des frais.	Nombre des actes.	Montant des frais.		
1	2	3	4	5	6	7	8	9	10	11	12	13	14	15	16	17	18	19	20	21
Totaux........																				
Situation à la même époque de l'année précédente																				
Différences { en plus.. en moins																				

(*) La proportion des frais doit être tirée en francs, et l'on doit faire ressortir *le tant pour mille.*

Je, soussigné, Receveur particulier de l'arrondissement d , certifie le présent état véritable et conforme tant à mes écritures qu'aux justifications qui m'ont été fournies.

A , le 187 .

Vu par le sous-préfet de l'arrondissement d
A , le 187 .

(1) Ce Modèle figure dans les annexes du Règlement sous le n° 14.

Observations sur la marche des poursuites pendant le trimestre.

FORMULAIRE

DÉPARTEMENT

d

___

ARRONDISSEMENT

d

.   COMMUNE

d

___

Article du Rôle

___

Montant des cotes dues

Fr

SOMMATION

A un tiers détenteur ou débiteur de som-
mes appartenant à un redevable et affec-
tées au privilège du Trésor.

Modèle n° 17.

Art. 14 du Règlement.

___

COUT DE L'ACTE

Original et copie.

Timbre . . . .

Enregistrement . .

Total . . .

___

L'an mil huit cent   le   a la requête du
sieur A..., Percepteur des contributions directes de la réunion
d (*indiquer ici le nom de la perception*), demeurant dans la
commune d (*indiquer la commune de la residence du Percepteur*), .
pour lequel domicile est élu dans la commune d   (*indiquer la
commune où reste le tiers détenteur*), à la mairie (*ou bien indiquer toute autre maison que voudrait choisir le Percepteur*), je, ᵞ
soussigné, B..., porteur de contraintes pour l'arrondissement
d   département d   , demeurant à (*indiquer ici la
commune ou reside le porteur de contraintes*), ai fait sommation
au sieur C... (*indiquer ici les nom et profession du tiers détenteur*), demeurant dans la commune d   en son domicile et parlant à sa personne (*si le tiers détenteur est absent, indiquer la personne à qui la copie a été remise, par exemple :
parlant à sa femme ainsi déclarée*), de verser immédiatement entre les mains du requérant, sur les sommes que ledit sieur C...
doit au sieur D... (*le contribuable*) (*ou dont ledit sieur C... est
dépositaire à quelque titre que ce soit, et appartenant au sieur
D...*), lesdites sommes affectées au privilége de la contribution
(*indiquer ici la nature de la contribution*) du susnommé, jusqu'à
concurrence de la somme d   , due au requérant par ledit sieur
D..., pour le montant de contributions échues, ainsi qu'il résulte
du rôle desdites contributions de l'année 187   , rendu exécutoire par le Préfet du département d   , et publié dans la
commune, conformement aux lois, sans préjudice des frais faits
et à faire ; lui declarant que, faute par lui d'avoir obtempéré à la
présente sommation dans le délai de trois jours, il y sera contraint par toutes les voies de droit, et notamment par voie de
garnison, et, s'il y a lieu, par les saisie et vente de ses meubles.

Et, en tant que besoin, je soussigné, parlant comme dessus.
même requête et élection de domicile, lui ai fait défense, aux
mêmes fins et pour la même cause, de se dessaisir en d'autres mains
que celle du requérant de toutes sommes et deniers quelconques
qu'il doit ou devra audit sieur D... (*ou dont il est ou pourra se
trouver dépositaire à quelque titre que ce puisse être*), sous peine
de payer deux fois, et de tous dommages et intérêts.

Et pour que ledit sieur D... n'en ignore, je lui ai. en son domicile et parlant comme dessus, laissé copie de la présente sommation, dont le cout est de

Le porteur de contraintes,

Enregistré à

le

Reçu

Le

Ce

DÉPARTEMENT

d

___

ARRONDISSEMENT

d

___

PERCEPTION

d

___

COMMUNE

___

Articles des Rôles

___

Montant de la cote

Fr.

___

Le lieu de la rési-
dence du Percepteur
est à

Fo   le

Enregistré à

Ce

Reçu.

* L'enregistrement
n'est dû que pour les
cotes au-dessus de 100
francs.

** Indiquer ici le
domicile élu (la mairie
ou tout autre lieu).

CONTRIBUTIONS DIRECTES

ET TAXES COMMUNALES ASSIMILÉES

___

SAISIE-EXÉCUTION

___

Modèle n° 18.
Art. 66 du Règlement.

COUT DU PRÉSENT

Original (timbre
    compris).....
Copie à la part. id.
Id. au gardien, id.
Salaire de deux
    témoins......
Enregistrement*.

Total...

L'an mil huit cent soixante   et le   heure
de   en vertu du rôle des contributions directes de la commune d   rendu exécutoire par le Préfet du département
d   publié dans la susdite commune conformément à la
loi, et en exécution de la contrainte décernée par M.
Receveur particulier des finances de l'arrondissement d
département d   conformément à l'arrêté de M. le Préfet
dudit département, en date du   et visée le   par
M. le Sous-Préfet de l'arrondissement d
    Et à la requête du sieur   Percepteur des contributions
directes, demeurant a   pour lequel domicile est élu**
dans la commune d   un premier commandement de payer,
en date du   étant resté sans effet;
    Je, soussigné   porteur de contraintes pour l'arrondisse-
ment d   aux termes de la commission dont je suis porteur et qui m'a été délivrée par M. le Préfet dudit département,
en date du

    Ai fait ITÉRATIF COMMANDEMENT au sieur
demeurant à   en son domicile, où étant avec les témoins
ci-après nommés, en parlant à
    De payer au sieur   Percepteur de la susdite commune
d   en son bureau de récette établi à   la
somme de   montant des termes échus de ses contributions de l'année 187 , ainsi qu'il résulte du rôle desdites contributions dont le susdit sieur   est porteur, lequel rôle a été
rendu exécutoire par M. le Préfet du département d
et publié dans la commune d   conformément aux lois,
sans préjudice des termes à échoir et des frais faits et à faire;
    Ledit   sieur ayant refusé de payer, je lui ai déclaré
que j'allais à l'instant procéder à la saisie-exécution de ses
meubles et effets; en conséquence, en présence des deux témoins
ci-après nommés, j'ai saisi et mis sous la main de la justice les
objets qui suivent :

Tels sont les meubles et effets trouvés dans lesdits lieux, et que j'ai saisis ; et cela fait, n'ayant plus rien à saisir chez ledit sieur   je l'ai sommé, en parlant à   de présenter bon et solvable gardien pour la garde desdits meubles et effets, sur $\left\{ \begin{array}{l} \text{sa présentation,} \\ \text{son refus,} \end{array} \right.$ j'ai établi pour gardien de ce que dessus saisi, le sieur demeurant à   lequel s'est volontairement chargé et rendu gardien de tous les objets saisis par le présent procès-verbal et qu'il a déclaré reconnaitre, et a promis de les représenter toutes les fois qu'il en serait légalement requis, comme dépositaire judiciaire, et a signé.   .

Et je lui ai signifié, ainsi qu'audit sieur   que la vente de tous les objets présentement saisis aurait lieu à la huitaine franche, le   heure d   sur la place publique de   et qu'il sera procédé à ladite vente, tant en absence qu'en présence, au plus offrant et dernier enchérisseur, après l'observation des formalités prescrites par la loi ; et j'ai audit sieur   et au gardien ci-dessus nommé, en parlant comme il vient d'être dit, laissé à chacun séparément copie du présent procès-verbal ;

Lequel a été dressé en présence du gardien ci-dessus nommé, et des sieurs

tous deux témoins, qui ont signé avec le gardien et moi, porteur de contraintes. Le coût du présent procès-verbal est de

Le porteur de contraintes.

Si, au moment de la saisie, un tiers intervenait, se prétendant propriétaire de tout ou partie des objets saisis, le porteur de contraintes, après avoir achevé la description des meubles et établi le gardien (Voir le *Commentaire* sur l'art. 67 du Reglement, n° 4), terminerait son procès-verbal ainsi qu'il suit :

Et, à ce moment de notre exécution, est intervenu le sieur E... (*indiquer les nom et profession du réclamant*), lequel m'a déclaré qu'il revendiquait comme lui appartenant en vertu d'un titre qu'il nous a exhibé (*ou dont il s'est réservé de justifier en temps et lieu*), les différents meubles (*ou, s'il ne s'agissait que de quelques-uns, les designer*) compris dans la présente saisie, et s'opposer, en conséquence, à ce qu'il soit passé outre à notre exécution, et a signé avec moi et les deux témoins susnommés. Sur quoi j'ai sursis et j'ai sommé ledit sieur E..., parlant à sa personne, d'avoir à porter sa demande en revendication devant M. le Préfet, conformément à l'article 4 de la loi du 12 novembre 1808, dans la huitaine pour tout délai, lui déclarant que le Percepteur susnommé, à la requête duquel il est procédé, se pourvoira aux mêmes fins de son côté pour qu'il soit statué dans les termes prescrits par la loi.

Et j'ai également sommé le sieur B... (*le saisi*), en parlant comme il est dit ci-dessus, d'intervenir, si bon lui semble, et dans le délai ci-dessus indiqué, dans ladite demande et de produire telles observations et réclamations qu'il lui conviendra.

Cela fait, j'ai toujours, parlant comme dessus, laissé auxdits sieurs B... et C..., à chacun séparément, une copie du présent, lequel a été dressé en présence des sieurs D... et E... sus-dénommés, tous deux témoins, qui ont signé avec le gardien et moi le présent procès-verbal, dont le coût est de

Le porteur de contraintes.

DÉPARTEMENT

d

ARRONDISSEMENT

d

PERCEPTION

d

COMMUNE

d

Articles des Rôles

Montant de la cote

Fr.

Le lieu de la résidence du Percepteur est à

Fᵒ

le

Enregistré à

Cᵉ

Reçu

* L'enregistrement n'est dû que pour les cotes au-dessus de 100 francs.

** Indiquer ici le domicile élu (la mairie ou tout autre lieu).

CONTRIBUTIONS DIRECTES

ET TAXES COMMUNALES ASSIMILÉES

SAISIE-BRANDON

Modèle nº 19.

Art. 66 du Règlement.

COUT DE LA PRÉSENTE

Original (timbre compris).....
Copie à la part. id.
Id. au gardien, id.
Id. au maire, id..
Enregistrement*.

Total...

L'an mil huit cent soixante   le   heure de en vertu du rôle des contributions directes de la commune d rendu exécutoire par M. le Préfet du département d publié dans la susdite commune, conformément à la loi, et en exécution de la contrainte décernée par M.   Receveur particulier des finances de l'arrondissement d   département d   conformément à l'arrêté de M. le Préfet dudit département, en date du   et visée le   par M. le Sous-Préfet de l'arrondissement d

Et à la requête du sieur   Percepteur des contributions directes demeurant à   pour lequel domicile est élu** dans la commune d   , un premier commandement en date du   étant resté sans effet;

Je, soussigné   porteur de contraintes pour l'arrondissement d   aux termes de la commission dont je suis porteur, et qui m'a été délivrée par M. le Préfet dudit département, en date du

Ai fait ITÉRATIF COMMANDEMENT au sieur demeurant a   , en son domicile, et parlant à

De payer au sieur   Percepteur de la susdite commune d   , en son bureau de recette établi à   la somme de   montant des termes échus de ses contributions de l'année 187 , ainsi qu'il résulte du rôle desdites contributions dont le susdit sieur   est porteur; lequel rôle a été rendu exécutoire par M. le Préfet du département d   et publié dans la commune d   , conformément aux lois, sans préjudice des termes à échoir et des frais faits et à faire.

Ledit sieur   ayant refusé de payer, je lui ai déclaré que j'allais à l'instant procéder à la saisie-brandon des fruits pendants par racine en sa propriété.

Je me suis, en conséquence, transporté sur une pièce de terre appartenant audit sieur   , et contenant   ou environ, sise au terroir d   , commune d   canton d   département d   ; laquelle pièce est bornée au nord par   au midi par   au levant par   et au couchant par

Et j'ai saisi les   qui couvrent 1   dite · pièce ; pour lesdits   à la garde desquels j'ai établi le sieur   garde champêtre de ladite commune d être vendus aux enchères dans les délais et suivant les formes établis par la loi ; en foi de quoi j'ai rédigé le présent procès-verbal ; et j'en ai, à l'instant, remis une copie audit sieur   garde champêtre, présent audit procès-verbal de saisie ; lequel a déclaré se charger de la garde desdits fruits saisis, et a signé.

Et je suis allé, à l'instant, remettre aussi une copie du présent procès-verbal au sieur   , partie saisie, demeurant à   en son domicile, et parlant à   , et enfin une dernière copie au maire d   , en son domicile à   en parlant à lui-même, lequel a visé le présent original, dont le coût est de

Le porteur de contraintes.

Vu par nous Maire de la commune d

A   *le*

Nota.—D'après ce que nous avons dit au *Commentaire* sur l'art. 66, n° 32, ce procès-verbal est rédigé sans que le porteur de contraintes soit assisté de témoins ; et comme on ne peut relater le jour de la vente, puisqu'elle dépend de la maturité des fruits, on fera ultérieurement sommation à la partie saisie d'être présente à la vente. — On pourrait suivre pour cette sommation le modèle n° 29 *bis*, avec la modification ci-après :

Que les récoltes saisies sur lui, à la requête dudit sieur A..., par procès-verbal de porteur de contraintes, en date du   , dûment enregistré, étant parvenues à maturité, il sera, à la requête, poursuite et diligence du sieur A..., procédé le (*jour, quantième*), heure d   . à (*lieu où sont les récoltes*), à l'adjudication publique desdites récoltes, en la forme voulue, etc. (*Le reste comme au Modèle précité.*)

DÉPARTEMENT

d

_____

ARRONDISSEMENT

d

_____

PERCEPTION

d

_____

COMMUNE

d

_____

Article des Rôles

_____

Montant de la cote
Fr.

Le lieu de la rési-
dence du Percepteur
est à

CONTRIBUTIONS DIRECTES

_____

PROCÈS-VERBAL

DE RÉCOLEMENT

SUR SAISIE-EXÉCUTION ANTÉRIEURE

_____

Modèle nᵒ 20.
Art. 70 du Règlement.

_____

COUT DU PRÉSENT

Original (timbre
  compris).....
Copie au saisi, id.
Id. au premier sai-
    sissant.......
Témoins ......
Enregistrement*. _____

Total...

L'an mll huit cent soixante   le   en vertu des rôles des contributions directes de la commune d   publiés dans la susdite commune conformément à la loi, et en exécution de la contrainte décernée par M.   Receveur particulier des finances de l'arrondissement d   département d conformément à l'arrêté de M. le **Préfet** dudit département, en date du   et visée le   par M. le Sous-Préfet de l'arrondissement d

Et à la requête du sieur   Percepteur des contributions directes demeurant à   pour lequel domicile est élu** dans la commune d   un premier commandement de payer, en date du   étant resté sans effet;

Je, soussigné   , porteur de contraintes pour l'arrondis-sement d   départ. d   en vertu de ma commission dont je suis porteur et qui m'a été délivrée par M. le Préfet du-dit département d   en daté du

Ai fait ITÉRATIF COMMANDEMENT au sieur demeurant à   en son domicile, ou étant avec les témoins ci-après nommés en parlant à

De payer au sieur   , Percepteur de la susdite com-mune d   , en son bureau de recette établi à la somme de   montant des termes échus de ses contribu-tions de l'année 187 , ainsi qu'il résulte du rôle desdites con-tributions dont le susdit Sʳ   est porteur, lequel rôle a été rendu exécutoire par M. le préfet du département d et publié dans la commune d   , conformément aux lois, sans préjudice des termes à échoir et des frais faits et a faire;

Ledit sieur   ayant refusé de payer, je lui ai déclaré que j'allais à l'instant procéder à la saisie-exécution de ses meu-bles et effets;

* L'enregistrement n'est dû que pour les cotes au-dessus de 100 francs.
** Indiquer ici le domicile élu (la mairie ou tout autre lieu).

En conséquence, m'étant mis en devoir de saisir les meubles et effets, le sieur gardien, m'a représenté copie d'une précédente saisie desdits meubles et effets faite sur ledit S^r   , à la requête du S^r   par   huissier, et dont le procès-verbal en date du   enregistré, constitue ledit S^r   pour gardien : sur la représentation qu'il m'a faite desdits meubles et effets saisis, j'ai procédé à leur récolement en présence des deux témoins ci-après nommés, et je me suis assuré que tous les meubles qui se trouvent en la demeure du S^r   étaient tous compris en ladite saisie ; et par le même acte, je soussigné aux mêmes requête, qualité et élection de domicile que ci-dessus, ai fait sommation au S^r   de faire procéder, dans le délai de huit jours, au récolement des meubles et effets saisis par le S^r   , et de suite à la vente, lui déclarant que, faute par lui de ce faire, le requérant fera procéder lui-même au récolement et à la vente desdits effets, avec les formalités requises,   j'ai dressé le présent procès-verbal en présence dudit S^r   gardien, et des S^rs

tous deux témoins, qui ont signé avec moi et ledit gardien, tant l'original du présent que les copies laissées séparément audit S^r   partie saisie, et au S^r   premier saisissant, en son domicile, parlant à

Le coût du présent procès-verbal est de

Le porteur de contraintes.

(Signature du gardien.)

(Signature des deux témoins.)

Enregistré à   le

F°   C^e,   Reçu

MODÈLE N° 21. (Art. 79 du Règlement.)

DEMANDE

A l'effet d'obtenir l'autorisation de faire vendre les meubles saisis.

A M. le Sous-Préfet de l'arrondissement d   département d
Le Percepteur de la réunion d   soussigné, a l'honneur d'exposer à M. le
Sous-Préfet qu'en exécution de la contrainte délivrée par M. le Receveur particulier des
finances, le   et visée le   et par exploit en date du   il a fait procéder, avec toutes les formalités requises, à la saisie-exécution des meubles et effets (*ou
saisie-brandon des fruits et récoltes*) appartenant au sieur A., débiteur de la somme
d   , pour ses contributions ; que ledit contribuable ne s'étant pas libéré, il devient nécessaire, pour assurer les droits du Trésor, de passer outre à la vente desdits
meubles (*ou desdites récoltes*), laquelle a été indiquée pour le (*indiquer le jour assigné
pour la vente*).

En conséquence, ledit Percepteur soussigné prie M. le Sous-Préfet, conformément à
l'article de   de l'arrêté de M. le Préfet en date du   de vouloir bien l'autoriser à faire procéder à ladite vente, soit au jour indiqué dans le procès-verbal de saisie,
soit à tout autre qui pourrait être ultérieurement désigné.

Fait à   le   187 .

Le Percepteur de la réunion d   (1).

MODÈLE N° 22. (Art. 79 du Règlement.)

CONTRIBUTIONS DIRECTES

Envoi au Receveur particulier des finances de la requête ci-dessus.

A M. le Receveur particulier des finances de l'arrondissement d
En exécution de l'article   de l'arrêté de M. le Préfet en date du
Le Percepteur de la réunion d   a l'honneur de transmettre à M. le Receveur
particulier des finances la requête ci-jointe, par laquelle le soussigné demande à M. le
Sous-Préfet l'autorisation de passer outre à la vente des meubles (ou des récoltes) saisis
sur le sieur A.   débiteur de la somme d   , pour ses contributions,
par exploit du   en vertu de la contrainte délivrée le   et visée
le   .

Il prie M. le Receveur particulier des finances de vouloir bien suivre auprès de M. le
Sous-Préfet l'effet de ladite requête.

Fait à   le   187 .

Le Percepteur de la réunion d

---

(1) Le Sous-Préfet inscrit sur cette demande même l'autorisation et la renvoie au Percepteur, par l'intermédiaire du Receveur des finances. (Voir le *Commentaire* sur l'art. 79
du Règlement.)

DÉPARTEMENT

d

—————

ARRONDISSEMENT

d

—————

COMMUNE

d

~~~~~~

CONTRIBUTIONS DIRECTES

—————

REQUÊTE

Pour obtenir la permission de vendre les meubles saisis dans un lieu plus avantageux que celui indiqué par la loi.

—————

Modèle n° 23.

Art. 82 du Règlement.

—————

Article des Rôles.

—————

Montant de la cote
Fr.

~~~~~~

À Messieurs les présidents et juges du Tribunal de

Le sieur A., Percepteur des contributions directes de la commune d   demeurant à

Expose que, par procès-verbal de B. (*nom et prénoms*), porteur de contraintes, en date du   dûment enregistré, il a fait saisir les meubles et effets appartenant au sieur C. (*nom et prénoms*), demeurant à   ; qu'au nombre de ces effets il en est plusieurs de très fragiles et d'autres d'un volume tel qu'ils ne peuvent être transportés sans de très grands frais. De sorte qu'il serait plus avantageux d'en opérer la vente où ils sont que sur la place publique.

C'est pourquoi il vous plaira, Messieurs. permettre à l'exposant à ce autorisé par le maire de la commune d   (*indiquer le nom de la commune du lieu de la saisie*), de faire vendre les meubles et effets saisis à sa requête sur le sieur C., dans le lieu où ils se trouvent, en observant, d'ailleurs, les formalités voulues par la loi.

A   le   187

Signature du Percepteur.

S'il s'agissait d'une demande tendant à rapprocher le délai, on pourrait se servir du même Modèle en le modifiant en conséquence, par exemple : que les effets saisis, consistant principalement en (*les désigner*), sont susceptibles de dépérir ; de sorte qu'il y a nécessité de procéder immédiatement à leur vente, sans attendre le délai ordinaire, etc.

Modèle n° 24.
Art. 81 du Règlement.

CONTRIBUTIONS DIRECTES

VENTE PAR AUTORITÉ ADMINISTRATIVE

SUR SAISIE-EXÉCUTION

Sur la place publique du Marché d

Le   187 ,   heures du matin.

Cette Vente consiste

et autres objets, qui seront vendus au plus offrant et dernier enchérisseur.

LE TOUT SERA PAYÉ COMPTANT

Ces objets saisis à la requète du Percepteur des contributions directes de
suivant procès-verbal dressé par   , porteur de
contraintes, le   187 ,

Modèle n° 25.
Art. 81 du Règlement.

VENTE PAR AUTORITÉ ADMINISTRATIVE

SUR SAISIE-BRANDON

Sur la place de l'Eglise de la commune d

Le dimanche   187 ,   heures du matin,

A L'ISSUE DE L'OFFICE DIVIN

De la récolte à faire pour la présente année 187   , des fruits pendants par racines,
étant sur les pièces de terres ci-après désignées :

1

Lesdites récoltes seront vendues au plus offrant et dernier enchérisseur.

LE TOUT SERA PAYÉ COMPTANT

Elles sont saisies-brandonnées à la requête du Percepteur des contributions directes
de   suivant procès-verbal dressé par   , porteur
de contraintes, le   187 .

DÉPARTEMENT

d

ARRONDISSEMENT

d

PERCEPTION

d

COMMUNE

d

Article des Rôles

Montant de la cote

Fr.

Le lieu de la résidence du Percepteur est à

Fº

le

Enregistré à

Cº

Reçu

CONTRIBUTIONS DIRECTES

ET TAXES COMMUNALES ASSIMILÉES

PROCÈS-VERBAL

D'APPOSITION D'AFFICHES

Modèle nº 26.

Art. 81 du Règlement.

COUT DU PRÉSENT

Original (timbre
   compris).....
Enregistrement*.
Original d'affiches
Insertion........

Total...

L'an mil huit cent soixante
à la requête de M.
butions directes de la réunion d
à   saisissant sur le sieur
demeurant à   par procès-verbal de
porteur de contraintes, en date du
registré

le
Percepteur des contributions
demeurant

dûment enregistré

Je, soussigné   porteur de contraintes pour
l'arrondissement d   département d
aux termes de la commission dont je suis porteur, et qui m'a été
délivrée par M. le Préfet dudit département, en date du
demeurant à

Certifie et atteste avoir apposé, affiché et placardé cejourd'hui,
dans chacun des endroits indiqués par la loi, savoir :

1º A
2º A
3º A
4º A

un exemplaire de l'affiche dressée pour parvenir à la vente des
meubles et effets mobiliers (ou *récoltes*) saisis sur le sieur
à la requête dudit sieur   par procès-verbal
susénoncé et indiquant la vente au

Et j'ai rédigé le présent, auquel j'ai annexé un exemplaire de
ladite affiche signé de moi, et dont le coût est de

Le porteur de contraintes,

---

* L'enregistrement
n'est dû que pour les
cotes au-dessus de 100
francs.

Nota. — Le porteur de contraintes joint à ce procès-verbal
une affiche au bas de laquelle il met : *Annexé au procès-verbal
d'apposition de semblable placard, dressé cejourd'hui par moi,
porteur de contraintes.*

DÉPARTEMENT

d _____

ARRONDISSEMENT

d . _____

PERCEPTION

d _____

COMMUNE

d _____

Article des Rôles.

_____

Montant de la cote
Fr.

Le lieu de la rési-
dence du Percepteur
est à

CONTRIBUTIONS DIRECTES

_____

PROCÈS-VERBAL

DE RÉCOLEMENT

PRÉCÉDANT LA VENTE

_____

Modèle n° 26 *bis*
Art. 81 du Règlement.

_____

COUT DU PRÉSENT

Procès-verb. (tim-
bre compris)..
Témoins ....
Enregistrement*.

_____

Total...

L'an mil huit cent soixante   et le
en vertu des rôles des contributions directes de la commune
d   rendus exécutoires par M. le Préfet du département d   publiés dans la susdite commune
conformément à la loi, et en exécution de la contrainte décernée
par M.   , Receveur particulier des finances de
l'arrondissement d   , département d
conformément à l'arrêté de M. le Préfet dudit département, en
date du   et visée le   par
M. le Sous-Préfet de l'arrondissement d

Et à la requête du sieur   , Percepteur des
contributions directes, demeurant à   , pour
lequel domicile est élu **   dans la commune
d   un premier commandement de payer, en
date du   étant resté sans effet;

Je, soussigné   , porteur de contraintes pour
l'arrondissement d   aux termes de la commission dont je suis porteur, et qui m'a été délivrée par M. le
Préfet dudit département, en date du   demeurant à

Ai fait ITÉRATIF COMMANDEMENT au sieur
demeurant à   , en son domicile, où étant
avec les témoins ci-après nommés, en parlant à

De payer au sieur   , Percepteur de la susdite
commune d   , en son bureau de recette,
établi à   la somme de
montant des termes échus de ses contributions de l'année 187 ,
ainsi qu'il résulte du rôle desdites contributions, dont le susdit
sieur   est porteur, sans préjudice des termes à
échoir et des frais faits et à faire;

* L'enregistrement
n'est dû que pour les
cotes ou-dessus de 100
francs.
** Indiquer le domi-
cile élu (la mairie ou
tout autre lieu).

Ledit sieur   ayant refusé de payer, je lui ai déclaré
que j'allais à l'instant procéder an récolement des

saisis par procès-verbal de mon ministère en date du
dûment enregistré.

Comme de fait, pour y parvenir, j'ai sommé le sieur
                        gardien établi par le procès-verbal de saisie susdaté, de me
representer les objets saisis, lequel ici présent, et parlant à sa personne, s'étant soumis
de tout représenter, j'ai procédé audit récolement, et j'ai reconnu que tous les objets re-
levés au procès-verbal de saisie étaient fidèlement représentés.

En conséquence de quoi, le gardien est, par ces présentes, déchargé de la garde d'iceux
et a signé.

J'ai fait enlever et transporter lesdits
par le sieur   demeurant à
                        pour y être vendus et adjugés au plus offrant et dernier enché-
risseur.

De tout quoi j'ai fait et dressé le présent procès-verbal, en présence et assisté des
sieurs

demeurant à
témoins requis exprès menés, et avec moi soussignés.

Le coût est de

                              Le porteur de contraintes,

Enregistré à

F°   C°   Reçu

DÉPARTEMENT

d

_____

ARRONDISSEMENT

d

_____

PERCEPTION

d

_____

COMMUNE

d

_____

Articles des Rôles

_____

Montant de la cote

Fr.

_____

Le lieu de la rési-
dence du Percepteur
est à

l'o ⁃ de l'enregistré à Cte

Reçu

* L'enregistrement
n'est dû que pour les
cotes au-dessus de 100
francs.

CONTRIBUTIONS DIRECTES

ET TAXES COMMUNALES ASSIMILÉES

_____

PROCÈS-VERBAL DE VENTE

COPIE DE LA DÉCLARATION

_____

Bureau de l'Enregistrement

d

(*Extrait des registres des déclarations de ventes mobilières.*)

Le   mil huit cent soixante   est comparu
en ce bureau le sieur   porteur de contraintes, demeurant à   lequel a déclaré que le
heure d   à la requête de M.   Percepteur
des contributions directes de la réunion d   y demeurant, il procéderait à la vente, au plus offrant et dernier enchérisseur, des   saisis sur le Sr
suivant procès-verbal dressé par
porteur de contraintes, en date du   et a signé,
Ainsi signé :

Pour copie conforme délivrée par moi Receveur de l'enregistrement.

Signé :

PROCÈS-VERBAL DE LA VENTE

L'an mil huit cent soixante   , le
heure de   en vertu,
1° Des rôles des contributions directes de la commune d
rendus exécutoires par M. le Préfet du département
d   et publiés dans ladite commune conformément
à la loi ;
2° De la contrainte décernée par M. le Receveur des finances
de l'arrondissement d   en date du
conformément à l'arrêté de M. le Préfet en date du
et visée le même jour par M. le Sous-Préfet de l'arrondissement d
3° D'un procès-verbal de saisie dressé par
porteur de contraintes, en date du   enregistré ;
4° D'un procès-verbal d'apposition d'affiches, dressé par
porteur de contraintes, le   enregistré ;

Modèle n° 27.

Art. 81 du Règlement.

COUT DU PRÉSENT

Original (timbre
   compris).....
Copie (si elle a été
   demandée)....
Extrait en tête du
   présent, donné
   par le Receveur
   de l'enregistr..
Témoins ....
Enregistrement*.
   _____
   Total...

5° De l'autorisation de vente, accordée par M.   le

6° Et d'un procès-verbal de récolemént dressé cejourd'hui par mon ministère, et qui sera enregistré en même temps que le présent;

Et à la requête de M.   Percepteur des susdites contributions, demeurant à   pour lequel domicile est élu*   dans la commune d

J'ai   porteur de contraintes pour l'arrondissement d aux termes de la commission dont je suis porteur, qui m'a été délivrée par M. le **Préfet** dudit département, en date du   soussigné, en présence des témoins ci-après nommés, et continuant les poursuites et diligences ci-devant faites, faute **par le** sieur   demeurant à   partie saisie, d'avoir payé au sieur   Percepteur, la somme de qu'il doit pour termes échus de ses contributions, sans préjudice d'autre **dus,** frais et mises d'exécution,

Procédé, en l'absence du sieur   partie saisie, non comparant **ni** personne pour lui quoique de ce sommé, mais en la présence du requérant, et en   à la vente au plus offrant et dernier enchérisseur, des saisis par ledit procès-verbal et constatés trouvés exister en nature par le procès-verbal de récolement de cejourd'hui.

Cette vente a été annoncée par affiches, ainsi qu'il est constaté par le procès-**verbal** d'apposition d'affiches ci-devant énoncé et à son de caisse dans   en la manière accoutumée.

Attendu que toutes les formalités voulues par la loi ont été remplies, et qu'il y a nombre suffisant d'enchérisseurs, j'ai procédé ainsi qu'il suit :

Ce fait, et après qu'il ne s'est plus rien trouvé à vendre des   compris au procès-verbal de saisie susdaté, le total du montant de la présente vente est de   que le requérant reconnaît, par ces présentes, avoir reçu des adjudicataires, chacun en ce qui le concerne, pour cette somme rester entre ses mains, pour solde des contributions dues et des **frais** taxés, et l'excédant, s'il y en a, être par lui remis à qui de droit.

De tout quoi j'ai fait et dressé le présent procès-verbal, après avoir vaqué depuis ladite heure de   jusqu'à celle de   par   vacation. Le **tout**

en présence de M témoins à ce requis, lesquels ont signé avec moi, le requérant et le gardien, après **lecture** faite.

Le coût est de

---

* Indiquer ici le domicile élu (la mairie ou tout autre lieu).

CONTRIBUTIONS DIRECTES

Modèle n° 28.

Art. 85 du Règlement.

AVIS AU REDEVABLE

DU PRODUIT DE LA VENTE

Le Percepteur de la réunion d   arrondissement d
département d   soussigné, a l'honneur de prévenir M. A.
que la vente qui a eu lieu le   des meubles et effets saisis sur lui pour
le payement de ses contributions, a produit une somme de.............   200 fr.
sur laquelle le soussigné a prélevé celle de.......................   170

Laquelle somme il a émargée sur le rôle au nom de M. A.
qui est invité à en venir retirer quittance.

Quant aux frais de poursuites, liquidation et taxe vont être faites par M. le
sous-préfet, et ils seront payés sur l'excédant du produit de la vente, qui
s'élève à...   30

Lequel excédant le Percepteur soussigné reconnaît avoir conservé entre
ses mains et dont il s'oblige à rendre compte à M. A., après la taxe des frais,
ainsi qu'à lui restituer ce qui en restera, s'il y a lieu.

Fait à   le   187

Le Percepteur des contributions directes de la réunion d

A M. A   , demeurant à

DÉPARTEMENT   CONTRIBUTIONS DIRECTES   Modèle n° 29.
d   Articles 67, 70 et 89
                                                      du Règlement.

ARRONDISSEMENT
d   **SOMMATION** (1)   Origin. et copie..

          Au saisissant, par le Percepteur opposant,   Timbre........
      COMMUNE   *de faire vendre dans la huitaine.*   Enregistrement..
d   Total...

L'an mil huit cent   le   à la requête du sieur A.....
Percepteur des contributions directes demeurant à   pour lequel domicile est
élu dans la commune d (*indiquer ici le domicile élu dans la commune et qui pourrait*
être ou la mairie ou la maison dans laquelle le Percepteur séjourne lorsqu'il vient faire
la perception dans la commune), en vertu du rôle des contributions directes de l'année
187 , sur lequel le sieur B... se trouve débiteur d'une somme de
pour les termes échus de ses contributions de ladite année 187 , ainsi qu'il résulte
dudit rôle dont le sieur A... est porteur, lequel rôle a été rendu exécutoire par M. le
préfet du département d   et publié dans la commune d
conformément aux lois, sans préjudice des termes à échoir et des frais faits et à faire;
lequel susdit sieur A... requérant, a formé opposition au prix de la vente dont il sera
ci-après parlé, par exploit de C... porteur de contraintes, en date du
dûment enregistré;

     Je, soussigné (*nom et prénoms*), porteur de contraintes pour l'arrondissement d
          département d   en vertu de la commission dont je
suis porteur et qui m'a été délivrée par M. le sous-préfet dudit arrondissement d
         en date du   demeurant à   ai fait somma-
tion au sieur B... demeurant à   en son domicile et parlant à
      , et premier saisissant sur le sieur B...

     De faire procéder dans le délai de huit jours, au récolement des meubles et effets saisis
à sa requête sur le sieur B..., par procès-verbal de E..., huissier, en date du
         en la demeure dudit sieur B... et, de suite, à la vente desdits meubles
et effets, en la manière ordinaire et accoutumée, lui déclarant que, faute par lui de ce
faire dans ledit délai, le requérant fera procéder lui-même au récolement, sur la copie
dudit procès-verbal de saisie, qu'à cet effet le gardien établi sera tenu de représenter,
et à la vente en justice desdits effets, avec les formalités requises par la loi, et j'ai audit
sieur B..., en son domicile et parlant comme il vient d'être dit, laissé copie du présent
exploit dont le coût est de

                      Signature du porteur de contraintes.

---

(1) Cet acte et les quatre qui suivent ne sont pas d'une application très fréquente.
Mais nous avons dû les donner dans ce *Formulaire*, parce que nous avons parlé dans le
Commentaire de la procédure à laquelle ils se rapportent.

DÉPARTEMENT
d _____

ARRONDISSEMENT
d _____

PERCEPTION

d _____

Articles du Rôle

CONTRIBUTIONS DIRECTES

SOMMATION

A LA PARTIE SAISIE

*D'être présente à la vente, lorsqu'elle n'a
pas lieu au jour indiqué par le procès-
verbal de saisie-exécution.*

Modèle n° 29 *bis.*
Art. 81 du Règlement.

COUT DU PRÉSENT
Original . . . .
Copie . . . .
Timbre. . . . .
Enregistrement. .

Total. . .

L'an   , le   , à la requête du sieur A..., Percepteur des contributions directes de la réunion de   , demeurant à   . pour lequel
domicile est élu à (*commune du domicile du saisi*), j'ai (*immatricule du porteur de contraintes*), soussigné, signifié et déclaré au sieur B... demeurant à

Que les effets saisis sur lui, à la requete dudit sieur A... par procès-verbal de (*nom
du porteur de contraintes qui a exécuté la saisie*). porteur de contraintes en date du
              , dûment enregistré, n'ayant pu être vendus au jour indiqué par ledit
procès-verbal, à cause de (*indiquer la cause*); il sera à la requete, poursuite et diligence
du sieur A... procédé (*jour et quantième*), heure de   , aux enlèvement
et transport desdits effets saisis, sur la place de   , pour y être vendus par
moi soussigné, en la forme voulue par la loi, au plus offrant et dernier enchérisseur. a
ce que le susnommé n'en ignore, le sommant en conséquence d'être présent, si bon
lui semble, à ladite vente, et d'y faire trouver enchérisseurs en nombre suffisant, lui
déclarant qu'il sera procédé à tout ce que dessus, tant en absence qu'en présence, et je
lui ai, en son domicile et parlant a   , laissé la présente copie, dont le
coût est de

Signature du porteur de contraintes.

DÉPARTEMENT
d _____

ARRONDISSEMENT
d _____

PERCEPTION
d _____

Article du Rôle

CONTRIBUTIONS DIRECTES

NOTIFICATION

DE LA SAISIE-EXÉCUTION

Faite hors du domicile du saisi et en son absence.

Modèle n° 29 *ter.*
Articles 66 et 91 du Règlement.

COUT DU PRÉSENT

Original.......
Copie ....
Timbre........
Enregistrement..

Total...

L'an   , le   , à la requête du sieur A..., Percepteur des contributions directes de la réunion de   , pour lequel domicile est élu à   , j'ai (*immatricule du porteur de contraintes*), soussigné, signifié, notifié, et avec celle des présentes, donné copie au sieur B... demeurant à   , en son domicile et parlant à   ;
    D'un procès-verbal de saisie fait à la requête du sieur A..., Percepteur des contributions directes, par moi porteur de contraintes soussigné, en présence de témoins, cejourd'hui   , de tous les meubles et effets appartenant audit sieur B... et trouvés dans (*indiquer la maison*), sise à   , à ce que du contenu audit procès-verbal de saisie, le susnommé n'ignore; et je lui ai, en son domicile et parlant comme dessus, laissé copie du présent exploit, dont le cout est de

Signature de porteur de contraintes.

DÉPARTEMENT
d _____

ARRONDISSEMENT
d _____

PERCEPTION
d _____

Article du Rôle

CONTRIBUTIONS DIRECTES

DÉNONCIATION

DE LA SAISIE-BRANDON

Au garde champêtre qui n'a pas été présent au procès-verbal.

Modèle n° 29 *quater.*
Art. 66 du Règlement.

COUT DU PRÉSENT

Original.......
Copie ....
Timbre........
Enregistrement..

Total...

L'an   , à la requête du sieur   , demeurant à   , pour lequel domicile est élu en ma demeure, j'ai (*immatricule du porteur de contraintes*) soussigné, signifié, dénoncé, avec celle des présentes, donné copie au sieur   , garde champêtre de la commune d   , arrondissement d   , département d   , demeurant à   , commune d   , en son domicile, où parlant à   , d'un procès-verbal, en date du   , dûment enregistré, contenant saisie à la requête dudit sieur   , demeurant à   , des blés pendants par racines, sur une pièce de terre appartenant audit sieur   , sise à   , à ce que du contenu en ladite saisie le susnommé n'ignore, et ait, en conséquence, à surveiller lesdits fruits saisis, qui, de droit, sont confiés à sa garde, protestant de le rendre garant et responsable de tous les dommages qui seraient occasionnés par voies de fait; à ce que pareillement il n'en ignore, et je lui ai, en son domicile et parlant comme dessus, laissé copie dudit procès-verbal de saisie-brandon et du présent exploit, dont le cout est de

DÉPARTEMENT

d

ARRONDISSEMENT

d

PERCEPTION

d

Article du Rôle

CONTRIBUTIONS DIRECTES

CITATION

Au saisi et au propriétaire de la ferme qu'il exploite, de comparaître devant le juge de paix, pour faire nommer un gérant à l'exploitation.

Modèle n° 29 *quinq.*

Art. 66 et 67, n° 2, du Règlement.

COUT DU PRÉSENT

Original . . . .
Copie . . . .
Timbre . . . .
Enregistrement . . .

Total . . .

L'an   , le   , à la requête du sieur A., Percepteur des contributions directes de la réunion de   , j'ai (*immatricule du porteur de contraintes*), soussigné, cité : 1° le sieur B., partie saisie, demeurant à   ;
2° le sieur C., propriétaire de la ferme appelée   sise à   ,
demeurant à   , etc.

A comparaître (*jour et quantième*), heure de   , par-devant M. le juge de
paix du canton de   , en sa demeure, sise à   ; pour, attendu
qu'au nombre des objets saisis à la requête du sieur A., Percepteur des contributions
directes, sur le sieur B., fermier de la ferme de   , par procès-verbal
du   dressé par   , porteur de contraintes, se trouvent
les animaux et ustensiles servant à l'exploitation de ladite ferme, ce qui rend nécessaire
l'établissement d'un gérant pour son exploitation, voir nommer par M. le juge de paix le
gérant de ladite exploitation, lequel tiendra état de toutes les recettes et dépenses qu'il
fera, pour en rendre compte à qui de droit, et sera d'ailleurs soumis à toutes les charges
du gardien judiciaire; declarant au susnommé qu'il sera procédé à ladite nomination,
tant en absence que présence, et pour, en outre, répondre et procéder, comme de raison, à fin de dépenses; et je leur ai, en leur domicile et parlant à   ,
donné copie du present, dont le coût est de

Signature du porteur de contraintes.

DÉPARTEMENT

d

ARRONDISSEMENT

d

PERCEPTION

d

COMMUNE

d

CONTRIBUTIONS DIRECTES

CERTIFICAT D'INDIGENCE

Modèle n° 30.

Article 78 *bis* du Règlement.

Nous, soussigné A. (*nom et prénoms*), maire de la commune de
sur la demande qui nous a été faite par le sieur B., Percepteur des contributions directes
de ladite commune, attestons que le sieur C., inscrit aux rôles des contributions directes
de ladite commune, de l'année 18 , sous l'article   , est, à notre connaissance et de
notoriété publique, dans un état d'indigence qui le rend complétement insolvable.

En foi de quoi, nous avons, pour servir et valoir ce que de droit, délivré au sieur B.,
Percepteur susdenommé, le présent certificat d'indigence, conformément à la loi du
6 messidor an 10.

Fait à   le   187 .

Le Maire de la commune d

DÉPARTEMENT

d

—

ARRONDISSEMENT

d

—

PERCEPTION

d

—

COMMUNE

d

—

Article des Rôles

—

Montant de la cote

Fr.

—

Le lieu de la rési-
dence du Percepteur
est à

Enregistré gratis, à

Fº

Cⁱ

la

CONTRIBUTIONS DIRECTES

—

PROCÈS-VERBAL DE CARENCE

—

Modèle n° 31.

Art. 78 du Règlement.

COUT DU PRÉSENT

Original en dou-
ble ....
Témoins........

Total...

L'an mil huit cent soixante   et le   en vertu
des rôles des contributions directes de la commune d
rendus exécutoires par M. le Préfet du département d
publiés dans la susdite commune conformément à la loi, et en
exécution de la contrainte décernée par M.   Receveur des
finances de l'arrondissement d   département d
conformément à l'arrêté de M. le Préfet dudit département, en
date du   et visée le   par M. le   Préfet   d
Et à la requête du sieur   Percepteur des contributions
directes, demeurant à   pour lequel domicile est élu*
dans la commune d   un premier commandement de payer,
en date du   étant resté sans effet;
Je soussigné   porteur de contraintes pour l arrondissement d   département d   aux termes de la commission dont je suis porteur et qui m'a été délivrée par M. le
Préfet dudit département, en date du   .
Ai fait ITÉRATIF COMMANDEMENT au sieur
demeurant à   en son domicile où étant avec les témoins
ci-après nommés, en parlant à
De payer au sieur   Percepteur de la susdite commune
d   en son bureau de recette établi à   la somme
de   montant des termes échus de ses contributions de
l'année 18 , ainsi qu'il résulte du rôle desdites contributions
dont le susdit sieur   est porteur, lequel rôle a été rendu
exécutoire par M. le Préfet du département d   et publié
dans la commune d   conformément aux lois, sans préjudice des termes à échoir et des frais faits et à faire ;
Ledit sieur   ayant refusé de payer, je lui ai déclaré que
j'allais à l'instant procéder à la saisie-exécution de ses meubles
et effets, et de fait, en la présence des témoins ci-après nommés,
j'ai procédé ainsi qu'il suit :
1° Dans
Lesquels objets nous n'avons pu saisir comme ayant été déclarés insaisissables par la loi.
Après avoir successivement parcouru tous les lieux occupés par
ledit sieur   toujours assisté des témoins ci-dessus dénommés, je n'y ai rien trouvé à saisir; en conséquence de quoi, j'ai
fait et dresse le présent procès-verbal de carence, que j'ai rédigé
en double original pour servir et valoir ce que de droit; le tout
fait en présence et assisté des sieurs   témoins requis
exprès menés, et avec moi soussignés.
Le coût est de   *Le porteur de contraintes.*

* Indiquer ici le do-
micile élu (la mairie ou
tout autre lieu).

Le maire de la commune d   certifie l'insolvabilité du
sieur   dénommé au présent procès-verbal de carence.

A   le   187.

DÉPARTEMENT

ARRONDISSEMENT

d

PERCEPTION

d

COMMUNE

d

Le lieu de la rési-
dence du Percepteur
est à

CONTRIBUTIONS DIRECTES

PROCÈS-VERBAL

DE CARENCE COLLECTIF

Modèle n° 32.

Art. 78 du Règlement.

COUT DU PRÉSENT

Original (timbre
  compris).....
Copie, id ......
Témoins.......

Total...

En vertu des rôles des contributions directes de la commune
d   pour l'année 187   , rendus exécutoires
par M. le Prefet du département d   et publies
conformément à la loi, et de la contrainte décernée par M. le
Receveur particulier   le
visée le même jour par M. le   Préfet dudit

Exer-cices.	Articles des rôles.	NOMS des CONTRIBUABLES	DOMICILE	SOMMES dues.

* Indiquer ici le do-
micile élu (la mairie ou
tout autre endroit).

IIe PARTIE.

L'an mil huit cent soixante
à la requête de M.
butions, demeurant à

le
Percepteur des susdites contri-
pour lequel domicile est élu*

15

dans la commune d

J'ai   porteur de contraintes de l'arrondissement d

reçu, assermenté en cette qualité par M. le Préfet, aux termes de la commission dont je

suis porteur, en date du   demeurant à

Ai fait ITÉRATIF COMMANDEMENT, de par la loi et justice,

1° Au Sr   en son domicile et parlant à

    de payer la somme de

2° Au Sr   en son domicile et parlant à

    de payer la somme de

3° Au Sr   en son domicile et parlant à

    de payer la somme de

4° Au Sr   en son domicile et parlant à

    de payer la somme de

5° Au Sr   en son domicile et parlant à

    de payer la somme de

6° Au Sr   en son domicile et parlant à

    de payer la somme de

7° Au Sr   en son domicile et parlant à

    de payer la somme de

8° Au Sr   en son domicile et parlant à

    de payer la somme de

Qu'ils doivent respectivement pour les termes échus de leurs contributions, sans préju
dice des termes à échoir et des frais faits et à faire ;

Lesquels ayant refusé de payer, je leur ai déclaré que j'allais à l'instant procéder à la
saisie-exécution de leurs meubles et effets, ce que voulant faire, après avoir successivement parcouru tous les lieux occupés par eux dans leurs domiciles susindiqués. je n'y a
rien trouvé qui fût saisissable.

De tout quoi j'ai fait et dressé le présent procès-verbal de carence collectif pour servir
et valoir ce que de droit.

Le tout fait en présence et assisté des sieurs

témoins requis exprès menés, et avec moi soussigné.

Le coût du présent est de

Le Maire de la commune d   certifie l'insolvabilité des
sieurs

dénommés au present procès-verbal de carence.

          A.   le

Enregistré gratis à   *le*

     Fo   Ce

DÉPARTEMENT

d

ARRONDISSEMENT

d

COMMUNE

d

CONTRIBUTIONS DIRECTES

REQUÊTE

*A fin d'avoir permission de saisir-revendi-
quer les meubles et effets saisis sur un
contribuable, et transportés frauduleusement chez un tiers.*

Modèle n° **33**.
Articles 74 et 92
du Règlement.

Articles du Rôle.

Montant des sommes
dues : Fr.

A Monsieur le président du Tribunal de première instance d

Le sieur A., Percepteur des contributions directes de la commune d
demeurant à

Expose que le sieur C. (*nom et prénoms*), porté sur les rôles des contributions directes de l'année 187 , de la commune d   rendus exécutoires
par M. le Préfet du département, publiés dans la commune conformément aux lois, et
débiteur d'une somme de   pour deux termes de sa côte auxdits rôles,
a, au mépris d'une saisie pratiquée en son domicile par procès-verbal du
enlevé une armoire, une commode et un secrétaire, qu'il a transportés chez le sieur C.,
demeurant à   , et qu'il lui importe de saisir ces objets pour avoir
payement des deux termes échus que lui doit ce contribuable.

C'est pourquoi il vous plaira, Monsieur le président, permettre au requérant de faire
saisir-revendiquer chez le sieur C. les meubles ci-dessus énoncés, sauf, en cas de contestation, à vous en être référé.

Signature du Percepteur.

CONTRIBUTIONS DIRECTES

REQUÊTE

*Pour saisir les meubles et effets d'un
contribuable forain.*

Modèle n° **33** *bis.*
Articles 66 et 92
du Règlement.

A Monsieur le président du Tribunal de première instance de

Le sieur A., Percepteur des contributions directes de la commune d
demeurant à   , expose que le sieur B., marchand colporteur, logé en
ce moment dans la commune, à   , est débiteur envers lui d'une
somme de   , pour la contribution de sa patente de 187 , ainsi qu'il
résulte de

Que ledit sieur B., étant sur le point de retourner à   , et de
remporter les objets mobiliers qu'il a en sa possession, il devient urgent de saisir, dans
le plus court délai, les effets qui lui appartiennent, et qui sont dans son logement ci-
dessus indiqué ;

Pourquoi il vous plaira, Monsieur le président, permettre au requérant, pour sûreté,
conservation et avoir payement de la créance du Trésor, de faire saisir à l'instant les effets
appartenant au sieur B. et étant dans le lieu qu'il habite et dans la chambre qu'il occupe
audit hôtel, et vous ferez justice.

Signature du Percepteur.

DÉPARTEMENT

d

ARRONDISSEMENT

d

PERCEPTION

d

REQUÊTE

*A fin de permission de saisir extraordi-
nairement un jour férié.*

Modèle n° 34.

Art. 66 du Règlement.

A Monsieur le président du Tribunal de première instance d

Le sieur   , Percepteur des contributions directes, demeurant
à   , a l'honneur de vous exposer que le sieur
demeurant à   , débiteur de contributions directes suivant le rôle
dont je suis porteur, rendu exécutoire par M. le Préfet du département de
                    , se dispose à quitter demain la commune et à enlever son mobilier au
préjudice des droits et priviléges du Trésor ; qu'il devient par conséquent urgent de
saisir, dans le plus bref délai, les meubles et effets qui lui appartiennent.

Pourquoi il vous plaira, Monsieur le président, permettre au requérant, pour sûreté
et avoir payement desdites contributions, de faire saisir à l'instant et nonobstant qu'il
soit un jour férié, les effets appartenant audit sieur

Le Percepteur,

DÉPARTEMENT

d

ARRONDISSEMENT

d

PERCEPTION

d

CONTRIBUTIONS DIRECTES

ASSIGNATION EN RÉFÉRÉ

Modèle n° 35.

Art. 19 du Règlement.

COUT DU PRÉSENT

Original.......
Copie ....
Timbre........
Enregistrement..

Total...

L'an   le   , à la requête du sieur
Percepteur des contributions directes, demeurant à   , pour lequel
domicile est élu en la commune de   *(indiquer ici le domicile élu dans
la commune de la partie assignée)*, je, soussigné, porteur de contraintes *(immatricule)*, ai
donné assignation au sieur   , demeurant à   , en son
domicile, où étant et parlant à   ;

A comparaître le *(un jour d'intervalle)*, heure   , par-devant M. le
président du Tribunal de première instance du département d
tenant l'audience des référés en son cabinet, à   , au Palais de justice,

Pour, au principal, voir renvoyer les parties à se pourvoir, et cependant dès à présent
par provision, attendu que le sieur   *(indiquer ici les motifs qui font
penser que l'opposition élevée par la partie n'est pas fondée)*, voir dire et ordonner que
les poursuites et contraintes commencées contre ledit sieur   , à la
requête du sieur   , par un commandement de B..., porteur de
contraintes, en date du   , seront continuées ; en conséquence
*(préciser l'objet même de l'opposition et indiquer qu'il sera passé outre : par exemple,
s'il s'agissait d'une ouverture de porte, on mettrait : en conséquence que, nonobstant
l'opposition du sieur..., il sera procédé, à la diligence du requérant et conformément à la
loi, à l'ouverture des portes de la maison)* : ce qui sera exécuté par provision, nonobstant
l'appel et sans y préjudicier ; à ce qu'il n'en ignore, et j'ai au susnommé, en son
domicile et en parlant comme dessus, laissé copie du présent, dont le coût est de

Signature du porteur de contraintes.

DÉPARTEMENT   Modèle n° 35 *bis.*

d

SIGNIFICATION

Art. 19 du Règlement.

ARRONDISSEMENT

D'UNE

COUT

d

Original . . . .

Copie . . . .

ORDONNANCE DE RÉFÉRÉ

Timbre . . . .

PERCEPTION

Enregistrement . .

d

Total . . .

L'an   , le   , a la requête du sieur   ,
Percepteur des contributions directes à   , pour lequel domicile est élu
(*comme au Modèle précédent*), je, soussigné, porteur de contraintes (*immatricule*) ai
signifié avec celle des présentes, donné copie au sieur   , demeurant
à   , en son domicile, en parlant à
D'une ordonnance de référé, rendue contradictoirement entre les parties par M. le
président du tribunal de première instance de   ladite ordonnance
dûment enregistrée, scellée, collationnée (*si l'ordonnance est exécutoire sur minute et
avant l'enregistrement, il faut l'exprimer*) ; à ce que du contenu en ladite ordonnance le
susnommé n'ignore, et ait à s'y conformer, et je lui ai, en son domicile et, parlant
comme dessus, laissé copie certifiée sincère et véritable, tant de ladite ordonnance que
du présent exploit, dont le coût est de

Signature du porteur de contraintes.

(*On transcrit, en tête, la copie de l'ordonnance.*)

DÉPARTEMENT

REQUÊTE

Modèle n° 36.

d

Articles 19 et 92

ARRONDISSEMENT   *A fin de permission d'assigner extraordi-*   du Règlement.

nairement en référé.

d

PERCEPTION

d

A Monsieur le président du Tribunal de première instance de
Le sieur   , Percepteur des contributions directes, demeurant
à   , a l'honneur de vous exposer que (*par exemple*), aux termes de
l'article   des rôles de l'année 18   , rendus exécutoires par M. le Préfet du departement d   , et publiés conformément à la loi, le sieur A... est
redevable envers lui de la somme de   , que le sieur B. se dispose à
enlever les meubles dudit sieur A. dont il se prétend acquéreur ; qu'il importe au requérant d'empêcher immédiatement cet enlèvement, qui ferait disparaître le gage de la
contribution ;
Pourquoi l'exposant requiert, Monsieur le président, qu'il vous plaise, vu l'urgence,
lui permettre de donner assignation audit sieur   , à comparaître aujour-
d'hui, avec une heure d'intervalle, par-devant vous, en votre hôtel, pour, au principal,
voir renvoyer les parties à se pourvoir, et cependant, et par provision ; — Attendu que
la vente dont excipe le sieur B. n'a pas date certaine et qu'elle doit être justement
suspectée de fraude, — Voir dire et faire défense audit sieur B. de passer outre à l'enlèvement desdits meubles, au préjudice de la saisie, que le requérant entend faire
exécuter avec les formalités prescrites par la loi ; — Comme aussi pour empêcher le
divertissement desdits meubles, autoriser le requérant à maintenir gardien aux portes,
et au besoin requérir la force publique.

Signature du Percepteur.

CONTRIBUTIONS DIRECTES   Modèle n° 37.

DÉNONCIATION

Art. 69 du Règlement

Au Sous-Préfet d'une demande en reven-
dication de meubles saisis sur un con-
tribuable.

A M. le Sous-Préfet de l'arrondissement d   département d
Le Percepteur de la réunion d   soussigné, a l'honneur d'exposer à M. le
Sous-Préfet qu'en suite d'une saisie opérée à la requête de l'exposant sur le sieur A.
débiteur de contributions directes, par exploit du   il lui a été signifié une demande en revendication des meubles (*ou* d'une partie des meubles), consignés dans ladite
saisie ; ladite revendication faite par le sieur B.   qui se prétend propriétaire
desdits meubles.

En conséquence, le Percepteur soussigné prie M. le Sous-Préfet de vouloir bien prendre
les mesures nécessaires pour qu'il soit statué sur cette demande dans le plus bref délai
possible, le tout conformément à la loi des 5 novembre 1790 et 12 novembre 1808.
Fait à   le   187 .

Le Percepteur des contributions directes de la réunion d

DÉNONCIATION

Modèle n° 38.

Au Sous-Préfet d'une demande en distrac-
tion de meubles insaisissables.

Articles 69 et 77
du Règlement.

Même Modèle que le précédent, sauf à remplacer les mots : il lui a été signifié une
demande en revendication des meubles, etc., *par ceux-ci* :

..... Il lui a été signifié une demande en distraction de ladite saisie, des objets ci-après,
savoir : (*désigner les objets*) que le sieur A.   prétend être insaisissables.
En conséquence, etc.

CONTRIBUTIONS DIRECTES   Modèle n° 39.

Art. 69 du Règlement.

ENVOI de l'acte précédent à M. le Receveur
particulier des finances.

A M. le Receveur particulier des finances de l'arrondissement d   département d   . En exécution de l'article   de l'arrêté de M. le Préfet, en date
du   le Percepteur de la réunion d   soussigné, à l'honneur d'adresser
ci-joint à M. le Receveur particulier des finances la requête par laquelle il se pourvoit
auprès de M. le Sous-Préfet de l'arrondissement, à l'effet de faire statuer, conformément
aux lois des 5 novembre 1790 et 12 novembre 1808, sur une demande en revendication
faite par le sieur B   des meubles (*ou* de partie des meubles), saisis sur le
sieur A.   débiteur de contributions arriérées, en vertu de la contrainte délivrée
par M. le Receveur particulier des finances ; meubles dont ledit sieur B. se prétend propriétaire.

Le soussigné prie M. le Receveur particulier des finances de vouloir bien suivre auprès de M. le Sous-Préfet l'effet de la susdite requête.
Fait à   le   187 .

Le Percepteur des contributions directes de la réunion d

DÉPARTEMENT

d

——

ARRONDISSEMENT

d

——

COMMUNE

d

——

Articles des Rôles.

——

Montant des cotes
dues : Fr.

——

Le lieu du domicile
du Percepteur est à

SAISIE-ARRÊT

OU

OPPOSITION

——

Modèle n° 40.

Art. 89 du Règlement.

——

COUT

Original et copie.
Timbre........
Enregistrement*.

Total...

Enregistré à

Fo

Reçu

Ce

le

187

L'an mil huit cent   le   à la requête du
sieur A., Percepteur des contributions directes, demeurant
à   pour lequel domicile est élu dans la commune d
*(indiquer ici le domicile élu dans la commune et qui pourrait
être ou la mairie ou la maison dans laquelle le Percepteur séjourne lorsqu'il vient faire la perception dans la commune).*

Je, soussigné *(nom et prénoms)*, porteur de contraintes pour
l'arrondissement d   département d   , aux
termes de la commission dont je suis porteur et qui m'a été délivrée par M. le Préfet dudit département d   sous la date
du   demeurant à   ai signifié et déclaré au
sieur B. *(nom, prénoms et profession du tiers saisi)*, demeurant
à *(demeure)*, en son domicile et en parlant à *(indiquer la personne
à qui la copie est remise)* ;

Que le requérant s'oppose à ce que ledit sieur B. se dessaisisse et fasse payement dans les mains de qui que ce soit, de
toutes les sommes et deniers comptant, loyers, fermages et autres
objets quelconques qu'il doit ou devra au sieur C. *(nom, prénoms, domicile et profession du redevable)*, *(ou dont il sera dépositaire ou détenteur à quelque titre que ce soit, et appartenant
audit sieur C.)*, notamment de la somme de   que ledit
sieur B. doit au susdit sieur C. pour   sous peine de
payer deux fois et de tous dommages et intérêts.

Ladite opposition est formée pour sûreté, conservation et avoir
payement de la somme de   due au requérant par le
sieur C. pour le montant des contributions échues, ainsi qu'il résulte du rôle desdites contributions de l'année, rendu exécutoire
par M. le Préfet du département d   et publié dans la
commune conformément aux lois, sans préjudice des termes à
échoir et des frais faits et à faire ; et, pour que ledit sieur B. n'en
ignore, je lui ai, en son domicile et parlant comme dessus, laissé
copie du présent exploit dont le coût est de

Le Porteur de contraintes,

* L'enregistrement
n'est dû que pour les
cotes au-dessus de 100
francs.

DÉPARTEMENT
d

ARRONDISSEMENT
d

COMMUNE
d

Articles des Rôles

————

Montant des cotes
dues : Fr.

CONTRIBUTIONS DIRECTES

DÉNONCIATION

D'une saisie-arrêt ou opposition à la partie
saisie et assignation en validité **.

Modèle n° 41.

Art. 89 du Règlement.

COUT

Original et copie.
Timbre........
Enregistrement*.

Total...

L'an mil huit cent soixante   , le   à la requête du sieur A., Percepteur des contributions directes, demeurant à pour lequel domicile, est élu dans la commune d (*indiquer ici le domicile élu dans la commune et qui pourrait être ou la mairie ou la maison dans laquelle le Percepteur séjourne lorsqu'il vient faire la perception dans la commune*), je soussigné (*nom et prénoms*), porteur de contraintes pour l'arrondissement d département d   aux termes de la commission dont je suis porteur et qui m'a été délivrée par M. le Préfet dudit département d   le   demeurant à

Ai signifié et donné copie, en tête de la présente, au sieur C. (*nom, prénoms, domicile et profession du redevable*), en son domicile et parlant à

D'un exploit de mon ministère en date du   dûment enregistré, contenant opposition à la requête du sieur A., sur ledit sieur C., entre les mains du sieur B. (*nom, prénoms et profession du tiers saisi*), demeurant à (*demeure*), pour sûreté, conservation et avoir payement de la somme de   due au requérant par ledit sieur C., pour le montant des contributions échues, ainsi qu'il résulte du rôle desdites contributions de l'année, rendu exécutoire par M. le Préfet du département d et publié dans la commune d   conformément aux lois, sans préjudice des termes à échoir et des frais faits et à faire.

Et à même requête, demeure et élection de domicile que ci-dessus, j'ai, porteur de contraintes susdit et soussigné, donné assignation audit sieur C., en son domicile, et parlant comme il vient d'être dit, à comparaître, dans la huitaine de la loi (*huitaine franche*), à l'audience du Tribunal de première instance de pour voir déclarer ladite opposition bonne et valable, attendu que la dette est constante ; en conséquence, que les sommes dont ledit sieur B. se reconnaîtra, ou sera jugé débiteur envers ledit sieur C., seront versées par lui entre les mains du requérant en déduction ou jusqu'à concurrence de la somme à lui due en principal et frais ; et pour se voir condamner en outre aux dépens, lui déclarant que M.   avoué près ledit Tribunal occupera pour le requérant sur la présente assignation, et j'ai audit sieur C., en son domicile, en parlant comme il a été dit, laissé copie, certifiée sincère et véritable, tant de l'exploit susdaté que du présent, dont le coût et de

* L'enregistrement n'est dû que pour les cotes au-dessus de 100 francs.

** Cet acte ayant pour but de donner copie de l'exploit de saisie-arrêt ou opposition, ce dernier (Modèle n° 40), doit être transcrit en tête du présent, et, à la suite, sur le même papier vient l'exploit de dénonciation.

DÉPARTEMENT

d

———

ARRONDISSEMENT

d

———

COMMUNE

d

———

Articles des Rôles

———

Montant des cotes
dues : Fr.

———

Le lieu de la rési-
dence du Percepteur
est à

Enregistré à   I°

Reçu

C°

le

187

———

* L'enregistrement
n'est dû que pour les
cotes au-dessus de 100
francs.

CONTRIBUTIONS DIRECTES

———

DÉNONCIATION

*De la demande en validité d'une saisie-
arrêt ou opposition, et demande en déclaration affirmative.*

———

Modèle n° 42.
Art. 89 du Règlement.

COUT

Original et copie.
Timbre........
Enregistrement*.
———
Total...

L'an mil huit cent soixante, le   à la requête du
sieur A., Percepteur des contributions directes, demeurant
à   pour lequel domicile est élu dans la commune d (*indiquer ici le domicile élu dans la commune et qui pourrait être ou
la mairie ou la maison dans laquelle le Percepteur séjourne
lorsqu'il vient faire la perception dans la commune*), je soussigné (*nom et prénoms*), porteur de contraintes pour l'arrondissement d   aux termes de la commission dont je suis porteur et qui m'a été délivrée par M. le Préfet dudit département
d   le   demeurant à
Ai signifié et donné copie au sieur B.   (*nom, prénoms et profession du tiers saisi*), demeurant à (*demeure*), en son domicile,
en parlant à
D'un exploit de mon ministère en date du   dûment enregistré, fait à la requête du sieur A., contenant dénonciation au
sieur C., demeurant à   de l'opposition formée sur lui,
entre les mains dudit sieur B., par exploit de moi, porteur de
contraintes susdit et soussigné, en date du   , dûment
enregistré, et assignation pour voir déclarer bonne et valable ladite opposition ;
Et à mée requête, demeure et élection de domicile que ci-
dessus, j'ai, porteur de contraintes susdit et soussigné, donné
assignation audit sieur B., en son domicile, en parlant comme il
vient d'être dit, à comparaître dans la huitaine de la loi, outre un
jour par trois myriamètres de distance, à l'audience du Tribunal
de première instance d   , pour voir ordonner qu'attendu
qu'il y a titre authentique, le sieur B. sera tenu de faire, dans
les délais et la forme voulus par la loi, la déclaration affirmative
de toutes les sommes qu'il peut devoir, à quelque titre que ce
soit au sieur C., et à l'appui de ladite déclaration de produire
tous titres et quittance; et, en conséquence, voir ordonner qu'il
sera tenu de payer entre les mains du requérant la somme dont il
sera reconnu ou aura été jugé débiteur en déduction, ou jusqu'à
concurrence du montant de la somme due au requérant en principal et frais, lui déclarant que, faute par lui de faire ladite déclaration affirmative, il sera réputé débiteur pur et simple des causes
de l'opposition du sieur A., et, comme tel, condamné par le jugement à intervenir à lui payer la somme d   montant des
contributions échues, ainsi qu'il résulte du rôle desdites contributions de l'année 187 , rendu exécutoire par M. le Préfet du département d   et publié dans la commune d
conformément aux lois, sans préjudice des termes à échoir et des
frais faits et à faire, et pour, en outre, se voir, en cas de contestation, condamner aux dépens, lui déclarant que M.   avoue
près ledit Tribunal, occupera pour le requérant sur la présente
assignation; et j'ai audit B., en son domicile et parlant comme il
a été dit, laissé copie, certifiée sincère et véritable, tant de l'exploit susdaté que du présent, dont le coût est de

DÉPARTEMENT

d

ARRONDISSEMENT

d

PERCEPTION

d

COMMUNE

d

CONTRIBUTIONS DIRECTES

Modèle n° 43.

Art. 89 du Règlement.

MAINLEVÉE D'OPPOSITION

Je, soussigné, A., Percepteur des contributions directes de la commune d   , arrondissement d

département d   , demeurant à

en conséquence du payement qui m'a été fait le

des sommes dues par le sieur B., pour les termes échus de ses contributions, donne par le présent acte mainlevée pure et simple de la saisie-arrêt faite à ma requête par exploit du

sur ledit sieur B., entre les mains du sieur C.

En conséquence, je consens, en ce qui me concerne, à ce que, dès ce jour, ledit sieur C.   dispose et se dessaisisse ainsi qu'il avisera, des sommes qu'il peut devoir audit sieur B.

Fait à   le   187 .

Le Percepteur des contributions directes,

DÉPARTEMENT

d

———

ARRONDISSEMENT

d

———

PERCEPTION

d

———

COMMUNE

d

———

Article du Rôle.

———

Montant des sommes
dues : Fr.

CONTRIBUTIONS DIRECTES

———

SAISIE

d'une rente constituée sur particulier.

———

Modele n° 44.

Art. 89 du Règlement.

COUT

Original et copie,
Timbre........
Enregistrement..

Total...

L'an   , le   en vertu des rôles des contributions directes de la commune d   , pour l'année 187 , rendus
exécutoires par M. le Préfet du département d   et pu-
bliès dans la susdite commune d   , conformément à la
loi et en exécution de la contrainte décernée le   , par
M. le Receveur particulier des finances de l'arrondissement
d   , et visée par M. le Sous-Préfet dudit arrondissement;
à la requête du sieur A., Percepteur des contributions directes de
la réunion de   , pour lequel domicile est élu en la demeure de Me   , avoué, etc., lequel occupera en continuant les poursuites commencées par exploit de   , porteur
de contraintes en date du   , enregistré, contenant commandement * au sieur B., demeurant à   de payer audit
sieur A. la somme de   , montant des termes échus de
ses contributions de l'année 187 , sans préjudice des termes à
échoir et des frais faits et à faire; je, soussigné, porteur de contraintes (*immatricule*), faute du payement de ladite somme ci-
dessus énoncée, ai saisi-arrêté et mis sous la main de justice sur
ledit sieur B., entre les mains du sieur D., demeurant à   ,
en son domicile, en parlant à   , une rente perpétuelle
de fr. : au capital de fr. , constituée au profit du sieur B.,
par ledit sieur D., par contrat passé, etc.; enregistré.

A ce que le susnommé n'en ignore et ait, en conséquence, à ne
plus payer les arrérages de la rente audit sieur B., sous peine de
payer deux fois, et de toutes pertes, dépens, dommages-intérêts,
et à pareille requête, demeure et élection de domicile que dessus,
j'ai, porteur de contraintes susdit et soussigné, donné assignation
audit sieur D., domicile et parlant comme dessus, à comparaitre
à la huitaine de la loi, à   heures   à l'audience de la première chambre du Tribunal de première instance de   , séant
à   pour, attendu qu'il y a titre authentique, voir dire et
ordonner qu'il sera tenu de faire, dans les délais et la forme voulus par la loi, la déclaration affirmative des arrérages de ladite
rente qu'il a, aura, doit ou devra audit sieur B., et d'exhiber tous
titres et pièces à l'appui de sadite déclaration ; en cas de déclaration affirmative, voir dire et ordonner que les sommes actuellement exigibles, dont il sera reconnu ou aura été jugé débiteur,
seront par lui remises audit sieur A., en déduction ou jusqu'à
concurrence de la contribution et des termes à échoir, ainsi que
des frais faits et à faire, dont ledit sieur B. est redevable envers
lui, et, faute par ledit sieur D. de faire ladite déclaration dans le
délai de la loi, se voir condamner par le jugement à intervenir à
servir ladite rente ; et j'ai audit sieur B., au domicile et parlant
comme dessus, donné copie du présent, dont le coût est de

Signature du porteur de contraintes.

* La saisie des rentes
sur particuliers doit,
comme la saisie-exé-
cution et à la diffé-
rence de la saisie-arrêt,
être précédée d'un com-
mandement au rede-
vable de l'impôt.

DÉPARTEMENT

d

—

ARRONDISSEMENT

d

—

COMMUNE

d

—

Article des Rôles.

—

Montant des sommes
dues : Fr.

CONTRIBUTIONS DIRECTES

—

DÉNONCIATION

*A la partie saisie de l'exploit de saisie
de la rente.*

—

Modèle n° 45.

Art. 89 du Règlement.

COUT

Original et copie.
Timbre........
Enregistrement..

Total...

L'an   le   à la requête du sieur A., Percepteur des contributions directes, demeurant à   pour lequel domicile est élu dans la commune d   (*Indiquer ici le domicile élu dans la commune et qui pourrait être ou la mairie ou la maison dans laquelle le Percepteur séjourne lorsqu'il vient faire la perception dans la commune*), je, soussigné (*nom et prénoms*), porteur de contraintes pour l'arrondissement d   département d   en vertu de la commission dont je suis porteur et qui m'a été délivrée par M. le Préfet dudit département d   en date du   demeurant à   ai signifié, dénoncé et avec celle des présentes donné copie au sieur B. (*nom, prénoms et profession*), demeurant à en son domicile, en parlant à

D'un exploit de mon ministère, en date du   dûment enregistré, contenant, à la requête du sieur A., et en exécution d'une contrainte décernée par M.   , Receveur particulier des contributions de l'arrondissement d   département d   en date du   , saisie sur le sieur B., entre les mains du sieur C. (*nom et prénoms*), demeurant à   , d'une rente perpétuelle de mille francs constituée par le sieur D. (*nom et prénoms*) au profit du sieur B., au capital de vingt mille francs, par contrat passé devant Mᵉ E. et son collègue, notaires à   le   , lui déclarant que la publication du cahier des charges, qui sera dressé pour parvenir à la vente de ladite rente, sera faite le   heure de à l'audience des ventes forcées, issue de l'audience de la première chambre du Tribunal d   et j'ai, audit sieur B., en son domicile et parlant comme il vient d'être dit, laissé copie de l'exploit de saisie ci-dessus énoncé et du présent, dont le coût est de

Signature du porteur de contraintes.

DÉPARTEMENT
d

ARRONDISSEMENT
d

COMMUNE
d

Articles des Rôles.

Montant des sommes
dues : Fr.

CONTRIBUTIONS DIRECTES

ASSIGNATION

AU TIERS-SAISI, EN CAS DE SAISIE

D'UNE RENTE

Modèle n° 46.

Article 89
du Règlement.

COUT.

Original et copie.
Timbre........
Enregistrement..

Total....

L'an   , le   (*Même préambule qu'au
Modèle n° 41*),

Ai saisi de par la loi et justice, sur ledit sieur B., entre les
mains du sieur C. (*nom et prénoms*), demeurant à   en
son domicile en parlant à   .

Une rente perpétuelle et annuelle de mille francs, au capital
de vingt mille francs, constituée au profit dudit sieur B., par
ledit sieur C., par contrat passé devant Mᵉ D. et son collègue,
notaires à   le   dûment enregistré; et j'ai également saisi les arrérages échus et à échoir de ladite rente, fait
défense audit sieur C. de payer désormais lesdits arrérages, ou
de rembourser ladite rente, jusqu'à ce qu'il en ait été autrement
ordonné par jugement, sous peine de payer deux fois et de tous
dommages et intérêts, et à mêmes requête et élection de domicile que ci-dessus, j'ai, porteur de contraintes susdit et soussigné,
donné assignation audit sieur C., audit domicile et parlant comme
il vient d'être dit, à comparaître, d'aujourd'hui à la huitaine de
la loi, à l'audience du Tribunal de première instance d
pour voir ordonner qu'attendu qu'il y a titre authentique et exécutoire, il sera tenu de faire, dans les délais et la forme voulus
par la loi, la déclaration affirmative des arrérages de ladite
rente, dont il est ou sera débiteur envers ledit sieur B., et de
produire les pièces à l'appui. En cas de déclaration affirmative,
voir ordonner que les sommes actuellement exigibles, dont il
sera reconnu débiteur, seront par lui remises au requérant en
déduction ou jusqu'à concurrence de la somme à lui due en principal et frais; et faute par lui de faire ladite déclaration dans le
délai de la loi, se voir condamner, par le jugement à intervenir,
à payer audit sieur A., Percepteur, la somme qui lui est due par
le susdit sieur B., et en tous dommages et intérêts, et j'ai audit
sieur C., en son domicile et parlant comme il a été dit, laissé
copie du présent exploit, dont le coût est de   .

Signature du porteur de contraintes.

Modèle nᵒ 46 *bis.*

DÉPARTEMENT
d ———————

ARRONDISSEMENT
d

CONTRIBUTIONS DIRECTES

Article 89
du Règlement.

COMMUNE
d

COUT.

OPPOSITION

Articles des Rôles.   AU PRIX DE LA VENTE D'OBJETS SAISIS

Original et copies
Timbre........
Enregistrement..

Montant des sommes
dues : Fr.

Total......

L'an   , le   à la requête du sieur A., Percepteur des contributions directes, demeurant à   , pour lequel domicile est élu dans la commune d   (*indiquer ici le domicile élu dans la commune et qui pourrait être ou la mairie ou la maison dans laquelle le Percepteur séjourne lorsqu'il vient faire la perception dans la commune*), je, soussigné (*nom et prénoms*), porteur de contraintes pour l'arrondissement d   , département d   , en vertu de la commission dont je suis porteur et qui m'a été délivrée par M. le Préfet dudit département d en date du   , demeurant à   , ai signifié et déclaré au sieur A. B., poursuivant la vente des meubles saisis à sa requête, ledit sieur B. demeurant à   , en son domicile, en parlant à

Et au sieur C., huissier, chargé de procéder à la vente desdits objets saisis, demeurant à   , en son domicile, en parlant à   .

Que le requérant s'oppose à ce que les deniers à provenir de la vente des meubles et effets saisis sur le sieur D., par procès-verbal du   , soient remis à qui que ce soit; ladite opposition est faite pour sûreté et avoir payement de la somme de   , due au requérant par ledit sieur B., pour les termes échus de ses contributions de l'année 187   et des frais de poursuites exercées en raison de ces mêmes contributions, ainsi qu'il en sera justifié, sous peine de payer deux fois, et de tous dommages et intérêts; et je leur ai, en leurs domiciles et parlant comme il vient d'être dit, laissé à chacun séparément copie du présent exploit, dont le coût est de

Signature du porteur de contraintes.

REQUÊTE

POUR OBTENIR LA PERMISSION DE FAIRE
APPOSER LES SCELLÉS

Modèle nᵒ 47.

Article 4
du Règlement.

A M. le président du Tribunal de première instance d   .

Le sieur   , Percepteur des contributions directes de la réunion d   , demeurant à   .

Expose que le sieur   , décédé aujourd'hui en sa demeure, sise à   , est débiteur d'une somme d   , pour contribution (*indiquer la nature de la contribution*) de l'année (*ou des années*);

Que, pour sûreté du payement de cette somme, il a le plus grand intérêt à faire apposer les scellés sur les meubles et effets de ce débiteur de contributions;

Pourquoi il vous plaira, Monsieur le président, permettre au requérant de faire apposer, par M. le juge de paix de l'arrondissement, les scellés sur les meubles et effets dépendant de la succession dudit sieur   , et se trouvant dans le domicile où il est décédé, sis à

Et vous ferez justice.

Signature du Percepteur.

OPPOSITION

aux scellés sur le procès-verbal.

Modèle n° 48.

Article 4
du Règlement.

Et le   est comparu au greffe de la justice de paix du canton d   , le
sieur   , Percepteur des contributions directes de la réunion d   , demeurant
à   .

Lequel a dit qu'il s'oppose aux reconnaissance et levée de scellés apposés après décès
du sieur   , si ce n'est en sa présence ou lui dûment appelé ; et ce pour sûreté,
conservation et avoir payement de la somme de   , due par le défunt pour contributions directes ; et a ledit sieur   , signé, sous toutes réserves, avec nous, greffier, les jour, mois et an susdits.   *(Signatures.)*

DÉPARTEMENT
d

ARRONDISSEMENT
d

COMMUNE
d

Article des Rôles.

Montant des sommes
dues : Fr.

CONTRIBUTIONS DIRECTES

OPPOSITION

aux scellés par exploit.

Modèle n° 49.

Article 4
du Règlement.

COUT.

Original et copie.
Timbre........
Enregistrement..

Total....

L'an   , le   , à la requête du sieur   , Percepteur
des contributions directes de la réunion d   , demeurant à   , j'ai *(imma-*
tricule), soussigné, signifié et déclaré à M.   , greffier de la justice de paix du
canton d   , en son greffe, sis à   , en parlant à   .

Que ledit sieur   , Percepteur des contributions directes, est opposant, comme
par ces présentes il s'oppose, à ce qu'il soit procédé aux reconnaissance et levée de scellés
apposés après le décès du sieur   , si ce n'est en sa présence ou lui dûment appelé ;
et ce pour sûreté, conservation et avoir payement de la somme de   due par le
défunt pour contributions directes ; à ce que mondit sieur le greffier n'en ignore, lui déclarant que ledit sieur   , Percepteur des contributions directes, proteste dès à présent de nullité de tout ce qui serait fait au préjudice de la présente opposition, et même
de prendre à partie tous officiers qui passeraient outre ; et je lui ai, etc.

Signature du porteur de contraintes.

PROCÈS-VERBAL

d'injure ou de rébellion.

Modèle n° 50.

Article 40
du Règlement.

L'an   , le   , à deux heures de l'après-midi, nous, soussigné,
Percepteur de la réunion d   , étant dans la commune d   , le nommé N.   ,
auquel nous réclamions les termes échus de ses cotes foncière, personnelle et mobilière.
(Relater ici, avec détail, les circonstances de l'injure verbale ou des voies de fait, indi-
quer aussi les personnes présentes et qui pourraient servir de témoins. On pourrait
ensuite clore ainsi le procès-verbal :)

De tout quoi nous avons dressé procès-verbal pour servir ce que de raison, et l'avons
envoyé à M. le Procureur de la République du Tribunal de l'arrondissement, à qui nous
dénonçons les faits pour le délinquant être poursuivi et condamné conformément aux lois.

Modèle n° 51.

PROCÈS-VERBAL

Article 40
du Règlement.

*d'injure · ou de rébellion envers un porteur
de contraintes.*

L'an mil huit cent soixante   , le   à dix heures du matin, je sous-signé *(nom et prénoms)*, porteur de contraintes pour l'arrondissement d
département d   aux termes de la commission dont je suis porteur et qui m'a été délivrée par M. le Préfet dudit departement d   sous la date du
demeurant à   me trouvant dans la commune d   et dans le domicile du sieur *(nom du contribuable)*, où je m'étais établi en garnison, en exécution de la contrainte décernée par M. le Receveur des finances de l'arrondissement d
sous la date d   est intervenu ledit sieur   lequel s'est mis à proférer contre moi des injures et des menaces. (*Relater ici les détails avec toute l'exactitude possible, les expressions mêmes des injures et toutes les circonstances des menaces ou voies de fait, s'il en a été commis. Indiquer aussi les personnes présentes et qui pourraient servir de témoins.*)

De tout quoi j'ai déclaré audit sieur   que j'allais dresser procès-verbal à cet effet, et jai rédigé le présent acte, et j'ai signé à chaque feuillet *.

Le porteur de contraintes.

FORMULE DE L'AFFIRMATION

Cejourd'hui   à   heures   par-devant nous, maire (ou adjoint du maire) de la commune d   ,   s'est présenté le sieur   porteur de contraintes pour l'arrondissement d   lequel nous a exhibé le présent procès-verbal par lui dressé; et après la lecture que nous lui en avons faite, il a *affirmé*, conformément à la loi, qu'il contenait l'exacte vérité, et a signé avec nous.

Signature du maire ou de l'adjoint du maire.

Signature du porteur de contraintes.

---

* Si, au lieu de rédiger son procès-verbal sur les lieux mêmes, le porteur de contraintes se transportait chez le maire ou l'adjoint pour dresser cet acte, conformément à l'article 24 de l'arrêté du 16 thermidor an 8, ce dernier paragraphe et la formule d'affirmation seraient remplacés par le paragraphe suivant :

« De tout quoi, m'étant retiré chez M. le maire (ou l'adjoint du maire) de la commune d   j'ai dressé le présent procès-verbal, et l'ai affirmé sincère et véritable par-devant ce fonctionnaire, qui a reçu ladite affirmation et a signé avec moi. »

Signature du porteur de contraintes.

Signature du maire ou de l'adjoint.

DÉPARTEMENT

d

ARRONDISSEMENT

d

PERCEPTION

d

M.
  Receveur-Percepteur,
Rue

Année 187 .

Terme de

Noms des locataires
  déménageants.

CONTRIBUTIONS DIRECTES

RECONNAISSANCE

DE

DÉCLARATION DE DÉMÉNAGEMENT

Modèle n° 52.

Articles 15 et 16
du Règlement.

Commune d

M.

Rue

Je, soussigné, Percepteur des contributions directes d
reconnais que M.   m'a donné, aujourd'hui, avis du
déménagement de M.   pour le   prochain.

La présente reconnaissance ayant pour objet d'eviter la garantie des taxes dues par ledit locataire, ne pourra avoir son
effet qu'aux conditions suivantes :

1° Le déclarant est tenu d'empêcher la sortie de tous meubles
et effets appartenant audit locataire, jusqu'au jour fixé par ladite
déclaration, à moins qu'il ne lui ait été préalablement justifié de
l'entier payement des contributions, à raison desquelles cette déclaration a été faite ;

2° En cas de déménagement furtif, le déclarant s'engage également à le faire constater, *dans les trois jours*, soit par le maire
ou son adjoint, soit par le commissaire de police ou le juge de
paix, à peine de demeurer garant desdites taxes.

Fait à   , le   187 .

Le Percepteur,

II° PARTIE.

16

CONTRIBUTIONS DIRECTES   Modèle n° 53.

—————

CERTIFICAT

Articles 15 et 16
du Règlement.

De déménagement furtif sur déclaration.

—————

Je soussigné C. (*nom et prénoms*). maire (*ou* adjoint, *ou* commissaire de police *ou* juge de paix), certifie que le sieur A. (*noms et prénoms*), propriétaire (*ou* principal locataire), d'une maison sise à   s'est présenté cejourd'hui à
par-devant moi, pour y faire la déclaration que le sieur B. (*nom et prénoms*), locataire dans ladite maison, est déménagé furtivement le (*an, mois et jour*); lequel fait a été attesté véritable par le sieur D. (*nom, prénoms et profession du témoin*). demeurant à (*domicile*), et le sieur E. (*nom, prénoms et profession*), demeurant à (*domicile*), dont la moralité m'est connue, lesquels ont signé leur attestation (*ou* ont déclaré ne savoir ou ne pouvoir signer*).
En foi de quoi j'ai délivré le présent certificat pour valoir ce que de raison.
Fait à   , le   187

Si, au lieu de la déclaration du déménagement furtif, le propriétaire requérait le maire de se transporter sur les lieux pour constater le déménagement, ce fonctionnaire devrait alors libeller son certificat ainsi qu'il suit :

Je, soussigné, C., certifie que, sur la réquisition à moi faite cejourd'hui par le sieur A., propriétaire d'une maison sise à   je me suis transporté dans ladite maison pour y constater le déménagement furtif du sieur B., locataire, et qu'il résulte tant de la déclaration du requérant que des renseignements que j'ai pris moi-même sur les lieux, que le locataire a, en effet, enlevé furtivement ses meubles et effets du logement qu'il occupait dans ladite maison, et que l'enlèvement furtif a eu lieu le
En foi de quoi, etc.

═══════════════════════

DÉPARTEMENT   CONTRIBUTIONS DIRECTES   Modèle n° 54.

d   —————

ARRONDISSEMENT   Articles 15 et 16
d   —————   ## RÉCÉPISSÉ   du Règlement.

COMMUNE   *De Certificat de déménagement furtif.*
d   —————

Je, soussigné, etc. (*préambule du Modèle n° 52*), a déposé cejourd'hui entre mes mains, un certificat constatant que le sieur B. (*nom, prénoms et profession*), locataire dans ladite maison, est déménagé furtivement le   lequel certificat a été dressé à la requête du déclarant, pour lui servir et valoir ce que de raison; en foi de quoi je lui ai délivré le présent.
Fait à   le   187

Le Percepteur,

DÉPARTEMENT

d ————

ARRONDISSEMENT

d ————

PERCEPTION

d ————

COMMUNE

————

Articles des Rôles

————

Montant des cotes dues

Fr.

Modèle n° 55.

SOMMATION

Au Propriétaire pour l'exercice de la garantie, en cas de déménagement du locataire.

Articles 15 et 16
du Règlement.

————

COUT

Original et copie.
Timbre........
Enregistrement*.

Total...

L'an mil huit cent soixante, le   à la requête du
sieur   Percepteur des contributions directes, demeurant à   pour lequel domicile est élu dans la commune
d

Je, soussigné,   porteur de contraintes pour l'arrondissement d   departement d   aux termes
de la commission dont je suis porteur, et qui m'a été délivrée par
M. le Préfet dudit département, sous la date du   demeurant à

Ai fait sommation au sieur   demeurant |à
en son domicile et en parlant à

De verser immédiatement entre les mains du requérant la somme
de   montant de la contribution personnelle et mobilière due par le sieur   ainsi qu'il résulte du rôle de
ladite contribution de l'année   rendu exécutoire par le Préfet
du departement d   publié dans la commune conformément à la loi, sans préjudice des frais faits et à faire ;

De laquelle somme le sieur   est et demeure constitué
garant et responsable en sa qualité de propriétaire de la maison
habitée par le sieur   et de laquelle ce dernier est déménagé, sans que ledit déménagement ait été dénoncé au requérant ou constaté conformément aux articles 22 et 23 de la loi du
21 avril 1832 ;

Lui déclarant que, faute par lui d'avoir obtempéré à la présente sommation dans le délai *de trois jours*, il y sera contraint
par toutes les voies de droit, et notamment par voie de garnison,
et, s'il y a lieu, par la saisie et vente de ses meubles ;

Et pour que ledit sieur   n'en ignore, je lui ai, en
son domicile et parlant comme dessus, laissé copie de la présente
sommation, dont le coût est de

Le porteur de contraintes,

Enregistré à   F°

Reçu   c°

le

187

* L'enregistrement
n'est dû que pour les
cotes au-dessus de 100
francs,

DÉCLARATION

D'ABANDON DE PROPRIÉTÉ

Modèle n° 56.

Art. 20 du Règlement.

L'an mil huit cent soixante   le   du mois d   est comparu
par-devant nous,   maire de la commune de   le sieur
propriétaire en ladite commune, demeurant à   lequel nous a déclaré que,
conformément à l'article 66 de la loi du 3 frimaire an 7 (23 novembre 1798), il renonce
à perpétuité à la propriété de (*indiquer par tenants et aboutissants la nature et la super-
ficie du fonds abandonné*), aux fins d'obtenir la décharge de la contribution foncière dont
ledit fonds est grevé. De laquelle déclaration il a requis acte, que nous lui avons octroyé,
et a signé avec nous.

Fait à   les jour et an susdits.

DÉPARTEMENT   CONTRIBUTIONS DIRECTES   Modèle n° 57.

d

ARRONDISSEMENT   COMMISSION

d   DE PORTEUR DE CONTRAINTES

Art. 33 du Règlement.

Le Préfet du département d   sur la désignation faite par M.   ,
Sous-Préfet de l'arrondissement d   , en suite de la proposition de M.   ,
Receveur des finances dudit arrondissement, commissionne, par ces présentes, porteur de
contraintes à l'effet d'exercer les poursuites relatives au recouvrement des contributions
directes dans l'arrondissement d   , le sieur (*nom, prénoms et âge*), lequel
entrera en fonctions dès ce jour, tant en vertu de la présente commission que de la pres-
tation du serment par lui faite entre les mains de M. le Sous-Préfet dudit arrondissement d

Le sieur   se conformera, sous les ordres du Receveur des finances près
duquel il est placé, aux dispositions des lois, arrêtés et règlements relatifs à ses fonctions.
et spécialement à celles de l'arrêté du (*date de l'arrêté de la préfecture*), sur le mode de
poursuites dans le département d

Fait à   , le   18

Le Préfet du département,

RÉPERTOIRE

Des Actes de Poursuites faits pour le recouvrement des contributions directes, par porteur de contraintes pour l'arrondissement d   demeurant à commissionné le

Art. 39 du Règlement.

Le présent Répertoire, contenant   feuillets, destiné à enregistrer, jour par jour, par ordre de date et numéro, sans blanc ni interlignes, les actes faits par le sieur   , porteur de contraintes pour l'arrondissement d   , a été coté et paraphé par nous, juge de paix du chef-lieu dudit arrondissement d   , département d
A   , le   187 .

Numéros d'ordre.	DATE de la contrainte.	PERCEPTEUR à la requête duquel la poursuite a été faite	NATURE des actes.	DATE des actes.	DÉSIGNATION des contribuables poursuivis.			COUT DES ACTES			DATES		OBSER-VATIONS.
					Noms.	Professions.	Demeures.	Timbre et enregistrement.	Frais alloués par le tarif	TOTAL	de l'enregistrement des actes.	du payement des contribut. acquittées avant l'enregistr. (Déc. du 23 juin 1822).	

FORMULAIRE

DÉPARTEMENT

d

———

ARRONDISSEMENT

d

———

PERCEPTION

d

———

COMMUNE

d

———

Articles des Rôles

———

Montant des cotes dues

Fr.

Modèle nº 59.

SOMMATION

Au Fermier pour avoir payement des contributions de l'année courante des biens qu'il tient à ferme.

Articles 13 et 13 *bis* du Règlement.

COUT

Original et copie.
Timbre........
Enregistrement*.

———

Total...

L'an 187 , le , à la requête du sieur ,
Percepteur des contributions directes, demeurant à ,
département de , aux termes de la commission
dont je suis porteur, et qui m'a été délivrée par M. le Préfet
dudit département, sous la date du demeurant
à

Ai fait sommation au sieur (*nom du fermier*), demeurant à
, en son domicile, et parlant à
De verser immédiatement, entre les mains du requérant, la
somme de , montant de la contribution foncière,
due par le sieur (*nom du propriétaire*), sur la ferme de
ainsi qu'il résulte du rôle de ladite contribution de la présente
année , rendue exécutoire par le Préfet du département
d , publié dans la commune, conformément à la
loi, sans préjudice des frais faits et à faire ;

De laquelle somme le sieur est et demeure
constitué garant et responsable, en sa qualité de fermier dudit
bien, appartenant au sieur , conformément à l'article
147 de la loi du 3 frimaire an 7 et à l'article 2 de la loi du 12
novembre 1808 ;

Lui déclarant que, faute per lui d'avoir obtempéré à la présente
sommation dans le délai de *trois jours*, il y sera contraint par
toutes les voies de droit, et notamment par voie de garnison, et,
s'il y a lieu, par la saisie et la vente de ses meubles ;

Et, pour que ledit sieur n'en ignore, je lui ai,
en son domicile et parlant comme dessus, laissé copie de la présente sommation, dont le coût est de

porteur de contraintes,

Enregistré à

l'o

Reçu

ge

le

187

———

* L'enregistrement
n'est dû que pour les
cotes au-dessus de 100
francs.

TABLE MÉTHODIQUE

DES FORMULES D'ACTES CONTENUES DANS LE FORMULAIRE

Avec indication des passages du COMMANAIRE auxquels elles se rapportent.

POURSUITES ADMINISTRATIVES

	Numéro de la formule.	Articles du Règlement et numéro du Modèle.	Pages du *Commentaire* auxquelles la formule se rapporte
Sommation sans frais	1	21 et 21 *bis*. n° 1	t. I, 434 p.

Garnison.

Etat des contribuables retardataires contre lesquels le Percepteur demande une contrainte par voie de garnison....................	1 *bis*.	24 et 46 n° 2	t. I, 447
Contrainte par voie de garnison (sur la demande du Percepteur).....	2	23	t. I, 448
Contrainte par voie de garnison, décernée d'office par le Receveur particulier...................	3	23, 24 et 25	t. I. 448
Liste des plus imposés de la commune, en retard.............	3 *bis*.	24	t. I, 448

Garnison collective.

Bulletin de garnison collective.....	4	46 n° 3	t. I, 511
Etat des contribuables passibles de la garnison collective..........	5	46	t. I, 511

Garnison individuelle.

Etat des contribuables passibles de la garnison individuelle........	6	51	t I, 521

	Numéro de la formule.	Articles du Règlement et numéro du Modèle.	Pages du *Commentaire* auxquelles la formule se rapporte
Bulletin de garnison à domicile....	7	51 n° 4	t. I, 521

POURSUITES JUDICIAIRES

Etat des contribuables retardataires contre lesquels le Percepteur demande à faire exécuter des poursuites par voie de commandement et, subsidiairement, par voie de saisie-exécution ou de saisie-brandon	8	56 n° 8	t. I, 530
Commandement.	9	57 n° 6	t. I, 530
Commandement collectif......'...	9 *bis.*	57 n° 7	t. I, 543
Saisie-exécution	18	66	t. II, 20

Actes relatifs aux accidents qui peuvent se présenter dans le cours de la SAISIE.

Récolement sur saisie antérieure...	20	70	t. II, 53
Opposition au prix de la vente des objets saisis	46 *bis.*	89	t. II, 156
Sommation au saisissant par le Percepteur opposant, de faire vendre dans la huitaine..............	29	67, 70 et 89	t. II, 54
Requête à fin de permission d'assigner extraordinairement en référé.	36	19 et 92	t. I, 374 ; t. II, 168
Assignation en référé...........	35	19	t. I, 374
Signification d'une ordonnance en référé.....................	35 *bis.*	19	t. I, 374
Requête pour saisir les meubles d'un contribuable forain...........	33 *bis.*	66 et 92	t. II, 174
Requête à fin de permission de saisir extraordinairement un jour férié.	34	66	t. II, 173
Requête à fin d'avoir permission de saisir-revendiquer les meubles et effets saisis sur un contribuable et transportés frauduleusement chez un tiers................	33	74 et 92	t. II, 173
Notification de la saisie-exécution faite hors du domicile du saisi et en son absence..............	29 *ter.*	66 et 91	t. II, 27

	Numéro de la formule.	Articles du Règlement et numéro du Modèle.	Pages du *Commentaire* auxquelles la formule se rapporte
Citation au saisi et au propriétaire de la ferme qu'il exploite, de comparaître devant le juge de paix, pour faire nommer un gérant à l'exploitation.................	29 *quint.*	66 et 67	t. II, 74
Dénonciation au sous-préfet d'une demande en revendication de meubles saisis sur un contribuable...	37	69	t. II, 49
Dénonciation au sous-préfet d'une demande en distraction d'objets insaisissables................	38	69 et 77	t. II, 51, 83
Envoi de l'acte précédent au Receveur des finances	39	69	t. II, 50
Saisie-brandon	19	66	t. II, 28
Dénonciation de la saisie-brandon au garde champêtre qui n'a pas été présent au procès-verbal.....	29 *quater.*	66	t. II, 30

Actes relatifs à la VENTE.

Demande au sous-préfet en autorisation de procéder à la vente des meubles et fruits saisis.........	21	79	t. II, 90
Envoi de cette demande au Receveur des finances	22	79	t. II, 90
Requête pour obtenir l'autorisation de vendre dans un lieu plus avantageux, ou un jour plus rapproché que celui déterminé par la loi...	23	82	t. II, 95 109
Sommation à la partie saisie d'être présente à la vente, lorsqu'elle n'a pas lieu au jour indiqué par le procès-verbal de saisie.........	29 *bis.*	81	t. II, 94
Placard pour annoncer la vente sur saisie-exécution	24	81	t. II, 99
Placard pour annoncer la vente sur saisie-brandon	25	81	t. II, 99 103
Procès-verbal d'apposition du placard......................	26	81	t. II, 99
Procès-verbal de récolement précédant la vente.................	26 *bis.*	81	t. II, 96
Procès-verbal de vente..........	27	81	t. II, 96 102

TABLE

ALPHABÉTIQUE ET RAISONNÉE

DES MATIÈRES

CONTENUES DANS LES DEUX VOLUMES DU COMMENTAIRE

(Le chiffre romain indique le volume, le chiffre arabe indique la page, la lettre A indique l'*Appendice* qui forme la 2e partie du 2e volume.)

A

ABANDON **de l'immeuble imposé**. — Dispense le contribuable de l'impôt, I, 420; A. 4, 16; — Mais ne le dispense pas des douzièmes échus antérieurement à l'abandon et de l'année courante, I, 425; A. 16. — Peut-il être fait pour toute espèce de propriété foncière? I, 426. Formes de cet abandon. A. 16, A. 244.

ABEILLES. — Cas où elles sont meubles ou immeubles, I, 183. (V. *Privilége, Objets insaisissables.*)

ABSENCE **des redevables**. — Que faut-il entendre par l'expression *absence ?* II, 88. — Comment doit-elle être constatée, et dans quel cas ? II, 89; A. 31. — En cas d'absence du contribuable et de toute autre personne apte à recevoir les bulletins de contrainte, les agents de poursuites remettent ces pièces aux maires, contre récépissé, I, 512. (V. *Procès-verbal de carence, Tarifs.*)

ACHALANDAGE **d'un fonds**. — Est meuble par la détermination de la loi, I, 185. (V. *Privilége.*)

A-COMPTES. — Doivent en général être acceptés par le comptable, à quelque somme qu'ils s'élèvent, I, 99. (V. *Douzièmes.*) — N'obligent pas le percepteur à interrompre les poursuites, I, 429; II, 40. — Si le redevable ne représente pas une quittance qui le libère intégralement, le porteur de contraintes ne doit pas interrompre l'exécution sans un ordre écrit du percepteur, II, 41. (V. *Saisie interrompue.*) — A quelle autorité appartient-il de juger les contestations qui s'élèvent sur les à-compte payés par les contribuables? I, 378. A. 178. (V. *Compétence.*)

ACQUÉREURS **d'immeubles**. — Doivent s'assurer que les contributions ont été payées jusqu'au jour de la vente, I, 164. — Quelle étendue il faut donner à cette disposition, I, 122, 225. — Leur situation est celle d'un tiers détenteur obligé, à cause de la possession de l'immeuble, au payement de la dette privilégiée, dans les termes de l'article 2170 du Code civil, I, 225, A. 148. 155, 166.—Ne

B

C

Que faut-il entendre par l'*autorité administrative* et l'*autorité judiciaire*, en ce qui concerne la compétence en matière de contributions directes? I, 369, 371. — Les préfets et les ministres n'ont point de juridiction, I, 370. — La seule autorité administrative compétente est le *Conseil de préfecture*, sauf appel au *Conseil d'Etat*. (V. ces *mots*.) — L'autorité judiciaire comprend les *Juges de paix*, les *Tribunaux de première instance* et les *Cours d'appel* (V. ces *mots*.) — Règles spéciales de leur compétence respective, I, 371; A. 70. — Pouvoirs du président du Tribunal civil, jugeant en *référé*. (V. ce *mot*.) — Les conseils de préfecture sont compétents pour connaître de toutes les contestations relatives à l'établissement même de l'obligation du redevable, I, 376. — A la régularité du titre, I, 382. — A la régularité des actes de poursuites qui ont précédé le commandement, I, 383. — A la qualité des agents, I, 383. — Aux poursuites contre des tiers non imposés au rôle, s'il s'agit du principe même de leur obligation, I, 385. — A la liquidation et au recouvrement des frais, I, 391. — Les conseils de préfecture sont seuls compétents aussi pour accorder des sursis aux poursuites, I, 393. — L'autorité judiciaire est compétente pour statuer sur les questions d'hérédité, I, 394. — De solidarité entre des propriétaires indivis, I, 394. — De subrogation, I, 394. — D'imputation de payement, I, 394. — De prescription, I, 395. — De serment décisoire, I, 395. — De régularité des poursuites à dater du commandement, I, 395. — D'établissement et de remplacement des gardiens aux saisies et de l'action contre lesdits gardiens pour la représentation des objets saisis, I, 395. — D'ordre et de privilège, tant à l'égard des tiers créanciers que des tiers acquéreurs, I, 396. — De revendication de meubles saisis sur des contribuables ou des tiers, sauf communication préalable de la demande au sous-préfet, I. 397. (V.

Revendication.) — De distraction des objets insaisissables, I, 397. — De la procédure en inscription de faux incident civil, I, 381. — Elle connaît également des réclamations des contribuables contre la régularité des actes des porteurs de contraintes, sans préjudice du droit du sous-préfet de prononcer disciplinairement, à leur égard, sur la plainte des parties intéressées, I, 396. — En général, des incidents qui s'élèvent dans le cours d'une exécution, I, 395, 401. — Les règles de compétence ne sont changées ni parce que c'est un fondé de pouvoirs qui procède aux poursuites aux lieu et place du percepteur, I, 398; — Ni parce que les tiers sont mêlés à la contestation, I, 399; — Ni parce que les parties auraient consenti volontairement à suivre une autre juridiction, I, 399. — En est-il de même dans le cas où la contribution, ayant été payée, le Trésor est désintéressé? I, 399. — Règles pour l'introduction des instances devant l'autorité administrative. (V. *Conseils de préfecture.*) — Devant l'autorité judiciaire. (V. *Tribunal de première instance.*) — Le percepteur qui succombe dans une instance peut être condamné aux frais, I, 406. — Mais ces frais ne sont à sa charge personnelle qu'autant qu'ils ont été irrégulièrement faits, I, 407. (V. *Frais d'instance.*) — L'autorité administrative peut, comme l'autorité judiciaire, prononcer la condamnation aux dépens, I, 407; — Et aux dommages-intérêts, I, 408.

COMPTABLES. — (V. *Biens des comptables.*)

COMPTE **de vente.** — Est fait à la suite du procès-verbal de vente, II, 116, 117; A. 217. (V. *Timbre.*) — Avis que doit donner à cet égard le percepteur au contribuable, II, 116; A. 219. — Doit être signé contradictoirement par le percepteur et le contribuable, II, 116. — Si le contribuable ne sait pas signer? II. 118. — Si le redevable ne se

D

E

F

G

doit s'élever la cote du contribuable contre lequel on veut l'exercer? I, 516. — Et le montant des termes dus? I, 516. — Elle ne peut durer plus de deux jours, I, 521. — Comment sont fixés les frais de la garnison *individuelle?* I, 522. — Les frais de la journée sont dus ainsi que la nourriture et le logement, encore que le contribuable se libère immédiatement, I, 522. — Règle à suivre pour le cas où le garnisaire se présente successivement, dans la même journée, chez plusieurs contribuables qui se libèrent aussitôt? I, 522.—Taxe des frais, I, 524 ; II, 195. —Leur payement aux agents de poursuites, II, 202. (V. *Frais de poursuites.*) — A quelle autorité appartient-il de statuer sur les contestations auxquelles donne lieu l'exercice de la garnison, soit *collective,* soit *individuelle?* I, 383. (V. *Compétence, Garnisaire.*)

GÉRANT **provisoire.** — Droits et caractère de cet agent, I, 143, 144. — Par qui nommé? I, 143. — Ce qui le distingue de *l'agent spécial.* (V. ce mot.)

GÉRANTS **nommés sur saisie à l'exploitation d'une usine ou d'une ferme.** — Sont soumis aux mêmes obligations que les gardiens, II, 74. (V. *Gardiens aux saisies.*)

GLACES. — Cas où elles sont meubles ou immeubles, I, 180. (V. *Privilège.*)

GRAINS **en vert.** — La jurisprudence annule les ventes de grains en vert, lorsqu'elles ont été faites au préjudice des créanciers, avant les six semaines qui précèdent la maturité des fruits, II, 12. (V. *Saisie-brandon.*)

H

HÉRÉDITÉ. — (V. *Héritiers.*)

HÉRITIERS. — Ils doivent la contribution des biens dont ils prennent possession, I, 111; — dans la proportion de leur part héréditaire, I, 119, 121. — Sont-ils solidaires pour le payement des contributions dues par le défunt? I, 110, 114. — L'action personnelle et l'action réelle peuvent être suivies concurremment ou séparément à l'égard de tous ou d'un seul, I, 118, 119. — Ils sont tous tenus au payement des contributions dues tant que la mutation n'a pas été opérée sur le rôle, I, 412. — Importance pour eux de faire opérer cette mutation, I, 127, 128. — Un seul peut être poursuivi quand il est détenteur des objets imposés, I, 116. — Manière de procéder pour exercer cette action réelle sur les fruits ou récoltes d'un immeuble passé aux mains d'un héritier, I, 123; — ou sur les effets mobiliers qui lui sont échus, I, 123. (V. *Meubles.*) — L'action exercée contre un légataire particulier, comme détenteur de l'immeuble imposé, ne préjudicie pas aux poursuites à exercer contre les héritiers, I, 125. (V. *Légataires.*) — L'héritier dont la qualité a été reconnue judiciairement, peut être poursuivi en payement des contributions dues par la succession, A. 123. — Degrés de poursuites à exercer contre les héritiers qui sont reconnus débiteurs personnels des contributions dues par leur auteur, I, 122. — Les questions d'hérédité sont du ressort des Tribunaux, I, 394. (V. *Compétence, Décès, Meubles.*)

HÉRITIERS **bénéficiaires.** — Ils sont considérés comme tiers détenteurs des biens de la succession et ne peuvent être poursuivis sur leurs biens personnels si les biens de la succession sont insuffisants, I, 121. (V. *Tiersdétenteurs.*) — Peut-on former des saisies-arrêts entre les mains des débiteurs d'une succession bénéficiaire? II, 136. (V. *Saisie-arrêt, Héritiers.*)

I

J

L

M

N

O

P

s'exécuter dans l'ordre prescrit par le règlement, I, 501. — Cas où un contribuable, poursuivi pour des contributions d'anciens exercices, devient débiteur sur un rôle nouvellement émis, I, 509. — Ne peuvent être exercées qu'en vertu d'une contrainte décernée par le receveur des finances, I, 444. (V. *Contrainte*.) — Doivent comprendre toutes les sommes dues par les contribuables sans division d'exercices, I, 441; II, 15;— Et les frais précédemment faits, I, 442; — Mais elles ne peuvent s'étendre, par prévision, à la dette de l'année suivante, I, 442. — Le percepteur en fonctions a seul qualité pour diriger des poursuites contre les redevables des cotes arriérées, I, 360. (V. *Percepteur*.) — Le percepteur doit, pour chaque contribution, exercer de préférence les poursuites sur les biens qui y sont spécialement affectés, I, 237. (V. *Privilége*.) — Circonstances qui peuvent déterminer le percepteur à accorder quelques facilités aux redevables, I, 136. — Doivent être suspendues pour les douzièmes à échoir, après le troisième mois de la réclamation sur laquelle l'autorité n'aurait pas statué, I, 135. (V. *Réclamations*.) — Peuvent être ultérieurement reprises, nonobstant la vente faite des meubles du redevable, si le produit de cette vente a été insuffisant, II, 116. — Cas où les poursuites paraissent impossibles à cause de l'insolvabilité et de l'absence des redevables, II, 85. (V. *Certificat d'indigence*, *Procès-verbal de carence*.) — Cas dans lequel le préfet peut ordonner la suspension, I, 136. (V. *Sursis*.) — Quelles sont celles qui interrompent la prescription? I, 346. (V. *Prescription*.) — A quelle autorité appartient la connaissance des contestations auxquelles elles donnent lieu? I, 398. (V. *Compétence*.) — L'affiche, à la porte de la mairie, des noms des redevables en retard n'est pas un moyen de poursuite qui peut être autorisé, I, 428. — Celles qui ont été irrégulièrement faites peuvent être

recommencées, A. 109. (V. *Suspension de poursuites*.)

POURSUITES **hors du ressort**. — Dans le cas où le contribuable à poursuivre demeure hors du département ou de l'arrondissement où il est imposé, les actes sont suivis par le percepteur de la résidence, I, 544; A. 131. — Transmission à ce dernier comptable d'un extrait exécutoire du rôle et d'une contrainte décernée par le receveur particulier, I, 547. — Si la poursuite a lieu hors du département, la contrainte doit être visée par le préfet du département où elle s'exécute, I, 547. — Cas où la poursuite n'a lieu que hors de l'arrondissement, I, 549; — Ou dans l'arrondissement, mais hors de la perception; en ce cas, doit être précédée de la sommation sans frais, I, 552. — Les mêmes règles s'appliqueraient-elles au cas où le contribuable réside dans l'arrondissement et seulement hors du ressort de la perception? I, 549. — Cas où le contribuable réside à l'étranger, I, 554. — Liquidation et règlement des frais, I, 555. — Ces frais sont réglés suivant le tarif de la préfecture dans le ressort de laquelle ils ont été faits, et les contestations relatives à leur fixation ressortissent au conseil de préfecture dudit département, I, 402. (V. *Frais de poursuites*.) — En aucun cas, le mode exceptionnel pour les poursuites hors du ressort n'empêche le percepteur du lieu où l'impôt est dû de recouvrer lui-même le montant de la cote, I, 549, 553. — Réserve à faire, en pareil cas, pour les frais qui pourraient être faits dans l'intervalle entre le moment où le contribuable se libère et celui où le percepteur a pu en donner avis et faire arrêter les poursuites, I, 556. — Si le contribuable, résidant hors du département ou de l'arrondissement, est représenté par un fermier ou un régisseur, chargés de payer pour lui, c'est contre eux que la poursuite doit être dirigée; distinction à faire à cet égard, I, 546.

Q

R

S

T

U

V

FIN DE LA TABLE ANALYTIQUE

Paris. — Imprimerie nouvelle (Ass. ouv.), r. des Jeûneurs, 14. — G. MASQUIN et Cᵉ.

JOURNAL

DES PERCEPTEURS

ET

DES RECEVEURS DES COMMUNES

HOSPICES, BUREAUX DE BIENFAISANCE, ETC.

—————

RECUEIL ADMINISTRATIF BI-MENSUEL

Contenant les Actes officiels

Circulaires de l'Administration, et traitant les questions posées par les abonnés

Publié par

UNE SOCIÉTÉ D'ADMINISTRATEURS, DE COMPTABLES ET DE JURISCONSULTES

Maintenant le Commentaire

au courant de la Législation et de la Jurisprudence.

—————

RÉDACTEUR EN CHEF :

A. M. DURIEU

—————

21ᵉ Année. — Prix : **10** Francs par an.

—————

PARIS, Bureaux du Journal, 8, rue de Nesles.

—————

Paris — Imp. Nouv. (ass. ouv.), 14, rue des Jeûneurs. — G. Masquin et Cᵉ

www.ingramcontent.com/pod-product-compliance
Lightning Source LLC
Chambersburg PA
CBHW060423200326

41518CB00009B/1458